Ben Redelings

HALBZEITPAUSE

Die Fußball-Klolektüre

Ben Redelings

HALBZEITPAUSE

Die Fußball-Klolektüre

VERLAG DIE WERKSTATT

Bibliografische Information der Deutschen Nationalbibliothek:
Die Deutsche Nationalbibliothek verzeichnet diese Publikation in der Deutschen Nationalbibliografie; detaillierte bibliografische Daten sind im Internet über http://dnb.d-nb.de abrufbar.

2. Auflage 2011

Lotzestraße 22a, D-37083 Göttingen
www.werkstatt-verlag.de

Satz und Gestaltung: Verlag Die Werkstatt
Druck und Bindung: Westermann Druck Zwickau

ISBN 978-3-89533-745-1

FÜR FIETJE UND NADINE

»ICH WERDE EIN BUCH SCHREIBEN. ICH WEISS NOCH NICHT, WAS DRIN STEHT, ABER ES WIRD 19,90 MARK KOSTEN.«

Die »Kobra« Jürgen Wegmann

»ES GESCHIEHT NICHT HÄUFIG, DASS JEMAND, DER NOCH LEBT, EINE AUTOBIOGRAFIE SCHREIBT.«

Louis van Gaal im Oktober 2009 bei der Vorstellung seines Buchs

**»JEDER TAG, AN DEM DU NICHT LÄCHELST,
IST EIN VERLORENER TAG.«**

Charlie Chaplin

Der Blaue an der Flöte und die passende Klolektüre

Mittlerweile kennt sie jedes fußballbegeisterte Kind, die Geschichte von dem Schiedsrichter, der einmal ein Spiel nach knapp einer halben Stunde zur Halbzeit pfiff. Wolf-Dieter Ahlenfelders Paradestück hat die Runde gemacht. Als er im November 1975 die Spieler der Partie des SV Werder Bremen gegen Hannover 96 schon nach 32 Minuten in die Kabinen bitten wollte, hinderte ihn der Sage nach nur das beherzte Einschreiten des Bremer Recken Horst-Dieter Höttges an der fatalen Fehlentscheidung. Der soll zu Ahli gegangen sein und gefragt haben: »Schiri, sind Sie sicher, dass schon Halbzeit ist?« Und Ahlenfelder antwortete irritiert: »Warum denn nicht, Herr Höttges?« »Mein Trikot, wissen Sie, ist in der Halbzeit immer klitschnass. Und schauen Sie mal, das ist ja noch fast staubtrocken!« Ahlenfelder guckte auf das Shirt, blickte dann an die Seitenlinie und sah seinen Linienrichter, wie er intensiv Richtung Uhr zeigte. Da entschloss sich der Oberhausener Newcomer in seinem dritten Bundesligaspiel spontan, die Halbzeitpause noch ein wenig hinauszuzögern.

Seinen Spitznamen, der »Blaue an der Flöte«, hatte sich Ahlenfelder nach diesem Malheur redlich verdient. Die fettige Gans zum Mittagessen hatten er und seine Assistenten mit einigen Bieren und Maltesern zu bekämpfen versucht. Der Plan ging auf, doch die Nebenwirkungen waren nicht zu kaschieren. »Für die Einmannshow des Schiedsrichters hätten wir heute das Eintrittsgeld erhöhen müssen«, meinte damals der sichtlich amüsierte Werder-Präsident Franz Böhmert. Und in den Jahren danach war sich Ahlenfelder mit steigender Beliebtheit sicher: »Ein Showmann kommt doch besser an als eine graue Maus.«

Vor allem die Spieler liebten den Schiedsrichter mitten aus dem Leben für seine umgängliche Art. Frank Mill sagte nach Ahlis Karriere-Ende einmal: »Früher der Ahlenfelder – das war eine Granate, unheimlich locker. Aber das gefiel dem DFB nicht. Die wollen solche Figuren wie den Pauly haben. Immer adrett, akkurat, Brust raus, Stock ins Kreuz und dann wie eine Primadonna über den Platz. Und schön winken wie ein Polizeimeister. Vielleicht sollten sie denen noch einen Hochsitz wie beim Tennis besorgen.«

Als der DFB-Schiedsrichter-Obmann Johannes Malka Ende der achtziger Jahre Ahlenfelder endgültig »das Handwerk legte«, erzählte er öffentlich: »Kürzlich hat Ahlenfelder verbreitet, er habe sich mit einem Weihnachtsbrief des Westdeutschen Fußball-Verbandes, den wir an alle Schiedsrichter geschickt haben, den Hintern abgewischt.« Zugegeben, eine derbe Aktion. Aber vielleicht war das Schreiben auch einfach nicht die richtige Klolektüre!

Berufe der Stars

1. Welcher beruflichen Leidenschaft geht der ehemalige Torhüter Rudi Kargus im Anschluss an seine Karriere bis heute nach?
- A Expressionistischer Maler
- B Kinderbuch-Autor
- C Bassist in einer Rockband
- D Restaurator von Kirchenglocken

2. Was betreibt Willi »Ente« Lippens zusammen mit seinem Sohn?
- A Eine Reitschule
- B Ein Restaurant
- C Eine Straußenfarm
- D Einen Minigolf-Verleih

3. Welchen Beruf übte der Nationaltorhüter Fritz Herkenrath nach seiner Karriere aus?
- A LKW-Fahrer
- B Automechaniker
- C Lehrer
- D Fußballtrainer

4. Welchen Beruf hat der WM-Star von 1990, Guido »Diego« Buchwald, erlernt?
- A Schlosser
- B Elektroinstallateur
- C Raumausstatter
- D Schmied

5. Welche Ausbildung hat der ehemalige Frankfurter Bundesligaspieler Ralf Falkenmayer erfolgreich abgeschlossen?
- A Physiotherapeut
- B Metzger
- C Bäcker
- D Schwimmmeister-Gehilfe

6. Welche Berufsausbildung hat der gebürtige Essener Frank Mill im zarten Knabenalter genossen?
- A Florist
- B Bergmann
- C Hotelfachangestellter
- D Immobilien-Kaufmann

»Da lach ich mir ja den Arsch ab«: Thomas Doll und seine Wutrede!

Auszüge aus der legendären BVB-Pressekonferenz vom 23. April 2008

Permanent auf den Trainer einzunageln und, was ja noch viel schlimmer ist, jetzt auch noch auf die Spieler loszugehen. Das ist das, was mich so ärgert. Von Anfang an ging das in der Saison nur darum: Opa-Abwehr, der ist schlecht, der ist schlecht. Jetzt werden auf einmal neue Torhüter ins Spiel gebracht. Marc Ziegler kommt an: »Trainer, kann ich noch mittrainieren?« Ich lach mich doch tot hier, was hier abläuft, echt! Das ist 'ne absolute Frechheit, 'ne absolute Frechheit, auch was meinen Spielern gegenüber hier abläuft. 'nen Wörns und 'nen Kovac, die nächste Saison gar nicht mehr hier sind, jetzt aber die Kohlen aus dem Feuer holen sollen. Und acht andere auch noch. Da lach ich mir doch 'nen Arsch ab!

Die sollen hierfür was geben. Und das ist das, was mich so ärgert, ja!? Und jeden Tag wird einem ins Gesicht gelächelt, und der und der und dann werden die Knüppel irgendwo reingeworfen.

Dass wir in der Bundesliga nicht gut stehen und auch einige Spiele nicht gut gespielt haben, das wissen wir. Aber dass man nicht mal anfängt und sagt: Geile Kiste, internationaler Fußball, Finale, gut aus der Affäre gezogen. ... Nein, es geht nur, nur ... Wenn man was Schlechtes sehen will, sieht man was Schlechtes. Wenn man die andere Seite sehen will, kann man vielleicht auch mal die andere Seite sehen. Und das ist das, was mich so ärgert. Wir sollen jetzt am Freitagabend eine Mannschaft auf den Platz bringen, die durchs Feuer geht, aus der aber acht Mann hier eigentlich gar keine Rolle mehr spielen. Da lach ich mir doch den Arsch ab. Echt. Und das ist das, was mich ärgert.

Und wir brauchen uns hier nicht jedes Mal hinsetzen, ob 'nen Kehl am Wochenende spielt, und ob der am Wochenende spielt! Ist doch alles Blablabla. Alles Blablabla ist das. Ja!

Mich interessiert nicht, wer hier gehandelt wird oder nicht. Aber meine Jungs hier draußen, die am Wochenende wieder die Hauptdarsteller sein sollen. Die werden hier von vorne bis hinten madig gemacht. Die werden hier nicht mehr gesehen. ... Wir sind sieben Punkte vom Abstiegsplatz weg, verdammt noch mal. Und für mich ist es wichtig, dass wir die Konzentration mal da drauf legen. Und nicht, ob ich in zwei Wochen noch da bin oder ob der nächste Saison hier noch Fußball spielt. Das ist respektlos ohne Ende, ja?! Und ich habe immer Respekt, vor jedem. Vor Ihnen, vor Ihrer Arbeit. Aber wenn ich das mitbekomme, was hier abläuft – Freunde, jetzt hört mir mal auf hier, echt!

DONNERSTAG FAKTEN

❶ Wie lautet der Spitzname von Darmstadt 98?

❷ Die Mannschaft von Tennis Borussia Berlin nennt man wegen ihrer Trikots auch?

❸ Weil Arbeiter des königlichen Waffenarsenals im Jahre 1886 den Verein gründeten, hat Arsenal London einen ganz besonderen Spitznamen. Gesucht ist hier der deutsche Name.

❹ Wie nennt man den FC Everton in England auch?

❺ Die Mannschaft von Galatasaray Istanbul wird auf Deutsch auch wie genannt?

X	O	L	I	W	P	I	S	U	D	J
T	O	F	F	E	E	S	E	F	B	G
A	C	L	A	S	T	E	Ü	K	A	I
F	K	B	I	R	F	C	K	A	L	U
I	V	E	I	L	C	H	E	N	C	L
R	U	S	H	E	I	N	N	O	H	T
Z	L	L	E	F	T	E	F	N	K	T
L	Ö	V	K	L	G	V	N	I	W	H
U	W	H	Ü	T	A	S	D	E	J	X
A	E	K	P	P	N	K	A	R	Ü	O
Q	N	W	O	N	M	I	Z	E	Ä	V

Auf Messers Schneide

Nach einem Benefizspiel in England wollte der TV-Koch Tim Mälzer beim Bankett im Anschluss an die Begegnung unbedingt ein original unterschriebenes Trikot von Pelé ersteigern. Da er gerade beabsichtigte, in Hamburg ein neues Restaurant zu eröffnen, malte er sich bereits aus, wie schön sich das Souvenir in die Dekoration einfügen würde. Und es sah gut aus. Mälzer hatte alle Mitbewerber abgeschüttelt – bis auf einen. Lothar Matthäus saß mit seiner ungarischen Lebensgefährtin am selben Tisch wie der TV-Koch und zeigte sich ebenfalls sehr interessiert. Die Bieterschlacht war eröffnet. Beide trieben das Angebot abwechselnd mit den Scheinen wedelnd immer weiter in die Höhe. Als man bei einer stolzen Summe angelangt war, fragte der Rekordnationalspieler seinen Tischnachbarn: »Moment einmal! Sag mal, Peter, das sind Pfund, oder? Wie viel sind denn das überhaupt in Euro?« Als Matthäus die Summe hörte, verschlug es ihm die Sprache. »So viel? Nee, dann bin ich raus. Das ist ja Wahnsinn«, meinte er erstaunt lächelnd und überließ Mälzer das völlig überteuerte Trikot. Der guckte Matthäus grimmig an, bezahlte den Betrag aber sogleich. Schließlich war die Sache ja auch für einen guten Zweck.

Kaum war Mälzer an den Tisch zurückgekehrt, beugte sich Matthäus zu seiner Lebensgefährtin hinüber und sagte, für alle Sitznachbarn gut zu verstehen: »Weißt du was? Da ruf ich gleich morgen den Pelé an. Der soll mir mal so ein Trikot schicken. Dann krieg ich das für umsonst.« Augenzeugenberichten zufolge soll der TV-Koch erst im allerletzten Moment daran gehindert worden sein, über den Tisch hechtend, dem ehemaligen Bayern-Star an die Gurgel zu gehen.

★ ★ ★

Anfang der Saison 1989/90 hing plötzlich genau über dem Platz von Andreas Möller ein Messer in der Dortmunder Kabine. Darunter ein Zettel, auf dem stand: »Dich kriegen wir auch noch.« Wie sich später herausstellte, waren es nicht irgendwelche frustrierten »Fans« von außerhalb, wie anfangs von der Polizei vermutet wurde, nein, einige Mitspieler von Möller hatten sich diesen »Streich« erlaubt. Am Ende der Saison wechselte der Nationalspieler zurück zur Frankfurter Eintracht.

Fußballstars intim: Schlaue Fragen und noch schlauere Antworten

Teil I

Im Oktober 2007 boykottierte die Mannschaft des BVB über drei Wochen die Presse, weil, wie Trainer Thomas Doll es damals etwas kryptisch formulierte, »vieles von außen an die Spieler herangetragen worden war, was nicht hinreichend verarbeitet werden konnte«. Erst bestimmte eine ungläubige Stille den Tagesablauf der Journalisten und dann machte sich für einen kurzen Augenblick eine Art Erlösungsstimmung breit, wie die *Zeit* anhand einer anonymen Reporterstimme lakonisch aufzeigte: »Es hat auch einen gewissen Freizeitwert, wenn man sich mal ein paar Wochen nicht die nichtssagenden Phrasen anhören muss.«

Schließlich begannen sich die Pressevertreter fragend umzuschauen, wen man denn anstatt der Fußball spielenden Wichtigtuer in den Fokus der Berichterstattung rücken könnte. Sie landeten bei einer Gruppe, die sie allzu lange aus den Augen verloren hatten: den Fans. Das war früher einmal anders. In grauer Vorzeit inszenierten Journalisten sogar den regelmäßigen Austausch von Spielern und ihren Anhängern. Das *fussball-magazin* widmete der Thematik eine eigene Rubrik: »Fragen Sie Ihren Star!«

Und die Fußballidole der achtziger und frühen neunziger Jahre hatten auf alle noch so abenteuerlichen Fragen eine passende Antwort parat. Doch was am Ende sonderbarer war – die Fragen der Fans oder die Antworten der Fußballstars –, liegt wie immer ganz im Auge des Betrachters. Teil I:

Stefan Reuter: *Hast Du eine Freundin?* (Michael S., 7519 Eppingen) Immer mehrere auf einmal.

Gerd Strack: *Wie findest Du meine Schrift, im Zeugnis hatte ich eine Fünf. Ist das gerechtfertigt?* (Richard N., 4020 Mettmann) Eine Fünf ist wohl ein bisschen happig, aber eine Vier hätte ich Dir wohl auch gegeben.

Jean-Marie Pfaff: *Wie ist deine Einstellung zum Damenfußball, und was würdest du sagen, wenn deine Frau auch spielte?* (Sybille H., Schmitten) Meine Frau hat sicher keine Zeit zum Fußballspielen, sie ist in erster Linie Hausfrau. Aber wenn sie wirklich den Wunsch äußern würde, hätte ich nichts dagegen. Obwohl sie beim Ballstoppen mit der Brust sicher ihre Schwierigkeiten hätte.

Herbert Waas: *Ich bin Stürmer in der C-Jugend des TSV Ingelfingen. Könnten Sie mir einen Tipp geben, damit ich möglichst viele Tore schieße?* (Matthias H., 7118 Ingelfingen) Klar: Immer zwischen die drei Hölzer zielen!

Toni Polster: *Wohin würdest du mit einer Zeitmaschine reisen?* Ich würde zurück ins Paradies, den guten alten Adam weggrätschen, Eva den Apfel aus der Hand reißen und so allen Menschen das Paradies öffnen.

Ein Fußballer namens Paul Gascoigne

»George Best ohne Hirn.« *Stan Seymour, Präsident von Newcastle, 1988*

»Es heißt, er komme mit der Presse nicht zurecht, sei arrogant und außerdem ein Säufer. Wenn Sie mich fragen: Er hat alles, was man braucht.« *George Best, 1988*

»Ein Renaissance-Mensch aus der Tyneside. Jemand, der gleichzeitig furchterregend und albern sein kann.« *Jimmy Greaves, Vorgänger von Gascoigne bei Tottenham und im englischen Team, 1996*

»Gascoigne mit Pelé zu vergleichen ist so, als würde man den Entertainer Rolf Harris mit Rembrandt vergleichen.« *Rodney Marsh, ehemaliger Stürmer der englischen Nationalmannschaft, 1990*

»Gazza erinnert mich an Marilyn Monroe. Sie war zwar nicht die größte Schauspielerin der Welt, aber sie war ein Star, und man wartete gern, wenn sie zu spät kam, hehe.« *Michael Caine, 1998*

»Sie müssen entschuldigen. Er verfügt nur über einen äußerst begrenzten Wortschatz.« *Lawrie McMenemy, Co-Trainer der englischen Nationalmannschat nach Gascoignes »Fuck off, Norway« gegenüber dem norwegischen Fernsehen, 1992*

»Er ist ein phantastischer Spieler, wenn er nicht betrunken ist.« *Brian Laudrup, Mitspieler bei den Rangers, 1997*

»Das soll jetzt nicht unhöflich klingen, aber ich glaube, dass ihm Gott, als er ihn mit diesem enormen fußballerischen Talent bedachte, als Ausgleich dafür gleichzeitig sein Gehirn rausgenommen hat.« *Tony Banks, Sportminister, in BBC Radio 5 Live, 1997*

»Wenn man Zeitung liest, könnte man meinen, Paul und ich hätten ein Vater-Sohn-Verhältnis. Nun, ich hab zwei Söhne, und ich habe nie das Verlangen gehabt, sie zu schlagen, aber Gascoigne hätte ich das ein oder andere Mal gerne windelweich geprügelt.« *Walter Smith, Gascoignes Trainer bei Everton und bei den Rangers, 2000*

»Zu seiner Zeit war Gazza einfach phänomenal, der beste Spieler, den ich in diesem Land je gesehen habe. Beckham ist ein großer Fußballer, aber er kann ihm nicht mal die Schnürsenkel binden.« *Paul Merson, 1999*

Aus: Paul Gascoigne. Gazza. Mein verrücktes Leben, Bombus, München, 2005

Campino über Fußball: Homburg? Ein alberner Verein!

Der Frontmann der Düsseldorfer Band »Die Toten Hosen«, Campino, hat aus seinem Fan-Herzen noch nie eine Mördergrube gemacht. So bekennt er sich bei großen Turnieren öffentlich zur englischen Nationalmannschaft und lässt damit manch deutschen Patrioten zweimal kräftig schlucken. Und aufgrund seiner biografischen Wurzeln teilt er sich seine Liebe zur Fortuna aus Düsseldorf und dem Liverpooler FC zu gleichen Teilen auf. Dass er »nie zum FC Bayern München« gehen würde, hat er zusammen mit seinen Bandkollegen Mitte der Neunziger eindrucksvoll auf Platte gebannt und bereits Jahre vorher in einem Interview ohne Umschweife auf den Punkt gebracht: »Der FC Bayern? Von denen halte ich das Gleiche wie von München: Die ganze Stadt ist Schrott!«

Auch zu anderen Klubs hat Campino zumeist eine klare und schnörkellose Meinung. Als Ende der Achtziger eine Truppe aus dem Saarland kurzfristig für Furore sorgte, meinte Campino nur kurz und knapp: »Homburg? Ein alberner Verein!«

Und weil sich zu dieser Zeit auch die beiden Werksklubs aus Leverkusen und Uerdingen anschickten, den deutschen Fußball mit viel Geld im Rücken zu erobern, hatte der gebürtige Düsseldorfer auch hierfür nur Verachtung übrig: »Die Chemie-Heinis, die sollen doch turnen gehen!« Eine Meinung, die Campino im Jahre 2009 kurzfristig zurückstellen musste, weil sein Freund und ehemaliger Liverpool-Spieler Sami Hyypiä für die Bayer-Elf auflief: »Ich muss mich darauf vorbereiten, Sympathien für Bayer Leverkusen aufzubringen. Das ist als Düsseldorfer normalerweise nicht wirklich möglich, aber da geht bei mir dann die Freundschaft vor.«

Auch mit den Bayern hat er mittlerweile seinen Frieden gefunden: »Man kann mit Bayern München nur ordentlich als Feind umgehen, wenn man unsachlich bleibt. Sobald man sich an Fakten hält, wird es schwierig.«

Doch Bayern-Fan soll sein eigener Sohn im besten Falle dennoch nicht werden. Und um das zu verhindern, hat sich Campino bereits einen schlauen wie amüsanten Plan ausgedacht: »Ich werde ihm eine DVD von einem großen Liverpooler Sieg zeigen, aber nicht sagen, dass das Spiel schon stattgefunden hat, sondern so tun, als wäre es eine Live-Übertragung. Wir werden uns gemeinsam freuen und ich hoffe, damit ist der Virus platziert.«

Aber wahrscheinlich ist das überhaupt nicht mehr nötig, wie eine andere Geschichte beweist. Als der Kleine nämlich einmal auf der Straße von einem Bekannten gefragt wurde, wohin man denn unterwegs sei, sagte die Mutter: »Wir gehen zur Oma, Klöße essen. Lenny ist nämlich ein Klöße-Fan.« Woraufhin der Kleine den Kopf schüttelte und meinte: »Nein, ich bin doch Liverpool-Fan.«

Frisuren-Raten: Helden der Bundesliga

EINTRACHT FRANKFURT, BAYER LEVERKUSEN

BAYER LEVERKUSEN, 1. FC KÖLN, HERTHA BSC

BAYER UERDINGEN, 1. FC KAISERSLAUTERN

EINTRACHT FRANKFURT, BAYER LEVERKUSEN

BAYER UERDINGEN, FC HOMBURG, VFL BOCHUM

SCHALKE 04, HSV, 1. FC KAISERSLAUTERN

Männer, Frauen und Fußball

Die romantischen Treffen des Berti Vogts mit seiner Frau Monika, erzählt vom ehemaligen Bundestrainer höchstpersönlich: »Nach dem Spiel Deutschland gegen Polen bei der WM 1974 saßen wir am Flughafen. Ich war unansprechbar, hatte Schmerzen in der Leiste. Da kam eine nette blonde Stewardess: ›Herr Vogts, essen Sie doch eine Kleinigkeit.‹ Ich antwortete recht grob: ›Ich möchte meine Ruhe haben.‹ Und – aß dennoch ein wenig. Wir tauschten die Telefonnummern aus. Ein paar Wochen später trafen wir uns. Es war ein vernünftiges Treffen. Bei der EM 1996 wollte ich mit Monika unseren Hochzeitstag feiern – ganz allein. Im besten italienischen Lokal von Manchester. Wir kommen rein, und was sehen wir? Zehn unserer Spieler sitzen im Lokal. Es war trotzdem sehr schön.«

★ ★ ★

David Beckham, der Mann, der von sich selbst sagt, dass es herrlich sei, mit Victoria verheiratet zu sein, weil er all ihre Cremes benutzen könne, und der angeblich durch die Wohnung läuft und stolz ruft: »Ich bin eine Schwulen-Ikone, ich bin eine Schwulen-Ikone«, hat einmal über unseren ehemaligen Teamchef etwas sehr Nettes geäußert: »Ihr habt Franz Beckenbauer, der wird nie vom Thron gestoßen. Der könnte schwul sein und bliebe doch der Kaiser.«

★ ★ ★

Im Frühjahr 2010 nannte WDR-Moderator Frank Plasberg seine »Hart aber fair«-Sendung über das bestgehütete Geheimnis des Fußballs »Elf Freunde sollt ihr sein – Aber bitte ohne Anfassen«. Und der »letzte auf zwei Beinen stehende Macho«, Claude-Oliver Rudolph, war sich seiner Sache sehr sicher. Schwule könne es im Fußball nicht geben, sagte er und argumentierte hoch wissenschaftlich: »Für den Sport fehlt ihnen der Killerinstinkt. Als Bundesligaprofi erwarte ich ein testosteronwandelndes Monster, aber bei Schwulen gibt es eine biochemische Verschiebung.« Das Publikum staunte andächtig.

Wahrscheinlich wäre es komplett in eine Art Schockstarre gefallen, wenn auch noch Rudi Assauer live vor Ort gewesen wäre. Denn der hatte kurz zuvor in einem Zeitungsinterview erzählt, dass er in seiner aktiven Zeit »nie« einen schwulen Fußballer kennengelernt habe. Assauer hatte in diesem Zusammenhang jedoch auch noch eine andere delikate Geschichte parat: »Als ich noch in Bremen war, hörte ich, dass unser Masseur schwul ist. Ich bin zu ihm gegangen und habe ihm gesagt: ›Junge, tu' dir einen Gefallen – such dir einen neuen Job.‹«

Schumachers Doping: »Er hat die Wahrheit, drum müssen wir ihn hinrichten!«

Das Schlimme an Schumachers Buch waren ja nicht die Doping-Vorwürfe. So etwas weiß ja jeder Profi oder Ex-Profi, dass das mal gemacht wird«, hat Sepp Maier kurz nach dem Erscheinen der Autobiografie »Anpfiff« des ehemaligen Nationaltorhüters Harald Schumacher fast unbemerkt von der Öffentlichkeit gesagt. Eine Meinung, die man vielleicht auch nicht hören wollte. Denn das Doping-Thema wurde zum eigentlichen Skandal des Buchs medial hochstilisiert. Vor allem auch deshalb, weil sich die gesamte Bundesliga von dem Vorwurf freisprach, dass irgendjemand zu irgendeinem Zeitpunkt verbotene Substanzen genommen habe. Michel Meyer, französischer Autor des Schumacher Buchs, zeigte sich resigniert angesichts der verlogenen Reaktionen: »Ich bin verblüfft über die heuchlerische Haltung des DFB. Ich denke seit einigen Tagen an ein Chanson von Guy Béart, wo der Refrain beginnt: ›Er hat die Wahrheit, drum müssen wir ihn hinrichten.‹«

Dass Doping unter den Fußballprofis sehr wohl ein Thema war, erzählte Manfred Kaltz bereits im Juli 1982 eher beiläufig: »Auf die Dauer bringt es nichts, wirft man sich vor dem Spiel eine Kapsel ein. Man läuft mehr, hat jedoch kein Gefühl mehr für den Punkt, wo man eigentlich kaputt ist und seine letzten Reserven angreift. Als Profi sollte man lieber die Finger von den Tabletten lassen; lieber mal schlechter spielen ohne Pillen und pausieren, wenn es körperlich nicht mehr geht.«

Peter Neururer, der knapp zwanzig Jahre nach Toni Schumacher einen neuen Skandal auslöste, als er sagte, dass in den achtziger Jahren vermutlich fast die Hälfte aller Spieler Captagon genommen habe, wusste genau, wie das Aufputschmittel wirkt: »Man sieht den Spielern den Konsum von Captagon an. Die Augen stehen anders. Der Spieler wird nicht mehr müde und neigt auf dem Platz zu Überreaktionen. Das war ein kompletter Wahnsinn, der da gemacht wurde.«

Wie so etwas in der Praxis aussehen konnte, zeigte der Schotte Willie Johnston. Ihm wurde bei der WM 1978 in einem Doping-Test die Einnahme von Steroiden nachgewiesen. Obwohl er seine Unschuld reklamierte, schickte man ihn nach Hause und belegte ihn mit einer internationalen Spielsperre von einem Jahr. Damals behauptete Johnston, er habe Medikamente gegen Fieber genommen. Später jedoch gab er sein Vergehen zu. Man darf vermuten, dass der Schotte auch anderen Substanzen gegenüber nicht gänzlich abgeneigt war. Seine Rote-Karten-Bilanz spricht jedenfalls Bände: In seiner zwölfjährigen Karriere schaffte es Johnston, beeindruckende zwanzig Mal vom Platz gestellt zu werden.

Wie ein Mann für einen Moment ein russischer Fußballstar wurde

Welcher kleine Junge träumt nicht davon, eines Tages im Trikot eines Bundesligisten auf den grünen Rasen eines vollbesetzten Stadions zu laufen, in die Menge zu winken und den Applaus der Fans in sich aufzusaugen. Für Wolfgang Koll, einen Kneipier und Journalisten aus Bonn, ging genau dieser Traum in Erfüllung.

Anfang der neunziger Jahre veranstaltete die *Hamburger Morgenpost* zusammen mit einem Radiosender und einigen Unternehmen die abgedrehte Aktion »Halluzi der Stadt-Spuk«. Zwischen Binnenalster und Reeperbahn wurden scheinbar Karpfen aus Gullys gefischt, in Schwimmbädern Urin-Melde-Anlagen installiert, per Funk betriebene Haifischflossen durch die Alster gejagt und U-Bahnen zu Schlafwagen umgebaut. Der Hamburger, der als Erster eine dieser Aktionen enttarnte, konnte per Telefon-Hotline attraktive Preise einheimsen.

Und da in der Hansestadt der Fußball damals mit zwei Erstligisten gerade florierte, durfte Halluzi natürlich auch ans runde Leder. Die Chance des Lebens für Wolfgang Koll. Von einem alten Freund, der mittlerweile in Hamburg lebte, war er beim Bier dazu überredet worden, bei dieser Aktion mitzuwirken. Und so lief Koll nur wenige Wochen nach diesem Versprechen als Igor Collinski vor 18.631 Zuschauern zum Warmmachen auf den Rasen des Millerntor-Stadions von St. Pauli. Euphorisch war er zuvor vom Stadionsprecher als der überraschende, sensationelle Neuzugang aus Russland angekündigt worden, der topfit direkt in den Kader gerutscht sei. Dem Mann, den das Pauli-Publikum auf dem Feld Verrenkungen machen sah, spannte das hautenge Trikot hingegen deutlich über einer üppigen Wampe. Was die TV-Kameras allerdings nicht davon abhielt, jede Regung des eigenartigen Russen zu verfolgen. Und so filmten sie auch Kolls schnelle Verletzung. Nur wenige Minuten nach dem Start einer großen Karriere musste Igor Collinski auf der Trage besorgter Sanitäter vom Platz befördert werden. Als der Mann mit Bierbauch schließlich auch noch von der Transportgelegenheit krachte, stimmte das gesamte Stadion begeistert applaudierend an: »Halluzi, Halluzi ...«

Der damalige Hansa-Coach und frühere Trainer des Bonner SC, Erich Rutemöller, schaute Koll tief in die Augen. »Mensch, was machst du denn hier?«, fragte er Igor Collinski unten in den Katakomben und man sah Rutemöller deutlich an, dass er den Mann im Trikot vor sich, der eine leichte Bierfahne aussendete, irgendwoher kannte. Vielleicht hätte Koll den Schlachtruf aus gemeinsamen Tagen beim Bonner SC (»Wir brauchen keinen Rudi Völler, wir haben Erich Rutemöller«) anstimmen sollen, doch er sagte nur: »Ich muss jetzt raus!« Und dann erfüllte er sich als Igor Collinski für wenige Minuten den Traum aller fußballbegeisterten Kinder.

Legenden der Bundesliga

Als Ewald Lienen Trainer beim 1. FC Köln war, befragte man vor einem Spiel gegen den FC Schalke 04 eine Wahrsagerin, wie sie den Coach einschätzen würde. Und Medusa, die angeblich Alfred Biolek und Michail Gorbatschow zu ihren Kunden zählte, legte sich fest: »Der wird früher oder später überall scheitern. Ein großer Kämpfer zwar, doch er steht sich oft selbst im Weg. Dieser Mann findet keine Ruhe, weil er alles 1.000-prozentig machen will. Er gibt sich nie zufrieden, schafft sich dadurch viele Feinde. Er kann einfach keine Fehler verzeihen.« Dass Lienen Trainer ist, wusste Medusa übrigens angeblich nicht, denn von Fußball »verstehe sie leider gar nichts«.

★ ★ ★

In seinen Anfängen als Spieler war Ewald Lienen durchaus ein Spezialtyp. Seine Frau Rosi versuchte in einem Interview ein wenig seine Außenwirkung geradezurücken: »Viele Fans wollen nicht begreifen, weshalb mein Mann keine Autogramme schreibt. Die halten das für Arroganz. So ein Unsinn. Der Ewald setzt sich halt lieber hin und quatscht mit den Leuten ihre Probleme aus.« Wobei man sich das dann tatsächlich mal bildlich vor Augen führen sollte. Ein Fußballprofi, dem man mit all seinen Alltagssorgen kommen kann – frei nach dem Motto: »Du, Ewald, ich hätte da noch so eine Sache aus meiner Kindheit, die müsste ich unbedingt mal mit jemandem ausdiskutieren ...«

★ ★ ★

Mitten im Interview klingelte das Telefon. Und Frau Rosi verriet: »Das war Ewald, der macht sich Gedanken um seine Kohlenhydrate. Er geht jetzt ein Steak essen.« Herrlich!

★ ★ ★

Ein anderer Stratege der damaligen Zeit war der Stürmer Manni Burgsmüller. Als der gebürtige Essener 1985 von Oberhausen zu Borussia Dortmund zurückkehren sollte, machte Burgsmüller ein kleines Geheimnis aus den Verhandlungen mit den Schwarz-Gelben. Einem Journalisten, der ihn direkt auf den möglichen Transfer und einen Kontakt zu Borussen-Präsidenten Reinhard Rauball, der sein Geld als Rechtsanwalt verdient, ansprach, entgegnete er: »Eine Verkehrssache, wegen zu hoher Geschwindigkeit.« Als die Umstehenden kollektiv lächelten, ergänzte Burgsmüller schelmisch grinsend: »Ja, okay, wir haben uns unterhalten.«

Logik

»Ich habe ihn ausgewechselt, weil ich einen anderen Spieler einwechseln wollte. Da musste ich einen auswechseln.« *Trainer Ewald Lienen*

»In meinem Alter muss ich darauf achten, in einen Verein zu kommen, wo es Medikamente umsonst gibt.« *Josef Hickersberger zu seinen Vertragsgesprächen mit Bayer 04 Leverkusen*

»Ein auswärts erzielter Punkt zählt immer.« *Willi Schulz*

»Muss ich das jetzt als Frage verstehen oder die Antwort so beantworten, wie Sie sie in Ihre Frage reingelegt haben? Sie haben Ihre Frage so gestellt, dass ich das Gefühl haben muss, als wenn ich das, was Sie gerade gesagt haben, vorher schon gesagt hätte. Das habe ich aber nicht gesagt. Dem was ich gesagt habe, möchte ich nichts hinzufügen.« *Erich Ribbeck*

»Reinhold Völker, der Spielausschussvorsitzende des FV Horas, sagte ahnungsvoll in der Pause: ›Das Spiel ist noch nicht zu Ende.‹ Er sollte Recht behalten.« *Fuldaer Zeitung*

»Wenn ein Brasilianer mit Namen Mozart in Moskau spielt, dann können unsere Jungs nicht sagen, dass es dort zu kalt ist.«

Leverkusens Sportdirektor Rudi Völler vor dem UEFA-Cup-Spiel bei Spartak Moskau, wo der Brasilianer mit Namen Mozart spielt

»Keine Angst vor dem Spiel am Sonntag. Wenn der Gegner was taugen würde, müsste er nicht in der Kreisklasse spielen.« *Unbekannter Kreisklassen-Fußballtrainer zu seiner Mannschaft*

»Beim 1:1-Unentschieden zwischen Motor Diamant und Aufbau erzielten jeweils die Gegner die Tore.« *Freie Presse*

»Wenn sie zu Hause einen Nagel in die Wand schlagen, voller Überzeugung, und stellen dann fest, das Bild passt nicht. Dann können sie den Nagel rausziehen, aber das Loch bleibt.« *Mirko Slomka*

Unterhaltende Details der Fußballprominenz

So richtig gemocht hat man ihn nie. Als Trainer Max Merkel 1968 seine Biografie »Mit Zuckerbrot und Peitsche« auf den Markt brachte, wollte man gerne Alt-Bundestrainer Sepp Herberger und Bundestrainer Helmut Schön für ein Geleitwort gewinnen. Doch beide lehnten ohne eine Begründung ab.

★ ★ ★

1992 nahm Andreas Köpke mit TT-Fresh eine Maxi-CD mit dem Titel »Nummer 1« (Jacrabet Records) auf. Bodo Illgner, damals noch Stammtorwart der deutschen Nationalmannschaft, war darüber weniger amüsiert.

★ ★ ★

Bei seinem Abschiedsspiel im Münchner Olympiastadion stellte Lothar Matthäus seine eigens für diesen Anlass produzierte CD vor. Die Silizium-Scheibe mit dem Titel »All Time Hero« enthielt eine Reihe bekannter Fußball- und Fan-Gesänge. Zudem widmete die Formation »FLM« (Friends of Lothar Matthäus) ihrem Loddar den Titel »Great All Time Hero«. Während seiner Ehrenrunde nach der Partie gab Matthäus sein Debüt als Solosänger. »Muss I denn zum Städtele hinaus«, schmetterte der Franke in einer hitverdächtigen Originalität.

★ ★ ★

Im Februar 1992 versprach RTLplus vollmundig: »Sie sehen Fußball, wie er noch nie über die Mattscheibe flimmerte.« Und worum handelte es sich bei dieser atemberaubenden Neuerung, die den TV-Fußball komplett revolutionieren sollte? Es war »der flotte Aua-Dreier«, wie die *Sport Bild* die bahnbrechende Erfindung süffisant beschrieb. Alleine die Erläuterung des RTL-Kommentators Ulli Potofski zu der Dreiteilung des Bildschirms bei einem Foul hört sich bereits spektakulär an: »Sie sehen oben den, der weh getan hat, unten den, der Aua hat – und links den, der den Freistoß treten wird.« Es wurde ein echter medialer Rohrkrepierer.

★ ★ ★

Günter Netzer, der früher gerne auch schon einmal abends in München auf eine Promi-Party ging und morgens rechtzeitig wieder auf dem Trainingsplatz stand, sah eines Tages seinen Mitspieler Rainer Bonhof mit einem Buch über die High-Society. Auf Netzers Frage, was er denn damit mache, antwortete Bonhof süffisant: »Ich wollte nur mal wissen, wie das so zugeht in deinen Kreisen.«

Unsere niederländischen Freunde

1. Aus welchem Land stammen die Eltern von Ruud Gullit?
- A Indonesien
- B Nigeria
- C Ghana
- D Suriname

2. Welcher Niederländer schoss das 1.000. WM-Endrundentor?
- A Johan Cruijff
- B Wim Suurbier
- C Arie Haan
- D Rob Rensenbrink

3. Mit welchem Klub qualifizierte sich Hans Meyer 1997 für den UEFA-Cup?
- A Ajax Amsterdam
- B Roda Kerkrade
- C Twente Enschede
- D Feyenoord Rotterdam

4. Welchem deutschen Spieler sagte Torwart Hans van Breukelen am 21. Juni 1988 ins Gesicht: »Ich hoffe, dass du fokking stirbst«?
- A Lothar Matthäus
- B Eike Immel
- C Frank Mill
- D Rudi Völler

5. Mit welchem deutschen Trainer erreichte der AZ Alkmaar das UEFA-Cup-Endspiel 1981?
- A Georg Keßler
- B Udo Lattek
- C Hennes Weisweiler
- D Otto Knefler

6. Wer hat den Song mit dem großartigen Titel »Oei, oei, oei« gesungen?
- A Marco van Basten
- B Jan Wouters
- C Richard Witschge
- D Johan Cruijff

Bannerklau in Dortmund: Eine SOKO tappt im Dunkeln

In einer Nacht- und Nebelaktion drangen im November 2006 Diebe ins Westfalenstadion ein und stahlen das seit Mai 2005 über der Südtribüne aufgespannte Banner mit der Aufschrift: »GELBE WAND SÜDTRIBÜNE DORTMUND«. In den Vereinsforen des BVB herrschte damals blankes Entsetzen angesichts dieser hinterhältigen Tat. Aber schnell machte sich auch Trotz breit: »Diese Wand können sie uns nicht klauen! Danken wir also diesen ›Fans‹ noch einmal für die Motivation, die Kraft und den Zusammenhalt, den sie mit dieser Aktion nicht besser zusammenschweißen konnten. Wie immer werden wir nach einem Niederschlag gestärkt daraus hervorgehen. Euch rufen wir zu: Wartet nur, eure Strafe kommt. Denn am 10. Dezember werden wir euch auch beklauen. Um drei Punkte!« **+++** Sascha: »Mir unverständlich, wie man sich daran aufgeilen kann, andere ihrer Fanutensilien zu bestehlen, um sie dann öffentlich abzufackeln. Armseliger geht´s nicht. Damit meine ich ausdrücklich BEIDE Blagenbanden. Aber wie konnten diese Blagen überhaupt ins Stadion gelangen? Scheint ja ziemlich simpel zu sein, da einzusteigen.« **+++** Majo: »Vermutlich genauso einfach, wie man in GE Tauben verbuddeln kann.« **+++** Chico: »Dann kann ja demnächst quasi (jetzt mal überspitzt gesagt) jede Thekenmannschaft nachts ihr Nachholspiel im Westfalenstadion ausspielen.« **+++** Schnorri: »Heute Abend 23h, vorm Südeingang. Ich bring auch den Ball zum Pölen mit.« **+++** Norbert Dickel: »Sollen sie jetzt, sorry wenn ich das ins Lächerliche ziehe, eine SOKO aufstellen bzw. alles mit Kameras und Bewegungsmelder, vielleicht noch Selbstschussanlagen aufbauen.« **+++** Sascha: »… jetzt also mischen die *Ruhrnachrichten* die gerade wieder etwas abebbende ›Fahnengeschichte‹ wieder auf: Die Fahne sei aufgetaucht – in einem Teich in Bochum.« **+++** Schalker Dachverband: »Wenn das die Bochumer waren, zieh ich meinen Hut vor denen. Sie mögen uns nicht, sie mögen euch nicht und wären am Ende der lachende Dritte.« **+++** Anonym: »Die Fahne dient zu vorgerückter Stunde als ›Tresenbedeckung‹ in einer Schalker Kneipe – Dies wurde uns gestern und heute noch einmal von einem Augenzeugen bestätigt. Name und Ort der Kneipe auf Anfrage …« **+++** Nordmann: »Ojeee … es nimmt kein Ende. Und morgen liegt das Teil in der Korova-Milchbar.« **+++** Norbert Dickel: »Und wenn schon … Das Ding war eh affig. Hoffentlich wollen die Unaussprechlichen jetzt nicht noch ’ne Entsorgungsgebühr …«

P.S.: Auch im Jahre 2010 fahndete die »Soko Fahne« um Stadionsprecher Norbert Dickel immer noch ergebnislos nach dem 60 Meter langen Transparent!

Stadiongeschichten kurz notiert

Kartenpreise (in DM) in der Saison 1990/91	Billigste Karte	Teuerste Karte	Billigste Saisonkarte	Teuerste Saisonkarte
Sparta Prag	0,96	1,53	18,40	–
Glasgow Rangers	6,13	10,74	166,55	221,37
St. Patrick Athletics	6,13	12,27	53,68	–
FC Liverpool	7,67	13,80	130,88	222,90
Ajax Amsterdam	5,62	13,80	130,88	238,24
Rapid Wien	5,11	14,83	34,76	86,40
FC Brügge	6,65	17,89	90,50	258,69
Grasshoppers Zürich	6,13	18,40	307,77	–
FC Porto	6,13	24,03	–	–
Olympique Marseille	3,07	31,70	118,10	2080,27
Real Madrid	10,74	41,41	255,11	291,92
SSC Neapel	17,90	64,42	220,35	1290,39
Bayern München	5,11	28,12	92,02	383,44

★ ★ ★

Das Westfalenstadion in Dortmund war ein echtes Schnäppchen. Da sich der Rat und die Verwaltung der Stadt für den Bau eines Palettenstadions in Fertigbauweise entschieden hatten, soll es lediglich 31,7 Mio. DM gekostet haben. Zur Saison 1974/75 zog Borussia Dortmund aus der legendären Spielstätte Rote Erde in das neu errichtete Westfalenstadion um. Doch das erste Bundesligaspiel fand am 2. April 1976 ohne BVB-Beteiligung statt. Weil zur damaligen Zeit in Bochum das Stadion an der Castroper Straße zum Ruhrstadion umgebaut wurde, trug der VfL seine Spiele im Herner Stadion Schloss Strünkede aus. Doch die Partie im April 1976 zwischen dem VfL Bochum und dem FC Schalke 04 fand aus Kapazitäts- und Sicherheitsaspekten im Westfalenstadion statt. Und so wurde mit Erwin Kremers ein Schalker der erste Torschütze in einem Bundesligaspiel im Dortmunder Westfalenstadion. Die Begegnung endete übrigens mit einem 4:1-Sieg für den S04. Also wahrlich kein schöner Auftakt für die neue Spielstätte der Schwarz-Gelben.

★ ★ ★

Es gibt Fragen, die stellt man sich nur einmal im Leben. Zum Beispiel, wie Vereine die genaue Zuschauerzahl ihres Stadions ermitteln? Wie das geht, machte der FC Schalke 04 im September 1963 auf eine etwas eigenwillige Art und Weise vor. Es galt das Prinzip »try and error«. Nachdem beim Spiel des S04 gegen Borussia Dortmund 34.000 Karten verkauft worden waren, wollte Schatzmeister Hans Asbeck für die folgende Partie gegen den Hamburger SV 40.000 Tickets drucken lassen. Man habe schließlich festgestellt, so Asbeck, dass die »Glückauf«-Kampfbahn tatsächlich 40.000 Zuschauer fasse. Na, dann!

Knochenbrecher in England: Soccer's Hard Men

Paul Gascoigne schildert in seinem Buch »Gazza« die erste Begegnung mit Englands härtestem Mann aller Zeiten, dem Verteidiger Vinnie Jones. Im Februar 1988 spielte Gazza mit Newcastle United in Wimbledon und bereits vor der Partie verfolgten ihn nicht nur die Fotografen, sondern auch die Augen des beinharten Kloppers. Gascoigne erinnert sich: »Er wirkte riesig groß. Vor Spielen bin ich immer nervös und überdreht, aber diesmal ging es mir körperlich schlecht. Unmittelbar nach dem Anstoß sagte er: ›Ich bin Vinnie Jones. Ich bin ein verdammter Outlaw. Heute gibt es nur mich und dich, du Fettsack, nur dich und mich …‹« Gascoigne wusste, Jones meinte, was er sagte. Und gleich bei der ersten Ballberührung kam der Verteidiger angerauscht und senste den Mittelfeldspieler von Newcastle um. Als Jones etwas später weiter vorne einen Einwurf ausführen sollte, rannte er zuvor extra noch einmal zu Gascoigne und sagte mit rauer Stimme: »Ich muss vor, einen Einwurf machen, aber ich bin gleich wieder da, Arschloch.«

Und dann lieferten die beiden Engländer die Vorlage für eines der bekanntesten Fußballfotos der Welt. Gascoigne muss bei der Erinnerung an diese Szene schmunzeln: »Bei einem Freistoß stand Vinnie direkt vor mir und wartete. Plötzlich fasste er nach hinten und packte mich an den Eiern. Ich schrie vor Schmerzen. Ich dachte, niemand hätte gesehen, was passiert war, weil wir mit der Ausführung des Freistoßes zu tun hatten, aber ein Fotograf machte ein Bild von der Szene. Jemand muss ein Vermögen damit verdient haben, und mir und Vinnie hat es am Ende auch nicht geschadet.«

1992 erschien eine VHS-Kassette mit dem Titel »Soccer's Hard Men«. Darin zu sehen waren die härtesten Fouls der Fußballgeschichte von Knochenbrechern wie Graeme Souness, Billy Bremner und natürlich Vinnie Jones. Der Vorstand seines damaligen Klubs FC Wimbledon distanzierte sich ausdrücklich von der »Crazy Gang« und hatte für Vinnie Jones keine wirklich netten Worte übrig: »Er hat das Gehirn einer Mücke.«

Roy Keane stand den harten Jungs in nichts nach. Der ehemalige Kapitän von Manchester United wurde in der Saison 1997/98 von Manchester Citys Alf-Inge Håland einer vorgetäuschten Verletzung bezichtigt, obwohl er sich das Kreuzband gerissen hatte und damit für viele Wochen außer Gefecht gesetzt war. Das hatte der irische Nationalspieler auch drei Jahre später nicht vergessen. Wie Keane in seiner Autobiografie zugab, foulte er Håland beim nächsten Zusammentreffen der beiden Spieler absichtlich so schwer, dass der Norweger seine Karriere beenden musste. Das Foul des Iren zählt zu den ekelhaftesten der Fußballgeschichte – und wäre sogar bei Vinnie Jones ganz oben auf der persönlichen Hitliste gelandet.

Die Karriere des Jens Lehmann ist vorbei: »Jetzt gehe ich nach Hause!«

Jens Lehmann legte in seinen letzten Spielzeiten als Keeper des VfB Stuttgart die Messlatte für kommende Torwart-Generationen noch einmal sehr hoch. Vom Unterhaltungswert her wird der ehemalige Nationalkeeper so schnell wohl nicht zu übertreffen sein.

Gegenspielern auf die Füße steigen, Anhängern die Brille klauen, sich mit Balljungen anlegen, Schuhe wegschmeißen, Fans den Stinkefinger zeigen und Geschäfte hinter der Werbebande erledigen – alles in einem Jahr und alles hoch emotional im bewährten, sachlichen Lehmann-Stil. Seit der Torwart 1987 von Schwarz-Weiß Essen zum FC Schalke 04 wechselte, erlebte er eine Karriere auf Starkstrombasis.

Einer seiner ersten Trainer im Profibereich, Peter Neururer, sagte einmal über den jungen Lehmann: »In Freundschaftsspielen konntest du den nicht einsetzen.« Da war das Nachwuchstalent gerade bei einem Hallenturnier dem Zweitligatorjäger Michael Tönnies aus Duisburg mit gestrecktem Bein gegen das Knie gesprungen. Hastig versuchte Lehmann sich zu entschuldigen: »Ich will doch niemanden umhauen oder gar verletzen.« Doch Tönnies verweigerte immer noch geschockt und kopfschüttelnd die ausgestreckte Hand.

Etwa zur gleichen Zeit soll sich der fidele Lehmann in einem Trainingslager in Florida des Nachts im jugendlichen Übermut aus seinem Zimmer des Hotelhochhauses abgeseilt haben. Leider reichte das gespannte Tuch nicht ganz nach unten. Auf halber Strecke endete das Abenteuer auf dem Balkon des ob des überraschenden Besuchs erfreut grinsenden Trainers Peter Neururer, wie dieser einmal an einem launigen Abend aus dem Nähkästchen plauderte.

Doch auf den Keeper lässt der Marler Fußballlehrer nichts kommen. Als sich Lehmann am Ende der Spielzeit 2009/10 offiziell verabschiedete, erzählte Neururer eine fast unglaubliche Geschichte: »Kein Witz. Jens Lehmann ist der Lebensretter meines Sohnes! Zur Saison-Eröffnungsfeier war ein Podest vor dem Stadion aufgebaut, von dem mein kleiner Sohn runtergefallen ist. Unten stand Jens und hat ihn aufgefangen. Von da an war er meine Nummer 1.«

Eigentlich kommt Jens Lehmann also mit Kindern sehr gut aus. Und die Geschichte mit dem betrügerischen Balljungen ist ja mittlerweile auch vom Tisch. Man hat sich vertragen. Doch das Zitat dieses Tages wird bleiben. Lehmanns gesellschaftspolitischer Rundumschlag ist zudem ein schönes Schlusswort am Ende einer langen Karriere: »Jetzt gehe ich nach Hause und muss meine Kinder erziehen, damit wenigstens die korrekt werden!«

Reporter

»Dressel, die Bochumer Chef-Schwalbe.« *Jörg Dahlmann*

»Betriebsversammlung.« *Markus Höhner zum Spiel Bayer Uerdingen gegen Bayer Leverkusen*

»Wenn Sie jemandem einen Streich spielen wollen, schenken Sie ihm eine Dauerkarte fürs Weserstadion.« *Jörg Wontorra nach einem 0:0*

»Das war's für mich. Ich hab' geschrien, ich hab' geflüstert, ich hab' gegähnt, ich hab' gezittert, ich hab' gefroren, ich hab' geschwitzt, aber ich hab' Spaß gehabt. Jedenfalls meistens in diesen 36 Jahren.« *Radiomann Manni Breuckmann bei der Schluss-Reportage seiner Karriere*

»Wie auch immer es ausgehen mag, es war ein schwer erkämpfter Sieg für die Bayern.« *Wilfried Mohren*

»Wieder ein Konter. Wieder Cha Bum – was macht er? Wieder drüber!« *Holger Obermann kommentiert eine Wiederholung*

»Das können sie wirklich gut:
Diese Flügelwechsel auf Höhe
der Mittellinie!«

Bela Rethy

»Heute schlägt das Schäfer-Stündchen.« *Jörg Wontorra über Winfried Schäfer*

»Von Jürgen Kohler, den sie alle nur Kokser nennen, zurück zum heutigen Gegner Kolumbien – eine gelungene Überleitung, wie ich finde.« *Wolf-Dieter Poschmann*

»Pässe der Marke Lothar Matthäus – da möchte man Ball sein.« *Johannes B. Kerner*

»Je länger das Spiel läuft, desto weniger Zeit bleibt.« *Marcel Reif*

Poesie und Fußball: Die Dichter Berti Vogts und Kalle Rummenigge

Passend zur Weihnachtszeit 1993 überraschte Berti Vogts auf einer Pressekonferenz die versammelte Journalisten-Schar mit einem literarischen Erguss der besonderen Art. Mit weihevoller Stimme trug er vor: »Ein bisschen mehr Freude und weniger Streit, ein bisschen mehr Güte und weniger Neid, ein bisschen mehr Liebe und weniger Hass, ein bisschen mehr Wahrheit, das wäre doch was.«

Kurz nach der Veröffentlichung dieser Zeilen meldeten sich die ersten Zeitungsleser und erzählten erstaunt, dass sie dieses Gedicht in ihrer Jugend schon einmal gehört hätten. Und tatsächlich hatte Peter Rosegger (1843 – 1918), wie der *Spiegel* berichtete, bereits 1891 sehr ähnliche Verse verfasst. In Roseggers Version hieß es nur »Friede« statt »Freude« und das »doch« am Ende gab es nicht. Der *Spiegel* schrieb süffisant: »Vogts schützt nun eine Bildungslücke vor. ›Ich bin doch nicht so blöd und kupfere fremde Texte ab‹, ließ er den *Express* wissen. Er habe nur seine ›eigenen Gedanken aufgezeichnet. Rosegger kannte ich gar nicht‹.«

Knapp 16 Jahre später ereignete sich ein frappierend ähnlicher Fall um den Vorsitzenden des FC Bayern München, Karl-Heinz Rummenigge. Auf der Jahreshauptversammlung wollte der ehemalige Bundesligaprofi dem scheidenden Präsidenten Franz Beckenbauer mit einem Gedicht für seine Arbeit danken. Das ging gleich doppelt daneben. Rummenigge wurde für seine dargebotenen Zeilen zuerst belächelt und schließlich auch noch verklagt. Der Vorsitzende des FC Bayern hatte das Gedicht nämlich zu großen Teilen aus dem Internet von einer gewissen Anette Pfeiffer-Klärle kopiert. Über sie steht auf einer Webseite geschrieben: »Ihr Stil, in der heutigen Zeit reine Reime zu schreiben, bedarf immer größerer Beliebtheit.« Was immer dieser Satz auch bedeuten mag, er muss Karl-Heinz Rummenigge dazu bewogen haben, zu glauben, dass er damit einen Volltreffer bei seinem guten Freund Franz und dem rot-weißen Auditorium landet. 1.000 Euro Strafe sind Rummenigge diese Zeilen am Ende wert gewesen: »Lieber Franz, ich danke Dir. Ich danke Dir, ich danke Dir sehr. Ich danke Dir, das fällt uns nicht schwer. Ich danke Dir, danke Dir ganz doll. Weiß gar nicht, was ich alles sagen soll. Ich danke Dir, Du bist ein Schatz. Dies sage ich Dir in diesem Satz. Ich danke Dir, das fällt nicht schwer. Danke, danke, danke sehr. Und ein spezielles Dankesehr an 1860 für die Watschn an Dir.«

Fußball und die achtziger Jahre

1. Welches war das häufigste Ergebnis im Endspiel des Pokals der Landesmeister in den achtziger Jahren?

- A 1:0
- B 2:0
- C 2:1
- D 3:1

2. Wer war der erste DDR-Spieler, der legal in die Bundesliga wechselte?

- A Matthias Sammer
- B Michael Ballack
- C Dariusz Wosz
- D Andreas Thom

3. Welches europäische Team holte die meisten nationalen Meisterschaften in den achtziger Jahren?

- A BFC Dynamo Berlin
- B Roter Stern Belgrad
- C ZSKA Moskau
- D Steaua Bukarest

4. Nenne das Torverhältnis, welches die deutsche A-Nationalmannschaft in allen internationalen Endspielen in den achtziger Jahren erzielte!

- A 3:3
- B 4:6
- C 5:7
- D 6:8

5. Wer war der erste deutsche Fußballer des Jahres, der im Ausland spielte?

- A Karl-Heinz Schnellinger
- B Hans-Peter Briegel
- C Andreas Möller
- D Dietmar Hamann

6. Italien übte in den Achtzigern eine magische Anziehungskraft auf die Bundesliga aus – wer war der erste Bundesligaspieler, der in den achtziger Jahren den Run auf die italienische Liga eröffnete?

- A Herbert Neumann
- B Karl-Heinz Rummenigge
- C Bernd Schuster
- D Karl Allgöwer

»Rumpelfußball vom Feinsten – Langeweile pur«

Im Herbst 2009 schien für einen langen Moment die Welt beim »Stern des Südens«, dem ruhmreichen FC Bayern München, aus den Fugen geraten zu sein. Ein völlig indiskutabler siebter Platz in der Liga, enttäuschende Niederlagen gegen eine Schülermannschaft aus Untergiesing, äh Bordeaux, in der Champions League und ein holländischer Trainer, der sich in einem locker-jovialen Spruch scheinbar selbst übertraf, als er sagte: »Ich bin wie Gott. Ich werde nie krank, und ich habe immer recht.«

Später wurde das Zitat allerdings von Louis van Gaal höchstpersönlich korrigiert. Selbstkritisch, bescheiden und voller Demut meinte der liebenswerte General, er habe lediglich gesagt, er würde in »Lederhosen aussehen wie ein Gott«. Na also, klappt doch wunderbar mit der Selbstwahrnehmung!

Bei so viel Kreativität in der Führungsriege wollten sich die Fans des »Champions of the world« von der Isar nicht lumpen lassen und verfassten eine süß-saure, bitter-böse Anklageschrift gegen ihren Klub – in Form eines realen Ticketangebots bei Ebay: »Wollen Sie Ihre Freunde loswerden? Hassen Sie Ihren Nachbarn? Wollen Sie Ihre Schwiegermutter endgültig gegen sich aufbringen? Hier das perfekte Geschenk: 2 x Eintrittskarten für den Champions-League-Kracher FC Bayern München gegen Maccabi Haifa. Die Plätze befinden sich im Mittelrang, damit man das Drama in Perfektion verfolgen kann, allerdings nicht dabei gefilmt wird, wenn man sich aufgrund der grandiosen Leistungen des ruhmreichen FC Bayern gerade übergeben muss. Wollen Sie verfolgen, wie Haifa den deutschen Rekordmeister an den Rand einer Niederlage bringt, schließlich aber doch 1:0 verliert (89. Minute, van Buyten)? Dann schauen Sie sich das Spiel bei Sky an und genießen Sie einen schönen Abend mit 'nem gepflegten Vollrausch und dem ein oder anderen guten Spiel in der Konferenz. Sind Sie allerdings Masochist? Quälen Sie sich gerne selbst? Leiden Sie an Bulimie und benötigen ein neues Brechmittel? Dann bieten Sie hier auf diese Karten. Ich werde mir an diesem Abend wohl lieber die Weißheitszähne rausnehmen lassen oder Halma spielen → ist lustiger. Es handelt sich um 2 Eintrittskarten (2 weitere in einer anderen Auktion – sollten Sie noch mehr Freunde loswerden wollen).«

Das Spiel endete übrigens tatsächlich – nach einer mittelprächtigen Leistung der Bayern – 1:0 für den Rekordmeister. Das Tor ist allerdings in der 62. Minute gefallen und der Torschütze war Ivica Olic. Danach ging es mit dem FCB nur noch bergauf.

Das fabulöse Lexikon des brasilianischen Fußballs!

In seiner sechsten Ausgabe stellte *Null Acht*, das wunderbare »Magazin für Rasenpflege«, ein umfangreiches Lexikon über den brasilianischen Fußball vor. Unter *www.nullacht.at* kann man es komplett nachlesen. Deshalb hier nur ein Ausschnitt des unter Leitung von Alois Gstöttner entstandenen Lexikons:

Barbosa, Moacyr (1921–2000): Nicht nur tragische Figur der Weltmeisterschaft 1950 im eigenen Land, sondern tragische Figur des brasilianischen Fußballs schlechthin. Im entscheidenden Spiel gegen Uruguay kassierte er in der 79. Minute den – vermeintlich haltbaren – Siegtreffer aus spitzem Winkel. Torschütze: Alcides Ghiggia. Barbosa dazu selbst 1993 in einem Interview: »In Brasilien ist die Höchststrafe für ein Verbrechen 30 Jahre. Doch ich zahle jetzt schon 43 Jahre für ein Vergehen, das ich nicht einmal begangen habe.«

Campeonato Brasileiro de Futebol: Die Landesmeisterschaft, häufiger Brasileirão genannt. Der Rekordmeister im erst seit 1971 ausgetragenen Bewerb ist der FC São Paulo. Im Dezember 2008 konnte er sich seinen sechsten Titel, den dritten in Folge, sichern.

Carregador de Piano (Deutsch Klavierträger): Der schlechteste Spieler einer Mannschaft, das schwächste Glied der Kette.

Chapéu (Deutsch Hut): Meint einen Heber. Hergeleitet von der halbkreisähnlichen Kurve beim Ziehen des Hutes. Weitere sechs (!) Begriffe zur Umschreibung dieser technisch anspruchsvollen Angelegenheit: »Balãozinho« (Ballönchen), »Lençoís« (Leintuch), »Banho de Cuia« (Cuia-Bad), »Boné« (Kappe), »Bonezinho« (Kapperl) und »Sombrero«.

Domingues, Milene: Ex-Frau von Ronaldo. Und bei Weitem beeindruckender: Sie jongliert den Ball wie keine andere. Nach 9 Stunden und 6 Minuten wurden – je nach Quelle – um die 55.000 Berührungen gezählt. In der Seleção kam sie ebenfalls zum Einsatz.

Gasolina (Deutsch Benzin): Spitzname Pelés, bevor er den Thron als Fußballkönig besteigen durfte. Weitere Pseudonyme brasilianischer Profikicker: »Diamante Negro« (Deutsch: Der schwarze Diamant), »Ventilador« (Ventilator), »Astronauta« (Astronaut), »Fuzuê« (Lärm) und »Geada« (Frost). So gut wie alles kann in Brasilien zur Bildung eines Phantasienamens herangezogen werden. Fehlt die Inspiration, wird gerne nummeriert, wie im Falle des Kickers »Centoenoves« (Hundertneun).

Uwe Klimaschefski: »Fesselt ihn mit den Seilen!«

Nach manchen Menschen fragen die Leute noch Jahrzehnte später, was die Person wohl gerade macht. Uwe Klimaschefski ist so jemand, für den sich die Fußballfans auch heute noch brennend interessieren. Sein Hang zum anekdotenreichen Leben faszinierte die Anhänger des runden Leders schon immer. Über seine legendären Sprüche, spektakulären Geschichten und kuriosen Einfälle spricht der ehemalige Trainer auch heute noch gerne. Dem Magazin *11 Freunde* hat Klimaschefski noch einmal eine seiner bekanntesten Storys erzählt: Die Anekdote von dem an den Torpfosten gebundenen Platzwart.

Es war die Zeit, als Uwe Klimaschefski in Homburg Narrenfreiheit besaß und ungestraft bei Rot über die Ampel fahren durfte. Wenn sich damals jemand bei seinem Präsidenten über ihn beschwerte und meinte: »Der Klima hat uns als Arschlöcher bezeichnet!«, dann hat der Homburger Vorstandsvorsitzende keine langen Reden geschwungen, sondern kurz und knapp gesagt: »Ja und? Ihr seid doch auch Arschlöcher!«

Nur ein einziger Unerschrockener leistete dem Trainer von Zeit zu Zeit etwas Widerstand. Der Platzwart und gleichzeitige Besitzer der Vereinsgaststätte verwehrte Klimaschefski an einem Rosenmontag die Übungseinheit auf dem Rasenplatz. Stattdessen sollte die Mannschaft auf den Hartplatz ausweichen, der laut Klimaschefski, »tatsächlich so hart« war, dass man dort »ohne große Probleme einen Jumbo« hätte landen können. Doch als der Trainer bemerkte, dass der Platzwart »bereits voll wie ein Eimer« war, schickte er seine Jungs dennoch auf den Rasen. Das passte dem Mann, den alle nur »Brüder« nannten, überhaupt nicht. Unaufhörlich wies er den Trainer durch Zwischenrufe darauf hin, dass er auf dem falschen Platz gelandet sei: »Klimaaa, du Idiot! Runter vom Rasen!«

Irgendwann wurde Klimaschefski die Sache zu blöd und er wies einen jungen Spieler an, Sprungseile zu holen. Dann versammelte er die Mannschaft am Mittelkreis und sagte: »Ihr geht jetzt runter, nehmt ihn gefangen und fesselt ihn mit den Seilen.« Der wehrlose Platzwart wurde an einen Torpfosten gebunden und mit Bällen, die man an der Strafraumgrenze positioniert hatte, beschossen. Klimaschefski erinnert sich: »Der hat einige Bälle vor den Sack bekommen, aber einknicken ging ja nicht, dafür hatten ihn die Jungs zu gut festgebunden.«

Der ganze schaurige Spuk endete nach knapp fünfzehn Minuten. Die Frau des Platzwarts kam mit einem Brotmesser aus der Vereinsgaststätte gestürmt und schnitt ihren Mann vom Pfosten los. Heute wohnt Brüder gleich bei Klimaschefski um die Ecke. Dass er beim freundlichen Grüßen immer noch leicht den Kopf einzieht, ist allerdings ein Gerücht.

Lieblingswitze von und über Fußballstars

Sepp Maier, im Jahre 1979
Geht einer zum Doktor und sagt: »Ich hab Zucker. « Sagt der Doktor: »Das können Sie doch gar nicht feststellen, dass Sie Zucker haben.« Erwidert der Mann: »Doch, doch, ich habe Zucker.« Der Arzt: »Das haben wir gleich.« Der Mann zieht sich aus, bis auf die Unterhose. »Ich will Sie ganz untersuchen, ziehen Sie doch die Unterhose bitte aus.« »Na, meinen Sie, Herr Doktor.« Gut, zieht er die Unterhose aus. Sieht der Doktor mit einem Auge, dass die innen ganz braun ist. Sagt er: »Sie, mein lieber Mann, Sie haben kein Zucker, Sie haben Zimt.«

★ ★ ★

Lothar Matthäus
Maria Epple, die berühmte Skifahrerin, möchte mal bei einer Herrenabfahrt mitmachen. Verkleidet rast sie den Hang hinunter und stürzt 300 Meter vor dem Ziel. Als sie wieder zu sich kommt, drückt ein Pistenhelfer an ihrem Busen herum und sagt: »Keine Sorge, Kumpel, die beiden Beulen kriegen wir wieder weg.«

★ ★ ★

Jürgen Kohler
Ein Mann an der Theaterkasse: »Ich hätte gern zwei Karten.« »Für Tristan und Isolde?« »Nein, für meine Frau und mich.«

★ ★ ★

Franz Beckenbauer
Fragt der eine Spanner den anderen: »Du, was machen wir heute Nachmittag?« Sagt der Kollege: »Schaun mer mal.«

★ ★ ★

Radmilo Mihajlović
Angeblich sogar ein wahrer Witz: Der Bayern-Stürmer auf die Frage, wie ihm der Urlaub gefallen habe: »Keine Ahnung, die Filme sind noch nicht entwickelt!«

★ ★ ★

Kevin Kuranyi (als es mal richtig rund bei ihm lief)
Was ist der Unterschied zwischen japanischen Touristen und Kevin Kuranyi? Kuranyi knipst noch häufiger. # Warum muss sich Kevin Kuranyi beim Pinkeln nicht hinsetzen? Weil er aus allen Lagen trifft. # Warum hat Kevin Kuranyi keinen Twitter-Account? Weil sowieso alles, was er macht, ins Netz geht.

Frisuren-Raten: Borussia Dortmund

1980–1984, 1986–1987

1982–1993

1989–1994

1981–1998

1986–1990

1991–1999

Legendäres Sky-Interview: »Ihr Kasperln dürft sagen, was ihr wollt«

Moderator Folkmann: »Peter Pacult hat das Interview bei mir schon richtig angeteast mit den Worten: Jetzt kannst dich gleich anhalten, ich hab was zu sagen. Was ist es denn, Peter Pacult?«
Pacult: »Ich verstehe es nicht, wie können Sie jetzt vorhin sagen, der Trainer Peter Pacult freut sich nicht über den ersten Platz. Das ist eine Frechheit von Ihnen. Wie können Sie meinen Namen da jetzt daherstellen und können auf einmal sagen: Ich freu mich nicht?! So viel Blödheit, wie Sie dort erzählen, ist schon einmal grenzenswert.«
Folkmann: »Ist jetzt nicht besonders höflich, Peter Pacult!«
Pacult: »Waren Sie jetzt höflich? Wie können Sie jetzt meinen, Trainer Peter Pacult freut sich nicht über den ersten Platz. Ist das freundlich?«
Folkmann: »Nein, wir waren beim letzten Mal auch hier ...«
Pacult: »Was soll das mit letztem Mal? Sie haben etwas behauptet, was überhaupt nicht stimmt.«
Folkmann: »Also, ich entnehme dem, um das abzukürzen, dass Sie sich sehr wohl über den Herbstmeistertitel freuen.«
Pacult: »Unterster Schuhplattler, was ihr hier jetzt aufführt ...«
Folkmann: »Okay, das war jetzt also sicher nicht so bös gemeint, wie ...«
Pacult: »Wieso ist das dann so bös gesagt von Ihnen? Wie kommen Sie auf den Gedanken? Wie kommen Sie auf den Satz, dass Sie ohne einen jeden Grund meinen Namen verwenden und sagen: Der Trainer freut sich nicht von Rapid, weil wir Erster sein. Da wird unnötige und dumme Stimmung von Ihnen gemacht.«
Folkmann: »Okay, wenn Sie das so sehen, ich ...«
Pacult: »Ich seh das so, weil Sie haben das ja so blöd gesagt!«
Folkmann: »Okay, find ich immer noch nicht sehr höflich ihren Auftritt, ganz ehrlich ...«
Pacult *völlig außer sich*: »Aber ihr dürft sagen, was ihr wollt. Ihr Kasperln dürft sagen, was ihr wollt.« *Dem Moderator* **Folkmann** *reicht es endgültig*: »Ich würde mich auch gerne rechtfertigen, bin aber immer so nett, dass ich Ihnen das Mikrofon hinhalte. Ist okay. Wollen wir trotzdem noch über die Partie reden, oder sind Sie jetzt einfach nur sauer auf mich und wir beenden das?«
Pacult: »Ich bin sauer auf Ihnen. Aber zu Recht und ich darf auch sauer sein.« *Darauf beendet der* **Reporter das Gespräch**: »Na, gut, dann seien Sie sauer auf mich. Ich gratuliere Ihnen trotzdem zum wahrscheinlichen Herbstmeistertitel.«
Pacult: »Sie brauchen mir nicht zu gratulieren! Vorhin haben Sie noch was anderes gesagt ...!« **Folkmann** *gibt auf und ins Studio*: »Okay, Jörg, du bist dran!«

Diego Armando Maradona für umsonst: Ein Traum geht in Erfüllung!

Als Maradona 1992 nach seiner 15-monatigen Sperre vom SSC Neapel zum FC Sevilla wechselte, rechnete die *Sport Bild* vor, wie Sevilla den Weltstar quasi kostenlos ins Haus geliefert bekam. Was sich anhört wie ein Märchen aus 1001 Nacht, belegte das Magazin Schritt für Schritt in Zahlen. Die Rechnung einmal im Detail zum Staunen: »Die Spanier zahlen laut FIFA-Urteil vom 22. September 11,3 Millionen Mark Ablöse an den SSC Neapel. Davon zahlt Maradona 6,78 Millionen aus eigener Tasche. Bleiben 4,52 Millionen Mark, die Sevilla bequem in vier Raten im Abstand von je sechs Monaten abzahlt.

Zum Gewinn: Sevilla hat die TV-Rechte an Maradonas erstem Spiel gegen die Bayern für 2,3 Millionen Mark über die Agentur dorna verkauft. Das Spiel wurde in 48 Länder übertragen. Durch Bandenwerbung und Sponsorenverträge hat der Verein 800.000 Mark verdient. Sevillas Trikot-Sponsor Nintendo zahlte obendrein 1,48 Millionen Mark, um das Spiel zu präsentieren. Gesamtverdienst am Bayern-Spiel: 4,58 Millionen Mark – damit ist der Maradona-Transfer bereits voll finanziert.«

Und die Zeitschrift rechnete weiter: »Auch sein Jahresgehalt von 4,5 Millionen Mark hat Sevilla schon eingespielt. Der Verein hat seit dem Wechsel 17.000 neue Dauerkarten (Einnahme: 2,25 Millionen Mark) verkauft, zu den Heimspielen kommen 20.000 Fans mehr als vorher. Jedes Liga-Spiel wird live nach Südamerika übertragen (Einnahme pro Spiel etwa 150.000 Mark, die Verhandlungen mit dorna laufen noch). Dazu winken attraktive Freundschaftsspiele. Beispiel: Letztes Wochenende hatte Sevilla spielfrei, flog nach Südamerika, um gegen Colo-Colo (Chile) und Boca Juniors (Argentinien, der italienische Milchkonzern Parmalat zahlte als Sponsor 250.000 Mark) zu spielen. Aus Antrittsgagen und TV-Übertragungen rechnet Präsident Luis Cuervas mit ›500.000 Mark Reingewinn‹.«

Eine ganz erstaunliche Rechnung, die das Magazin damals aufmachte. Aber wenn sie auch nur annähernd stimmte, dann haben sich einige Traditionsvereine – wie beispielsweise der Hamburger SV, der angeblich den Deal durch »Privat-Geld« des Unternehmers Johnny Solterbeck noch zusätzlich subventioniert bekommen hätte – tatsächlich etwas verrechnet. Günter Netzer soll zu dem möglichen Transfer 1992 gesagt haben: »Maradona in Hamburg – eine historische Chance.«

Der FC Sevilla wurde in der Spielzeit 1992/93 übrigens Tabellensiebter. Fünf Plätze besser als in der Saison zuvor. Also auch sportlich ging die Rechnung damals auf.

Die Anekdoten der Ente: Als Letztes kam schließlich die Bombe!

Wer die Chance hat, einmal Willi »Ente« Lippens live auf der Bühne zu erleben, der sollte dies nicht verpassen. Der Mann ist nicht nur eine lebende Legende, sondern auch ein geborener Entertainer. Über seine Anekdoten sagt Lippens mit einem breiten Grinsen im Gesicht: »Das ist alles Realität. Das ist nicht geflunkert. Das eine oder andere wird ein bisschen ausgebaut, das ja, aber sonst …«

Aus den Tagen, als er in die USA zu den Dallas Torpedos wechselte, stammt diese Geschichte: »Mitten in der Nacht klingelte das Telefon. ›Hier ist Gert Trinklein. Hömma, dein Vertrag läuft doch auch aus und hier in Dallas gibt es 'ne schöne Marie zu verdienen, ganz wunderbar. Aber lass dir das schriftlich geben, dass du ablösefrei bist!‹ Anfang der 80er waren wir ja alle drüben. In Deutschland war ja kaum noch einer, der gespielt hat. Cruijff, Neeskens, Beckenbauer. Müller, Hölzenbein … alle. Die waren 1979 alle drüben.

Dann habe ich mir das geben lassen von der Borussia und bin rüber nach Dallas. Gert hatte schon alles vorbereitet und dann kostete ich auf einmal soooo einen Klotz Ablösesumme. Das Geld lag auf der Bank und der Gert hat dann gesagt, wir regeln das mit der Freigabe. Die haben uns ja alles geglaubt. Und dann haben wir geteilt. Eins für dich und eins für mich. Gut, weg.

Und dann fiel mir ein, Mensch, da ist doch noch der Wolfgang Rausch, der spielt ja jetzt bei den Bayern. Der war von Rot-Weiss nach München gegangen, aber spielte da nicht so richtig. Da habe ich gedacht, ruf den mal an. Ja, wunderbar, dann saß der auch im Flieger. Und dann kostete er auch wieder richtig Geld. Da haben wir dann zu dritt gesessen. Eins für dich, eins für dich und eins für mich. Sehr schön.

Da sagte der Wolfgang, och, den Ede Wolf, den habe ich noch letzte Woche gesehen, der will auch aufhören bei der Borussia. Ja, gut, haben wir gesagt, dann rufen wir jetzt den an. Einmalig. Der kam, kostete 'nen Klotz Ablöse. Einer für dich, einer für dich, einer für dich, einer für mich. Wunderbar. Und dann kam der Flemming Lund, der bei Rot-Weiss und der Fortuna gespielt hatte, der dann auch zu uns kam, da waren wir zu fünft. Für dich, für dich, für dich, für dich, für mich.

Als Letztes kam schließlich die Bombe. Klaus Toppmöller. Der kam zu uns nach Dallas und kostete einen R-i-e-s-e-nklotz. Das war praktisch das Ende für den Verein. Da waren wir zu sechst. Da musstest du schon einen schönen breiten Tisch haben, um das alles nebeneinander zu kriegen. Ja. Nur der Klaus Toppmöller war verletzt und hat nie wieder gespielt. Aber, wie gesagt, wir hatten es drin und das war gut.«

Wir rülpsen nicht, wir kotzen schon: Fußballer und Werbung

Paul Gascoigne sollte einmal für die Aftershave-Firma Brut Werbung machen. Der Vertrag war unterschriftsreif und die Medien hatten bereits Wind von der Sache bekommen. »Paul Gascoigne – das junge frische Brut-Gesicht«, sollte die Kampagne heißen. Die Presse fragte den Nationalspieler daraufhin, seit wann er denn Brut verwenden würde, und Paul Gascoigne antwortete naiv-ehrlich: »Ich verwende es überhaupt nicht.« Lange Gesichter bei den Journalisten und die Frage, welches Rasierwasser er denn stattdessen nehmen würde. Und Gascoigne: »Gar keins, ich krieg Ausschlag davon!« 500.000 Pfund in den Sand gesetzt. Doch der Mittelfeldspieler tröstete sich mit den 1,2 Mio., die er gerade für einen Schuhvertrag bekommen hatte.

Ulf Kirsten war mit seinen schwarzen Haaren und seinem starken Bartwuchs geradezu prädestiniert für Rasierapparate-Werbung. Das dachte sich auch Panasonic und verpflichtete den Leverkusener Stürmer mit dem vortrefflichen Werbeslogan: »Aber sonst rasiert mich keiner.«

Kurz vor der Weltmeisterschaft 1982 in Spanien hatte eine Rasierwasser-Firma einen besonders klugen Einfall. Man verpflichtete den Mister Vollbart persönlich, Paul Breitner. Und der sagte zu dem lukrativen Deal: »1982 habe ich mir vor der WM für Pitralon den Bart abrasieren lassen. Ich weiß nicht, ob diese Aktion gut oder schlecht war, aber im Ergebnis rückte Pitralon im Aftershave-Ranking vom neunten auf den dritten Platz vor. Da frage ich doch nicht nach, ob die Werbung gut war.«

Die Magazin-Werbung lautete übrigens folgendermaßen: »Es gab schon viele große Titel in seinem Leben. Aber nur ein Rasierwasser. Pitralon. Als 6-Jähriger trat er seinem ersten Verein bei. Pokale, Meisterschaften und Titel waren noch keine Themen. Bis er 1971 deutscher Pokalsieger wurde. Dann ging es Schlag auf Schlag: Deutscher Meister, Europameister und Weltmeister. So viel zum Ruhm. Seit er keinen Vollbart mehr trägt, pflegt er sich mit Pitralon. Pitralon mit Zedernöl. Er kennt es von seinem Vater. ›Der wusste, was gut tut‹, sagt Paul Breitner und streicht sich zufrieden über sein gepflegtes Kinn.«

Pitralon muss übrigens so ein auffälliges Aftershave gewesen sein, dass sich gleich zwei Musiker des komödiantischen Genres auf das Wundermittel einen Reim machten. »Die Kassierer« in ihrem Song »Arm ab«: »Von weitem, ja, da riech ich dich schon, du stinkst penetrant nach Pitralon«. Und Otto Walkes dichtete in seinem Gassenhauer »Wir haben Grund zum Feiern«: »Klosterfrau Melissengeist oder wie der Stoff sonst heißt, Kölnisch Wasser, Pitralon, wir rülpsen nicht, wir kotzen schon«.

Torwart

»Hans Jörg Butt ist noch besser als Jens Lehmann – und Jens Lehmann ist besser als Oliver Kahn!« *Leverkusen-Trainer Klaus Augenthaler zur deutschen Torwart-Rangfolge*

»Vielleicht schlagen sich Kahn und Lehmann mal den Schädel ein, dann bekommt Jentzsch auch eine Chance.« *Wolfsburgs Trainer Eric Gerets über die Torwart-Diskussion*

»Wir werden auf jeden Fall jemanden im Tor stehen haben, der Handschuhe anhat.« *Mainz 05-Trainer Jürgen Klopp*

»Wir können nicht aufstellen, wie die Ted-Umfragen sind. Dann hätten wir in jedem Spiel einen neuen Torwart.« *Bundes-Torwart-Trainer Andreas Köpke über die Torwart-Diskussion*

»Vor zwei Tagen hat Michael Rensing beim Schuhbinden einen Hexenschuss bekommen. Ich bin aber zuversichtlich, dass er spielen kann. Zur Not finden wir jemanden, der ihm die Schuhe bindet.« *FC Bayern-Trainer Ottmar Hitzfeld*

»Ich habe nie Angst vor irgendwelchen Stürmern. Angst habe ich nur vor Idi Amin.« *Sepp Maier*

»Ich hatte mir die deutschen Spieler gefährlicher vorgestellt. Meine Hände weisen weder Schwellungen noch Blasen auf.« *Hayrettin, türkischer Nationaltorwart nach einem Spiel gegen Deutschland*

»Als Kind schießt man Tore, dann hast du eine blöde Phase und plötzlich stehst du im Tor.« *Gianluigi Buffon, italienischer Nationaltorhüter*

»Wir müssen uns hinter Green stellen.« *Eine gute Idee der Absicherung von Steven Gerrard, nach einem Aussetzer seines Nationaltorhüters im ersten WM-Spiel 2010*

»So einen Torwart wie den Rost habe ich noch nie gesehen, ich dachte, da würde die chinesische Mauer stehen.« *Bielefelds Vatmir Vata*

»Gebt's mir einen Liegestuhl.« *Sepp Maier zu Fotografen während eines 12:0-Siegs Deutschlands gegen Zypern*

Heikos herrliche Tierwelt: Der dumme Stier läuft immer in das rote Tuch

Christoph Daum lässt über Glasscherben laufen, Toppmöller präsentiert einen echten Adler in der Kabine und die englische Presse feuert jedes Duell gegen die Deutschen mit einer Kriegsmetaphorik der übelsten Sorte an. Da sollte es eigentlich nicht verwundern, wenn ein Trainer-Neuling sich ebenfalls eine Strategie zurechtlegt, wie er das festgefahrene Bundesliga-Einerlei ein wenig bildreicher gestalten kann. Heiko Herrlich hatte sich für seinen Start beim VfL Bochum im Herbst 2009 eine ganze Palette feinster Vergleiche aus der Tierwelt ausgedacht, die er Stück für Stück in die tägliche Arbeit einbauen wollte.

Gleich bei seiner allerersten Pressekonferenz als Coach des VfL hatte Herrlich einen echten rhetorischen Leckerbissen formuliert: »Fußball ist wie in der Natur. Die starken Tiere fressen die schwachen Tiere schnell weg. Und wenn ich die Tabelle anguck, sehe ich, dass wir gerade im Moment eher zu den schwachen Tieren gehören. Und da ich nicht gerne gebissen werde und lieber zurückbeiße, werde ich die Mannschaft versuchen zu motivieren, ab jetzt, und am liebsten schon am kommenden Sonntag, zurückzubeißen.«

Und als dann nach der ersten Trainingseinheit die Journalisten wissen wollten, wie denn der Eindruck von der Mannschaft sei, hatte Heiko Herrlich auch für diesen Fall bereits etwas sprachlich Galantes im Kopf vorbereitet: »Das Potenzial ist da. Verglichen mit der Tierwelt, sehe ich die Bereitschaft des Teams, aus einer großen, schnellen Katze ein Löwe zu werden!« Schöner Gedanke, aber die Realität sah leider anders aus. Es lief nicht beim VfL Bochum und der Trainer musste schneller als gedacht tief in seine Tierwelt-Vergleiche abtauchen. Die Fehler, so analysierte Herrlich, müssten unbedingt beseitigt werden, denn: »Es darf nicht so sein wie beim Stierkampf, wo der dumme Stier immer in das rote Tuch läuft.«

Nach nur knapp sechs Monaten nahm die Sache leider kein gutes Ende für Heiko Herrlich. Er musste den »Saustall« VfL Bochum vorzeitig wieder verlassen. Wer allerdings meint, Herrlichs Ausflug in die Tiermetaphorik wäre mal wieder etwas ganz Neues in der Fußball-Bundesliga gewesen, der irrt gewaltig. Denn bereits kurz nach dem Start der deutschen Eliteliga besuchte der damalige Trainer von Borussia Dortmund, Hermann Eppenhoff, auf Einladung des Welttierschutz-Vereins zusammen mit anderen Prominenten das Tierheim in Gelsenkirchen-Erle. Als Eppenhoff einen zutraulichen Hund auf den Arm nahm, meinte der Leiter des Tierheims: »Er beißt bestimmt nicht.« Worauf Dortmunds Trainer – das Verletzungspech und die Niederlagen zum Bundesligastart im Hinterkopf – schmunzelnd antwortete: »Wir sind ja in jüngster Zeit wohl genug gebissen worden.« Wenn da mal nicht ein großes Trainer-Vorbild für den Neuling Herrlich schlummert!

Unmöglich zu wissen, oder?

1. Welchen Beruf hat Franz Beckenbauer erlernt?

- (A) Versicherungskaufmann
- (B) Metzger
- (C) Bäcker
- (D) Speditionskaufmann

2. Warum blieb der FC Schalke 04 nach dem Abstieg 1965 dennoch in der ersten Liga?

- (A) Nachträglicher Punktabzug für Hannover 96
- (B) Relegationsspiel mit Zweitligist
- (C) Lizenzentzug für Hertha BSC
- (D) Aufstockung der Liga auf 18 Vereine

3. Welche ARD-Legende feierte als 64-Jähriger 1991 bei »Premiere« sein Comeback?

- (A) Ernst Huberty
- (B) Rudi Michel
- (C) Hans-Joachim Rauschenbach
- (D) Adi Furler

4. Welcher Spieler des FC Bayern München machte keinen Schritt ohne seinen Stoffbären »Mr. Pitt«?

- (A) Bernd Dürnberger
- (B) Martin Jol
- (C) Jupp Kapellmann
- (D) Georg Schwarzenbeck

5. In wessen Unterhose griff ein Sohn auf dem »Sportfoto des Jahres« 1991 (Kategorie: Schwarz-weiß)?

- (A) Roland Grahammer
- (B) Michael Zorc
- (C) Gunnar Sauer
- (D) Dieter Eckstein

6. Welchen Satz sagte Wiggerl Kögl 1984 in einem Film von Michael Verhoeven?

- (A) »Entweder ich gehe links vorbei oder ich gehe rechts vorbei.«
- (B) »Ich hab gehört, du hast jetzt a Kneipe.«
- (C) »Da muss dann mal einer die Hand ins Heft nehmen.«
- (D) »I spui mei Spui.«

Die Herren Netzer und Delling

Günter Netzer und Gerhard Delling. Bei der Weltmeisterschaft 2010 endete ihre gemeinsame Zeit vor den Kameras der ARD. Doch ihre Freundschaft wird weiter bestehen, auch wenn diese schon das eine oder andere Mal auf eine harte Probe gestellt wurde.

Aus einem Interview der *ZEIT* vom 07.04.2004:
Herr Netzer, würden Sie Herrn Delling als Ihren Freund bezeichnen?
Netzer: »Aber natürlich.« *Das sagt sich so leicht.*
Netzer: »Überhaupt nicht. Wenn ich Delling als meinen Freund bezeichne, dann ist das das größte Kompliment, das ich zu vergeben habe. Freundschaft verlangt mir ein Maximum an Höchstleistungen ab.«
Zum Beispiel?
Netzer: »Was Delling angeht, muss ich vieles sein: Seelsorger, Kindermädchen, Aufpasser.« *Hatten Sie schon einmal richtig Streit?*
Delling: »Ja, aber dazu ist nichts weiter zu sagen, als dass ich natürlich die Situation durch meine Besonnenheit gerettet habe (lacht).«
Netzer: »Ich erinnere mich an einen Streit. Aber ich weiß wirklich nicht mehr, worüber. Wir haben danach ein paar Tage nicht miteinander telefoniert.«
Delling: »Da war ja auch nichts weiter. Ich weiß aber noch, wo es war.«
Netzer: »Jetzt fällt es mir auch wieder ein! Es war während der WM 2002, vor einem Abendessen. Da habe ich mit der Autotür geknallt und gehofft, dass die Scheibe rausfliegt.«

In seiner Autobiografie »Aus der Tiefe des Raumes. Mein Leben« beschreibt Günter Netzer mit einem Augenzwinkern die kleinen Spitzfindigkeiten von Gerhard Delling in ihrem beruflichen Alltag: »Vor der Sendung wird immer eine Stellprobe gemacht, damit die Ausleuchtung korrekt eingestellt werden kann und die Tontechniker ihre Geräte ausrichten können. Bei der Stellprobe war etwas anders, mir hätte das eigentlich auffallen müssen. Delling steht meistens rechts von mir. Diesmal stellte er sich auf meine linke Seite und begründete das mit irgendwelchen technischen Problemen. Gut, dachte ich, wenn die Technik, von der ich keine Ahnung habe, es so vorschreibt, bitte, mir ist das doch egal, ob Delling links von mir steht oder rechts. Wind kam auf. Die Sendung begann. Der Wind wurde stärker. Dellings Frisur hielt. Er stand im Windschatten. Ich stand im Zug. Ich konnte kaum reden, weil ich nur damit beschäftigt war, meine Haare aus dem Gesicht zu streichen. Delling streitet es zwar ab, ich bin mir aber sicher, dass Absicht hinter der Aktion stand. Denn hinterher hatte ich den Spott Dellings und der gesamten Redaktion zu erdulden. Drei-Wetter-Taft riefen sie mich und amüsierten sich köstlich.«

Bochum und der FCB: Eine umstrittene Fanfreundschaft

Fanfreundschaften sind ein Spiegelbild des realen Lebens. Nicht immer gelingt es, die richtigen Kontakte zu knüpfen. Manchmal gerät man auch in Kreise, vor denen einen die Eltern immer beschützen wollten. Und bei manchen Freundschaften ist man für einen bestimmten Lebensabschnitt ganz dicke miteinander verbunden und verliert sich dann irgendwann aus den Augen. Wenn das Schicksal es will, fällt man sich schließlich eines Tages noch einmal gefühlsduselig in die Arme und schwört sich von nun an endgültig die ewige Treue.

Als Hermann Gerland Herbert Grönemeyer zur Pokalfeier 2010 nach Berlin einlud, musste sich der Ruhrgebietsbarde die Frage gefallen lassen, ob er jetzt zum FC Bayern übergelaufen sei? Grönemeyer antwortete überlegt: »So weit ist es noch nicht. Es gibt aber eine sehr enge Freundschaft zwischen dem VfL Bochum und den Bayern.« Der Text erschien prominent platziert auf der offiziellen Interseite des FC Bayern.

Die Fanfreundschaft zwischen Bochum und München ist eine der bekanntesten wie umstrittensten in ganz Deutschland. Unterschwellig klingt stets eine Spur Hohn und Verachtung für diese spezielle Anhänger-Ehe mit. Denn wer will schon mit dem großen FCB befreundet sein? Auch in Bochum ist die Sache unter den Fans nicht so eindeutig.

Entstanden ist die Verbindung der Sage nach im Jahre 1973. Bei einem Spiel in Bochum wurden Anhänger des FC Bayern auf der Castroper Straße von VfLern angegangen und verfolgt. Erst das Eingreifen der »Bochumer Jungen«, einem der ältesten Fanklubs Deutschlands, verhinderte eine größere Schlägerei. Anschließend tranken die Anhänger miteinander einige Gläser Pils und verbrüderten sich. Nach und nach entwickelten sich so – teils auch private – Freundschaften. Und eines Tages gipfelte die Zuneigung in einem gemeinsamen Fanschal. Mitte der Neunziger allerdings entstanden erste Risse. Nur noch selten hörte man die früher typischen Gesänge »Deutscher Meister wird nur der FCB« in der Bochumer Ostkurve. Man hatte sich irgendwie aus den Augen verloren.

Mittlerweile wird in Bochum wieder offen über eine Neuauflage des Fanschals diskutiert. Vermutlich hat die offiziell besiegelte Verbindung zwischen der »Münchner Schickeria« und den »Ultras Bochum« zu einer Wiederbelebung der traditionellen Fanfreundschaft bei bestimmten Teilen der Anhängerschaft geführt. Und wer weiß, vielleicht ist auch Hermann Gerland unbewusst als Vermittler zwischen diesen beiden Welten ein nicht zu unterschätzender Faktor. Aber ob es noch einmal die ganz große Liebe wird ...? Vielleicht bleibt man auch nur Freunde!

Hinter den Kulissen des Fußballs

Gisela Schuster schrieb an ihren Sohn Bernd Anfang der achtziger Jahre einen offenen Brief in der Illustrierten *Bunte*, weil sie nicht im Besitz seiner Geheimnummer war: »Lieber Berndi, was ich von dir weiß, weiß ich aus den Zeitungen. Ich habe nicht einmal deine Telefonnummer. Willst du nur deine Ruhe haben? Hat dich der Trubel so verändert? Ich habe mir dir gezittert und gebangt, ich habe mit dir gejubelt und um dich geweint. Herzliche Grüße und alles Gute, deine Mutti.«

★ ★ ★

Der vielfache Pferdebesitzer und Hundefreund Sepp Maier wurde einmal gefragt, ob er denn tatsächlich so tierlieb sei, wie es den Anschein habe. Und Maier antwortete gewohnt schlagfertig: »Ja, außer den genannten Viecherln mag ich auch noch sehr die zweibeinigen Haserln, von Caroline bis Stefanie.«

★ ★ ★

Wolfram Wuttke, der in den letzten Jahren ein bisschen untergetaucht ist, beantwortete einmal die beliebte Frage nach dem »Was macht eigentlich ...?« am Telefon kurz und bündig mit: »Weißkrautsalat.«

★ ★ ★

Eyjólfur Sverrisson fand die Bundesliga und auch Deutschland richtig klasse. Über 300 Erst- und Zweitligaspiele bestritt er für den VfB Stuttgart und Hertha BSC. Doch an eine Sache konnte sich der Isländer nie richtig gewöhnen. Trotz eines Überangebots an Supermärkten mit den erlesensten Waren aus aller Welt vermisste er voller Wehmut einen Luxus seiner Heimat: »Wenn ich in Island nach Hause kam und der Kühlschrank war leer, ging ich 100 Meter zum Meer und angelte. Eine halbe Stunde später waren die Fische schon auf dem Teller.«

★ ★ ★

Als der Dortmunder Michael Schulz im kalten Dezember 1992 nach einem Spiel in Leverkusen ein Interview lieber im warmen Kabinentrakt als draußen in der winterlichen Frische geben wollte, wies ihn ein Ordner zurecht: »Bitte verlassen Sie den Gang, Herr Schulz. Oder ich muss Sie rausschmeißen. Sie stehen hier im Weg.« Schulz' eiskalter Konter: »Wieso, kommt hier noch ein LKW durch?«

★ ★ ★

Pierre Littbarski darf seit 1992 bis an sein Lebensende umsonst bei McDonalds essen – allerdings nur in Köln. Der Nationalspieler hatte eine Ehrung für verdiente Mitarbeiter durchgeführt.

Kurioser Fußballwerbemarkt

Jean-Marie Pfaff machte schon während seiner Karriere begeistert Werbung für die belgische Biermarke »Maes Pils«. Mit dem Inhaber der Firma war der Torhüter der Bayern auch privat gut befreundet. Und wenn beide einmal loszogen, war das immer ein besonderes Spektakel, wie sich Theo Maes augenzwinkernd erinnert: »Die Leute sind geradezu verrückt nach ihm. Wenn wir zusammen eine Gala besuchen, gibt er 400 Autogramme, ich aber nur eines! Das unter der Rechnung.«

★ ★ ★

Jahre vorher hatte Jean-Marie Pfaff einem Leser des *fussball-magazin*, Klaus R. aus Ollerkirchberg, auf seine Frage »Warst du schon mal im Hofbräuhaus und hast dort Gerstensaft getankt?« ehrlich geantwortet: »Nein. Ich trinke kein Bier.«

★ ★ ★

Sehr kurios auch der Fall Mehmet Scholl. Eigentlich war der Vertrag mit einer Shampoo-Firma schon unterschriftsreif ausgearbeitet, als der Bayern-Spieler sich aus einer Laune heraus die Haare kurz schneiden ließ. Das Unternehmen zeigte sich irritiert und schob die geplante Kampagne erst einmal hinaus. Man wolle warten, so die Firma, bis die Haarpracht Scholls wieder werbewirksam in Szene gesetzt werden könne.

★ ★ ★

Als 1991 der Hamburger SV die Ausgabe von Wertpapieren plante, konterte der FC St. Pauli kess: »Wir haben die besseren Aktien.« Eine Dauerkarte des Zweitligisten sei »ein Wertpapier, das wirklich alle Kriterien einer perfekten Geldanlage erfüllt«. Die Rendite läge bei »100 Prozent Spaßgewinn« und die Dividende wären »ca. 50 Tore im Jahr«.

Und in einer großen Anzeige warb St. Pauli für die Saison 1991/92 mit dem Slogan: »Beste Aufstiegsmöglichkeiten bei geringer Bezahlung. Wir sind ein Unternehmen der Sportbranche und suchen per sofort 15-20.000 sympathische Damen und Herren für den regelmäßigen Einsatz in unserer Außenstelle am Millerntor. Sie sollten sportbegeistert, dynamisch und gut bei Stimme sein. Erstklassige Unterhaltung, frische Luft und sehr gute Aufstiegsmöglichkeiten werden gestellt, die Bezahlung von DM 130,- pro Jahr ist mitzubringen. Richten Sie Ihre Bewerbung für eine Dauerkarte bitte an Tel. ... «

WM 2010 – bunt gemischt

»Ich habe kein Wort verstanden. Aber er hat zu 100 Prozent recht.« *Franz Beckenbauer, nachdem er eine Aussage des Brasilianers Carlos Alberto Parreira übersetzen sollte*

»Wenn ein Deutscher hört, ›ich bringe dich um‹, dann ist er nächste Woche tot. Bei uns in Nigeria bedeutet es, ›ich bin nicht glücklich mit dir‹.« *Nigerias Teamsprecher zu den Morddrohungen gegen den Spieler Sani Kaita*

»This World Cup is exactly like the second world war: The French surrender early, the US turn up late, and we're left to deal with the bloody Germans.« *Ein unbekannter englischer Fan am Flughafen in Port Elizabeth*

»Wo war ich bloß? Ach ja, in einer Kneipe mit einem Kumpel. Wir haben Orangensaft getrunken.« *Englands Torwart David James erinnert sich an das letzte WM-Duell gegen Deutschland bei der WM 1990*

»Ein Trainer entscheidet vor dem Spiel und ein Journalist schreibt nach dem Spiel.« *Ottmar Hitzfeld zu kritischen Fragen nach seiner Aufstellung*

»Am Ende ist die Hand Gottes jetzt meine.« *Uruguays Luis Suarez nach seinem Handspiel, mit dem er Uruguays Niederlage gegen Ghana in der 120. Spielminute verhindert hatte*

»Meine Töchter haben mich gerettet.« *Der brasilianische Nationalspieler Elano nach einem Foul. Auf den Schienbeinschonern sind die Namen seiner Töchter Maria Teresa und Maria Clara aufgedruckt.*

»Das ist schon weltklasse, wie Villa sich da im 1:1 gegen zwei Leute durchsetzt!« *Jürgen Klinsmann*

»Der Platz war sehr schlecht, es gab sehr viele Löcher, aber gut, wir haben es versucht, vor allem in der ersten Hälfte haben wir versucht, die Löcher zu finden.« *Mark van Bommel*

»Frühstück, Training, Mittag, Bett, Abendbrot, Bett.« *Wayne Rooney über einen typischen WM-Tag*

»Für diese 23 Spieler töte ich. Ich töte für sie. Damit habe ich überhaupt kein Problem. Und das werde ich ihnen auch ins Gesicht sagen.« *Diego Maradona*

Als die WM ins Land kam, kamen auch die Fragen: Südafrika 2010

Natürlich sind die folgenden Fragen und Antworten ein Fake. Es wird sie so in der Realität nie gegeben haben. Wahrscheinlich jedenfalls nicht. Denn eines ist wohl sicher: Ganz ohne Grund wird der Verfasser dieser humorvollen Zeilen nicht in die Tasten gegriffen haben, um wildfremde Menschen vor aller Welt bloßzustellen. Die Verrückten sind tatsächlich da draußen. Und sie stellen Fragen. Komischer, als wir uns das je vorstellen können. Doch dem Internet sei Dank, kennen wir jetzt einige von diesen!

Diese Fragen über Südafrika wurden auf einer südafrikanischen Tourismus-webseite gestellt und vom Webmaster der Seite beantwortet. Dieser hatte offensichtlich richtig gute Laune!

F: Werde ich in den Straßen Elefanten sehen? (USA)

A: Hängt davon ab, wie viel Alkohol Sie trinken.

F: Ist es sicher, in den Büschen in Südafrika herumzulaufen? (Schweden)

A: Hm – es ist also wahr, was man über die Schweden sagt!?

F: Wie läuft die Zeit in Südafrika? (USA)

A: Rückwärts. Bleiben Sie nicht zu lange, sonst sind Sie zu klein, um allein wieder zurückzufliegen.

F: Können Sie mir Informationen über Koalabärenrennen in Südafrika schicken? (USA)

A: Aus-tra-li-en ist die große Insel in der Mitte des Pazifiks. Af-ri-ka ist der große dreieckige Kontinent südlich von Europa, wo es keine ... ach, vergessen Sie's. Sicher, Koalabärenrennen finden jeden Dienstagabend in Hillbrow statt. Kommen Sie nackt.

F: Welche Richtung ist Norden in Südafrika? (USA)

A: Sehen Sie nach Süden und drehen Sie sich dann um 180 Grad.

F: Gibt es Parfum in Südafrika? (Frankreich)

A: Nein, brauchen wir nicht. WIR stinken nicht!

F: Können Sie mir die Regionen in Südafrika nennen, wo es weniger Frauen gibt als Männer? (Italien)

A: Ja, in Nachtklubs für Schwule.

F: Feiern Sie Weihnachten in Südafrika? (Frankreich)

A: Gelegentlich – das heißt ungefähr einmal im Jahr.

F: Gibt es die Beulenpest in Südafrika? (Deutschland)

A: Nein. Aber bringen Sie sie doch mit!

F: Regnet es eigentlich in Südafrika? Ich habe im Fernsehen noch nie gesehen, dass es regnet. Wie wachsen dort dann die Pflanzen? (UK)

A: Wir importieren alle Pflanzen voll ausgewachsen und buddeln sie hier ein. Dann schauen wir zu, wie sie langsam eingehen.

Rekorde für die Ewigkeit

1. Welche Mannschaft ist als erstes Team siebenmal aus der 1. Bundesliga abgestiegen?

- A Nürnberg
- B Bochum
- C Bielefeld
- D Duisburg

2. Welcher Bundesligatrainer hatte die bisher längste Amtszeit im deutschen Bundesligafußball?

- A Ottmar Hitzfeld
- B Otto Rehhagel
- C Volker Finke
- D Udo Lattek

3. Welchen Rekord hält der Uruguayer José Batista seit der WM 1986?

- A Der schnellste Platzverweis
- B Vier Tore in einem Spiel
- C Ältester Spieler bei einer WM
- D Ein Tor aus der längsten Distanz

4. Welcher deutsche Spieler steht zusammen mit Lothar Matthäus unter den Top 3 in der Hitliste der meisten WM-Einsätze aller Nationen?

- A Uwe Seeler
- B Wolfgang Overath
- C Karl-Heinz Rummenigge
- D Berti Vogts

5. Welcher Feldspieler schaffte die meisten Spiele am Stück in der Bundesliga?

- A Ata Lameck
- B Charly Körbel
- C Heinz Simmet
- D Manfred Kaltz

6. In welcher Saison wurde der FC Bayern München mit seinem 10. Titel zum deutschen Rekordmeister?

- A 1983/1984
- B 1986/1987
- C 1989/1990
- D 1992/1993

Rauschenbach und Burgsmüller: Doppelpass mit Frau!

In einem TV-Studio in den achtziger Jahren. Moderator Hans-Joachim Rauschenbach steht umringt von einer Horde Kinder in gelb-schwarzer Kluft vor einem überdimensionalen Ball und einem Fernsehschirm. Auf diesem ist der junge Stürmer Manfred Burgsmüller zu sehen.

Rauschenbach (*ans Publikum*): »Wir haben ihn nicht hier im Studio, das hat nicht geklappt in Köln. Aber er hat es geschafft nach Dortmund zu kommen, ins Dortmunder Studio. Herzlichen Glückwunsch, Manfred Burgsmüller.« **Burgsmüller**: »Ja, Danke!« **R.**: »Das ist das 111. Tor des Monats. Sie haben es zum zweiten Male – gewissermaßen – gewonnen; das ist eine Schnapszahl. Was halten Sie von Schnaps?« **B.**: »Och, relativ wenig.« **R.** (*schnippisch*): »Ja, es wäre gut, wenn wir den Ton hier unten auch hören könnten. Wissen Sie, Herr Burgsmüller, wie viele Tore Sie in der Bundesliga geschossen haben?« **B.**: »Nein, das kann ich im Moment gar nicht sagen. Ich glaube, knapp über hundert.« **R.**: »Ja. Also, ich habe es nicht gehört hier drinnen. Ich hoffe, Sie zu Hause haben es gehört.«

R. (*ein wenig später*): »Was haben Sie heute an einem freien Tage bisher gemacht, Herr Burgsmüller?« **B.**: »Ja, ich habe heute Morgen etwas länger geschlafen und bin dann heute Mittag nach Kassel gefahren, da hatte ich eine Autogrammstunde, und auf dem Rückweg bin ich auch auf der Autobahn stecken geblieben und bin also nur bis Dortmund gekommen.« **R.**: »Ja. Jetzt wollen wir einmal weiter ziehen. Wir haben noch die drei Hauptgewinner zu ziehen. Und zwar die, von denen – (*Anweisung an die Jungen im Studio*) zieht mal rein, jeder eine Karte – die das richtige Tor gewählt haben, gewinnen dreimal zwei Eintrittskarten plus Reisespesen. (Doch *es waren nur zwei Reisen; die drei Gezogenen sollen sich melden; die zwei Schnellsten gewinnen*) Sie können der Parole mal widersprechen, dass das Fernsehen das einzige Schlafmittel sei, das man mit dem Auge einnimmt. Sie können zeigen, dass Sie munter sind. Auf die Plätze, fertig – los. (*Es wird eine Nummer eingeblendet; natürlich ruft jetzt halb Deutschland an*) Aha, wen haben wir dran?« **Telefon**: »Mein Name ist Lensenad.« **R.**: »Von wo rufen Sie denn an?« **T.**: »Ich rufe aus Porz an.« **R.**: »Wie heißen Sie?« **T.**: »Len-se-nad.« **R.**: »Der hat doch gar nicht gewonnen!« **T.**: »Ich habe nicht gewonnen?« **R.**: »Rolf Illing, Udo Kurnod, Hans-Georg Junge aus Hamburg. Sie sind es nicht. Sie waren schnell, sind aber kein Gewinner.«

R. (*an Burgsmüller*): »Was machen Sie heute Abend?« **B.**: »Ich werde heute Abend zu Hause sein und ein bissel Fernsehen.« **R.**: »Ja, spielen Sie ein bisschen Doppelpass mit Ihrer Frau. Dabei kann man auch wichtige Pluspunkte gewinnen.«

Deutsch-englische Koproduktion: Die gelben und roten Karten!

Man kann es sich heute gar nicht mehr richtig vorstellen. Da bilden sich Rudel, treten sich Spieler untereinander in die Haxen, der Schiedsrichter wird aufs Übelste von allen Akteuren beschimpft und trotz allem kann der Mann in Schwarz nichts machen, um zu zeigen, dass er weiterhin Herr der Lage ist. Heute zückt er grimmig schauend einen bunten Karton und Ruhe ist im Schacht. Früher war das anders.

Gelbe und rote Karten wurden international tatsächlich erstmals bei der Weltmeisterschaft 1970 in Mexiko eingesetzt. In der Bundesliga war es Lothar Kobluhn, der den ersten roten Karton am 11. Spieltag der Saison 1970/71 bei einem Spiel seiner Oberhausener auf dem Betzenberg vor die Nase gehalten bekam. Hautnah konnte sich der Rot-Weiße so von einer deutsch-englischen Gemeinschaftsproduktion überzeugen.

Vier Jahre zuvor ist es nämlich der deutsche Schiedsrichter Rudolf Kreitlein gewesen, der nach einer kniffligen Situation am 23.06.1966 auf dem Rasen des Londoner Wembleystadions endgültig die Nase voll hatte und unmittelbar nach Spielschluss den englischen Schiedsrichterbetreuer Ken Aston kontaktierte. Der 1,62 m kleine Schiri hatte kurz zuvor dem 1,96 m langen Argentinier Antonio Rattin verzweifelt versucht, deutlich zu machen, dass er den Platz verlassen müsse. Doch Rattin ignorierte den deutschen Schneidermeister und ging einfach nicht vom Feld. Erst nach acht Minuten verließ der Argentinier fluchend den Platz. Als Kreitlein nach 90 Minuten abpfiff – England hatte mit 1:0 gewonnen –, mussten ihn sieben Bobbys vor den erregten Südamerikanern beschützen. Der Schiri: »Ich hatte Rattin nach einem Foul an Bobby Moore auf Englisch verwarnt: One more and you go. Als er danach eine abfällige Geste zu mir machte, war das Maß voll.«

Aston und Kreitlein waren einer Meinung: Es musste endlich etwas geben, das Zuschauern, Spielern und Offiziellen unmissverständlich zeigte, welche Entscheidungen der Schiedsrichter auf dem Spielfeld getroffen hatte. Etwas mit Signalwirkung. Und wie es der Zufall so wollte, hatte der englische Betreuer am Vorabend geschlagene zwei Stunden für den Heimweg aus dem Stadion benötigt und dabei an manch roter Verkehrsampel gestanden. Kreitlein war sofort begeistert von Astons Vorschlag, Verwarnungen mit gelben und Platzverweise mit roten Karten zu ahnden. Und am Ende wurde es – nach einer über dreijährigen Umsetzungsphase – tatsächlich genauso gemacht. Eine Erfindung, auf die Rudolf Kreitlein bis auf den heutigen Tag sehr stolz ist.

Dem Deutschen Kurt Tschenscher war übrigens die Ehre vorbehalten, die allererste Karte zu verteilen. Beim Eröffnungsspiel der WM 1970 zeigte er dem Spieler der UdSSR, Evgeni Lovchev, die gelbe Karte.

Ata & Hermann: »Bei dir doch eigentlich nur Trainer-Stäbchen«

Ata Lameck machte eine Stunde vor einer öffentlichen Veranstaltung ein ernstes Gesicht: »Hömma, gib dem Hermann heute aber mal keinen Alkohol.« Das Bochumer Urgestein nickte angestrengt mit dem Kopf und hinterließ den Eindruck, man müsse einen trockenen Alkoholiker vor dem ersten Glas Sprit seit Jahren bewahren. Doch die Aufregung schien umsonst. Als der Nachwuchs-Trainer des FC Bayern München den Backstage-Bereich betrat, wünschte er einen Milchkaffee – ganz ohne Schuss. Doch Minuten später reagierte Hermann Gerland auf die Frage nach einem Bühnengetränk mit der Antwort: »Da würde ich dann schon gerne 'nen Gläschen Whiskey-Cola-light trinken.« Und Ata Lameck, der direkt neben seinem Freund Hermann saß und ihn mit einem Satz hätte retten, beschützen und aus dieser misslichen Lage befreien können, sagte nicht etwa beschwichtigend: »Och, Hermann, lass uns doch heute mal was ohne Alkohol trinken.« Nein, der Bochumer Rekordspieler nickte nur mit dem Kopf und erwiderte energisch: »Ja, würde ich dann auch nehmen wollen!«

Kurze Zeit später riss sich Hermann Gerland die Hose herunter und lächelte die begeisterte Runde an: »Guckt mal, was hier steht. Hab ich zum Geburtstag bekommen!« Die Leute reckten die Köpfe nach vorne und beäugten des Trainers Unterhose. Dann sagte einer laut für alle, was vorne auf den Shorts stand: »Trainer-Stab«. Ata Lameck drehte sich grinsend zu seinem Freund um und meinte trocken: »Hermann, aber bei dir doch eigentlich nur Trainer-Stäbchen!«

Auf der Bühne erzählte Gerland dann eine Geschichte aus früheren Zeiten: »Als ich in Kaiserslautern gespielt habe, da flogen dort Fledermäuse durchs Stadion. Und dann stand da ein Linienrichter. Einer von den Lauterern war drei Meter im Abseits, da hat der gewagt, die Fahne zu heben. Aber nur ein Mal. Beim zweiten Mal stand einer sechs Meter abseits. Da hat der Opa mit der Krücke, der schon beim ersten Mal nicht einverstanden war, hinter ihm gesagt: ›Hebst du noch ein Mal die Fahne, Junge, ich hau dir mit der Krücke die Fahne runter!‹ Und das hat er nicht nur gesagt!«

Am Ende eines erlebnisreichen Abends erzählte Hermann Gerland, dass er früher ein Fan von Wolfgang Overath gewesen sei. Und um seiner Frau kurz zu zeigen, dass er mit seiner Meinung richtig lag, rief er in Bochum bei seinem Freund Ata Lameck an: »Ata, sag mal, wer war besser: Netzer oder Overath.« Und Lameck antwortete überlegt: »Kein Problem. Lass es mich in einem kleinen Vergleich sagen. Ich war Overath und du warst Netzer!« Hermann Gerland bedankte sich, lächelte und legte auf. Nun wusste auch seine Frau Bescheid, welcher Fußballer damals der größere von beiden war.

Beckenbauer und Nurejew: »Mei, er hat's halt versucht!«

Ende der siebziger, Anfang der achtziger Jahre war Cosmos New York der Place-to-be für alternde Weltstars. Carlos Alberto, Johan Neeskens, Pelé und Franz Beckenbauer spielten für den Klub aus der North American Soccer League. Doch bevor Beckenbauer 1977 für die damalige Rekord-Ablösesumme von zwei Millionen Dollar vom FC Bayern München zu Cosmos wechselte, musste er erst einmal von den Amerikanern überzeugt werden, wie er in einem Interview mit dem *Magazin* der *Süddeutschen* verriet: »Ausschlaggebend war ein Helikopterflug vom Dach des Pan Am Buildings durch Manhattan. Das war für mich der Flug in eine andere Welt. Über den Hudson, raus nach New Jersey zum Giants Stadium. Während wir übers Stadion fliegen, habe ich ihnen zugebrüllt: ›Also gut, hört's auf, ich komme!‹«

Und dort in New York lebte er Tür an Tür mit anderen Stars, wie beispielsweise dem weltberühmten Balletttänzer Rudolf Nurejew: »Rudolf war sechs Monate mein Zimmernachbar. Ein verrückter Hund. Bissel von der anderen Fakultät, der ich also nicht angehöre, wie man, glaube ich, mittlerweile weiß. Und ich weiß noch recht gut – wahrscheinlich ist es unhöflich, es zu erzählen, aber vielleicht ist es ganz nett –, er hat mir immer seine Ballettkarten gegeben, ich habe ihm Fußballkarten gegeben; er ist aber kein einziges Mal gekommen, weil er kein Fußballer war. Aber seine Sekretäre, Italiener, die sind natürlich immer zu uns ins Fußballstadion gegangen. Und dann haben wir uns einmal verabredet. Da sind wir irgendwo auf die andere Seite rübergefahren nach, nach Brooklyn in dieses Riverside Café – super unten am Eastriver, wo du rübersiehst zur Skyline von New York. Und dann, ja, wir sitzen hinten drin, Rudolf neben mir und er kommt ein bisschen näher und versucht sich ein bisschen mit meinem Knie zu beschäftigen; ich mein, ich kannte ja seine Neigungen. Und da habe ich gesagt: ›Rudolf, sei mir nicht bös. Bevor du jetzt weiter oder noch näher zu mir heranrutschst, bleib drüben sitzen, ich gehöre einer anderen Fakultät an.‹ Aber der hat das hingenommen, super; wir sind auch weiter Freunde geblieben und haben uns, was weiß ich, da und dort immer wieder getroffen …«

In diesem Interview wurde Franz Beckenbauer schließlich gefragt, ob Nurejew denn nicht gewusst habe, dass er »einen besonderen Schlag bei Frauen« hatte? Und der Kaiser antwortete entspannt: »Mei, er hat's halt versucht. Wir haben nie wieder darüber gesprochen, ich war ihm da aber auch nicht böse. Unerwiderte Liebe ist ja ein klassisches Opernmotiv, da wollte ich nicht in der Wunde bohren.«

Cool

»Wer so was macht, gehört auf der Stelle standesamtlich erschossen.« *Wolfgang Dremmler, Trainer vom SV Lohhof über Fehlpässe*

»Gegen mein Training ist die Bundeswehr wie Urlaub.« *Cottbus-Trainer Ede Geyer*

»Ich habe in meiner Laufbahn schon so viele Gegner nass gemacht – aus der Anzahl kriegt ihr locker eine Lichterkette von Ahlen bis Hamburg zusammen!« *Ansgar Brinkmann beim Ahlener Training zu Mitspielern – kurz vor seinem Rauswurf*

»Ein Walter Frosch spielt nur in der A-Mannschaft oder in der Weltauswahl.« *Walter Frosch, als Bundestrainer Jupp Derwall ihn in den Kader der B-Nationalmannschaft berufen wollte*

»Ich muss jetzt etwas Geld verdienen gehen.« *Mike Büskens, Minuten vor einem Bundesligaspiel*

»Ich weiß nicht. Das ist doch meist am Mittwochabend. Da habe ich Kegeln.« *Paul Steiner auf die Frage, ob er gerne in der Nationalelf spielen wolle*

»Wir werden herausfinden, wie das Ausgleichtor zustande kam, und wenn wir den finden, der es verschuldet hat, werden wir ihn erschießen.« *Hans Meyer*

»Die Vorbereitung ist zum Kotzen da und muss hart sein.« *Ede Geyer, der nach der ersten Woche bereits 15 Verletzte hatte*

»Ich kann nicht viel falsch machen. Ich hole den Würfelbecher raus und ermittele so die Spieler, die ich in der Abwehr aufbiete.« *Klaus Toppmöller angesichts von Verletzungsproblemen in Leverkusen*

»Ich habe gehört, dass Ottmar Hitzfeld gesagt hat, ich würde ihn im Biertrinken schlagen. Dessen bin ich mir sicher.«

Udo Lattek

»Ich traue mir auch zu, Vorwärts Honolulu erfolgreich zu trainieren.« *Jupp Heynckes*

Frank Goosen: Papa Schiri

Die Tage rief mich ein Freund aus Berlin an und brauchte meinen Rat. Er wolle anlässlich des Geburtstages seines Sohnes mit einer Horde Fünfjähriger in einen Park zum Fußballspielen gehen. Er selbst habe als Schiedsrichter zu fungieren. Da mein Freund zwar eine erkleckliche Anzahl an Studiensemestern in Philosophie hinter sich gebracht hat, Fußballstadien aber nur von außen kennt, wollte er wissen, was er zu beachten habe.

Ob er beispielsweise mit Abseits spielen lassen solle. Das sei doch noch immer die interessanteste Regel im Fußball, auch philosophisch betrachtet. Ich riet ihm davon ab. In dem Alter kann man froh sein, wenn wirklich alle wissen, auf welches Tor sie zu schießen haben. Bisweilen hämmern sie noch aufs eigene, weil's einfacher ist.

Außerdem brauchen Kinder bekanntlich Grenzen und so ist unbedingt auf eine Begrenzung der Spielfläche zu achten, da die Blagen sonst so lange weiterfummeln, bis sie hinterm Horizont verschwunden sind.

Das Auftreten des Spielleiters sollte von Güte, aber auch von einer gewissen Strenge geprägt sein. Ist man alleine mit zehn Kindern unterwegs, von denen acht bis neun nicht die eigenen sind, ist man darauf angewiesen, dass sie spuren und sich nicht schon auf dem Weg in den Park gegenseitig vor fahrende Autos stoßen. Wer also Kinderkollegen mit dem Tode bedroht, kriegt nach dem Spiel keine Fanta. Wenn sie sich aber nach einem vermeintlichen oder tatsächlichen Foul am Boden herumwälzen und heulen, dass ihnen der Rotz in Sturzbächen aufs Trikot fließt, sollte man Äußerungen wie: »Stell dich nicht so an, du Weichei!« durchaus unterlassen. Auch die Feststellung: »Du hast genauso wenig Ahnung vom Fußball wie dein versoffener Vater!« mag inhaltlich korrekt sein, bringt aber nur die berühmte »Unruhe in die Mannschaft«, zumal es die Kinder zu Hause dann petzen, der erboste Vater anruft und einen damit konfrontiert, dass er in der Tipprunde aber trotzdem zwölf Plätze vor einem liegt.

Schließlich gilt es, gegen Ende durch beherztes Eingreifen (»Das war Schutzhand, das Tor zählt!«) auf ein Unentschieden hinzuarbeiten, da sonst die Gefahr nicht gering ist, dass die unterlegene Mannschaft die Sieger auf dem Rückweg doch noch vor einen Laster stößt.

Nach langem Schweigen teilte mein Berliner Freund mir mit, dass er wohl doch auf bewährte Partyspiele wie Topfschlagen zurückgreifen wolle.

Exklusiver Gastbeitrag von Frank Goosen. Weitere amüsante Fußballgeschichten finden Sie in seinem Buch »Weil Samstag ist«!

Große Spieler / Große Spiele

1. Wie endete das erste offizielle Länderspiel?

- (A) 0:0, Schottland – England
- (B) 8:0, Schottland – Wales
- (C) 5:3, Schweiz – Deutschland
- (D) 2:2, Brasilien – Argentinien

2. Von welchem legendären Spieler erbte Reinhard Libuda seinen Spitznamen »Stan«?

- (A) Stanley Laurel
- (B) Stanley Matthews
- (C) Stanley McGregor
- (D) Stanley Phelps

3. Welches WM-Spiel beeindruckte die Fußballfans weltweit so sehr, dass man eine Gedenktafel am Stadion installierte?

- (A) Schweden – Brasilien 1950
- (B) Italien – Deutschland 1970
- (C) Deutschland – Österreich 1982
- (D) Argentinien – England 1986

4. Europacup der Pokalsieger 1985/86. Bayer Uerdingen gegen Dynamo Dresden. Das Hinspiel endete 2:0 für Dresden. Im Rückspiel lag Bayer mit 1:3 zur Halbzeit hinten. Wie endete das Spiel?

- (A) 7:3 für Uerdingen
- (B) 3:3
- (C) 8:1 für Dresden
- (D) Spiel wurde abgebrochen

5. Wer war »Der Major«?

- (A) Eusebio
- (B) Ferenc Puskas
- (C) Gerd Müller
- (D) Johan Neeskens

6. Welcher Spieler gewann mit Real Madrid mehrere nationale und internationale Titel, spielte für drei verschiedene Nationalmannschaften, nahm aber niemals an einer WM teil?

- (A) Alfredo di Stefano
- (B) Günter Netzer
- (C) Diego Maradona
- (D) Ronaldo

Die Herren Delling und Netzer in Ausschnitten: Sie sind aber gut in Form!

ZEIT: »Sie wollen sagen, Sie reden mit Ihrer Frau genauso wie mit Herrn Netzer?«

Netzer: »Hoffentlich nicht!«

Delling: »Im Prinzip schon. Der Unterschied ist nur, dass sie nicht so mit mir redet, wie es Günter Netzer tut.«

★ ★ ★

Netzer: »Als ich von der Nominierung Odonkors erfuhr, hielt ich dies erst für Unfug. Doch als ich einmal darüber nachdachte, änderte sich meine Meinung.«

Delling: »Ah ja, Sie haben darüber nachgedacht?!«

Netzer: »Ja, würde ich allerdings mehr über Sie nachdenken, würde ich jetzt nicht neben Ihnen hier stehen.«

★ ★ ★

Netzer: »Mein Gott, Sie sind aber gut in Form heute …«

Delling: »Ja, und das trotz der Musik im Hintergrund. Aber die haben Sie ja auch wieder mitgebracht …«

★ ★ ★

Delling: »Man sieht das schon am Anlauf, nicht wahr, Herr Netzer, dass dieser Elfmeter lieblos geschossen wurde.«

Netzer: »Da sehen Sie's mal wieder, Herr Delling. Sie sind der wahre Fachmann. Ich sehe an diesem Anlauf überhaupt gar nichts.«

★ ★ ★

Ein Spieler Südkoreas will eine Ecke ausführen. Er zieht sich noch einmal die Hose hoch und macht dann schnelle Bewegungen mit den Füßen auf der Stelle.

Günter Netzer *ist begeistert:* »Das ist ja lustig!«

Delling: »Das hätten Sie früher auch machen müssen, dann hätten Sie auch einmal getroffen …«

★ ★ ★

ZEIT: »Wie viel Spaß macht Ihnen denn Ihre Freundschaft?«

Netzer: »Sie ist ein permanenter Spaß und gehört zu dem guten Leben, das wir haben.«

Delling: »Spaß? Mit Ihnen, Herr Netzer? Wovon reden Sie?«

Paul, der Krake, tippt die WM 2010: »Ich mache mir Sorgen um ihn!«

Der Star der Weltmeisterschaft 2010 in Südafrika schwamm gemütlich in einem Aquarium in Deutschland seine Bahnen und fraß von Zeit zu Zeit Muschelfleisch aus durchsichtigen Kästen, die mit Nationalflaggen geschmückt waren. Und dabei schaute die ganze Welt dem kleinen Oktopus gespannt zu. Denn hatte Paul entschieden, war das WM-Schicksal für eine Mannschaft bereits besiegelt, noch bevor das Spiel überhaupt angepfiffen worden war. Bei allen Partien, die der Krake aus dem »Sea Life« in Oberhausen während der Weltmeisterschaft 2010 tippte, lag Paul richtig. Wessen Muschelfleisch er zuerst verspeiste, der konnte schon einmal den Siegeschampagner in der Kabine kalt stellen. Manchem wurde Pauls hellseherische Fähigkeit fast ein wenig unheimlich. Und andere hatten den kleinen Oktopus auf einmal zum Fressen gerne.

Als Paul nämlich das Viertelfinal-Aus der Argentinier tippte, drohten diese dem Kraken-Orakel mit dem Kochtopf. In eine leckere Paella würde er als geschmackliche Abrundung noch sehr gut passen, hieß es aus Südamerika. Die argentinische Zeitung *El Dia* kreierte sogar ein eigenes Rezept zu diesem Anlass: »Es reichen vier normale Kartoffeln, Olivenöl je nach Geschmack und ein bisschen Pfeffer, um Krake Paul ein unbequemes Schicksal zu bescheren.« Und der bekannte Koch Nicolás Bedorrou ließ über seine Internetseite Martialisches verbreiten: »Wir jagen ihn, und wir packen ihn in Papier. Danach schlagen wir ihn (aber richtig!), um ihn zärtlich zu stimmen. Und versenken ihn in kochendem Wasser.«

Nach dem von Paul natürlich richtig vorhergesagten Halbfinal-Aus der deutschen Elf, formulierte man in Spanien an höchster Regierungsstelle seine Gedanken: »Ich mache mir Sorgen um ihn«, sagte Ministerpräsident José Luis Rodríguez Zapatero und war begeistert von Pauls unbestechlichen Fähigkeiten: »Dass er den Sieg Spaniens vorhergesagt hat, ist schon spektakulär.« Umweltministerin Elena Espinosa unterstützte sogar einen Plan, den kleinen Oktopus nach Spanien zu holen: »Damit die Deutschen ihn nicht aufessen.« Doch es blieb bei den Drohungen, Paul passierte nichts, auch wenn die niederländischen Wünsche der Zeitung *De Telegraaf* ebenfalls nicht in Erfüllung gingen: »Hoffentlich entscheidet sich Paul dann wirklich für die niederländischen Muscheln.«

Mittlerweile ist Krake Paul verstorben, doch das »Sea Life« hat schon eine Woche nach seinem Tod einen Nachfolger gefunden und ihn Paul II. getauft. Ob er die EM 2012 in Polen und der Ukaine genauso souverän tippen wird, bleibt abzuwarten. Doch eines steht fest: Nichts wird mehr so sein wie mit Paul I. Mach's gut, kleiner Krake!

WM 1990 – Erinnerungen

Pierre Littbarski erzählt in seinem Fotoband »Mein WM-Album« von einem Vespa-Ausflug mit Bodo Illgner. Von Erba sind die beiden über Como bis nach Cernobbio gebrettert. Als auf der Rückfahrt ein Hagelsturm auf Littbarski und Illgner niederging, entschlossen sie sich für zwei Stunden in einer Stehkneipe an einer Tankstelle einzukehren. Festsitzend beobachteten sie etwas irritiert, wie Thomas Berthold in einigen Metern Entfernung von den beiden hielt, lachte und dann einfach weiterfuhr. Nach einem kleinen Zwischenstopp in Como, wo sich die Nationalspieler in einem Jeansladen mit trockener Kleidung eindeckten, rasten sie zurück ins WM-Quartier nach Erba. Littbarski nahm sein rollendes Gefährt anschließend sogar mit nach Deutschland und verkündete stolz: »Und jetzt kurve ich mit meiner neuen Vespa durch Köln und Umgebung.«

★ ★ ★

Bei der WM 1990 leistete sich Marcel Reif eine Peinlichkeit, als er beim Eröffnungsspiel Argentinien gegen Kamerun nach der zweiten roten Karte für die Afrikaner leise zu singen begann: »Zehn kleine Negerlein …«

★ ★ ★

Man glaubt ja, dass in Zeiten, wo mehr Betreuer als Spieler mit zu einem großen Turnier fahren, alles wunderbar und nur vom Feinsten sei. Doch bei der WM 1990 maulten einige Nationalkicker heftig über ihren Chefkoch Fritz Westermann. Man werde nicht satt und das Essen sei viel zu eintönig, beklagte man sich hinter vorgehaltener Hand. Und auch der Sportwissenschaftler hatte was zu meckern. Die Brote im Bus seien immer mit fünf, sechs Scheiben Käse oder Schinken belegt, und das wäre nun wirklich alles andere als »spezielle Sportlernahrung«.

Doch zu einer offenen Revolte kam es nie, da die Spieler während der WM so viel Ausgang hatten, dass sie in umliegenden Restaurants ihre Gelüste und ihren Kohlenhydrate-Mangel mit schmackhaftem italienischen Essen befriedigen konnten. Nur einmal mussten sie wirklich kräftig schlucken, wie ein Kicker im Anschluss der versammelten Boulevardpresse erzählte. Als sich die Nationalelf nämlich wieder einmal mit einem »Nullachtfünfzehn-Essen« abspeisen ließ, tischte sich gleich nebenan Chefkoch Fritz Westermann einen Teller herrlichsten Spargel auf. Lothar Matthäus, der sich damals als Einziger unter lautstarken Anweisungen an das Personal vom Büffet bedienen ließ, soll nicht nur große Augen gemacht haben.

Fußballstars intim: Schlaue Fragen und noch schlauere Antworten

Teil II

Auch Mario Basler hat man bei einem Interview einmal etwas speziellere Fragen gestellt. Zum Beispiel wollte man wissen, ob er denn nach seinem Karriereende zugenommen habe. Und Basler antwortete ohne Umschweife: »Ich habe jetzt ein kleines Bäuchlein gekriegt. Ich bin genau auf 82 Kilo, bloß die Muskulatur ist etwas weniger geworden. Ist ja klar, du machst nicht mehr das Krafttraining und, und, und. Und deshalb hängt das hier vorne ein bisschen, die zwei Kilo, die wo ich eigentlich abgenommen hatte bzw. wo Muskulatur war, ist jetzt ein bisschen schwabbeliger geworden.«

Eine andere Frage zielte sogar unter die Gürtellinie. *Interviewer:* »Die Farbe der Unterhose heute?« *Basler:* »Jetzt im Moment? Ich habe keine an. Zu Hause brauche ich keine Unterhose.« *Interviewer:* »Jogginghose? Badelatschen?« *Basler:* »Ja, das reicht. So fühle ich mich am wohlsten zu Hause. Da muss ich mir keinen Anzug anziehen, keine Jeans. Da kann ich mich ganz frei bewegen.«

Auch die Stars der achtziger und frühen neunziger Jahre hatten auf alle noch so abenteuerlichen Fragen eine passende Antwort parat. Doch was am Ende sonderbarer war – die Fragen der Fans oder die Antworten der Fußballidole –, liegt wie immer ganz im Auge des Betrachters. Teil II:

Anthony Baffoe: *Was ödet Sie an?* Sprüche wie »Warst du zu lange auf der Sonnenbank?«.

Karl-Heinz Körbel: *Was denken Sie über das Thema Ausländerfeindlichkeit?* Schlimm, die müsste bei uns unbedingt abgebaut werden.

Guido Buchwald: *Welches Parfüm benutzt du?* (Werner H., 7218 Irslingen) Momentan Azzaro, aber variantenreich wie mein Spiel ist auch die Wahl meiner Duftwässerchen.

Toni Schumacher: *Schläfst du in einem Himmelbett?* (Tina und Daniela P., 7000 Stuttgart) Nee, im Kornfeld.

Stefan Reuter: *Wann warst du das erste Mal verliebt?* (Elke T., 8300 Landshut) Mit fünf, in meinen Teddybär.

Ernst Happel: *Warum schauen Sie eigentlich immer so grimmig?* (Zuschauer in Augsburg bei einer Pressekonferenz) Bei dem Job, da hams nix zum Lachen.

Thomas Berthold: *Hättest du Lust, mit anderen Fußballspielern einen Kinofilm zu drehen?* (Silvia T., 5778 Meschede 1) Toni Schumacher, Ditmar Jakobs, der Litti und ich in den »Furchtlosen Vier«, das könnte eine lustige Sache werden.

Reiner Calmund: *Herr Calmund, was ist wahrscheinlicher? Dass Sie eines Tages Ihr Idealgewicht erreichen oder dass Bayer Leverkusen Deutscher Meister wird*? Dass Bayer Meister wird!

Verbal gesagt

»In der Luft können wir den Norwegern nicht das Wasser reichen.« *Richard Azzouzi*

»Ein Wort gab das andere – wir hatten uns nichts zu sagen.« *Lothar Matthäus*

»Ich verspreche Resultate, keine Versprechen.« *John Bond*

»Den Arie Haan machen wir rund wie einen Käse und rollen ihn dann nach Holland zurück.« *Christoph Daum*

»Wir dürfen alles in den Mund nehmen – außer Alkohol.« *Felix Magath*

Olaf Thon: »Eine Taube macht noch keinen Sommer.« *Pressesprecher VfB Hüls:* »Das heißt Schwalbe.« *Olaf Thon:* »Hier im Ruhrgebiet hat man Tauben, da gibt es keine Schwalben.« *Nach einem Spiel in der Pressekonferenz.*

»Wir haben uns nach der Decke gestreckt und gleichzeitig die Hosen herunter gelassen.« *Reiner Calmund zu einem Angebot an Kapitän Jorginho*

»Ich kann doch nur zwei Sprachen, Deutsch und Sächsisch. Wie soll ich da mit unserem Koreaner reden?« *Duisburgs Interims-Trainer Heiko Scholz*

»Dem Schweini wurde zu viel Puderzucker in den Hintern geblasen. Den klopfe ich nun wieder raus.«

FC-Bayern Manager Uli Hoeneß

»Herr Schröder hat das Spiel unterbrochen. Er kann das, er darf das, er muss das, denn Herr Schröder ist der Schiedsrichter.« *NDR*

»Ich traue mir ein Comeback als Auswechselspieler zu.« *Matthias Herget*

»Dass Bayern München mal absteigt!« *Rolf Töpperwien im St.-Pauli-Stadionheft auf die Frage nach seiner sportlich größten Hoffnung*

Fußball im Hörspiel: »Ich kann euch ja mal ein paar Sachen vormachen«

Eine Hörspielproduktion für die Ewigkeit hat der damalige Spieler des FC Bayern München und spätere Arzt, Jupp Kapellmann, zusammen mit seinen Mannschafskameraden Sepp Maier und Gerd Müller geschaffen. Die 1978 erschienene Platte »Angriff, Schuß ... Tor! (Erklär mir den Fußball)« startete durchaus launig mit einem Kinderchor. Im Stile früher »Roy Black & Anita«-Gassenhauer wurden übertrieben lebenslustig die folgenden Zeilen intoniert: »Komm sag mir, wie man Fußball spielt. Angriff, Schuss und Tor. Denn wer die Regeln gar nicht kennt, dem kommt das spanisch vor. Sag mir, was ist denn bloß ein Libero, das 4-2-4-System, komm sag mir, bitte hier, wie man Fußball spielt, wir sind schon ganz Ohr – erklär mir nicht, so schwer, das Fußballspiel, Angriff, Schuss und Tor.«

Hinten auf der Platte stand »Wir hatten kein Manuskript, aber ein Konzept«. Eine charmante Umschreibung für das dargebotene Kauderwelsch an mysteriösen Ideen und Äußerungen der kindlichen Protagonisten mit Namen wie Helga (10), Geraldine (12), Walter (15) oder Peter (18) und den Erwachsenen Lilo und Ulrich. Gleich am Anfang durfte Helga sich erst einmal tüchtig ›auskotzen‹: »Was ich doof find, ich bin auf einer Schule, die war bis vor drei Jahren ein reines Bubengymnasium. Jetzt müssen wir Mädchen auch Fußball spielen. Und die ganze Technik und den Ballhochhalten lernen (*kollektives Lachen*). Da wird mir schon schlecht, wenn ich weiß, dass die Stunde kommt.«

Ulrich, der besonnene Erwachsene, erklärte geduldig den Sinn hinter dieser Maßnahme: »Das Erzieherische an diesem Fußballspielen auch in der Schule für Mädchen liegt nicht darin, die Mädchen dahin zu bringen, in einer Mannschaft Fußball zu spielen. Sondern einfach darin, dass eine körperliche Ertüchtigung erfolgt. Körperbeherrschung mit und ohne Ball.« Das klingt vernünftig. Zwischendurch wurden immer wieder Gerd Müller und Sepp Maier per Kassettenrekorder (Kapellmann: »Ich hab dies im Trainingslager aufgenommen«) mit belanglosen Weisheiten eingespielt. Das Klicken und Surren des Geräts war deutlich zu hören. Doch dieser skurrile Einfall wurde noch von einer anderen, die Bedingungen des Mediums Radio völlig verkennenden Idee Kapellmanns übertroffen. Mitten im Hörfunkstudio packte der Bayern-Spieler einen Ball aus und fing an zu kicken. »Ich mein, ich kann euch ja mal ein paar Sachen vormachen, die die Eleganz des Spiels zeigen. Das erfordert schon eine gewisse Technik«, sagte er und man hörte deutlich das angestrengte Stöhnen und Atmen Kapellmanns, das nur unterbrochen wurde vom lauten Ticken des Balls.

Die Fußballschule für Blinde endete nach sechzig lehrreichen Minuten mit der Schlussfrage: »Ich glaub, wir machen jetzt Feierabend und was machen wir anschließend?« Und die beruhigende Antwort im Chor: »Fußballspielen!«

Heimspielorte / Stadien

1. Welchen Klub findet man an der White Hart Lane?

- A Nottingham Forest
- B Sheffield United
- C Newcastle United
- D Tottenham Hotspur

2. Wie heißt die Arena des TSV Nördlingen, das Stadion im Rieser Sportpark?

- A Franz-Beckenbauer-Stadion
- B Sepp-Maier-Stadion
- C Gerd-Müller-Stadion
- D Georg-Schwarzenbeck-Stadion

3. Wenn ich in der Adolf-Jäger-Kampfbahn stehe, sehe ich welchen Heimklub?

- A Hamborn 07
- B Altona 93
- C Arminia Hannover
- D Waldhof Mannheim

4. Eigentlich spielte der Everton FC an der Anfield Road in Liverpool. Warum zogen sie in den Goodison Park?

- A Aufgrund der Miethöhe
- B Es gab Anfeindungen durch Fans des FC Liverpool
- C Der Gewinn der Meisterschaft war schuld
- D Wegen Auflagen der UEFA

5. Wie ist der traditionelle Name des Stadions von Union Berlin?

- A Neue Wache
- B Große Brücke
- C Nördliches Tor
- D Alte Försterei

6. Im »Stadion des Lichts« sehe ich welches Team?

- A Benfica Lissabon
- B Real Madrid
- C AS Rom
- D Chelsea London

29. November 1986: Der Pannenabend im »Aktuellen Sportstudio« des ZDF

Moderator Dieter Kürten: »Bayer 04 gegen Bayer 05, Leverkusen gegen Uerdingen, da schien nicht viel drin zu sein, auch nicht für den Herrn, den Rolf Töpperwien Ihnen jetzt in seinem Bericht vorstellt: Der Mann wäre besser im Bett geblieben. (*Umschalten auf die Totale; Stille, dann Stadiongeräusche*)

Kürten: »Josef, ich habe kein ausgehendes Bild, kann das sein?« (*Kamera geht wieder frontal auf Kürten*) **Aus dem Off**: »Dieter, wir haben kein Bild aus, äh, Düsseldorf ... **Kürten**: »Das habe ich mir gedacht. Wir haben kein Bild aus Düsseldorf. Ich sehe die ganze Zeit mich selber. Ich bin nicht der Mann, der ins Bett gemusst hätte (*Gelächter im Publikum*), obwohl ich mich genauso müde ... also müde fühl ich mich schon. Was machen wir denn jetzt, Josef? Den nächsten Beitrag, ne?« **Off** (*lässig*): »Dann versuchen wir es halt mit München!« **Kürten** (*jovial*): »Na, machen wir einfach München. Markus Lipfert mit dem Münchener Dreierlei!« (*Ein pfeifendes Mikrogeräusch*) »Mal gucken, was jetzt passiert!« (*Umschalten auf die Totale; Unruhe im Publikum; Es passiert nichts*). »Ist das nicht herrlich, die Harlem Globetrotters sind da. Die haben wir gar nicht erwartet so früh und die beiden Fußballspiele, die schon eine Weile vorliegen, kommen nicht. Also, wenn wir so weitermachen, habe ich in fünf Minuten nichts mehr zu senden.« **Off**: »Dieter?« **Kürten**: »Ja, Josef!« **Off**: » Wir versuchen mal wieder nach Düsseldorf zu schalten ...« (*Gelächter und Applaus im Publikum*) **Kürten**: »Lustig, ne?! Also nach Düsseldorf!« (*Wieder passiert nichts*) **Off**: »Dieter? Wir haben statt Bild aus Düsseldorf, ein Bild von der Bundespost in Köln. Das bedeutet, dass wir Düsseldorf auch nicht senden können!« **Kürten**: »Dann sagst du mir, mein Engel, was wir denn nun senden können! Vielleicht das Spiel Waldhof Mannheim gegen Homburg. Habt ihr das denn wenigstens? Ist vielleicht unser Freund Markus Lipfert ins Haus gekommen bzw. Lipfert kann es nicht gewesen sein. Es ist Wolf-Dieter Poschmann, der ins Haus gekommen sein müsste. Ist er das?« **Off**: »Dieter?« **Kürten**: »Ja?!« **Off**: »Er ist nicht da!« **Kürten**: Weißt du was? Ich gehe jetzt zu Steffi Graf und Jupp Heynckes rüber und fange an, etwas zu plaudern. Ja?« **Off**: »Du sprichst mir aus dem Herzen!« **Kürten**: »Und wenn du etwas hast, mein Hase, dann rufst du mich!« (*Kürten setzt sich zwischen Steffi Graf und Jupp Heynckes und möchte gerade anfangen zu reden, da kommt die Stimme aus dem Off*) **Off**: »Dieter, ich möchte dich nicht stören. Aber es könnte sein, dass wir das Spiel aus Düsseldorf ...« (*Lautstarkes Gelächter im Publikum*) **Kürten** (*den Zeigefinger hebend*): »Mein lieber Josef! Wenn das Spiel jetzt nicht kommt, komme ich die Wendeltreppe hoch und werde dich ein wenig würgen ...«

Die bunten Ligen und ihre schönen Namen

Freizeit-Fußball, für viele die sprichwörtliche Kneipenmannschaft von der nächsten Straßenecke. Aber das ist nicht korrekt – denn es ist in Wirklichkeit viel schlimmer!« So begrüßt der Verein »Hellas Corona. Calcio Finest Football Culture since 2000« die Freunde des runden Freizeitsports auf seiner Internetseite. Der Klub spielt in der vornehmen »Royal Bavarian Liga«.

In Saarbrücken wurde die Neuaufnahme eines Vereins so angekündigt: »Das ominöse Gerücht, dass eine neue Mannschaft die Bunte Liga aufmischen möchte, wurde nun von offizieller Seite bestätigt. Laut des Statements eines Mr. Unkraut will dieser seine ›auserlesene Spitzenmannschaft‹, die den Namen FC UNKRAUT trägt, ab der kommenden Saison in der Liga etablieren. Seine Saat scheint aufzugehen, denn Dribbelkünstler wie Abwehrstrategen, gesellt von Flankengöttern und Strafraumterroristen identifizieren sich mit dem Teamgeist prägenden Motto ›Unkraut vergeht nie!‹«

Wenn die Vereinsnamen als Indikator zu sehen sind, dann muss das Treiben in den bunten Ligen sehr viel Spaß machen:

Royal Bavarian Liga: FC Sehr Roberto, Lokomotive Mittelstrahl
Bunte Liga Rheinhessen: Fleischwoscht Samba Fußballwucht, Inter Highland HC Bunte, Exil Fritteusen
Hochstift Liga Paderborn: Lokomotive Grobmotorik, Tudorfer Sambasohlen
Wilde Liga Bremen: Die letzen Luden, Interruptus Connection, Prollen mit Stollen
Bunte Liga Gießen: Lazio Koma, Alemannia Diarrhoe, Blumen-Giessen, Ganz Großes Tennis 1516 e.V.
Bunte Liga Köln: Graskloppers, Zeugen Yeboahs, Inter Leckt
Bunte Liga Regensburg: Olympique Jean Pierre Papin St. Germain
Bunte Liga Oldenburg: Juventus Urin, Die Füße Gottes, Begnadigte Körper
Wilde Liga Bielefeld: Dieter Hoeneß Hirnverband, Dr. Reiner Klimke auf Ahlerich
Und: Hütte Vormholz, Fellatio Rom, Lidl United, Alfelder Bierbäuche, Hinter Mailand, AS Pirin 08, Ente Cross BK, Dynamo Tresen, Borussia Torgasmus

Wolfram Wuttke: Frauen im Bett seines Trainers

Folgender Dialog zwischen einem Journalisten des *kickers* und dem Bundesligaprofi vom 1. FC Kaiserslautern, Wolfram Wuttke, entspann sich 1989 im Hinblick auf die Weltmeisterschaft ein Jahr später in Italien. Reporter: »Der Teamchef sagt, Sie seien zu schwer.« Wuttke: »Dem kann ich nicht zustimmen, das ist eine reine Vermutung von ihm.« R: »Hans-Peter Briegel vermutet dasselbe.« Wuttke: »Na, gut, ich habe zwei Kilo mehr als früher. Das kommt aber nur davon weil ich mit dem Rauchen aufgehört habe.« R: »Briegel spricht von mindestens vier Kilogramm, Beckenbauer gar von fünf.« Wuttke: »Okay, es sind zweieinhalb. Aber die sind kein Problem, die trainiere ich in ein paar Tagen ab. Und ich habe mit diesen zweieinhalb Kilo schon Weltklasse gespielt, zum Beispiel in Köln. Da haben mich alle gelobt.«

Wolfram Wuttke, das Gewicht und seine Leistungen sind ein unendliches Kapitel seiner Karriere. Peter Neururer erzählte einmal von einem Trainingslager des 1. FC Saarbrücken Anfang der neunziger Jahre in Guatemala. Naiverweise hatte der Coach vor den Übungseinheiten gesagt, wer den Fitnesstest nicht bestünde, der könne auch nicht in der Anfangsformation beim Bundesligastart stehen. Seine Leistungsträger Michael Kostner und Wolfram Wuttke fielen aber beim ersten Versuch durch. Einige Kilos zu viel auf den Rippen wogen offensichtlich zu schwer. Und so zog Wuttke seine berühmte Schwitzjacke über und rannte sich in einer einzigen Einheit bei Temperaturen um die vierzig Grad fünf Kilo hinunter. Der Test wurde bestanden und beim anschließenden Rückflug schlief der ansonsten immer so quirlige Wuttke erschöpft, aber glücklich durch.

Auch abseits seiner Gewichtsprobleme war Wuttke jederzeit für eine Anekdote gut. Obwohl er es abstreitet, soll er dem einstigen DFB-Jugendtrainer einmal ins Bett gepinkelt und dem Schalke-Betreuer-Maskottchen Charly Neumann als Jugendlicher seinen Mercedes für eine Spritztour entwendet haben. Amtlich verbrieft ist allerdings eine Geschichte, die Wuttke zusammen mit seinem Gladbacher Teamkollegen Frank Mill erlebte. Damals hatten die beiden in einem Container vor ihrem Mannschaftshotel eine Schaufensterpuppe entdeckt. Und da Wuttke mit seinem Trainer Jupp Heynckes, dem er auch den Spitznamen »Osram« verpasst hatte, eher ein gespaltenes Verhältnis pflegte, entschloss man sich, dem Coach die Puppe ins Bett zu legen. Und der fiel auf den Schabernack tatsächlich rein. Heynckes dachte, es handelte sich um eine echte Frau, die sich da in seinen Laken räkelte, und rannte sofort mit hochrotem Kopf zur Rezeption. Dort hatten sich schon Wuttke und Mill positioniert und lachten bei der Ankunft ihres Übungsleiters Tränen.

Wie Toni Schumacher beinahe von Weisweiler verschenkt wurde!

Eigentlich war das Schicksal von Toni Schumacher Mitte der siebziger Jahre schon besiegelt. Fünf lange Spielzeiten hatte man sich in Köln seine schwankenden Leistungen ratlos angeschaut und still und leise gehofft, es würde irgendwann der große Durchbruch kommen. Doch nichts geschah. Schließlich kam der Tag, an dem Trainer Hennes Weisweiler entnervt aufgab und endgültig entschied: »Den Schumacher verschenk ich jetzt. Ich will ihn nicht mehr sehen!«

Schumacher sackte in sich zusammen. Sein Traum von der großen Torhüter-Karriere schien ausgeträumt, noch ehe sie richtig begonnen hatte: »Ich lag im Bett und sagte mir dauernd: Mein Gott, keiner nimmt dich mehr.« Innerlich aufgewühlt erinnerte er sich zurück an die Zeit, als ihn seine Eltern bei den ersten Torwart-Einheiten mit Kissen und Sofa im heimischen Wohnzimmer liebevoll ermunterten: »Liebchen, mach mal den Herkenrath.« Der war in den fünfziger Jahren Deutscher Meister und Pokalsieger geworden und diese Triumphe sollte das kleine »Liebchen« Harald nach dem Willen der Eltern auch einmal erringen.

Den erfolgshungrigen, vor Energie und Selbstvertrauen strotzenden Keeper der achtziger Jahre gab es damals noch nicht. Fast fahrlässig war Schumacher all die Jahre mit seinem Talent umgegangen. Doch das Schicksal meinte es gut mit dem kölschen »Tünn«. Da sich in Berlin kurz vor Ende der Spielzeit der für die neue Saison auserkorene Torwart Norbert Nigbur beim Mittagessen (!) den Meniskus einklemmte und Schumacher plötzlich groß aufspielte, besann sich Weisweiler überraschend eines Besseren und klopfte dem Kölner Torhüter anerkennend auf die Schulter: »Jung', du bleibst, du bist jetzt mein Mann!«

Wenn Schumacher sich an diese Zeit erinnert, wird ihm immer noch bewusst: »Bis dahin war ich eine Wurst!« Von nun an aber rackerte der Kölner Keeper wie ein Wilder. Sein Motto lautete: »Schmerz ist Einbildung!« Zum Beweis ließ er sich auch schon einmal von seiner Frau eine brennende Zigarette auf dem Unterarm ausdrücken. Natürlich ohne das Gesicht dabei schmerzverzerrt zu verziehen.

Schumacher trainierte wie ein Besessener. Unten im Keller hing ein Boxsack von der Decke, auf den er so lange einhaute, bis die Hände blutig waren. Hatte er einen Fehler – wie beispielsweise im WM-Finale 1986 in Mexiko – gemacht, dann klebte er sein eigenes Konterfei an den Sandsack und prügelte unerbittlich auf sich ein. Denn einer Sache war sich der große Toni Schumacher immer bewusst: »Irgendwann gebe ich mal den Löffel ab und hab nur eines gekonnt: Bälle fangen!«

Frauen

»Mittlerweile sind die deutschen Frauen im Fußball genauso gut wie im Kochen und Putzen!« *Stefan Raab in TV total*

»Er ist ein Typ wie Beckenbauer. Der kann irgendeiner Frau ein Kind machen – und es wird ihm in der Öffentlichkeit verziehen!« *1860-Torwart Michael Hofmann über Teamchef Rudi Völler*

»Das möchte ich am liebsten auch.« *Rafael van der Vaart im Sportstudio zum Fan-Plakat:* »Geh! Aber lass Sylvie hier«

»Ich finde es großartig, dass sich die Frauen immer mehr vermehren in der Bundesliga.« *Franz Beckenbauer*

»Jeder denkt, ich gehe wegen Otto Rehhagel zu Kaiserslautern – aber eigentlich ist es wegen seiner Frau.« *Wynton Rufer*

»Ich begrüße die weiteste Dame.« *Willi Müller, 1. FC Kaiserslautern, zu einer Teilnehmerin an einer Fanveranstaltung*

»Na, Herr Chapuisat, hat denn Berti Vogts schon bei Ihnen angeklopft?« *Christine Reinhart fragte beim Schweizer nach, ob es was mit der deutschen Nationalelf wird*

»Wenn das mit Birgit Prinz in Perugia etwas wird, wäre das die zweite deutsche Frau, die in Italien Fußball spielt – nach Andreas Möller!« *Stefan Raab in TV Total*

»Wenn wir meinen, die Spieler haben es nötig, dann lassen wir ihre Frauen und Freundinnen hierher holen, um die Jungs wieder hoch zu kriegen.« *Glenn Hoddle als englischer Nationaltrainer*

»Stuttgarts Tormann Timo Hildebrandt ist so gut – viele sagen, zur Nummer 1 in Deutschland fehle ihm nur noch eine blonde Schlampe aus der Disco!«

Harald Schmidt

»Damen einzuwechseln und den Gegner zu erschrecken.« *Schalke-Manager Rudi Assauer auf die Frage einer Journalistin nach dem möglichen Erfolgsrezept in der Champions League gegen Istanbul*

Singen mit Christoph Daum: 30 Mann und nur ein Ziel!

Christoph Daum ist für seine verrückten Ideen bekannt. Als er in der Saison 1999/2000 mit Bayer Leverkusen kurz vor dem Gewinn der Meisterschaft stand, wollte er im Titelkampf zusammen mit dem damals schwer angesagten Motivations-Guru Jürgen Höller die letzten Prozentpunkte an »mentaler Stärke« aus den Bayer-Profis herauskitzeln. Barfuß ließ er sie deshalb über glühende Kohlen und spitze Glasscherben laufen und hoffte so, den ewigen Gegner Bayern München austricksen zu können. Doch wenige Wochen später hatte Bayer Leverkusen die Meisterschaft in einer Nervenschlacht beim Absteiger Unterhaching verloren und aus zerbrochenem Glas war ein zerbrochener Traum geworden.

Zusammen mit seinem ewigen Co-Trainer, Roland Koch, der einst seine Diplomarbeit mit dem Thema »Trainingsplanung im Profifußball. Eine vergleichende Analyse zwischen Bundesliga und erster englischer Liga« geschrieben hatte und ein Schüler der Liverpool-Legende Bill Shankly war, tüftelte Daum dennoch weiterhin gerne an ausgefallenen Motivationsideen. Im Januar 2007 war es im spanischen Trainingslager mit dem 1. FC Köln mal wieder so weit, dass die beiden einen super Einfall hatten.

Kurz bevor die Mannschaft früh am Morgen zum Krafttraining ging, versammelte Koch die Spieler des FC im Halbkreis und drückte den erstaunten Profis einen Zettel in die Hand. Mit leuchtenden Augen verkündete der Co-Trainer: »Da steht ein Lied drauf, das singen wir jetzt alle gemeinsam.« Und dann summten Daum und Koch auch schon den großen, alten Freddy-Quinn-Hit aus dem Jahre 1966 »100 Mann und ein Befehl« an. Gemeinsam mit den Spielern sollte nun der extra frisch gedichtete Text gesungen werden: »30 Mann und nur ein Ziel. Und ein Weg, den jeder will. Fern von zu Haus' ist uns einerlei, denn ich bin bei den 30 Mann dabei.«

Auf die Frage der begleitenden Journalisten, wie man denn auf eine solch grandiose Idee gekommen sei, antwortete Daum stolz: »In der Vorbereitung ist es wichtig, dass die Spieler bei der harten Arbeit lächelnd umfallen. Das hat schon Sepp Herberger gesagt.« Und Roland Koch ergänzte: »Man muss die Spieler wach kriegen und ihnen gleichzeitig Freude mit in den Tag geben. Wer geht schon gerne um diese Uhrzeit in den Kraftraum ...«

Doch wie kamen die Trainerfüchse ausgerechnet auf Freddy Quinn? War einer der beiden Motivationstalente etwa ein Fan des Hamburger Sangesbarden? Daum klärte auf: »Mein langjähriger Torwart-Trainer Eike Immel hat immer die Kassetten von Quinn gehört, daher kennen wir die Lieder.« Der FC verpasste übrigens am Ende der Saison trotz aller Sangeskünste den Aufstieg in die erste Liga als Tabellenneunter ziemlich klar.

Frisuren-Raten: VfL Bochum

1972-1988

1977-1983

1970-1974

1977-1982

1981-1995

1985-1993

Felix Magath: Suchen Sie doch mal nach 'nem Foul von uns

26. Februar 2010. Schalke hat gerade das Revierderby gegen Borussia Dortmund mit 2:1 gewonnen. Im Sky-Studio stehen Moderator Jan Henkel, BVB-Trainer Jürgen Klopp und Schalke-Coach Felix Magath zusammen. Nach einem Einspieler wird Magath plötzlich energisch!

Magath: »Nein! Suchen Sie halt noch einmal ein paar Szenen, wo wir ein Foul gemacht haben.« **Henkel:** »Ich suche ja nicht. Ich habe ja kein Interesse dran. Sie scheinen ein Interesse dran zu haben, oder?« **M:** »Ja, ich würde schon gerne sehen, wo wir noch einmal ein Foul gemacht haben …« **H:** »Nein, ernsthaft …« **M:** »Ja, ernsthaft!« **H:** »Bei dieser Situation, denke ich, da haben wir zwei Meinungen und …« **M:** »Nein, wir haben nur zwei Meinungen über Ihre Berichterstattung, nicht über die Szene, da haben wir keine zwei Meinungen. Das sollten Sie bitte Ihren Zuschauern nicht so darstellen.« **H:** »Was ist denn an der Berichterstattung schlecht, wenn man bei der Kuranyi-Situation sagt, dass er da nicht hätte schubsen sollen?« **M** (*aufbrausend*): »Da ist nichts schlecht. Zeigen Sie aber vielleicht mal andere Szenen, wo vielleicht Dortmund auch einmal ein Foul gemacht hat, nicht nur die Szenen … Es waren nur Szenen, wo wir ein Foul gemacht haben. Als ob über die neunzig Minuten nur wir irgendwann mal gefoult hätten.« **H:** »Dann sprechen Sie doch jetzt eine Szene konkret an …« **M:** »Habe ich doch angesprochen, gucken Sie das Spiel letzte Woche in Wolfsburg an, gucken Sie sich kurz vor Schluss …« **H:** »Wir sind jetzt bei Dortmund, hier auf Schalke …« **M:** »Ja, gucken Sie sich die Szene an, der geht hoch zum Kopfball, ist, glaube ich, eine Minute vor Schluss, die haben Sie nicht einmal wiederholt.« **H:** »Aber wir müssen doch jetzt nicht über Wolfsburg reden …« **M:** »Deshalb sage ich doch, suchen Sie noch ein Foul!« **H:** »Deshalb möchte ich doch von Ihnen ganz gerne eine Szene von diesem Spiel haben, die wir Ihnen gerne zeigen würden, aber ich finde im Moment keine. Helfen Sie mir, deshalb sage ich, wenn Ihnen eine einfällt, sehr gerne!« **M:** »Ja, suchen Sie doch mal nach 'nem Foul von uns.« **H:** »Nee, Sie wollen doch, dass ich noch nach einem Foul von Dortmund suche.« **M:** »Nein, das will ich nicht.« **H:** »Das haben Sie doch eben gesagt.« **M:** »Nein, ich habe gesagt, suchen Sie noch eins von uns, da haben Sie mich falsch verstanden.« **H:** »Danke trotzdem erst einmal.« **M:** »Gerne, gerne.« **H:** »Also, Emotionen gehören dazu?! Genießen Sie den Sieg!« **M:** »Ja, mach ich.« *(Legt das Mikrofon weg und geht)* **H:** »Ich würde Ihnen noch die Hand geben … *(Magath trabt zurück)* Tschüss, Herr Magath! (*Klopp geht auch*) Also, gut. Ich höre ihn draußen immer noch schimpfen …«

❶ Wie hieß der englische Hund, der den geklauten WM-Pokal 1966 wiederentdeckte?

❷ Wie hieß der erste Australier in der Bundesliga?

❸ Wer eröffnete 1981 in Fort Lauderdale sein Steakhouse »Ambry«?

❹ Welcher Verein lief in der Saison 1978/79 für die »Deutsche Krebshilfe« auf seinen Trikots Werbung?

❺ Welcher deutsche Trainer gab im September 2007 am Anstoßpunkt im Müngersdorfer Stadion seiner Frau Angelica sein Ja-Wort?

X	L	N	I	B	L	S	F	U	D	A
I	O	F	D	U	L	P	M	F	W	O
S	C	H	A	L	K	E	Ü	N	A	I
M	K	F	U	G	U	N	L	J	T	A
I	I	F	M	S	H	I	L	I	Z	Q
E	K	T	A	W	V	E	E	N	H	K
Z	C	N	C	Ü	T	N	R	N	K	O
T	Ö	B	E	H	A	V	X	F	H	K
P	I	C	K	L	E	S	E	W	J	S
E	T	R	P	E	N	L	A	E	V	W
O	Ü	G	O	R	F	E	L	E	Ä	I

Walter Frosch: »Ich würde lieber eine rauchen als vögeln«

Bis vor wenigen Jahren kannten nur eingefleischte Fans des FC St. Pauli und Anhänger des 1. FC Kaiserslautern ihren ehemaligen Spieler. Doch durch ein Internetvideo wurde Walter Frosch nachträglich zu einer der bekanntesten Bundesligaakteure der siebziger und achtziger Jahre. Und das kam so.

Als beim Charity-Event »Tag der Legenden« in Hamburg ein Interview mit einem kleinen Mann mit Wuschelkopf und Schnauzbart durchgeführt werden sollte, rauschte von hinten die Schiedsrichter-Legende Walter Eschweiler heran und erzählte ungefragt: »Das ist ein anständiger Junge. Ich kenne ihn jahrelang. Er hat immer versucht, sauber und fair zu spielen.« Walter Frosch lachte glucksend. Und dann fragte ihn der Reporter mit einem Blick hinunter an den schlanken Beinen des Verteidigers: »Was haben Sie denn da unten in Ihren Stutzen drin?« Frosch antwortete mit rauchig-knarzender Stimme kurz und knapp, als wäre es das Selbstverständlichste der Welt: »Zigaretten.« Der Reporter: »Bitte?« Frosch: »Zigaretten.« Der Reporter jovial: »Jetzt erst einmal eine durchziehen?« Frosch: »Nachher.« Der Reporter fordernd: »Warum haben Sie das dann mit auf dem Spielfeld?« Frosch logisch: »Ich bin schnell eingewechselt worden, da habe ich sie noch dabei gehabt.«

Walter Frosch hat seine Leidenschaft fürs Rauchen teuer bezahlt. Der Lungenkrebs hat Besitz von seinem Körper genommen. Trotzdem kann Frosch von seinem Laster nicht lassen. »Ich würde lieber eine rauchen als vögeln«, sagte er einmal durch eine Maschine am Hals, die ihm das Sprechen ermöglicht. Doch den Humor hat Walter Frosch nicht verloren. Auf die Frage, ob er denn bald mal wieder am »Tag der Legenden« dabei sein würde, antwortete er augenzwinkernd: »Für einen Sprint einmal quer über den Platz würde es reichen. Dann muss ich aber wieder in den Rollstuhl.«

Früher war das anders. Am Abend vor einer Partie seiner Lauterer gegen den FC Schalke 04 wollte der Verteidiger nur ein, zwei Bier in seiner Stammkneipe trinken, doch noch um drei Uhr nachts gewann Frosch einen 400-Meter-Lauf um zehn Liter Bier gegen einige seiner Saufkumpanen. Als er am nächsten Mittag mit geröteten Augen Trainer Erich Ribbeck gegenübertrat, erzählte er etwas von einer Bindehautentzündung. Und seinen Gegenspieler Erwin Kremers überzeugte er mit Taten: »Den hab ich von Anfang an dreimal über die Bande gehauen, dass da Feierabend war.« Das Spiel war gerettet: »In den letzten zehn Minuten bin ich noch fünfmal nach vorne gelaufen, habe immer geschrien, dass ich den Ball haben wollte, und war froh, dass ich nicht angespielt wurde.« Heute ist dieser Tag ein Teil der Legende Walter Frosch.

Britischer Wahnsinn

Manche Geschichten sind so seltsam, dass man versucht ist, zu glauben, sie wären erfunden. Aber auch diese Story aus dem Frühjahr 2007 soll so oder wenigstens sehr ähnlich stattgefunden haben. Acht Polizisten und eine Spezialeinheit der Tierschutzbehörde klingelten damals an der Tür des Chelsea-Trainers José Mourinho im Westen Londons. Ihre Mission: Den Familienhund mit dem schönen Namen »Gullit« zu konfiszieren und in Quarantäne zu überführen. Denn das tierische Geschenk, das Mourinho seinen beiden Kindern Matilde und José Junior ein paar Monate zuvor gemacht hatte, soll sich zu einem Auslandsaufenthalt in Portugal befunden haben – ohne die vorherige Pflicht-Impfung. Nach britischem Recht ein klarer Verstoß gegen die Quarantäne-Verordnung. Sechs Monate hätte Gullit nun dort verbringen müssen. Doch Mourinho versicherte treuherzig: »Wir haben den Hund in England gekauft, in England geimpft und in London gemeldet. Und er war niemals in Portugal!«

Als die Polizei anrückte, bat Mourinho die Beamten, einen Moment zu warten. Nach 15 Minuten kam er wieder aus dem Haus – hatte den Hund allerdings nicht dabei. Die Polizei reagierte äußerst gereizt: »Wir sind sicher, dass er jemanden angerufen hat, der zur Hintertür kam und den Hund an sich nahm.« Mourinho war hingegen zu Scherzen zumute: »Als ich wieder rauskam, wollten die Polizisten wissen, wo ich war. Ich antwortete: Ich bin der unsichtbare Mann! Offensichtlich zu viel für die Herren. Sie beschuldigten mich des Widerstandes gegen die Staatsgewalt, nahmen mich mit auf die Wache.« Dort musste er seine Fingerabdrücke und eine DNA-Probe abgeben. Als er des Nachts wieder in seine Villa heimkehrte, rief er noch voller Pathos den Polizisten hinterher: »Für meinen Hund und meine Kinder tue ich alles.«

★ ★ ★

»Engländer raus aus Irland« – diesen Spruch hatten unbekannte Täter in der Nacht vor dem Länderspiel Deutschland gegen Nordirland am 03.06.1992 in den Rasen des Weserstadions geschnitten. Der Platzwart musste Überstunden machen, um mit einem Gemisch aus Rasen und Sand die Spuren der Nacht zu verwischen.

★ ★ ★

Irlands Nationaltorwart Pat Bonner hatte eine etwas komische Angewohnheit. Vor jedem Länderspiel streute sich der Keeper von Celtic Glasgow Heilerde aus dem Wallfahrtsort Donneghal in seine Schuhe.

Zitate im Zusammenhang

»Die Spiele gegen Werder Bremen werde ich nie vergessen. Wegen Horst-Dieter Höttges und Sepp Piontek. Wir nannten sie nur die ›Mörder-Brüder‹. Wer gegen die antreten musste, war noch nicht richtig auf dem Platz und hatte schon blaue Flecken. Sie grätschten von hinten, von der Seite, ganz nach dem Motto: ›Wenn wir den Ball treffen, auch gut. Aber es muss nicht sein.‹« *Franz Beckenbauer*

★ ★ ★

»Letztes Jahr haben wir in Bremen 3:6 im Pokal verloren. Ein Profi von Werder hat Möller am Anfang gekniffen und gesagt: ›Heute bringe ich dich um.‹ Den Andreas habe ich in der ersten Halbzeit nicht gesehen.« *Stepanovic*

★ ★ ★

»Ich habe in einer Epoche des spanischen und italienischen Fußballs gespielt, in der die Verteidiger oft wahre Bulldoggen waren, die sich an einem festgebissen haben. Die waren mir immer auf den Fersen.« *Diego Maradona*

★ ★ ★

Karl-Heinz Körbel spielte einmal acht Wochen mit einem Bänderriss im rechten Knöchel, weil er sich nicht traute, seinem Trainer Gyula Lorant etwas zu sagen. Als der Mannschaftsarzt schließlich die Initiative ergriff, antwortete der Ungar nur: »Boxer kämpfen auch mit Platzwunde, soll Charly Zahnpasta auf Fuß schmieren.«

★ ★ ★

Am 23. November 1985 hatte Rudi Völler den Ball Mitte der ersten Halbzeit in vollem Lauf am etwas hüftsteifen Auge vorbeigespitzelt. Der Bayern-Kapitän rasierte Deutschlands Topstürmer daraufhin mit voller Absicht. Völler erlitt einen Adduktorenanriss, musste zweimal operiert werden und fiel ein halbes Jahr aus. Augenthaler meinte anschließend wenig herzlich: »Mei, was kann ich dafür, wenn der so schnell ist.«

★ ★ ★

Nicht nur Verteidiger sind die Schlimmen. Paul Steiner beklagte sich einmal bitterlich über den Mexikaner Hugo Sanchez: »Was der in unseren zwei UEFA-Cup-Endspielen gegen Real Madrid mit mir angestellt hat, verschlug mir geradezu die Sprache. Der Mexikaner tritt, spuckt und kratzt.«

Ralf Piorr: Wenn wir doch bloß wieder einen Goldbach hätten

In gewisser Weise war Erhard Goldbach ein unbekümmerter Mann. Wenn auf der Pressekonferenz das Spiel seiner Westfalia kritisiert wurde, fragte der mächtige Vereinsmäzen schon mal die versammelten Pressevertreter: »Kennt ihr denn noch einen Guten?« Es war Mitte der 1970er Jahre und das Mäzenatentum stand am Herner Schloss Strünkede in voller Blüte. Der Tankstellen-Millionär Erhard Goldbach hatte es sogar geschafft, seinen Firmennamen »Goldin« in den Vereinsnamen zu schmuggeln. »Westfalia Goldin Herne« stand nun offiziell in der Kicker-Tabelle der zweiten Bundesliga Nord, und in Spielerkreisen machte es schnell die Runde, dass man in Herne gutes Geld verdienen konnte.

Mittelmäßige Zweitligaspieler kassierten erstklassige Gehälter und residierten in Hotels. Da die Kicker an Goldin-Tankstellen frei tanken durften, kamen etliche mit zusätzlichen 10-Liter-Kanistern im Kofferraum angefahren. Miodrag Petrovic fuhr sogar mit einem LKW vor. Nominell arbeiteten die meisten Spieler bei Goldbach, de facto lungerten sie lustlos auf dem Betriebsgelände oder in den Büros herum. »Die machen mir das Betriebsklima kaputt, sie sitzen da herum und tun nichts. Die anderen Mitarbeiter sehen das und fangen an zu meckern«, gestand der Mäzen und führte konsequenterweise den Vollprofessionalismus ein. Mit Ivica Horvat (»Herne is' gut für Rentenkasse«) wurde ein erfahrener Trainer verpflichtet, und ganz Herne träumte von der ersten Liga. Regelmäßig kam Goldbach mit seiner Entourage fünf Minuten nach Anpfiff ins Stadion, schlenderte winkend an der vollbesetzten Tribüne entlang zur Trainerbank und nahm seine Ovationen (»Erhard! Erhard!«) entgegen.

Und dann war im Juli 1979 alles schlagartig vorbei. Die Steuerfahndung schlug gegen das Goldin-Imperium zu. Fast 340 Mio. Mark Steuerschulden hatte der Tankstellenbesitzer angehäuft. Westfalia schuldete dem Goldin-Konzern 3,4 Mio. Mark – und dieses Geld wollten die Konkursverwalter zur Abdeckung der Gläubigerforderungen. Am Schloss begannen burleske Jagdszenen: Goldbach tauchte unter, wurde via Interpol gesucht; Geldkoffer wurden aus dem Fenster des Vereinsheims geschmissen, während die Zollfahndung an die Tür klopfte; der SCW bestritt sein erstes Spiel der neuen Saison mit Trikots, auf denen das Goldin-Logo mit Paketklebeband zugeklebt worden war, und viele von denen, die sich um Goldbach versammelt hatten, suchten flugs das Weite. Heute spielt Westfalia Herne fünftklassig in der NRW-Liga vor rund 500 Zuschauern. Manchmal heißt es wehmütig in der Kurve: »Ach, wenn wir doch bloß wieder einen Goldbach hätten.«

Ralf Piorr zählt zu den besten Fußball-Historikern Deutschlands. Informationen zu seinen Publikationen auf www.ralfpiorr.de

Internationaler Mix

1. Welcher Torhüter wurde erstmals mit dem Titel »Fußballer des Jahres in Europa« ausgezeichnet?

- A Lew Jaschin
- B Sepp Maier
- C Vítor Baía
- D Petar Radenkovic

2. Warum brach der Spieler des AS Rom, Gabriel Batistuta, am 26.11.2000 beim Spiel gegen den AC Florenz in Tränen aus?

- A Er riss sich das Kreuzband.
- B Er wurde von einer Büchse Cola getroffen.
- C Er verlor mitten im Spiel die Kontaktlinsen.
- D Er schoss ein Tor.

3. Was ist das Besondere an der Bronzemedaille für die deutsche Fußballmannschaft bei der Olympiade 1964 in Tokio?

- A Die Mannschaft bekam kein einziges Gegentor im gesamten Turnier.
- B Die DDR holte sie für Gesamtdeutschland.
- C Es gab das erste Elfmeterschießen des Fußballs.
- D Franz Beckenbauer war als einziger Profi dabei.

4. Wer war nach einer Umfrage von »Soccer America« im Jahr 1991 der populärste Fußballer in den USA?

- A Beckenbauer
- B Pelé
- C Gullit
- D Cruijff

5. Welches Land hat in der Saison 2005/06 die meisten Punkte in der 5-Jahreswertung der UEFA gesammelt?

- A Deutschland
- B Rumänien
- C Italien
- D England

6. In Brasilien spielte bei der WM 1982 ein Spieler, der den gleichen Nachnamen trug wie ein deutscher Bundesligaspieler.

- A Müller
- B Eder
- C Lameck
- D Magath

Legendärer Auftritt des Robert Wieschemann: »Die notwendige Delikatess wahren!«

Ich bin ja einverstanden, wenn Sie Ihren Spaß haben«, sagte am Mittag des 18. August 2002 der sichtlich irritierte Aufsichtsratsvorsitzende des 1. FC Kaiserslautern, Robert Wieschemann, beim »DSF-Doppelpass«. Und gelacht wurde viel an diesem denkwürdigen Tag, als der Lauterer Rechtsanwalt mit manch unfreiwillig komischer Äußerung gleichermaßen für Verwirrung wie für Erheiterung sorgte.

Schon der Einstieg des Moderators Rudi Brückner geriet etwas daneben. Eigentlich wollte er den damaligen Trainer Andi Brehme gar nicht zitieren, tat es schließlich aber doch und verkündete, dass dieser über Wieschemann gesagt habe, der erzähle sowieso nur dummes Zeug und habe keine Ahnung. Ein erstauntes Raunen ging durchs Publikum.

Anschließend plauderte der FCK-Chef in einer seltsamen Mischung aus Nervosität und Offensivdrang Vereinsgeheimnisse aus, als handele es sich hierbei um die *BILD*-Schlagzeilen der letzten Woche. Vorstand Atze Friederich wolle sowieso zurücktreten – wovon dieser allerdings nichts gewusst haben will – und deshalb werde man seinen Rauswurf, so Wieschemann, ganz »honorig« lösen. Fragen nach einem Nachfolger wehrte der Aufsichtsrat auf sonderbare Weise ab: »Man muss hier die notwendige Delikatess wahren. Und bitte, ich kann es nicht ändern. Wenn Sie wollen, dass ich den Namen preisgebe, so ist das Ihr gutes Recht, aber es ist nicht Ihre …« (Der Satz endete mitten im Nichts)

Legendär auch folgende Ausschnitte des Gesprächs: »Wir brauchen Klose überhaupt nicht zu vergeben. Also, der ist bei uns in sicheren Tüchern«, und: »Die Sprachlosigkeit von Andi Brehme ist eine Gesundung, nee, Entschuldigung, ist eine Fehlerhaftigkeit im Sein.« Als Wieschemann schließlich zugab: »Wir haben eine anormale Satzung«, konterte Karl-Heinz Feldkamp: »Von dir ausgearbeitet«, und Wieschemann bestätigte treuherzig: »Ja, von mir ausgearbeitet!«

Höhepunkt des Tages war allerdings folgender Gesprächspart:

Wieschemann: »Wir haben zweifellos Schwierigkeiten mit der Umsetzung dessen, was geplant ist. Und wir haben eine … Wie soll ich sagen? Wir haben eine …« **Brückner:** »Frei raus!« **Wieschemann:** »Ja. Wir haben ein Defizit an …« **Karl-Heinz Feldkamp:** »Mitarbeit?« **Thomas Herrmann:** »Kommunikation?« **Wieschemann:** »Kommunikation. Ja! Wir haben … ich wiederhole jetzt meinen Satz von vorhin: Wir haben ein Defizit an Durchblick und … ja … an Durchblick!« **Brückner:** »Wer hat den? Sie als Aufsichtsrat?« **Wieschemann:** »Nein, wir haben ein Defizit an Durchblick – alle! Und wir sind total be …« **Brückner:** »… beschränkt in der Überlegung, was Fußball angeht. Oder was wollen Sie sagen?« **Wieschemann:** »Ja!«

Uli Hesse: ManU, Man United, United – Sprachschulung für Kommentatoren

Viele Fußball-Moderatoren haben es sich angewöhnt, ihr Wissen um fremde Kulturen unter Beweis zu stellen. Sie sagen dann »Roma« zum AS Rom, »ManU« zu Manchester United und betonen das »Zeh Eff« in CF Barcelona, damit auch jeder merkt, dass dieser Verein, da er spanisch ist, natürlich »Club de Fútbol« heißt und nicht etwa FC (also »Football Club«). Aber wie das so ist, wenn man ganz schlau sein will: Manchmal – wie im Falle Roms – klappt es, meistens aber nicht.

Kaum ein Engländer sagt »ManU«, weil das wie das englische Wort für »Menü« klingt. Briten kennen den Klub als »Man United« oder meistens bloß »United«. Nur wer dem Klub Böses will, der sagt »ManU« und haucht noch einen »R«-Laut hinterher – denn »manure« bedeutet »Mist« im Sinne von Dung. Wer von »ManU« spricht, verrät sich sofort als Kontinentaleuropäer. Das aber ist ein verzeihlicher Fehler.

Bei Barcelona stellt sich die Sache ganz anders dar. Zwar heißen fast alle spanischen Klubs in der Tat »CF« (was normalerweise hinter den Vereinsnamen gesetzt wird, also: Valencia CF oder Real Madrid CF), der Klub aus Barcelona sieht sich jedoch als katalanischer oder sogar internationaler Verein, nicht als spanischer. Er wurde von einem Schweizer gegründet und stand immer auch unter englischem Einfluss, deshalb nennt er sich »Football Club«, FC Barcelona. (Ein anderer baskischer Klub, der aus Bilbao, heißt genau deshalb auch nicht »Atletico«, sondern britisch »Athletic«.)

Ist es nun so wichtig, ob man »CF« oder »FC« sagt? Im Falle Barcelonas schon. Denn eine Zeit lang hieß der Klub tatsächlich »CF«. Unter Francos faschistischem Regime wurde nämlich alles Fremdartige aus den Namen der Vereine getilgt, und Barcelona musste den »Football Club« in »Club de Fútbol« ändern. Für die stolzen Katalanen ist also ein solch kleiner Fehler ein Verweis auf schlimme Zeiten, in denen Real Madrid hofiert und man selbst unterdrückt wurde. (In diesem Zusammenhang könnte man auch noch Internazionale Mailand erwähnen. Viele italienische Klubs nennen sich »AC« – für »Associazione Calcio« – oder ähnlich, Inter aber ist ein »FC«, ein »Football Club«. Und auch Inter musste für diesen englischen Einfluss unter den Faschisten büßen: Während Mussolini an der Macht war, hieß der Klub »Ambrosiana« – nach dem Schutzpatron der Stadt, Ambrosius, dessen Namen übrigens auch die berühmte Mailänder Bibliothek trägt, die erste öffentliche Bücherei Europas.)

Aus dem fabelhaften Buch: »Wie Österreich Weltmeister wurde. 111 unglaubliche Fußballgeschichten« von Ulrich Hesse-Lichtenberger

Lach- und Sachgeschichten von und mit Thorsten Legat

Der ehemalige Torhüter des VfL Bochum, Andreas Wessels, hat einmal eine kleine Sach- und Lachgeschichte über Thorsten Legat erzählt, die hoffentlich keine strafrechtliche Relevanz hatte: »Als 17-Jähriger trainierte Thorsten Legat schon bei uns mit. Er war gerade dabei, seinen Führerschein zu machen. Wir mussten oft auf anderen Plätzen trainieren und sind mit unseren Autos hingefahren. Katze und ich haben dann einmal zu Thorsten gesagt: Heute fährst du! Du machst bei uns eine Gratis-Fahrstunde! Der ist munter durch Bochum gebrettert. Und wir hatten unseren Spaß. Als uns am Stadion schließlich Jupp Tenhagen gesehen hat, gab es ein fürchterliches Donnerwetter!«

★ ★ ★

Im März 1991 redete sich Bochums Thorsten Legat seinen Liebesfrust von der Seele. Seine Flamme Tanja habe ihn »wahnsinnig belastet«. Da sie selbst Fußball spiele, hätte sie ihn immer mit Fachfragen genervt. Und außerdem habe er viel zu spät gemerkt, dass »die erst 18 ist«. Voller Reue sei er jetzt zu seiner Nicol (ohne »e«) zurückgekehrt. »Sie ist meine große Liebe«, sagte Legat mit funkelnden Augen.

★ ★ ★

Seit den Zeiten eines Toni Schumacher existiert bei Fußballern zweierlei Irrglaube. 1. Bücher über das eigene Leben müssen unterhosenbefreite Enthüllungsromane sein. Und 2. Diese Werke machen den Verfasser reich. Wahrscheinlich trieben genau diese zwei Gründe Thorsten Legat zu folgender verrückten Idee: »Außerdem plane ich eine Autobiografie, das wird ein Bestseller. Wenn Effenberg das macht, kann ich das schon lange machen. Da kommt die Wahrheit bei einigen Leuten ans Tageslicht – ich habe nichts mehr zu verlieren.« (pokalschrank.de)

★ ★ ★

Zu Stuttgarter Zeiten fuhr Legat einen lila BMW M3 mit weißen Ledersitzen und schoss einmal seinen Mitspieler Fredi Bobic beim Warmmachen so ab, dass dieser mit der Trage noch vor dem Spiel vom Feld getragen wurde.

★ ★ ★

Legat: »Nach der Deutschen Meisterschaft 1993 mit Werder – das war das Größte für mich – ging schon die Post ab. Da war ich wie ein Wildpferd, da hat mich anderthalb Tage niemand halten können.« Frage: »Wer war an Ihrer Seite?« Legat: »Ich kann keine Namen nennen. Aber die Leute, mit denen ich unterwegs war, die waren Hardcore pur.« (11 FREUNDE)

Leider bin ich zurzeit für Anrufe aller Art gesperrt: Die AB-Sprüche der Stars

Die Ansage auf Ansgar Brinkmanns Anrufbeantworter ist legendär und häufig zitiert: »Bin bis fünf Uhr früh in meiner Stammkneipe zu erreichen.« Doch auch andere Fußballer haben in ihrer Karriere schöne Sprüche auf ihren Anrufbeantwortern hinterlassen. Christian Ziege überraschte seine potenziellen Gesprächspartner beispielsweise mit dieser charmanten Idee: »Meine Freundin Bettina und ich sind am vierten August 1976 Zigaretten holen gegangen. Wenn wir noch nicht zurück sind, sprechen Sie auf unseren Anrufbeantworter!«

Eine (oder mehrere) Frauen spielten auch auf dem AB des Düsseldorfer Stürmers Uwe Fuchs eine Rolle. Er hatte auf seinem Anrufbeantworter das Liebesgestöhne des Songs »Je t'aime« ablaufen lassen. Die Botschaft war eindeutig. Leider auch für die Beamten der Deutschen Bundespost. Nachdem eine große Sportzeitung über den erotischen AB berichtet hatte, schaute man in Bonn ganz genau nach. Und was stellte man fest? Uwe Fuchs hatte seinen Anrufbeantworter dort gar nicht angemeldet. Fast ein weiteres Kuriosum, dass man dies vor über zwanzig Jahren noch tun musste. Und so flatterte dem Stürmer-Ass eine Nachzahlung der Anschlussgebühr ins Haus. Immerhin 75 Mark. Doch das war Uwe Fuchs dieses spezielle Vergnügen wert.

Der Spaß war dem Nürnberger Uwe Rösler Anfang der neunziger Jahre hörbar vergangen, als er auf dem heimischen Band Folgendes hinterließ: »Grüß Gott. Hier spricht der Anrufbeantworter von Uwe Rösler. Leider bin ich zurzeit für sämtliche Punkt- und Pokalspiele sowie für Anrufe aller Art gesperrt. Bitte hinterlassen Sie eine Nachricht und Ihre Telefonnummer. Ich rufe Sie nach Ablauf der Sperre zurück.«

In England versuchen lustigerweise vor allem entlassene Trainer per Anrufbeantworter mit ihrem Schicksal fertig zu werden. Nachdem Barry Fry in Birmingham entlassen worden war, sprach er Folgendes aufs Band: »Kirstine ist wie gewohnt beim Shoppen. Ich bin auf dem Arbeitsamt, um nach 'nem neuen Job zu gucken. Alles wie immer, nicht wahr?«

Und Joe Kinnear kam der Humor ganz offensichtlich auch zwischen zwei Jobs nicht abhanden: »Ich bin gerade weg. Falls Sie jemand aus dem Vorstand von Barcelona, Real Madrid oder dem AC Mailand sind – ich bin gleich bei Ihnen. Der Rest kann warten.«

Nur einer wollte da nie mitmachen. Die Journalisten bemängelten Anfang der neunziger Jahre genervt, dass der Inter-Star Jürgen Klinsmann immer noch keinen Anrufbeantworter habe. Auf die Frage, warum das denn so sei, hatte der sparsame Schwabe allerdings eine recht logische Antwort parat: »Da müsste ich ja immer zurückrufen …«

Lästern

»Die sollen zur Lufthansa gehen, so wie die geflogen sind!« *Klaus Augenthaler über Lars Ricken und Andreas Görlitz*

»Wer so doof ist, gehört nicht in die Bundesliga.« *Eduard Geyer über Laurentiu Reghecampf*

»Es war eine unheimliche Motivation, dass mich Thon und Matthäus alter Mann genannt haben – die mussten raus, ich nicht.« *Reinhold Hintermaier nach einem Comeback*

»Ein Kellner und zehn Flaschen.« *Zuschauer beim MSV, wo Wolfgang Kellner im Tor stand*

»Der spielt Leute gegeneinander aus, ist ein einzigartiger Selbstdarsteller, verbreitet Lügen, die auf keine Kuhhaut gehen, und redet dir eine Wendeltreppe ins Knie, wenn du nicht aufpasst.« *Thomas Doll über HSV-Präsident Jürgen Hunke*

»Der läuft, als hätten's ihm zwei Pampers-Windeln in die Hose genäht.« *Max Merkel über Werder Bremens ehemaligen Stürmer Frank Neubarth*

»Der muss doch erst einmal in seine Lügenfibel schauen.« *Axel Kruse über Andreas Möller*

»Was ist der Unterschied zwischen der Rheinbahn und Fortuna Düsseldorf? Die Rheinbahn hat mehr Anhänger.«

Karnevals-Duo Pit und Joe

»Wennst in Österreich als Fußballtrainer zwei Sätze unfallfrei beenden kannst, giltst ja schon als Intellektueller.« *Josef Hickersberger*

»Der neue Präsident von 1860 München heißt Karl Auer. Der gesamte Verein ist augenblicklich ein Ka(r)lauer.« *Ein Fan zu den Zuständen bei den Münchner Löwen*

»Mit dem Mundwerk größer als Pelé, Beckenbauer und Cruijff zusammen. Mit den Füßen eher Generalvertreter für Birkenstock-Sandalen.« *Max Merkel über den ehemaligen Stuttgart-Verteidiger Thomas Berthold*

Bunte Witze-Box: Effe, ein Pfarrer und ein grünes Männchen

Steht eine Familie vor dem Scheidungsrichter. Fragt der Mann in der schwarzen Robe das Kind: »Na, mein Junge, wo willst du denn in Zukunft leben? Bei deiner Mutter?« Das Kind antwortet ganz verstört: »Nein, die schlägt mich!« Der Richter schaut den Jungen lieb an: »Dann willst du sicherlich zu deinem Vater, oder?« Das Kind schreit entsetzt: »Nein, niemals. Der schlägt mich auch!« Der Richter ganz verzweifelt: »Ja, mein Junge, wo willst du denn dann hin?« »Nach Bochum, die schlagen keinen!«

* * *

Immer häufiger kommt ein fremder Mann zur Mama und die beiden verschwinden im Schlafzimmer. Eines Tages versteckt sich der achtjährige Sohn im Kleiderschrank, um zu beobachten, was die beiden so machen. Auf einmal kommt der Ehemann überraschend nach Hause. Vor Schreck versteckt die Frau den Liebhaber ebenfalls im Schrank. Der Sohn: »Dunkel hier drin.« Der Mann flüstert: »Stimmt.« Der Junge: »Ich habe einen Fußball.« Der Mann: »Das freut mich für dich.« Der Sohn: »Willst du den kaufen?« Der Mann: »Nein, vielen Dank.« Der Sohn: »Mein Vater ist draußen!« Der Mann: »Okay, wie viel willst du?« Der Sohn: »250 Euro.« In der nächsten Woche spielt sich dieselbe Szene im Kleiderschrank erneut ab. Der Junge: »Dunkel hier drin.« Der Mann: »Stimmt.« Der Sohn: »Ich habe Turnschuhe.« Der Liebhaber: »Wie viel verlangst du?« Der Sohn: »500 Euro.« Nach ein paar Tagen sagt der Vater zu seinem Sohn: »Pack deine Fußballsachen ein, wir gehen eine Runde spielen.« Der Sohn: »Geht leider nicht, habe alles verkauft.« Der Vater: »Für wie viel?« Der Sohn: »750 Euro.« Der Vater: »Es ist unglaublich, wie du deine Freunde betrügst. Das ist viel mehr, als die Sachen jemals gekostet haben. Ich werde dich zum Beichten in die Kirche bringen.« Der Vater bringt seinen Sohn in die Kirche zur Beichte, setzt ihn in den Beichtstuhl und schließt die Tür. Der Sohn: »Dunkel hier drin.« Der Pfarrer: »Hör auf mit der Scheiße!«

* * *

Stefan Effenberg fährt über die Autobahn. Da sieht er ein rotes Männchen. Das Männchen stoppt ihn und sagt: »Gib mir deine Fußballschuhe!« Effenberg gibt sie ihm. Hundert Meter weiter sieht er ein gelbes Männchen. Das stoppt ihn und sagt: »Gib mir dein ganzes Geld!« Effenberg gibt ihm sein ganzes Geld. Noch einmal hundert Meter weiter sieht er ein grünes Männchen. Da platzt Effenberg der Kragen, er reckt seinen berühmten Stinkefinger aus dem Fenster und schreit: »Und was willst du dummes, grünes Männchen von mir?« Das grüne Männchen lupft seine Mütze und sagt: »Führerschein und Papiere, bitte!«

Gemischte Tüte

1. Welcher Stadionsprecher hatte als erste Durchsage: »Gregor Keppel aus Herdorf: Sie sind soeben Vater von Zwillingen geworden«?

- A Arnd Zeigler
- B Michael Trippel
- C Norbert Dickel
- D Dirk Oberschulte-Beckmann

2. Wer schrieb seine Diplomarbeit zum Thema »Einflussnahme der Zuschauer auf die Emotionslage der Profifußballer mit leistungsbezogenen Determinanten«?

- A Christoph Daum
- B Peter Neururer
- C Joachim Löw
- D Erich Rutemöller

3. Welcher Spieler fragte den damaligen Ministerpräsidenten Oskar Lafontaine bei der ersten Begegnung »Was machen Sie beruflich«?

- A Wolfram Wuttke
- B Thomas Stickroth
- C Michael Kostner
- D Eric Wynalda

4. Was hatte Eike Immel in den 80ern lange Jahre in seinem Tornetz dabei?

- A Ersatzschuhe
- B Kappe
- C Badelatschen
- D Teddybär

5. Für welches Lebensmittel warben 1990 Schiri Wolf-Dieter Ahlenfelder und Pierre Littbarski gemeinsam?

- A Ritter Sport
- B Maoam
- C Becks Bier
- D Huba Buba

6. Welcher Nationalspieler beendete am 30. April 1992 beim FC Bayern München offiziell seine Karriere?

- A Toni Schumacher
- B Klaus Augenthaler
- C Wolfgang Dremmler
- D Sören Lerby

Mein Verein, der FC Schalke 04

Am 7. Februar 2009 stand er vor der Arena Auf Schalke und hielt ein Plakat in den Händen. Der Mann mit den langen Haaren hatte klare Vorstellungen von der Zukunft seines Lieblingsvereins: »Trainer Fred Rutten, so nicht (nimm d. Hut)! Schluss aus vorbei, finito, basta, by, by, Kasper. Geh nach Hause! Du hast unseren S04 Manager A. Müller mit 17,5 Millj. € reingelegt, ausgetrixt, ein vorgegaukelt und belogen. Trainer Fred Rutten, nicht unser S04 Manager A. Müller, sondern du Fred Rutten musst gehen!!! Du hast ein Spielerchaos verursacht, die Mannschaft kann ohne dich viel besser spielen. Du hast unsere Spieler degradiert und verunsichert! Du hast 0-Ahnung von Taktik, Aufstellung, System. Du hast noch nicht mal einen Spielmacher geschaffen! Dein Werk = die Oma Lüge! Zu viel Connektion! Zu viele Aufstellungsfehler! Alles Laberei. Du bist ein Mensch, aber kein Trainer für S04 Schalke! Spielerfan Hansi für S04«

★ ★ ★

Eine Meldung im Internet: »Mit einem Totalschaden an seinem Auto endete für einen 25 Jahre alten Gelsenkirchener am Mittwochabend der Jubel über den Siegtreffer von Schalke 04 im Duell gegen Alemannia Aachen. Nach Polizeiangaben jubelte der Fan am Steuer seines Wagens so ausgelassen, dass er einen am Straßenrand geparkten Sattelzug übersah und nahezu ungebremst auf das Hindernis auffuhr. Er musste mit Rippenprellungen und einem Schleudertrauma ins Krankenhaus gebracht werden.«

★ ★ ★

2008 schaltete ein Dortmunder Sponsor große Anzeigen in Zeitungen und auf Plakatflächen des Reviers. Der Spruch lautete: »Katholisch, Evangelisch, Neuapostolisch. Wir haben kein Problem mit Kirchen. Außer, es steht ›Gelsen‹ davor.«

Ein Affront gegen den S04 und seine Stadt. Der Gelsenkirchener SPD-Ratsfraktions-Chef Klaus Haertel schrieb sogar einen offenen Brief an den Konzern: »Durch diese Anzeige der Evonik-AG wird eine ganze Stadt mit ihren Bürgerinnen und Bürgern diffamiert und beleidigt.« Im Internet reagierten die Schalker hingegen gelassener. Unter ein Foto des ehemaligen Westfalenstadions wollte ein Fan schreiben: »Schwarz, Gelb, oval. Wir haben kein Problem mit öffentlichen Toiletten. Außer sie können das Dach nicht zufahren.«

★ ★ ★

Mitte 1990 kursierte auf Schalke unter den Spielern folgender Witz über den »Sonnenkönig« Günter Eichberg: Nachts in der Sahara. Ein Mann zündet sich eine Zigarette an. Drei Kilometer weiter entfernt steht Günter Eichberg und lächelt sofort. Er dachte, es sei ein Fotograf mit Blitzlicht!

Von Tauben und Maulwürfen: Tierischer Unsinn beim Fußball

Probleme mit Tieren im Stadion hatte nicht nur Sepp Maier, als er mit einem Hechtsprung die berühmte Ente im Olympiastadion einzufangen versuchte. Vor dem deutschen WM-Qualifikationsspiel im November 2001 gegen die Ukraine verzweifelte in Dortmund der Stadionverwalter an über fünfzig Tauben, die sich unterm Dach der Spielstätte häuslich eingerichtet hatten. Auch der arg ramponierte Rasen des Westfalenstadions, den man extra für diese wichtige Partie an mehreren Stellen neu eingesät hatte, geriet zur Spielwiese des Federviehs. Bereits wenige Tage vor der Begegnung hatten es sich die Tauben nicht nehmen lassen, die Partie zwischen der heimischen Borussia und dem VfB Stuttgart zu sabotieren. Während die Spieler versuchten, Fußball zu spielen, fraßen sich die Tauben zwischen ihren Beinen in aller Seelenruhe schon einmal ein wenig Winterspeck an. Es musste etwas geschehen.

Doch der extra angereiste Revierförster packte seine Flinte wieder ein – absolutes Schießverbot im Stadion. Da die kostengünstige Möglichkeit nicht klappte, musste Borussia Dortmund tief in die Tasche greifen. Um die Ruheplätze unterm Tribünendach unzugänglich zu machen, hängte man sie mit teuren Spezialnetzen ab. Schlafen konnten die Tauben nun auf den Stahlträgern nicht mehr.

Und auch für den ramponierten und angefressenen Rasen fand man eine Lösung. Alle paar Minuten knallten aus der Lautsprecheranlage von nun an Gewehrschüsse. Und für die widerspenstigsten Tauben des Reviers hängte man zusätzlich einige Sperberkästen im Westfalenstadion auf. Die Lieblingsspeise der Greifvögel? Richtig: böse Tauben. Das Länderspiel endete auf einem vorbildlichen Rasen ohne Federvieh übrigens 4:1 für die deutsche Elf!

Tiere anderer Art beschäftigten in den 70er Jahren Sepp Piontek. Der Coach des FC St. Pauli musste damals mit seiner Mannschaft aus Mangel an Alternativen hinter der Südtribüne des Volksparkstadions trainieren, wie die Autoren des Jubiläumsbandes »St. Pauli. Das Buch« berichten. Kleiner Haken: Die Rasenfläche wurde bei HSV-Heimspielen als Parkplatz genutzt und war zudem komplett von Maulwurfshügeln übersät. Unter den Spielern hieß der Acker deshalb nur »Meniskuswiese«. Das führte dazu, dass Sepp Piontek mit einer angespitzten Eckfahne vor einem dieser Maulwurfshügel stand und laut schrie: »Komm raus, du Feigling! Von dir lass ich mir den Platz nicht kaputt machen!« Die Spieler lachten herzhaft über ihren rabiaten Trainer, bis Piontek eines Tages tatsächlich einen Maulwurf erwischte und der Tierschützer im Team, Horst Feilzer, böse wurde. Doch Piontek sagte nur: »Das kommt dabei raus, wenn man sich mit mir anlegt.«

Wie Eichbergs Hund einmal von Wiener Schnitzel auf Rumpsteak umgestellt wurde

Anfangs, so munkelte man auf Schalke, waren sich der neue Präsident Günter Eichberg und der Urvater aller Betreuer, Charly Neumann, nicht ganz grün. Das leicht übergewichtige Schalke-Maskottchen aus Fleisch und Blut soll sogar über eine Abspeck-Kur nachgedacht haben, weil der »Sonnenkönig« – wieselflink auf den Beinen – immer schon zum Jubeln in der Kurve war, als Neumann noch hechelnd die Laufbahn entlang watschelte. Doch irgendwann hat es Klick gemacht bei den beiden, wie das leider viel zu früh verstorbene S04-Unikum einmal auf einer legendären Schalke-Kassette aus dem Jahre 1991 erzählte: »Als der Präsident Günter Eichberg zu uns kam, war Schalke mausetot. Der Verein hatte kein Geld mehr für Waschpulver. Und dann plötzlich kam der große Guru aus Düsseldorf, wo wir dachten: Meine Güte, was ist das für einer? Mit 'nem Fahrer lässt er sich vorfahren. Von der ›High so sight‹ aus Düsseldorf, das wird nie ein Schalker. Ich selbst kann euch eins sagen: Ich hatte die größten Bedenken, Freunde. Heute, nachdem er zwei Jahre bei uns ist, muss ich sagen: Er war ein Geschenk des Himmels!«

Und auch Eichberg hat einmal eine kleine Anekdote seiner ganz besonderen Freundschaft zu Neumann erzählt: »Es hat eine Zeit gegeben, in der ich mich zwischen einer Ehe und einer möglichen neuen Ehe befunden habe. Charly war der Einzige, der es wusste. Er hat immer die Schnute gehalten, wie man so schön sagt. Und dann sind wir einmal in meinem Ferienhaus an der Mosel gewesen und ich hatte meinen Hund dabei – das war ein sehr süßer Berner Sennenhund. Und Charly hat sich mit dem sehr befreundet und wir gingen jeden Tag in eine ganz bestimmte, einfache Gaststätte und haben da zusammen gegessen: Charly, meine zukünftige Frau, der Hund und ich. Und Charly hatte alles klargemacht. Auf hundert Meter Entfernung konnte der Wirt uns schon sehen, wenn wir kamen. Charly hat ihm gesagt: ›Du musst sofort drei Wiener Schnitzel in die Friteuse werfen, zerschneiden, schnell in den Kühlschrank, dass die nicht zu heiß sind, wenn der Hund kommt – und dann muss der Hund, zack, zack, die drei Wiener Schnitzel kriegen, wenn wir eintreffen.‹

Die hat der auch immer gekriegt, das war kein Problem. Und dann musste ich plötzlich weg und Charly sagte: Och, meine Frau glaubt sowieso, dass ich bei dir bin, also lass den Hund hier – ist okay!

Dann ist er weiterhin mit dem in dasselbe Lokal gegangen. Nach drei Tagen ruft mich Charly an und sagt: Hör mal, Alter, ich bin fix und fertig. Der Hund kann die scheiß Wiener Schnitzel nicht mehr sehen. Ich habe ihn jetzt auf Rumpsteak umgestellt!«

Necken, schlecken, planschen – der Präsident der Frankfurter Eintracht!

Wenn man jung ist, dann lernt man nicht selten den Inhalt sämtlicher *kicker*-Sonderhefte und Paninialben spielend leicht, einfach nur durch permanentes Durchblättern der jeweiligen Magazine. Fakten, Statistiken aber auch Persönliches über das Glück der Familie Matthäus und die Finanzsorgen des Pfeife rauchenden Managers der Gladbacher Fohlen, Helmut Grashoff. Immer wieder Namen, Namen, Namen, die sich auf ewig ins Hirn einbrennen, auch wenn einige von ihnen mit der Zeit ein ganzes Stück weit nach hinten gerückt sind im persönlichen Fußballgedächtnis.

Im Alter dagegen kann es schon einmal passieren, dass man auf die Frage nach dem Präsidenten von Eintracht Frankfurt nicht gleich die passende Antwort parat hat. Dabei ist Peter Fischer eine der schillerndsten Gestalten, die im Fußball des neuen Jahrtausends aktiv ist.

Sein Motto, hat der Eintracht-Vorsitzende einmal verkündet, sei »Party, Party, Party mit den heißesten Mädels der Insel«, und um dies anschaulich zu unterstreichen, ließ er sich braungebrannt, mit einer riesigen Silberkette um den Hals und verführerischen Bikini-Mädchen im Arm für ein Boulevardblatt an Ibizas Playa d'en Bossa ablichten. »Necken, schlecken, planschen – wie die Fotos beweisen«, schrieb die Zeitung mit den vielen Bildern damals und berichtete von Fischers neuster Jobidee, dem »Nassau Beach Club« unter spanischer Sonne.

»Ob Lampard, Luis Enrique oder Metzelder, alle kommen hierher«, erzählte er werbewirksam und gestand sich gern ein, dass man »in diesem Job Eitelkeit« brauche. Und damit hat Fischer keine Probleme, wie er anlässlich eines Sponsorentermins bewies. In einem schrillen lilafarbenen Anzug kletterte er auf die Alte Oper in Frankfurt und präsentierte für die begeisterte Presse die neue Partnerschaft.

Viele Frankfurter loben seine volkstümliche Art und seine Nähe zur Fanszene. Als die Eintracht Geldsorgen hatte, umschrieb er diese nicht großspurig mit wichtigen Fachtermini, sondern vermittelte die Sachlage eher auf Stammtisch-Niveau: »Du kannst nicht Badeklamotten oder Sonnenmilch mit Schutzfaktor zwölf kaufen, wenn du kein Ticket für die Karibik hast.«

Fischer liebt es eben handfest. Und so bestreitet er auch nicht die Gerüchte, dass er nach erfolgreichen Spielen gerne einmal mit dem Eintracht-Stürmer Ioannis Amanatidis um die Häuser zieht. Ehefrau Sabine ist dabei immer an seiner Seite. Denn die findet den facettenreichen Präsidenten der Eintracht einfach nur toll: »Wir sind seit 19 Jahren glücklich verheiratet. Mit ihm wird es nie langweilig. Ich feiere ja auch gerne.«

Schön gesprochen

»Wer hinten steht, hat das Pech des Glücklosen.« *Helmut Schulte*

»Ich bin keine Extrawurst, also kann ich auch sehr gut ohne den Senf einiger Journalisten leben.« *Lothar Matthäus*

»Erst nach dem Training bin ich Mensch.« *Paul Breitner*

»Wir werden keinen weiteren Spieler verpflichten. Unser Boarding ist completed.« *Jan Schindelmeiser*

»Wenn der Bauer Pech hat, findet er Mist in der eigenen Tasche.« *Dettmar Cramer*

»Und wenn da einer vor der Ostkurve ›Mambo‹ tanzt, wir dafür allerdings den Aufstieg schaffen, dann stehe ich als Trommler zur Verfügung.« *uwe1848, VfL-Fan-Forum*

»Ich habe gewusst, dass wir noch einmal ein Heimspiel gewinnen. Nach dem Motto: Wenn's lange regnet, wird jeder mal nass.« *Hannes Bongartz, Wattenscheid hatte sieben Monate nicht zu Hause gewonnen*

»Ich kann ja nicht mein ganzes Leben lang sagen: Ich bin Weltmeister, sonst kann ich nix, aber das kann ich gut!« *Rudi Völler*

»Einer Schachfigur verspringt kein Ball, bloß weil sie schlecht geschlafen hat.«

Felix Magath über Parallelen und Nicht-Parallelen von Schach und Fußball

»Meiner Tochter sind die Milchzähne ausgefallen. Das war schöner als der eine oder andere Fallrückzieher.« *HSV-Trainer Thomas Doll auf die Frage nach dem für ihn wichtigsten Ereignis 2005*

»Bitte steigt nicht auf die Flutlichtmasten. Bei diesem feuchten Wetter könnt Ihr einen Schlag bekommen, und dann seid Ihr lange tot.« *Durchsage des Stadionsprechers bei Rot-Weiss Essen*

Stadionerlebnisse kurz notiert

1996 schrieb der Engländer Graeme Souness als Trainer in der Türkei Geschichte. Im Stadion von Istanbul hatte der Lokalrivale Galatasaray gerade den Pokal gewonnen, als sich Souness eine riesige rot-gelbe Fahne packte, zum Mittelkreis des feindlichen Şükrü Saraçoğlu Stadions lief und mit voller Wucht die Spitze in den Rasen rammte, bis sie stecken blieb. Die Fans von Fenerbahçe rasteten aus. Bei den Anhängern Galatasarays jedoch heißt der Engländer nach einem Janitscharen nur noch ehrenvoll »Ulubatli Souness«.

★ ★ ★

Als André Golke Anfang der neunziger Jahre für den 1. FC Nürnberg spielte, schoss er in einer Begegnung bei Fortuna Düsseldorf den Schiedsrichter Hans-Jürgen Kasper um. Fortan hieß es in der Fankurve der Clubberer immer dann, wenn man mit der Leistung des Mannes in Schwarz nicht zufrieden war: »Golke, schieß den Schiri um, Golke, schieß den Schiri um!«

★ ★ ★

Im Stadion stand ein junger Mann komplett in Fankluft und erzählt seinen Kumpels beim Bier von seiner Freundin. Dass die zwar total super wäre, er aber ständig was für die machen müsse. Er denke manchmal, die würde ihn nur ausnutzen. Ein besonders heller Kollege fragte nach einigen Minuten: »Ey, Alter, wieso machst du das denn eigentlich? Ich würd mir das echt nicht gefallen lassen!« Der junge Mann in Fankluft guckte verunsichert: »Ja, aber ich liebe sie doch. Und die ist sonst so total in Ordnung und sieht einfach super geil aus!« Da wurde plötzlich auch ein anderer Kumpel wach, kloppte sich mit der flachen Hand vor den Kopf und rief: »Ey, Kollege, bist du asi? Deine Freundin sieht aus wie Cottbus!«

★ ★ ★

»Ihr seid nur ein Möbellieferant. Wir drehen euch die Schrauben aus dem Schrank«, sangen die deutschen Fans auf die Melodie von »Yellow Submarine« in München beim 2:0-Sieg Deutschlands über Schweden bei der WM 2006.

★ ★ ★

Zum Alltag im Stadion gehört auch die Einlasskontrolle vor dem Spiel, für beide Seiten nicht immer angenehm. Sicherheitskräfte müssen sich mitunter unfreiwillig in Ehekonflikte hineinziehen lassen. Als ein alter Mann einmal vor einem Ordner stand, hob er plötzlich seinen Pullover hoch, schob sein Unterhemd zur Seite und fragte mit Dackelblick: »Seien Sie ruhig ehrlich: bin ich dick? Meine Frau sagt zu Hause immer, ich wäre dick! Aber wo denn, gucken Sie mal ...!«

Frisuren-Raten: Bayern München

1964-1979

1970-1974, 1978-1983

1970-1979

1975-1984

1979-1987

1985-1988, 1992-2000

Breitner gegen Schuster: Weder muh noch mäh oder gick und gack

Kurz vor der WM 1982 in Spanien lieferten sich zwei Könner des deutschen Fußballs über die Medien einen Machtkampf, wie es ihn in dieser Form zuvor noch nicht gegeben hatte. Der 22-jährige Bernd Schuster griff aus sicherer Distanz, er spielte damals beim FC Barcelona, seinen Kollegen von FC Bayern München, Paul Breitner, in einer polarisierenden Schärfe an, die zur Folge hatte, dass er seine Nationalmannschaftskarriere für einige Zeit auf Eis legen musste.

Während sich Paul Breitner altersweise und gutmütig gab, stichelte Bernd Schuster unter der Gürtellinie: »Der Paule ist ein gerissener Hund. Noch hält er zwar nicht die Mannschaftsbesprechungen persönlich ab. Noch gibt er seine Befehle über Derwall weiter. Ich würde mich nicht wundern, wenn eines Tages der Breitner dem Derwall die Aufstellung unter der Türritze durchschiebt.«

Der Bayern-Kapitän antwortete gelassen: »Er benimmt sich so wie ich in seinem Alter. Aber wer Spielmacher ist, entscheidet sich in jedem Länderspiel neu. Wer die beste Form hat, soll es machen, das kann mal der Magath aus Hamburg sein, mal der Müller aus Stuttgart, mal ich, und das könnte auch jederzeit Bernd Schuster sein.«

Schuster nahm den Ball dankend auf: »Wenn Breitner es nicht schafft – körperlich pfeift er ja derzeit aus dem letzten Loch –, dann bin ich da, wenn Not am Mann ist.« Und er schob süffisant hinterher: »Das Problem Breitner wird sich auf biologische Weise erledigen.«

Doch dann gewann die verbale Schlacht an Schärfe. Bundestrainer Jupp Derwall mischte sich ein und rief nach einigen Schnäpsen auf der Hauseinweihungsfeier von Hansi Müller nachts um 2.30 Uhr bei Gaby Schuster an und hielt ihr vor, was für einen schlechten Einfluss sie auf ihren Ehemann habe. Breitner schickte kurz darauf einen weiteren Giftpfeil Richtung Schusters Ehefrau: »Der Bernd ist ein liebenswerter, junger Kerl, aber es ist ein gewaltiger Unterschied, ob man ihn ohne seine Frau trifft oder mit ihr. Im ersten Fall ist er wie ein kleiner Bub, sagt weder muh noch mäh oder gick und gack; im zweiten Fall aber wird er schnell zur rasenden Wildsau.«

Die Schlacht schien tatsächlich geschlagen. Schuster konterte kleinlaut: »Auf dem Fußballplatz komme ich immer noch ohne meine Frau aus.« Und dann zog sich der Star des FC Barcelona zurück und überließ seiner angegriffenen Ehefrau Gaby die Bühne: »Ich gehe nur in die Öffentlichkeit, wenn ich sehe, dass er wegen seiner Gutmütigkeit und Unbekümmertheit über den Tisch gezogen werden soll.« Ein Jahr später kehrte Bernd Schuster für einige Monate in die Nationalmannschaft zurück. Paul Breitner hatte seine Karriere beendet.

Sex schießt keine Tore

Es ist schon interessant, mit welchen Fragen sich die Menschheit wissenschaftlich auseinandersetzt. Ist es für den Fortbestand des homo sapiens wirklich von entscheidender Bedeutung, zu wissen, ob Sex vor einem Fußballspiel die Leistung eines Akteurs fördert oder eher hemmt? Nicht wenige werden sagen: Nein! Aber die rund zwei Milliarden Menschen, die alle vier Jahre im Fernsehen die Endspiele um die Fußball-Weltmeisterschaft enthusiastisch verfolgen, werden ein gewisses Interesse an der Beantwortung dieser Fragestellung nicht leugnen können. Denn, so argumentierte der belgische Sportmediziner Chris Goossens, man solle sich nur einmal folgende Situation vorstellen: »Es ist die 80. Minute, das Spiel steht null zu null, du bist im Mittelfeld und kriegst den Ball. Was glaubst du: Hast du genügend Kraft für ein Dribbling und das Siegtor, wenn du vor dem Spiel Sex mit deiner Frau hattest?«

Der Arzt hatte zwölf Testpersonen, darunter acht Spieler des Erstligavereins Germinal Beerschot Antwerpen, intensiv bei ihren sexuellen Betätigungen begleitet. Nur auf Goossens Kommando durften die Probanten zur Sache kommen, ansonsten war strikter partnerschaftlicher Verzicht angesagt. In einem Belastungstest versuchte der Wissenschaftler anschließend die unterschiedlichen Ausgangslagen in Ergebnisse zu fassen. Die Spieler mussten aufs Laufband. Man ging bis an die Leistungsgrenze. Die letzten Reserven wurden aufgebraucht.

Goossens kam schließlich zu dem Resultat: Spieler, die Sex gehabt hatten, erreichten ihre Leistungsgrenze schneller, ohne Sex hielten sie länger durch. Oder anders ausgedrückt: Wer es im Bett vor einem Spiel richtig krachen lässt, baut am nächsten Tag schneller ab, wird unkonzentriert und kann möglicherweise im entscheidenden Moment nicht die nötige geistige und körperlicher Frische aufbringen, um vor dem Tor richtig zu agieren.

Einer These, der Stefan Molnar, ein Sexualmediziner aus München, vehement widerspricht. Er sagt: »Sex in der Nacht davor macht den Kopf klar.« Während enthaltsame Sportler erotische Träume haben und an Sex denken. Mit der tragischen Folge eines Samenstaus. Molnar plädiert eindeutig für den Geschlechtsverkehr vor dem Spiel: »Ein Orgasmus sprengt diesen Stau. Die Hormone wandern sofort in die Blutbahnen. Der Mensch ist am nächsten Tag topfit!«

Vielleicht hätte es aber auch gereicht, wenn man einfach einmal den schwedischen Nationalspieler Freddie Ljungberg nach seinen Erfahrungen befragt hätte: »Wenn ich in der Nacht vor einem Spiel Sex habe, verliere ich jegliches Gefühl in meinen Füßen.«

Norbert Nigbur: Hier baut Arminia Bielefeld

Als Norbert Nigbur im Sommer 1983 vor dem Arbeitsamt Gelsenkirchen abgelichtet wurde, stieg der ehemalige Schalke-Torhüter gerade in seinen hellen Mercedes 230 E. Die Haare wehten lockig-leicht auf dem Kopf, die getönte Sonnenbrille bedeckte das halbe Gesicht und das hautenge rote Shirt – über dem im Brustbereich eine Goldkette prangte – war akkurat in die schwarze Lederhose gesteckt. Trotz des herrlichen Sonnenscheins wirkte dieser Mann nicht glücklich. Auf die Frage eines Reporters, was er denn in der vielen freien Zeit so anstelle, antwortete Nigbur mürrisch-humorvoll: »Ich blättere in meinen Angeboten.«

In der übrigen Zeit spielte er Tennis (»Das ist für einen Torwart wegen der Reflexe und wegen des Ballgefühls besser als alles andere«) oder trainierte mit den Jungs des Amateurligisten Horst Emscher. Als der ehemalige Nationaltorwart schließlich irgendwann erkannte, dass da wohl doch keine allzu verlockenden Angebote mehr ins Haus flattern würden, heuerte er endgültig beim heutigen VfB Hüls, einem Fünftligisten, an. Nigbur, der König der Provinz, lockte zu seinem ersten Spiel gegen den FC Rhade gleich eine hohe vierstellige Zuschauerzahl ins Stadion. Doch als im Spätherbst der Rasen einmal unbespielbar war und eine Partie auf Asche ausgetragen werden sollte, weigerte sich Nigbur mitzumachen. Er verwies auf seinen Vertrag, in dem geschrieben stand, dass er nicht auf Asche trainiere und spiele. Und so blieb er bei laufendem Motor, eingeschalter Heizung und Scheibenwischer im Auto sitzen und schaute dem schlammigen Treiben seiner Kollegen aus dem Trockenen zu.

Nigbur träumte in diesen Minuten von früher. Von den guten alten Zeiten und von der »Truppe von '72« um den Kapitän Stan Libuda: »Die schossen vorne ständig zwei mehr, wenn ich hinten einen reinließ. Ohne viel Aufhebens. Nur so …« Und dann dachte er am Ende immer an ein anderes, verpasstes Leben: »Als junger Kerl wollte ich eigentlich Trabrennfahrer werden! Mein Opa hatte einen Bauernhof, ich bin mit Pferden und Stroh aufgewachsen. Leider ist es mit der Ausbildung zum Trabrennfahrer dann nichts geworden, die Stelle war schon besetzt.«

Nigbur besaß damals ein Mehrfamilienhaus in Gelsenkirchen. Die halbe Schalker Mannschaft hatte zu Zeiten des Bundesligaskandals in dieser Wohngegend gebaut. Irgendwann muss genau das auch ein Scherzkeks mitbekommen haben, denn er pinselte ein großes Schild und rammte es vor der Siedlung in den Boden: »Hier baut Arminia Bielefeld«. Das war genau die Sorte Scherz, über die der damals arbeitslose Norbert Nigbur nicht wirklich lachen konnte.

»Sperrt eure Frauen weg, Terry geht um!«

Vor der Weltmeisterschaft 2010 sorgte der Kapitän der englischen Nationalmannschaft John Terry für einen Sexskandal der delikateren Sorte. Über Monate vergnügte sich der verheirate Ehemann und Vater von Zwillingen mit der Frau seines ehemaligen Teamkollegen Wayne Bridge. Auch dieser hat einen kleinen Sohn mit seiner Gattin, dem französischen Unterwäschemodel Vanessa Perroncel.

Besonders pikant zudem: Terry war im Jahr zuvor von einem Nahrungsmittelhersteller als »Dad of the Year« ausgezeichnet worden. Eine Ehre, die dem Spieler von Chelsea schon damals sichtlich unangenehm war. Als er den Preis entgegennahm, fragte Terry verblüfft: »Warum ich? Ich wechsel doch nur Windeln.«

Die englischen Fans sparten nach dem außerhäusigen Liebesgeflüster nicht mit Hohn und Spott. Die Arsenal-Anhänger riefen derb und herzlos: »Du siehst deine Frau nie wieder.« Bei West Ham United musste sich Englands Kapitän den pfiffigen Reim gefallen lassen: »Chelsea wherever you may be, don't trust your wife to John Terry« (»Wo immer du sein magst, Chelsea, vertraue deine Frau niemals John Terry an«).

Auch die eigenen Anhänger griffen ganz tief in die Kreativkiste. Auf T-Shirts druckten sie die Sprüche »Sperrt eure Frauen weg, Terry geht um!« und »TEAM TERRY. He always scores at the Bridge«. Das Teekesselchen mit dem Namen der Heimstätte der Blues, der »Stamford Bridge«, und dem Nachnamen des gehörnten Ehemanns Wayne Bridge bot sich dabei offensichtlich sehr an.

Schon 2008 war John Terry durch einen Skandal ins Rampenlicht der englischen Öffentlichkeit gerückt. Damals musste er seine Kapitänsbinde allerdings nur vorübergehend abgeben, als er mit seinem Bentley zwei Stunden lang einen Behindertenparkplatz blockiert hatte.

Die Familie konnte Terry in dieser schweren Zeit nicht stützen. Erst kurz zuvor hatte man seine Mutter und seine Schwiegermutter in einem Geschäft beim Diebstahl erwischt. Und auch Terrys Vater hatte sich strafbar gemacht. Man warf ihm vor, Drogen an einen verdeckt ermittelnden Reporter weitergereicht zu haben.

»Ein Kapitän muss ein Vorbild beim Training und ein Anführer im Spiel sein. Ich würde mir außerdem wünschen, dass er ein Vorbild außerhalb des Platzes ist«, sagte der Nationaltrainer Fabio Capello und musste sich schweren Herzens eingestehen, dass John Terry mit dieser Umschreibung nicht mehr viel gemein hatte.

Peter Neururer

»Bin ich jetzt die Claudia Schiffer für Arme, oder was?!« *Peter Neururer bei einem Fototermin*

»Heute bist du Denkmal, morgen bist du Grabmal.«

»Freunde, Sport ist Arbeit im Gewand jugendlicher Freude!« *Peter Neururer zu Fans, mit denen er Gymnastikübungen machte*

»Endlich habe ich mal wieder drei Punkte geholt.« *Als er mit 143 km/h – erlaubt waren 100 – geblitzt wurde*

»Wenn ich darauf reagieren würde, müsste ich wie ein Zitteraal durch die Gegend laufen.« *Auf die Frage, wie er mit den Spekulationen um seine Entlassung umgeht*

Reporter: »Haben die da auf Abseits gespielt oder gepennt?« *Neururer:* »Sowohl als auch. Einer, der auf Abseits gespielt hat, hat gepennt.«

»An der Sporthochschule haben wir so manches Bier, so manche Zigarette und manchmal auch eine Freundin geteilt.«

Über seinen Kollegen Niko Semlitsch

»Ich muss erst abwarten, wie er drauf ist. Vielleicht hat er sich eine Gehirnzerrung zugezogen.« *Über Wolfram Wuttke*

»Abteilung Tiefschlaf.« *Über seine Abwehr*

»Bei Maradona würde ich auch kommen.« *Zum Konzert von Pop-Diva Madonna in der 96-Arena*

»Der Herr Neururer ist wie ein Ferrari. Er ist äußerst rasant und manchmal ein bisschen schwer zu lenken.« *Gerhard Schwartzkopf, Ex-Vizepräsident 1. FC Saarbrücken*

Moddin Meyer: Bernd, die Mutter – Hölzenbein, ik hör Dir trappsen

Niederländisch lernen? Die verstehen doch alle Deutsch?!«, sagt zu mir, auf der Familienfeier, der Mann von der Schwester von … sagt Udo. »Also ich bestelle meine Pommes in Scheveningen immer schön auf Deutsch. Und wenn der Kollege dann so tut, als würd' er nichts kapier'n, dann sach ich: Mach hinne Meister, einma' Rot-Weiß, aber zack, zack!«

»Zack, zack!« – und ich Traumtänzer vergeude wertvolle Lebenszeit, indem ich drei Semester niederländische Konversation studiere! »Zack, zack!« – die SS-Runen unter den Höflichkeitspartikeln.

Doch nicht nur an der Imbissbude lässt es sich vortrefflich in Frittenfettnäpfchen stapfen. Hollands Kanäle, Siele, Grachten bieten sich dem Deutschen dar wie ein fein gesponnener, landesweiter Fettnapf, und viele Teutonen sind sich nicht zu schade, sich dort hineinzustürzen wie eine brennende Hindenburg.

Wie tief manche Wunden sind, merkt man erst, wenn man sie aufreißt. Man sitzt mit Holländern in der Kneipe, trinkt in fröhlicher Runde ein Bier nach dem andern (und wird doch nicht betrunken) und man sagt völlig arglos: »Im Trinken bin ich Beckenbauer.« Null Reaktion. »… beim Biertrinken bin ich ein Weltmeister!« Wo eben noch Lärm und lustiger Tisch, glotzt nun der stumme Fisch … »een stille matjes«, sozusagen.

Das Wort »Weltmeister« hat zuniederlande einen mindestens ebenso schlechten Klang wie »Weltkrieg«. Oder wie »Schwalbe«. Kennengelernt haben die Niederländer dieses Wort bzw. das Phänomen 1974, als im WM-Finale zwei Beine hölzern in den niederländischen Strafraum einmarschierten und alsbald abhoben. Hölzenbein log, Hölzenbein flog – und ist seit diesem Moment fester Bestandteil eines nationalen Traumas.

Die Niederländer haben tatsächlich »Schwalbe« als deutsches Fremdwort in ihre Sprache aufgenommen. Es gab Versuche, ein eigenes, ein niederländisches Wort zu finden, wie »fopdui«, »kunstduik«, oder auch »robben« – denn obwohl die Niederländer die Schwalbe als eine teutonische Tugend betrachten, hat Arjen Robben es hierin zur Meisterschaft gebracht (und in den niederländischen Augen folgerichtig beim bajuwarischen Rekordmeister angeheuert). Doch schlussendlich kann es nur einen geben: Bernd Hölzenbein ist die Mutter aller Schwalben!

Moddin Meyer lebt in Rotterdam und berichtet regelmäßig in einer Kolumne aus dem orangefarbenen Fußball-Land auf www.scudetto.de

Gemischte Tüte national

1. Welcher Nationalspieler wurde dreimal deutscher Jugendmeister im Fünfkampf?

- A Hans-Peter Briegel
- B Katsche Schwarzenbeck
- C Karl-Heinz Förster
- D Paul Steiner

2. Was haben Ex-Bundeskanzler Gerhard Schröder und Ex-Bundesarbeitsminister Norbert Blüm gemein?

- A Sie sympathisieren mit demselben Verein
- B Man nannte sie beide »Acker«
- C Sie spielten für denselben Klub
- D Sie schossen beide einen Hattrick für die Bundestags-Elf

3. Welcher Europameister schrieb das Buch »Dorschangeln vom Boot und an den Küsten«?

- A Manfred Kaltz
- B Thomas Strunz
- C Horst Hrubesch
- D Bernard Dietz

4. Über wen sagte der ehemalige DFB-Präsident Egidius Braun: »Ein solcher Mensch hat in einer deutschen Nationalmannschaft nichts zu suchen«?

- A Stefan Effenberg
- B Lothar Matthäus
- C Stefan Kuntz
- D Mario Basler

5. Wie viele Male ist Andreas Köpke in seiner Karriere abgestiegen?

- A Dreimal
- B Viermal
- C Fünfmal
- D Sechsmal

6. Von welcher Sportart kommt die Bezeichnung »Hattrick«?

- A Vom Dart
- B Vom Baseball
- C Vom Kricket
- D Vom Curling

Don't let me be misunderstood: Das ehemalige »Wunderkind« Nikon Jevtic

Dreizehn Jahre alt war der Niederländer Hendrik Nikolaas Theodoor Simons, als er unter dem Künstlernamen »Heintje« 1968 seinen großen Hit fürs Leben landete. Der Kinderstar wurde geliebt, verehrt und verkaufte Millionen Platten. An die Erfolge und den Ruhm dieser frühen Tage jedoch konnte Hendrik Simons später nie wieder anknüpfen. Er blieb für immer der kleine Heintje, der in seinem Evergreen »Mama« bereits seine eigene Zukunft mit Kinderstimme besang: »Tage der Jugend vergehen / schnell wird der Jüngling ein Mann / Träume der Jugend verwehen / dann fängt das Leben erst an.«

Im WM-Jahr 2006 schrieben die Zeitungen von einem »Transfer-Coup« für Schalke 04. Der Verein aus dem Ruhrgebiet hatte das sogenannte Fußball-Wunderkind Nikon Jevtic vom FC Valencia verpflichtet. Ein Spieler, der mit seinen gerade einmal dreizehn Jahren angeblich auch von »Top-Clubs wie dem PSV Eindhoven und Manchester United« heiß umworben war. Ausschlagend für das Interesse des S04 an dem jungen Serben war ein Bewerbungsvideo, das der Vater von Nikon Jevtic höchstpersönlich mit einer herkömmlichen Home-Videokamera aufgenommen, auf dem heimischen PC geschnitten und auf der Internetseite youtube hochgeladen hatte. Zu sehen sind in diesen Filmausschnitten nicht nur einige vielversprechende Tricks und schöne Tore des jungen Mannes, sondern auch seine Jubelposen. Abwechselnd reißt sich der pubertierende Kicker das Trikot über den Kopf, schaut ehrfürchtig gen Himmel, schiebt sich den Zeigefinger mit der berühmten »Seid-still«-Geste vor den Mund oder küsst den nicht vorhandenen Ehering, um schließlich von der Genialität seiner Tore selbst ergriffen in die Knie zu gehen. Zu dieser Zeit hatte sich die komplette Familie Jevtic bereits in »El Maestro« umbenennen lassen. Die Schalker Helmut Schulte (Leiter der Scouting-Abteilung) und Andreas Müller (Manager) verpflichteten den jungen Serben trotz alledem.

Damals konnte noch niemand ahnen, dass das kleine »Wunderkind« bereits auf dem Scheitelpunkt seines Ruhmes angelangt war. Inzwischen ist Nikon El Maestro zu seinem Ursprungsverein Austria Wien zurückgekehrt. Die Videos gibt es immer noch. Die wunderschön gezirkelten Freistöße auf den Nebenplätzen des Weltfußballs sind unterlegt mit dem Song »Don't let me be misunderstood«. Darin heißt es: »Life has its problems and I got my share.« Willkommen im normalen Leben, El Maestro. Besser hätte es Heintje wohl auch nicht singen können!

Fakten-Mix kurz notiert: Frauen, Feuerwerk und Otze

Ehrlichkeit zahlt sich aus im Fußball. Wenigstens kurzfristig. Denn bevor Frank Ordenewitz zum »Machet-Otze« wurde, hatte er sich noch den Fairness-Pokal der FIFA abgeholt. Beim Spiel seines SV Werder gegen den 1. FC Köln hatte er am 05. Mai 1988 zugegeben, ein Handspiel im Strafraum verübt zu haben. Schiedsrichter Manfred Neuner hatte schon zur Ecke gezeigt, als Ordenewitz seine Tat gestand. Littbarski verwandelte zum 2:0 für die Kölner und der Bremer wurde gefragt, ob er die Tat auch gestanden hätte, wenn es noch um den Titel gegangen wäre. Ordenewitz antwortete: »Selbstverständlich!« Das Gegenteil konnte ihm jedenfalls nie jemand beweisen …

★ ★ ★

Die Saison 1965/66 war nicht die Spielzeit des Horst »Hotte« Wendlandt. Der Vertragsspieler des norddeutschen Regionalligisten Victoria Hamburg brachte es fertig, zwei Elfmeter zu verschulden, einen Strafstoß zu verschießen und drei Eigentore zu fabrizieren. Inwieweit damals schon die Wettmafia in das Geschehen der unteren Ligen eingriff, kann rückblickend leider nicht mehr ermittelt werden.

★ ★ ★

Südländische Begeisterung, Feuerwerkskörper im Stadion, Pyrotechnik in der Fankurve – alles Erscheinungen des modernen Eventfußballs? Mitnichten. Der *kicker* berichtete im Oktober 1963: »Fußball soll Freude schaffen. Aber die Freude soll kein Feuerwerk auslösen. Leuchtraketen können Schaden anrichten, unter Zuschauern wie unter den Spielern. In Bremen wurden unter nächtlichem Himmel Raketen abgeschossen. Es passierte nichts. Doch in Karlsruhe wurde Stuttgarts Außenläufer Entenmann von einer Rakete verletzt. Schluss mit dem Unfug.«

★ ★ ★

Ein spezielles WM-Angebot für Frauen bot ein Autoverleiher während der WM 2006: »Ob Kurztrip oder ganze Woche, wer mit der besten Freundin dem Fußball-Fieber der Männer entfliehen möchte, zahlt in bestimmten Destinationen keine extra Gebühr für die zweite Fahrerin. Shopping im sonnigen Süden Spaniens macht ohne Mann im Schlepptau mehr Spaß und lange Strandspaziergänge sind sowieso eher Frauensache.« Na, dann, viel Vergnügen in der sturmfreien Zeit, liebe Männer!

Anekdoten am Stück

Den Klassenerhalt mit Borussia Mönchengladbach feierte im Mai 1991 der russische Nationalspieler Igor Belanow ausgiebig. Zu später Stunde hing er sich an eine Lampe und schaukelte unter der Decke ausgelassen durch das Restaurant. Die versammelte Mannschaft applaudierte kräftig, bis Belanow unter dem Gejohle auf dem Hosenboden landete. In der Hand hielt er die aus der Decke gerissene Lampe. Am nächsten Tag ging es zum Arzt. Belanow hatte sich eine schmerzhafte Verletzung am Steißbein zugezogen.

★ ★ ★

Im Herbst des Jahres 1991 hatte der 1. FC Köln gerade einen Fehlstart hingelegt. Tabellenplatz 17 (von 20 Mannschaften) und eine Truppe auf dem Platz, die irgendwie lustlos spielte. Sportdirektor Udo Lattek wirkte ratlos, und die Medien wurden langsam unruhig. Der Widerstand gegen die Vereinspolitik begann sich zu regen. Das alles muss auch die kleine neunjährige Tochter der Latteks mitbekommen haben. Denn eines Morgens zog sie los, packte einen Haufen Kreide zusammen und schrieb auf über zwei Dutzend Autos in der Lövenicher Malteserstraße, in der die Familie des Sportdirektors damals wohnte: »Lattek: JA!«

★ ★ ★

Ein Held der Arbeit im eigenen Haushalt war Klaus Augenthaler offensichtlich nie. Aber damit hatte er augenscheinlich auch kein Problem. Offen gab der ehemalige Meisterspieler der Bayern zu: »Einmal war ich mit meiner Frau im Keller und habe gesehen, wie sie die Wäsche aus der Waschmaschine holte und in den Trockner warf. Da hab ich sie gefragt: Warum wäschst du jetzt noch einmal?« Und auch handwerklich konnte Klaus Augenthaler zu Hause nicht wirklich glänzen. Kein Problem für einen echten Kerl, auch das offen zu gestehen: »Ich habe bis heute keinen einzigen Nagel in die Wand geschlagen.«

★ ★ ★

Michael Büskens war nach seinem Wechsel von Düsseldorf nach Schalke nicht unbedingt gut auf die Fortuna zu sprechen. Über drei Mio. Ablöse hatte Büskens der wirtschaftlich angeschlagenen Düsseldorfer Fortuna gebracht. Da war die Frage eines Journalisten wirklich legitim: »Konnten Sie die Abschiedsgeschenke noch tragen oder mussten Sie einen LKW mieten?« Büskens' süffisante Antwort: »Ich war ganz überrascht, als ich zum Abschied einen Wappenteller mit dem Düsseldorfer Wahrzeichen ›Radschläger‹ und dem Fortuna-Emblem bekam. Interessenten können diesen Teller übrigens im Fan-Shop kaufen. Er kostet neun Mark.«

Kuriositäten auf dem Platz

1980 wollten die beiden Förster-Brüder einmal besonders schlau sein. In einem UEFA-Cup-Spiel zwischen Stuttgart und dem 1. FC Köln versuchten sie ein wenig zu schummeln, denn der Trick lag nahe. Schließlich hatte Karlheinz Förster schon Gelb gesehen und drohte vom Platz gestellt zu werden. Also lief sein äußerlich sehr ähnlich aussehender jüngerer Bruder Bernd zum Schiedsrichter und gab ein Foul zu, das nicht er, sondern sein Bruder im Trikot des VfB Stuttgart begangen hatte. Der Schwede Jonas Eriksson freute sich über so viel vermeintliche Ehrlichkeit und zeigte Bernd Förster die gelbe Karte. Die Karten blieben so zwar in der Familie, aber Karlheinz, der nicht Rot sah, durfte weiterspielen. Gutes Verständnis unter Geschwistern zahlt sich aber nicht immer aus. Besonders dann nicht, wenn man damit prahlt: Bernd Förster gab seinen Trick mit der gelben Karte im UEFA-Cup-Spiel wenige Tage später in einer Fernsehsendung zu. Sein Bruder Karlheinz und er wurden daraufhin für drei Spiele gesperrt. Und eine weitere Strafe folgte auf dem Fuße: Der 1. FC Köln gewann im Rückspiel und kam eine Runde weiter.

★ ★ ★

Das Spiel zur Ermittlung des dritten Aufsteigers zur 1. Amateurliga Württemberg zwischen dem VfR 07 Aalen und der TSG Backnang wollten 1963 über 6.000 Zuschauer sehen. Ein Ansturm, mit dem der Vereinswirt nicht gerechnet hatte. Und so kam es bei tropischen Temperaturen zu einer der ungewöhnlichsten Spielunterbrechungen im deutschen Fußball. Nachdem schnell noch telefonisch die Brauerei kontaktiert worden war, fuhr schon eine Viertelstunde später ein Bierwagen mit viel Schwung über die Aschenbahn und hielt nur Zentimeter vom Spielfeldrand entfernt an. Doch Schiedsrichter Jedele aus Reutlingen war die Sache nicht ganz geheuer. Und so unterbrach er die Partie und forderte entschieden die Entfernung des Bierwagens. Ein paar Minuten später labten sich die dürstenden Zuschauer an einer weniger störenden Stelle an den alkoholischen Kaltgetränken des glücklich strahlenden Vereinswirts.

★ ★ ★

In den Sechzigern spielte in England ein Team, das landesweit für Furore sorgte – weil es den Titel »schlechteste Mannschaft des Jahres« trug. Und die Auszeichnung war durchaus angebracht. Nachdem das Team in 15 Spielen nicht weniger als 90 Tore kassierte, spielte Hilligdon aus Jux gegen die Damen-Mannschaft des Shaftesbury Ladies FC. Und auch gegen die beherzt aufspielenden Grazien setzte es eine 7:5-Niederlage.

Reporter

»Eigentlich hatten wir auch Lothar Matthäus zum Interview gebeten. Der muss aber noch eine Autogrammstunde geben. Matthäus braucht das Geld, er muss schließlich seine Scheidung bezahlen.« *Jörg Wontorra*

»Das Köpfen ist des Müllers Lust.« *Karhheinz Vest über Andreas Müller*

»Geflügeltes Duo.« *Thomas Herrmann über das Trainergespann Arie Haan und Willi Entenmann*

»Die deutsche Nationalmannschaft will ins Endspiel der WM 2006 kommen, ... na dann sag ich mal, es wird Zeit dafür, dass sie sich Eintrittskarten besorgt.« *Johannes B. Kerner*

Günter Netzer nach dem Spiel: »Haben sie sich wirklich die chinesischen Namen gemerkt?« *Delling:* »Ja, ich hatte sie auswendig gelernt, aber eigentlich hab ich mit Netzer schon genug.«

»Man braucht erfahrene Kämpfer, und aufstrebende, junge Spritzer.« *Fritz von Thurn und Taxis*

»Der spielt mit so viel Hingabe – da würde ich das Wort Libero am liebsten mit ›ie‹ schreiben.« *Gerd Rubenbauer*

»Die Ghanaer erkennen Sie an den gelben Stutzen.« *Marcel Reif beim Länderspiel Deutschland gegen Ghana*

»Adriano gibt als seine Vorbilder
Kaka und Jesus an.
Kaka von Milan und Jesus von Nazareth.«

Beni Thurnheer kommentiert bei der Champions-League-Partie Thun gegen Amsterdam die Einwechslung von Adriano

»Jörg Neun – macht er alleun.« *Dieter Kürten*

»Das ist Andy Möller, der im Januar eine Tochter erwartet.« *Jörg Dahlmann*

»Er ein Anstreicher aus Essen, ich ein Bäcker aus Gelsenkirchen – da kann es doch eigentlich keine Probleme geben.« *Uli Potofski über Otto Rehhagel*

Jimmy Hartwig: Ein Leben zwischen Dschungelcamp und Burgtheater

William Georg, genannt Jimmy, Hartwig mit zwei Sätzen in eine Schublade zu packen, fällt schwer. Der Mann lebt sein Leben sehr intensiv und lässt scheinbar nichts aus. Auch keine Fettnäpfchen. Als Buchautor erntete er für einige Passagen seines 1994 veröffentlichten Werks »Ich möchte noch so viel tun ...« hämische Lacher: »Als ich in die Pubertät kam und selbst anfing, meinen Körper zu erkunden, wurde es besonders schwierig. Wenn einmal alle, Mutter, Oma, Opa, Onkel Werner und Onkel Karl-Heinz, aus dem Hause waren, onanierte ich unter der Bettdecke, und nicht selten musste ich aufhören, wenn es am schönsten war.«

Hartwig war Schlagersänger, zog für die CDU in den Wahlkampf, pries Kondome an und wollte 1992 gar die finanziellen Probleme der Menschen im Alter lösen. Hartwig inserierte im *Hamburger Abendblatt*: »Ich biete Ihnen die Chance einer ungewöhnlichen Partnerschaft«, auf der Suche nach Leuten, die sich in Rentenfragen auskannten und für ihn arbeiten sollten: »Ich habe zuletzt Seminare in Wien und Lüneburg besucht. Ich will helfen, dass die Menschen später nicht mit 1.300 Mark Rente auskommen müssen.«

Knapp zehn Jahre später war der ehemalige Profi des Hamburger SV, des 1. FC Köln und einiger weiterer Vereine selbst pleite. Hartwig ging ins Dschungelcamp, weil er das Geld brauchte. Dem *Tagesspiegel* sagte er: »Wenn du mit dem Rücken zur Wand stehst, nimmst du halt, was du bekommst. Heute ekel ich mich dafür vor mir.« Wenigstens konnte er sich dort erfolgreich eines seltsamen Annäherungsversuchs seiner Schauspielerkollegin Isabell Varell erwehren: »Also, wenn wir uns jetzt hier nackig ausziehen und uns hier wälzen mit den Ameisen, dann würden sie das senden. Das wären schöne Momente.«

Sein Showtalent präsentierte Hartwig auch schon früh auf der Bundesligabühne. Nach dem Spiel seiner Löwen bei Waldhof Mannheim im Oktober 1976 zeigte er den Zuschauern auf dem Weg in die Kabine sein Geschlechtsteil.

Dieser Hang zum Selbstdarsteller hilft ihm auch in seinem neuen Beruf als Schauspieler. Und auch dort hat Hartwig ein außergewöhnliches Ziel. »Ich will auf die Burg. Da reinzumarschieren als Offenbacher Junge aus der Kirschenallee ... Das wäre was«, schwärmt der Mann, der laut Max Merkel als Fußballer ein Nichtskönner war und »aus elf Metern Entfernung keinen Möbelwagen« traf. Doch Hartwig ist immer wieder aufgestanden und hat sich selbst neu erfunden. Man darf gespannt sein, was man als Nächstes über ihn liest. »Ehrlisch«, hat Hartwig einmal gesagt, »isch bin'n Verrückter.« Das trifft es wohl am besten.

Musik ist unser Leben …

1. **Welcher afrikanische Spieler sang den Song »Dance with the Lion«?**
   - (A) Sammy Sane
   - (B) Roger Milla
   - (C) Anthony Baffoe
   - (D) Didier Drogba

2. **Welche Band sang in ihrem Lied »Holland« so schön: »Beide ham wir unsern Rudi, wir haben ihren nie bespuckt«?**
   - (A) Geiersturzflug
   - (B) Joint Venture
   - (C) Klaus Lage Band
   - (D) Udo Lindenberg

3. **Wer widmete sowohl Karl-Heinz Rummenigge als auch Franz Beckenbauer ein Lied?**
   - (A) Rod Stewart
   - (B) Elton John
   - (C) Alan & Denise
   - (D) The Mamas and the Papas

4. **Von wem coverte die Band »Die Toten Hosen« den Fußball-Song »Lass doch mal Dampf ab«?**
   - (A) Gert Fröbe
   - (B) Heinz Erhardt
   - (C) Hans Rosenthal
   - (D) Wim Thoelke

5. **Wie hieß das Lied der schottischen Nationalmannschaft zur WM 1982? Dieter Bohlen komponierte Jahre später einen Nummer-1-Hit mit demselben Titel!**
   - (A) Love Takes Time
   - (B) We have a Dream
   - (C) You Can Win If You Want
   - (D) You Can Get It

6. **Wer sang »Toni ist der Beste und er wird es immer sein« für Harald Schumacher?**
   - (A) Slime
   - (B) Knochenfabrik
   - (C) Nina Hagen
   - (D) Tocotronic

Fußballgewalt: Zwei Schüsse, ein Messer und Bill Shankly

Liverpools Trainer Bill Shankly hat diesen berühmten Satz gesagt, den viele Fußballfans in Momenten tiefster Verbundenheit mit ihrem Verein zitieren: »Es gibt Leute, die denken, Fußball ist eine Frage von Leben und Tod. Ich mag diese Einstellung nicht. Ich kann Ihnen versichern, dass es noch sehr viel ernster ist.« Leider wird dieser Spruch in manchen Fällen allzu wörtlich genommen.

Im Juli 2009 kam es in Kolumbien zu einem tödlichen Zwischenfall, als der Fußball-Profi Javier Antonio Florez Valoyes seinen Nachbar ermordete. Der 24 Jahre alte KFZ-Mechaniker soll zuvor den Spieler von Atletico Junior de Barranquilla stundenlang beleidigt und mit Schmährufen bedacht haben, weil Florez bei einer verlorenen Meisterschaftspartie schlecht gespielt habe. Was sich unglaublich anhört, wurde von einem anderen Nachbarn bestätigt, der die stundenlangen Auseinandersetzungen zwischen den beiden Streithähnen verfolgte: »Die Leute haben ihn immer wieder beschimpft!«

Nach Augenzeugenberichten soll der alkoholisierte Florez den Mann zunächst angeschossen, dann verfolgt und schließlich mit einem weiteren Schuss getötet haben. Doch der Anwalt des Profis widersprach dieser Darstellung und erklärte, Florez habe aus Notwehr gehandelt. Er habe in seinem Fahrzeug gesessen, sei mit Steinen beworfen worden und habe sich bedroht gefühlt. Man weiß nicht, welche Version die bessere ist.

Im März 2009 ist es im Irak zu einem unglaublichen Zwischenfall gekommen. Heidar Kazem, Spieler bei Sinyer, überlebte seinen Treffer im Spiel gegen Buhayrat in Hilla, einem Ort knapp hundert Kilometer südlich von Bagdad, nicht. Als Kazem jubelnd zur Mittellinie lief, streckte ihn ein Kopfschuss nieder. Ein Fan von Buhayrat hatte das Tor des Lokalrivalen nicht verkraftet, in seiner Wut eine Waffe gezogen und auf den Fußballer der gegnerischen Mannschaft geschossen. Jede Hilfe für Kazem kam zu spät. Noch in der Notaufnahme verstarb der Profi.

Eine weitere tragische Geschichte ereignete sich im August 2009 im Aguilera-Stadion in Santa Cruz. In der Copa Sudamericana spielte Blooming gegen River Plate Montevideo. Die Gäste führten durch ein Tor von Puppo mit 1:0. In einer ruhigen Minute rannte plötzlich ein Blooming-Fan auf den Platz und direkt auf den Spieler Henry Gimenez von River Plate zu. Zwischen den Zähnen hatte der Mann ein Messer geklemmt. Die Fans schrien entsetzt auf. Doch bevor der Attentäter das Messer aus dem Mund nehmen konnte, gingen Polizisten dazwischen und retteten Gimenez aus seiner prekären Lage. Der Schiedsrichter brach das Spiel sofort ab. Bei anschließenden Ausschreitungen wurde ein Fotograf von einer Rauchbombe schwer verletzt. All das hat Shankly sicher nicht gemeint mit seinem Spruch.

Sexfreie Zone WM? Ich schieße das Tor – und setze ihm eine Perücke auf

In Südamerika ticken die Uhren etwas entspannter. Während in Europa pünktlich zu jeder Weltmeisterschaft Umfragen erscheinen, die beweisen sollen, dass Sex und Fußball nicht zusammengehen, kontert man bei den Südamerikanern mit stimmungsvollen Berichten, die genau das Gegenteil zeigen.

Eine gewisse Larissa Riquelme aus Paraguay wurde bei der WM 2010 weltberühmt, weil die Medien in langen Fotostrecken Bilder von dem »Handy zwischen den Brüsten«-Mädchen veröffentlichten. Und als sie auch noch verkündete, dass sie sich ausziehe und nackt durch die Straßen laufe, wenn Paraguay das Halbfinale erreichen würde, knüpften selbst die prüden Europäer eine kurze Beziehung zwischen Sex und Fußball. Das Aufatmen war groß, als Larissa nach dem Ausscheiden ihres Teams trotzig verkündete, sich dennoch nackig machen zu wollen.

In Argentinien hatte man schon vor der WM die Weltöffentlichkeit wissen lassen, wie man den dritten Titelgewinn des Teams gebührend feiern wolle. Der Weltmeister-Coach von 1986, Carlos Bilardo, schrie verzückt über das Radio seinen verrückten Plan hinaus: »Wer das Tor im Finale macht, kann mich von hinten nehmen. Ich weiß schon, dass das weh tut und die Leute sagen, der ist verrückt. Mir doch egal, Hauptsache wir werden Weltmeister.«

Damit machte sich der studierte Frauenarzt natürlich nicht nur Freunde. Vor allem im Mannschaftskreis sorgten die Aussagen des 71-Jährigen für Befremden. »Wenn ich treffe, soll er mir fernbleiben«, sagte Carlos Tevez vom Premier-League-Klub Manchester City. Doch Stürmer Martin Palermo von den Boca Juniors aus Buenos Aires nahm die Sache bereits mit mehr Humor: »Ich schieße das Tor – und setze ihm eine Perücke auf.« Bilardo hatte auch gleich noch einige Tipps für den richtigen Umgang mit einem heißen Thema. Er rate zu Passiv-Sex, im WM-Quartier ließ er verlauten: »Um Verletzungen zu vermeiden, sollten die Spieler die Frauen arbeiten lassen. Die Jungs sollen lieber unten liegen – und die Frauen auf ihnen sitzen. Das sollten sie aber nicht einen Tag vorm Spiel machen.« Und das Seelenheil der vielen Junggesellen im Team konnte er ebenfalls entlasten: »Gegen Masturbation habe ich auch nichts. 80 Prozent der Spieler tun das eh, während sie sich duschen.«

Eines wird bei solchen Aussagen aber offensichtlich. Auf Umfragen wie diese – »Nur für fünf Prozent der Deutschen wäre Sex ein Grund, das Endspiel der Fußball-WM sausen zu lassen« – würde man in Südamerika erst gar nicht kommen. Wieso denn entweder – oder, fragt man sich dort zu Recht.

Liebe Schiedsrichter: Otto, das kostet aber drei Bier und drei Korn

Franz Beckenbauer war nicht mehr zu beruhigen. Deutschland hatte am 29. Oktober 1986 die Eröffnungspartie des neuen Wiener Prater-Stadions gegen Österreich mit 1:4 verloren, zwei Elfmetertore kassiert und Lothar Matthäus durch einen Platzverweis eingebüßt – und das alles nur wegen dieses italienischen Schiedsrichters Luigi Agnolin. Der Teamchef nannte den Mann in Schwarz einen »Stinker«, der an seinem Verstand arbeiten müsse (»... wenn der überhaupt was im Kopf hat«) und sowieso »gemeingefährlich« sei. Die Presse bat Beckenbauer wenige Monate nach seinen peinlichen Ausrastern bei der WM in Mexiko um Zurückhaltung und kritisierte die Form seiner Schiri-Schelte scharf.

Obwohl der Kaiser in seiner Karriere nie vom Platz geflogen ist, war sein Verhältnis zu den Spielleitern in Schwarz immer ein schwieriges. In der Hochphase seines Ruhms brachte es deshalb Walter Eschweiler einmal fertig, den Weltmeister seinen Namen buchstabieren zu lassen, bevor er ihm den gelben Karton zeigte.

Auch der gepflegt verteidigende Otto Rehhagel hat einmal von einer besonderen Schiri-Begegnung erzählt: »In einem Heimspiel am Betzenberg hatte ich mir schon einige Fouls erlaubt. Als ich meinen Gegenspieler erneut von den Beinen holte, dachte ich: Jetzt fliegst du vom Platz. Doch zum allgemeinen Erstaunen gab Ohmsen nur Freistoß gegen uns. Wenige Minuten später kam er zu mir und flüsterte mir leise ins Ohr: ›Otto, das kostet aber drei Bier und drei Korn.‹ Die habe ich ihm nach dem Spiel gerne ausgegeben.«

Dass es auch ganz anders geht, musste einmal Stefan Kuntz erfahren. Als am 16. Dezember 1989 Kaiserslauterns Franco Foda Kölns Thomas Häßler im Strafraum zu Boden riss, zeigte Schiedsrichter Hans-Joachim Osmers direkt auf den Punkt. Kapitän Kuntz wollte mit dem Schiri noch einmal über seine Entscheidung sprechen, doch Osmers soll ihn in einem lauten, aggressiven Ton angeschrien und »Hau ab!« gerufen haben. Kuntz meinte daraufhin zum Schiedsrichter: »So einen ordinären Typen wie Sie habe ich noch nie gesehen«, und kassierte dafür die rote Karte. Kuntz wollte die Sache nicht auf sich sitzen lassen und legte Berufung gegen das Urteil von vier Spielen Sperre ein.

Wie man seitens der Profis den Umgang mit den Schiris kreativ entspannen kann, hat einmal der Bundesliga-Reisende Jimmy Hartwig unter Beweis gestellt. Sein besonderer Trick war es: Immer dann, wenn er einen Gegenspieler so richtig kräftig umgehauen hatte, rannte er danach direkt zum Schiedsrichter, schlug die Hacken zusammen und machte einen tiefen Diener bis zum Boden. So viel preußische Demut schindete Eindruck und rettete ihn vor manch roter Karte.

Der Mann, der Charly Körbel sein 603. Bundesligaspiel klaute

Kennen Sie noch Michael Prengel? Nein? Schade, denn im Sommer 1991 war er für einen Spieltag lang so etwas wie eine Berühmtheit. Und das kam so!

Eigentlich hatte Karl-Heinz »Charly« Körbel noch eine Partie auf seinen Rekord oben draufsatteln wollen. 603 Spiele in der Fußball-Bundesliga – alle für einen Verein, alle für seine Frankfurter Eintracht – sollten am Ende in die Geschichtsbücher eingehen, doch ein Mann hatte etwas dagegen.

Als Schiedsrichter Michael Prengel an diesem sommerlich warmen 8. Juni 1991 in die Brusttasche griff und den gelben Karton zückte, lief Charly Körbel ein eiskalter Schauer den Rücken hinunter. Doch schon ein paar Sekunden später verzog er das Gesicht zu dieser legendären, mürrischen Körbel-Fratze, die jeder Sportschau-Gucker aus dieser Zeit noch heute spielend in der tiefsten Dunkelheit ertasten würde, und beschwerte sich lautstark beim Schiedsrichter. Sollte seine lange, lange Karriere tatsächlich an diesem Nachmittag am Hamburger Millerntor nach einem nur mäßig aufregenden 1:1 gegen den FC St. Pauli enden? Sie sollte.

Die vierte gelbe Karte der Saison durchkreuzte den Plan des Abwehrspielers, seine Laufbahn im heimischen Waldstadion gegen den VfB Stuttgart mit dem Einzug in den UEFA-Pokal stilvoll ausklingen zu lassen. Karl-Heinz Körbel war an diesem Tage so sauer über die Entscheidung des Schiedsrichters, dass er mit niemandem reden wollte. Wutschnaubend lief er an Freund und Feind vorbei in die Kabine und zischte mit hochrotem Kopf durch die zusammengepressten Zähne nur ein schnelles: »Kein Kommentar!«

Sein Mitspieler Andreas Möller war nicht weniger erregt, schimpfte aber wenigstens direkt in die Fernsehkameras: »Da *klaut* der Schiri dem Charly sein Abschiedsspiel in Frankfurt.«

Beobachter vor Ort teilten Möllers Meinung und solidarisierten sich mit dem »vorbildlichen Sportsmann« Charly Körbel. Der *kicker* prangerte an: »Ein Allerweltsfoul, Körbels erstes im Spiel – und der Unparteiische zeigte sofort Gelb.« Zudem attestierte man dem Düsseldorfer Prengel, »kaum bundesligareif« gepfiffen zu haben. Fahrig und unsouverän habe der Schiedsrichter in nur elf Minuten vier gelbe Karten gezeigt – eine davon auch dem Frankfurter Oldie Körbel, obwohl dieser vor der Partie Prengel die besondere Situation extra erklärt hatte.

Und was meinte der vielgescholtene Schiri zu all der Aufregung um seine Person: »Es hat mir nicht leid zu tun, er hätte sich anständig benehmen sollen.« Aber dann, lieber Michael Prengel, hätten wir Sie vielleicht nie kennengelernt. Und das wäre dann doch ein bisschen schade gewesen ...

Schlau

»Ich kannte den Thom schon, als der Calmund noch das Bayer-Kreuz in die Aspirin-Tabletten drehte.« *Winfried Schäfer*

»Der Gewinner vergleicht seine Leistung mit den eigenen Zielen, der Verlierer vergleicht seine Leistung mit der Leistung der anderen.« *Bochums Trainer Heiko Herrlich auf die Frage, ob er auf die Ergebnisse der anderen geschaut hat*

»Louis van Gaal hat ausgelernt.« *Der Trainer, als man ihn 2001 fragte, was man von den Engländern lernen könne*

»Er ist vielleicht intelligent, aber nicht klug.« *Berti Vogts über Thomas Helmer*

»Ich habe gehört, Meister wird die Mannschaft, die die beste Bank hat.« *Rainer Zobel als Trainer der Stuttgarter Kickers, der Nationalspieler Karel Kula nicht aufstellte*

»Jetzt weiß ich endlich, wozu ich meinen Kopf habe.« *Gert Trinklein nach intensivem Kopfball-Training unter dem Trainer Gyula Lorant*

»Als Junggeselle finde ich das gar nicht schlecht. Da bekomme ich wenigstens was Warmes zu essen.« *Rainer Zietsch über Trainingslager*

»Litauen ist neben Estland und Lettland die größte der drei Baltenrepubliken.« *Sport1*

»Einer wie Berti kann dem einzelnen Spieler noch etwas Neues beibringen, weil er's ja einst selbst hat lernen müssen – im Gegensatz zum Franz.«

Toni Schumacher über Bundestrainer Berti Vogts

»Alles, was Sie im Kopf haben, weiß ich, bevor Sie es ausgesprochen haben.« *Otto Rehhagel auf einer EM-Pressekonferenz zu Journalisten*

»Ich will eine neue Rückennummer. Die Nummer 33 macht mich fett.« *Gary Roberts, Spieler bei Ipswich*

Der Fußballprofi Lars Bastrup: Du bist Kommunist und willst soviel Geld?

Der »etwas andere Fußballprofi« würde man wohl heute über den ehemaligen HSV-Star Lars Bastrup titeln. Einen »lustigen Vogel« nennen die ehemaligen Mitspieler ihren schnellen Dänen und erinnern sich mit Schrecken an den größten HSV-Triumph in der Vereinsgeschichte. Beim Sieg des Europapokals der Landesmeister in Athen 1983 gegen Juventus Turin hatte Claudio Gentile Bastrup mit einem Ellenbogenschlag den Kiefer gebrochen – absichtlich. Der damalige Manager des Hamburger SV, Günter Netzer, erinnert sich: »Bastrup und Gentile wurden zum Dopingtest ausgelost, das fand ich unglaublich. Und dann saßen die beiden also in einem engen Raum, und Lars wollte auf den Italiener los, er konnte sich überhaupt nicht beruhigen. Er verstand nicht, dass ein Spieler seinem Gegenspieler so etwas Brutales antun kann. Ich stand zwischen den beiden und versuchte zu schlichten, aber das war sehr schwierig.« Stunden später saß Bastrup auf der Siegesfeier und trank mit schmerzverzerrtem Gesicht Champagner aus einer Schnabeltasse.

Der etwas andere Profi wollte dänischen Journalisten vor einem Länderspiel schon einmal »aus Gerechtigkeitssinn« kein Interview geben, weil er festgestellt hatte, dass die heimischen Medien über die im Ausland aktiven Spieler viel zu positiv berichteten. Wobei das Anderssein nicht in allen Bereichen stark ausgeprägt war. Günter Netzer wunderte sich, wie hartnäckig Bastrup in Gehaltsfragen sein konnte: »Du bist Kommunist und willst so viel Geld?« Woraufhin Bastrup gewitzt antwortete: »Ich nutze jede Gelegenheit, um dem Kapitalismus zu schaden.«

Beim Thema Lesen hingegen zeigte er sich wieder sehr anders. Warum er denn lieber Goethe und nicht Böll, Lenz oder Grass lese, wurde er im Winter 1982 vom *fussball-magazin* gefragt, und der Student Bastrup erklärte es so: »Heute ist vieles, was Innen- oder Außenpolitik angeht, schwarz oder weiß. Die Welt ist – ob tatsächlich oder in der Anschauung – zweigeteilt. Man ist entweder für die Sowjetunion oder für Amerika. Dazwischen gibt es nichts. Auch in anderen Bereichen haben Intellektuelle Angst, wenn man jemanden nicht in die eine oder andere Welt einstufen kann. Was den Parlamentarismus angeht – ob links oder rechts –, es ist alles konservativ. Und auch Goethe hat man unterstellt, er sei konservativ. Doch da tut man ihm unrecht. Es gibt Teile in seinen Werken, in denen er diese schwarz-weiß eingeteilte Welt durchbricht. In einigen Bereichen überwindet er diese Grenzen, weil er keine Grenzen kennt. Deshalb war Goethe damals schon viel progressiver als viele Linke von heute. Deshalb lese ich Goethe so gerne.«

Berufe und die Realität

1. **Über welche Karriere dachte Oliver Bierhoff 1990 angeblich nach?**
   - A Aktienbroker
   - B Schauspieler
   - C Rennfahrer
   - D Moderator

2. **Welchen Beruf hat der Karlsruher Europapokal-Trainer Winfried Schäfer einmal gelernt?**
   - A Speditionskaufmann
   - B Friseur
   - C Bundesbahn-Assistent
   - D Lebensmittel-Einzelhandel

3. **Welche Tätigkeit übte der Europapokalsieger der Landesmeister mit dem HSV von 1983, Jürgen Groh, nach seiner Karriere als Fußballer aus?**
   - A Metzgermeister
   - B Immobilienmakler
   - C Polizist
   - D Briefträger

4. **Was betrieb Friedhelm Funkel während seiner Zeit in Uerdingen nebenher?**
   - A Bundesliga-Fanshop
   - B Kino
   - C Schwimmbad
   - D Öko-Großhandel

5. **Welchen Job übte Bundesliga-Schiedsrichter Manfred Amerell zwischen den Jahren 1979 bis 1984 aus?**
   - A Bestattungsunternehmer
   - B Geschäftsführer beim Karlsruher SC
   - C Sparkassen-Direktor
   - D Handelsvertreter für Schuhe aus Italien

6. **Womit verdiente der Isländer Atli Edvaldsson nach der Karriere sein erstes Geld?**
   - A Hotel
   - B Schafzucht
   - C Island-Reiseunternehmen
   - D Import türkischer Teppiche

Eure Sprüche zum Schießen: Reimend zurück ins Jahr 1992 – Teil 1!

Unter dem Motto »Die irren Sprüche der Fußball-Fans« veröffentlichte die *Sport Bild* 1992 kleine Reimextrakte von Anhängern des runden Ballsports. Was sich damals hier und da ein bisschen unbeholfen und wie aus der Literaten-Küche »Reim dich oder ich fress dich« las, ist rund zwanzig Jahre später zu einem kleinen poetischen Ritt in die Vergangenheit gereift. Spielernamen, Ereignisse und Kuriositäten huschen vor dem geistigen Auge vorbei und erzeugen ein warmes Gefühl der Erinnerung. Hier die spannendsten Reime unter der damaligen Überschrift: »Eure Sprüche sind zum Schießen«

»Wenn Möller spricht: ›Ich bleib' euch treu‹ – wissen die Fans, es ist bald vorbei.« (Maik H., 3300 Braunschweig)

»Jedem Schiri 'ne Hantelbank, macht selbst den 1. FC Nürnberg blank.« (Karl B., 6980 Wertheim 2)

»Der Förster soll im Wald sich tummeln, er hat im Schafstall nichts zu fummeln.« (Dieter B., 2000 Norderstedt)

»Alle schießen Tore, nur nicht Stein, der lässt sie rein.« (Nicole A., 7500 Karlsruhe 41)

»Bonan und Wosz sind klein. Läuft auch Norbert Blüm bald ein?« (Wolfgang R., O-9519 Ortmannsdorf)

»Rutscht Fortunas Ralf die Hose, war die Gürtelschnalle ›Loose‹.« (Anna-Lena O., 3430 Witzenhausen 1)

»Ein altes Pferd wird langsam lahm, genauso geht's dem Uwe Rahn.« (Sibylle J., 7950 Biberach 1)

»Berger bat um zehn zum Lauf, da steht Stepi gerade auf.« (Volker B., 2120 Lüneburg)

»Große Sprüche, nichts dahinter – übersteht Herr Osieck diesen Winter?« (Hans-Georg M., 6500 Mainz 1)

»Lemke sagt zum Tormann Reck: Kommt ein Ball, dann guckste weg!« (Hanns W., 6109 Mühltal-Traisa)

»Lieber Reck im Tor als Kasalo davor!« (J.R., O-7066 Leipzig)

»Ist die Latte verbogen, dann hat Knut Reinhardt abgezogen.« (Andreas F., 8264 Waldkraiburg)

»Alle essen Spätzle – nur nicht Kögl, der isst Knödel.« (Kurt G., 7798 Pfullendorf)

»Stasi hin, Stasi her – wir aus Rostock bleiben fair.« (Ernst S., 8510 Fürth)

»Viel Chappi in Dosen, nur einer in Hosen.« (Malte R.v.F., 6000 Frankfurt 90)

»Unter 30, sagt ein Gerücht, darf man zu Bremen nicht.« (Thomas B., 7988 Wangen im Allgäu)

»Die Gegner vom Bockenfeld kriegen nachher Krankengeld.« (Dietmar Z., 4980 Bünde)

Rote Ferrari-Schuhe und Faxgerät für Ballack: Norbert Pflippen

Kennen Sie den?«, fragt Norbert Pflippen in bewährter Fips-Asmussen-Manier auf seiner Webseite und erzählt dann den Witz ohne weitere Vorwarnung direkt drauflos: »Ein erfolgloser Mittelstürmer einer Fußballmannschaft stirbt. Als er in den Himmel kommt, wird er von Jesus gefragt: ›Mein Sohn, wie hast du bloß das Tor gefunden?‹«

»Diesen und unzählige weitere Kalauer hat Norbert Pflippen auf insgesamt fünf Witze-Vinyl-Schallplatten veröffentlicht«, vermeldet die Internetseite weiter. »Irre Spitze Flippi Witze«, lautete einer der vielversprechenden Titel und auf den Covern wurde eindringlich mit einem rot unterlegten Hinweis »Nur für Erwachsene« gewarnt.

Doch anders als der Alleinunterhalter aus Hamburg verdiente Pflippen in den darauf folgenden Jahren sein Geld nicht im Showbusiness. Was ihn allerdings nicht daran hinderte, seinen Job als Spielervermittler immer mit amüsanten Sprüchen zu garnieren. Die Eigenbeschreibung »Ich hab 'ne Ecke ab«, trifft es wohl ganz gut.

In den siebziger Jahren wurde er vom Gladbacher Nationalspieler Günter Netzer entdeckt und angeworben. Der Bökelberg war anschließend sein Zuhause und die damaligen »Fohlen« seine ersten Kunden. Auch in den späteren Spielzeiten kannte er jeden Gladbacher Jungen und wusste süffisant zu berichten, wo dessen aktuelle Probleme liegen: »Seitdem Uwe Rahn aus Gladbach weg ist, spielt er wie ein arbeitsloser Lehrer. Er hat keine Klasse mehr.«

Als Berater kannte Pflippen jeden Trick. Als er mit Juve verhandelte, flog er extra nach Mailand, damit jeder dachte, er würde mit Inter oder dem AC Geschäfte machen. Und als Erkennungszeichen für Vereinsvertreter steckte er sich nicht etwa eine rote Rose ins Knopfloch, sondern besorgte sich rote Ferrari-Schuhe.

Michael Ballack kaufte er sogar ein Faxgerät, um ihn als Kunden zu werben, aber der Görlitzer entschied sich für einen anderen Berater. Als Pflippen leicht angesäuert von Ballack wissen wollte, ob dieser glaube, dass er zum Spaß Faxgeräte durch Deutschland schicke, legte dieser irritiert auf.

Die Frage eines Journalisten von sport.ard.de, ob er denn für eine Vertragsverlängerung von Torsten Frings bei Werder eine üppige Provision erhalten habe, beantwortete Pflippen entspannt: »Tsss! Damit kann ich ja schlecht kommen, wenn ich vorher gesagt habe, dass Torsten nach Turin geht. Aber vielleicht lädt mich Allofs zum Dank bei McDonalds zum Essen ein. Oder er mäht mir mal den Rasen ...« Vielleicht kannte Allofs aber auch dieses Zitat Pflippens: »Torsten Frings ist katholisch, der würde nie nach Italien wechseln. Da müsste er ja sonntags arbeiten.«

Der Lange wird ein Idol: »Der mit seinem Bäuchlein geht gar nicht!«

Als Dieter Schatzschneider, ehemaliger Bundesligaspieler, jung, gertenschlank und etwas überheblich war, erzählte er in einem Interview von einer Begegnung mit der HSV-Legende Uwe Seeler: »Ich absolvierte kürzlich einmal ein Prominentenspiel in Hannover, da waren von 4.000 wohl 3.000 nur gekommen, um Uwe zu erleben. Zunächst dachte ich: ›Der mit seinem Bäuchlein geht doch gar nicht mehr.‹ Plötzlich aber stieg er kerzengerade hoch zur Torlatte und machte einen tollen Fallrückzieher. Der ist ein Idol, so was möchte man selbst auch mal werden.«

Er hat es geschafft, auch wenn Schatzschneider heute eher »die begnadete Figur wie manch älterer Fan« (O-Ton Schatzschneider) hat und wahrscheinlich froh wäre, wenn er nur die damaligen Gardemaße eines Uwe Seeler auf die Waage brächte. Aber irgendwie war die gewichtsmäßige Entwicklung des ehemaligen Schalkers, Hamburgers und Hannoveraners schon während der Karriere absehbar gewesen. Denn Schatzschneider sagte einmal über sich: »Eigentlich ist mein eigener Antrieb gar nicht so stark. Ich muss Autorität spüren. Am besten ist, wenn mir der halbe Schuh von jemandem im Arsch steckt.« Und das war nach dem Ende der Laufbahn einfach nicht mehr der Fall.

Schon als Schatzschneider gegen Ende der Karriere gerade seine Zelte beim Grazer AK abgebrochen hatte und auf einen neuen Verein wartete, antwortete er auf die Frage eines Reporters, wie er sich denn fit halte, sehr ehrlich: »Ich mache jetzt erst einmal einen Leber-Ausdauertest.«

Am Alkohol wird es allerdings nicht gelegen haben, dass alle Trainer seiner letzten Stationen mit dem baumlangen Stürmer ihre kleinen Gefechte austragen mussten, da sich Schatzschneider partout weigerte, Defensivaufgaben zu übernehmen: »Ich bin schön an der Mittellinie stehen geblieben und habe gedacht: ›Die sind doch sowieso drei mehr!‹ Der Trainer schrie: ›Langer, zurück!‹ Und ich habe geantwortet: ›Lauf doch selber hinterher, ich schieß lieber Tore!‹«

Eigenwillig war der Hannoveraner Torschützenkönig schon immer. Als Dieter Schatzschneider zu Beginn seiner Laufbahn auf Einladung des damaligen Managers Fleschenberg zu einem Spiel der Nürnberger erschien und sich beim Club-Trainer Robert Gebhardt vorstellte, sagte dieser – scheinbar unwissend – nur: »Ah, Sie also sind der Schatzschneider. Nennen Sie mir mal schnell Ihre Stärken.« Doch Schatzschneider schüttelte nur mit dem Kopf und machte auf dem Absatz kehrt: »Ich will nicht weiter stören, auf Wiedersehen!« Denn wer ein Idol wie Uwe Seeler werden will, der muss schon ein wenig anders sein. Und ein bisschen Arroganz hat im Showbusiness Fußball auch noch nie geschadet.

Der Mann mit dem klaren Blick: Walter Eschweiler

Der Eschweiler war mal Schiedsrichter und steckt voller Anekdoten.« So hat Bundesinnenminister Otto Schily einmal den Konsul im Auswärtigen Amt, Walter Eschweiler, bei einem Besuch der deutschen Schule in Yokohama angekündigt. An die »Schwarze Diva« werden sich die Leute noch in Jahrzehnten erinnern, denn Eschweiler hat zwischen 1965 und 1986 in 183 Bundesligaspielen und bei drei Weltmeisterschaften nicht nur tapfer seinen Mann gestanden, sondern vor allem durch seine Wortbeiträge auf dem Platz immer wieder auch für die entsprechende Rahmenunterhaltung gesorgt. Stets akkurat, immer diszipliniert, führte Eschweiler unter einem klaren Motto durch die Partien: »Vorbeugen ist besser, als die Spieler zu bestrafen. Ein flotter, freundlicher Spruch in hektischen Situationen entkrampft das Spiel.« Beispiele gefällig?

Als sich der Italiener Bruno Conti einmal ganz spektakulär im französischen Strafraum fallen ließ, forderte Eschweiler ihn auf: »Bruno, stehen Sie bitte auf. Der heilige Vater schaut zu. Ihr Seelenheil ist in Gefahr.« Conti soll, wie von der Tarantel gestochen, sofort wieder aufgesprungen sein. Oder als der Duisburger Herbert Büssers in der 86. Spielminute vehement einen Elfmeter für seine Mannschaft forderte, schüttelte der Schiedsrichter nur mit dem Kopf: »So spät kann man keinen Elfmeter mehr geben.«

Eschweiler galt in seiner Karriere als besonnen. Er war kein Kartenkönig, der die großen Gesten liebte. Probleme, die er verbal lösen konnte, waren ihm die liebsten: »Wenn sich ein Spieler ein wenig danebenbenahm, dann habe ich ihm sofort angeboten, ihn in meine ›Kundenkartei‹ aufzunehmen. Aber es gab wirklich nur wenige, die Interesse an meiner Offerte hatten.« Und wenn seine berühmte Sünderdatei mal wieder keinen weiteren Eintrag verbuchte, dann hatte er einen ruhigen Nachmittag ganz nach seinem Geschmack verlebt.

Aber auch im Alltag ist Walter Eschweiler jederzeit für einen Spaß zu haben. Mit seinem berühmten verschmitzten Lächeln im Gesicht erzählte er einmal stolz von seiner überragenden Fitness auch im höheren Alter: »Beim letzten Belastungs-EKG bat mich der Arzt: ›Lieber Freund, hören Sie bitte auf, Sie treten mir das Rad kaputt.‹«

Wenn er nicht in diplomatischen Dingen unterwegs ist, seiner Leidenschaft, der Volksmusik, frönt oder Fußballfreundschaftsspiele pfeift, dann sitzt Eschweiler in der Jury von Miss-Wahlen. Warum? »Man meint, ich hätte einen klaren Blick«, schmunzelt Eschweiler vergnügt.

Ich

»Ich bin keiner, der Fremdwörter gebraucht und dann eine Dreiviertelstunde lang vor dem Lexikon hockt und nachschaut, was sie bedeuten.« *Wolfram Wuttke*

»Ich mache alles und nichts. Am meisten mache ich gar nichts.« *Karl-Heinz Rummenigge im Jahre 1989*

»Als der liebe Gott die Talente verteilte, hat der Erich bei ›Schönheit‹ hier gerufen, ich bei ›Erfolg‹.« *Udo Lattek über sich und Erich Ribbeck*

»Manchmal wäre ich lieber Maurer.« *Stefan Effenberg*

»Ich traue mir jedes Amt zu, auch das des Papstes. Und technisch würde ich es wohl auch gut machen.« *Uli Hoeneß*

»Ich habe die Zeit zum Abschalten und Nachdenken genutzt und mich meiner Familie gewidmet. Meine Zwillinge verwechsele ich jetzt nicht mehr so oft.« *Jörg Berger*

»Ich wurde geboren, um Tore zu schießen.« *Lothar Sippel*

»In Fachkreisen nennt man mich Mr. Uhu, weil mir der Ball immer am Fuß klebt.« *Thomas Häßler*

»Früher war ich nach schlechten Spielen eine Woche lang schlecht drauf. Das ist heute nicht mehr so, weil ich nur noch schlechte Spiele habe.«

Toto Schillaci

»Zurzeit verliere ich sogar Laufduelle gegen meine kleinen Töchter.« *Der verletzte Torsten Frings*

»Brasilianer bin ich eigentlich nur im Urlaub.« *Gladbachs Verteidiger Dante*

»Ich bin keiner, der beim ersten Tsunami gleich wegrennt.« *Thomas Brdaric*

My son, do not forget my teaching: Der Tattoo-Beckham

Folgende Situation: Eine Fußball-Kneipe im Ruhrgebiet im Herbst 2008. Drei Männer stehen am Pissoir. Sagt der erste: »Hömma, habt ihr das vom Beckham gehört?« Meint der zweite: »Wat denn?« Sagt der dritte: »Hat er sich jetzt auch seinen Pimmel tätowieren lassen?« Alle lachen. Erwidert der erste: »Nee, der geht nach Mailand.«

Beckhams Tattoo-Leidenschaft ist legendär. Die *SZ* schrieb im März 2010 so treffend: »Dass es sich bei David Beckham um ein Gesamtkunstwerk handelt, darf seit dem Spiel Mailand gegen Rom nicht mehr bezweifelt werden. Beim Trikotwechsel entblößte der Fußballer sein neuestes Tattoo. Kunstkritiker erkannten in der in Beckhams linken Oberarm geritzten Darstellung von ›Amor und Psyche‹ sofort eine Neudeutung des gleichnamigen Gemäldes von William Adolphe Bouguereau (1825-1905).«

Beckham selbst scheint die Lust an neuen Verzierungen noch nicht verloren zu haben, auch wenn ihn seine Ehefrau Victoria mittlerweile inständig gebeten haben soll, es langsam gut sein zu lassen. Aber David Beckham findet die Tattoos nicht nur schön, sondern auch berauschend: »Ich weiß, dass es verrückt klingt, aber mir macht der Schmerz der Tätowierungsnadel richtig Spaß.«

Beckhams Tattoo-Ticker

1999: David Beckhams erster Sohn wird geboren, »Brooklyn« sein Name. Er ziert in gotischer Schrift seinen unteren Rücken. In diesem Jahr kommt noch ein Schutzengel hinzu **+++** 2000: Der Name von Gattin Victoria steht in Hindu auf dem linken Arm **+++** 2002: Seine Trikot-Nummer (»7«) bei Manchester United, wird auf seinem rechten Vorderarm eingebrannt **+++** 2003: Unter die »7« auf dem rechten Arm schreibt Beckham »Perfectio in spiritu« (Vollkommenheit im Geist), auf den linken Arm »Ut amem et Fovea« (Um zu lieben und zu ehren). »Romeo«, der Name seines zweiten Sohnes, kommt auf die rechte Schulter **+++** 2004: Ein großes Kreuz ziert seinen Nacken, seinen rechten Arm schmückt ein Engel mit dem Spruch »In the Face of Adversity« (Trotz allem Ungemach) **+++** 2005: Der Name von Baby Nummer 3, »Cruz«, kommt auf seinen Rücken **+++** 2006: Partner-Tattoo mit Gattin Victoria kommt in hebräischer Schrift auf das Handgelenk: »Nur mir gehört mein Liebster und ich gehöre ihm«; noch ein Engel, diesmal mit einem Schwert und dem Motto »Let them hate as long as they fear« **+++** 2007: Ein 18 cm großes Abbild von Victoria kommt auf den Arm, »forever by your side« steht dabei **+++** 2008: Ein chinesisches Schriftzeichen ziert seine Rippen. Auf den linken Arm kommt die Inschrift »my son, do not forget my teaching but keep my commands in your heart« auf hebräisch. Ein Ring aus zehn Rosen erinnert an seinen 10. Hochzeitstag **+++** 2009: Seinen Oberkörper beschützt nun Jesus Christus.

Frisuren-Raten: WM-Legenden

ENGLAND

NIEDERLANDE

KOLUMBIEN

ENGLAND

UNGARN

FRANKREICH

Die Wutrede des Uli Hoeneß im Wortlaut: »Eure Scheißstimmung!«

13. November 2007. Paulaner-Festsaal auf dem Nockherberg. Jahreshauptversammlung des FC Bayern München. Um 21.25 Uhr erhebt Uli Hoeneß das Wort. Zuvor hatten einige der 1.105 anwesenden Mitglieder die schlechte Stimmung in der Arena der Bayern kritisiert. Es fielen Sätze wie: »In der Tiefgarage ist mehr los«, oder: »Mit dem Sektglas in der Hand gibt es halt keine La Ola.« Und dann brach es aus Hoeneß heraus:

»So, so etwa, so etwa kann ich mir vorstellen, als es vor zehn Jahren bei den Sechzigern übers Grünwalder Stadion ging. Da wurde auch diese alte schöne Welt – lieber geh ich in die Regionalliga und ich geh wieder nach Weinheim und ich will doch nicht mehr gegen Chelsea spielen! Dann gehen wir doch wieder dahin. Dann müsst ihr euch aber 'nen neuen Vorstand holen, mit uns eben nicht, denn wir ... Eure Scheißstimmung! Da seid ihr doch dafür verantwortlich und nicht wir. Das ist doch unglaublich. Was glaubt ihr eigentlich, was wir das ganze Jahr über machen, damit wir euch für sieben Euro in die Südkurve gehen lassen können? Was glaubt ihr eigentlich, wer ... wer euch alles finanziert? Die Leute in den Logen, denen wir die Gelder aus der Tasche ziehen. Ohne die hätten wir nämlich keine Allianz Arena. Da würdet ihr nämlich wieder, da würdet ihr nämlich jetzt wieder, da würden wir nämlich jetzt wieder im Schnee und Eis spielen, dann würden wir gegen Bolton Wanderers 12.000 Zuschauer haben.

Dann müsst ihr, dann müsst ihr euch zu diesen, dann müsst ihr diesen Verein euch suchen, der demnächst vielleicht in der dritten Liga spielt. Wenn ich dann höre, bei 1860 ist das alles so toll – da ist gar nichts toll! Der Verein ist mehr oder weniger pleite und ... und ... und ... und wir, äh, haben ihn am Leben erhalten. Und ... und ... und weil, wer ist schuld dafür? Fans, die von gestern leben.

Ihr und wir, wir werden Ebay nicht verändern! Ja, das muss ich euch mal sagen: Ich brauche Ebay auch nicht und Google auch nicht und trotzdem werd ich's nicht verhindern. (Beckenbauer zaghaft: »Also ich ...«) Was glaubt ihr eigentlich, wer ihr seid? (Beckenbauer: »Ja, ja ...«) Es kann doch nicht sein, dass wir hier kritisiert werden dafür, dass wir uns seit vielen Jahren den Arsch aufreißen, dass wir dieses Stadion hingestellt haben. Aber das hat 340 Mio. Euro gekostet und das ist nun mal mit sieben Euro in der Südkurve nicht zu finanzieren.«

Fakten-Mix kurz notiert: Känguruschwanzsuppe mit Käsebiskuits

Siegfried Gast konnte sein Glück kaum fassen. Der Metzgermeister und Torschützenkönig der Offenbacher Kickers hatte gewonnen: 500.000 Mark im Lotto. Kickers-Boss Canellas versuchte die Sorgen der Anhänger zu zerstreuen: »Der Siegfried ist ein besonnener Bursche. Er wird weiter Fußball spielen.« Damit hatte der Präsident sogar recht, allerdings nicht bei den Kickers. Im Sommer 1966 verabschiedete sich Siegfried Gast nach 163 Toren in 262 Spielen aus Offenbach und stürmte anschließend wieder für seinen Heimatverein TSG Mainflingen. Bei den Schwarz-Gelben an der hessisch-bayerischen Landesgrenze feierte er 1969/70 die Kreismeisterschaft und 1970/71 den Aufstieg in die Gruppenliga Süd. Was er genau mit dem Geld anstellte, ist leider nicht bekannt.

★ ★ ★

Nach dem überzeugenden 3:0-Sieg der deutschen Nationalelf im Freundschaftsspiel gegen die Türkei am 28. September 1963 in Frankfurt und dem Hattrick von Uwe Seeler innerhalb von vierzehn Minuten gab es beim anschließenden Abendessen die folgende Speiseauswahl: Geflügelsalat en croûte, Waldorfsalat, Sauce Cumberland / Känguruschwanzsuppe mit Käsebiskuits / Roastbeef rosa gebraten, Junge grüne Bohnen, Pommes frites, Kopfsalatherzen / Orangen Surprise / Mocca. Vier Weine wurden zur Auswahl gereicht: 1961er Hochheimer Domdechaney Cabinet, 1961er Trittenheimer Apotheke Laurentiusberg Riesling, 1959er Enkircher Steffensberg Spätlese und 1959er Beaujolais Villages.

★ ★ ★

Erich Deuser, Masseur der deutschen Nationalmannschaft, hatte schon 1964 eine klare Meinung zu »Gummi-Kniestrümpfen, elastischen Binden, Bandagen und Verbänden«: »Aus meiner Erfahrung kann ich sagen: Wenn ein Kniegelenk unbedingt einer stützenden Hilfe bedarf, so ist das Kniegelenk noch nicht gesund und einsatzfähig! Ist das Kniegelenk aber gesund und einsatzfähig, so bedarf es keiner stützenden Hilfe mehr!« Klingt irgendwie logisch.

★ ★ ★

Lange machte der Fußballkapitän der Offenbacher Kickers, Hermann Nuber, ein Geheimnis daraus, warum er auch bei hochsommerlichen Temperaturen stets mit einem langärmeligen Trikot spielte. Dann entschloss er sich doch noch, sein Geheimnis zu lüften: Er müsse wegen einer alten Armverletzung immer noch einen Verband am rechten Ellenbogen tragen – und »das braucht ja nicht jeder zu sehen«, erzählte Nuber gut gelaunt nach einem 4:0-Sieg über Bayern Hof.

Trainer-Garn: Geschichten aus erster Hand

Bayern-Profi Reinhold Mathy erzählte einmal: »Zum Schluss haben wir im Training alle auf Herrn Csernai geschaut. Wenn er zu uns hersah, wurde eifrig gearbeitet. Wenn er wegschaute, wurde gefaulenzt.«

★ ★ ★

Fritz Langner stellte sich bei einer neuen Mannschaft stets mit dem Worten »Ich bin eine Kanone« vor. Ein Mann vom alten Schrot und Korn, der mit den neuen Trainingsmethoden nichts anzufangen wusste: »Was nützt es, wenn ich weiß, wie der Läufer von Marathon hieß oder was rote und weiße Blutkörperchen sind? Ich muss wissen, wer Tore schießt und wer nicht.«

★ ★ ★

Die Trainerlegende Ernst Happel kurz und knapp: »Mit Spielern rede ich nicht, mit Spielern operiere ich.«

★ ★ ★

Hermann Lindemann war Ende der sechziger Jahre Trainer bei Borussia Dortmund und kurzsichtig. Eine Tatsache, die anscheinend eine breite Einflugschneise für jede Form von Anekdoten bot. Und so erzählt man sich, dass der Fußballlehrer eines Tages eine lange Reihe von Bällen an der Mittellinie aufgebaut hatte. Ein gewitzter Spieler fragte, als er die Ball-Parade sah, den brillenlosen Lindemann: »Trainer, wenn ich den dritten von rechts treffe, bekommen wir dann frei?« Der Coach nickte lächelnd. Der Spieler schoss, erwischte irgendeinen Ball und wurde von seinen Kameraden eifrig bejubelt. Lindemann klopfte dem Spieler beherzt auf die Schulter und sagte: »Gut, gemacht, Junge. Ihr habt natürlich alle frei!«

★ ★ ★

Trainer haben so ihre Tricks. Als der VfL Osnabrück eine Partie in der Regionalliga vor einem wichtigen Pokalspiel gegen einen Bundesligisten verlor, munterte der Coach Karsten Baumann seine Mannschaft wieder auf. Baumann sagte zu seinem Team, dass es auch solche Spiele geben müsse, und bat dann seine Akteure aufzustehen: »So, Männer. Jetzt heißt es Mund abputzen, weitermachen. Das will ich jetzt von jedem sehen!« Die Mannschaft stand geschlossen in der Kabine auf und putzte sich den Mund ab. Als im folgenden Pokalspiel ein Osnabrücker ein Tor schoss, lief er zur nächstbesten Kamera und wischte sich schön symbolisch den Mund ab. Siehste, Trainer, geht doch!

Der Abstiegskampf und seine wahren Dramen!

Als Hans Meyer einmal die Hertha in höchster Not übernahm, wurde er gefragt, ob er das Abstiegsgespenst schon durch sein Haus habe geistern sehen. In seiner etwas spitzbübischen Art erwiderte der Trainerfuchs besonnen: »Es ist in Berlin angekommen. Aber noch nicht in meinem Schlafzimmer.« Geradezu vorbildlich, wie Meyer damals die Ruhe und Gelassenheit bewahrte.

Abstiegskampf ist jedoch nicht jedermanns Sache. Im April 1990 duellierten sich gleich zehn Mannschaften in der Fußball-Bundesliga um den Klassenerhalt. Ein Drama für die Nerven – und für das Portemonnaie, wie die *Sport Bild* damals unter der Überschrift »Das Haushaltsgeld wird knapp« eindrucksvoll beschrieb. Die wirklichen Tragödien, so sollte der Leser hier lernen, spielen sich nicht Woche für Woche auf dem grünen Rasen, sondern Tag für Tag zu Hause im heimischen Wohnzimmer ab.

Über dem Artikel prangte ein Foto, auf dem sich die Kleinfamilie Effenberg eng aneinandergekuschelt positioniert hatte. Unter dem zackigen Kommando des Fotografen »Bitte nicht lächeln« schaute man möglichst ernst und ein wenig verzweifelt, schließlich befand man sich mitten im Abstiegskampf und lebte aufgrund ausbleibender Prämien quasi von der Hand in den Mund. Was jedoch auffällt: Das nötige Kleingeld für Solariums-Besuche schienen beide Eheleute irgendwie noch zusammenkratzen zu können.

Abends saß Stefan Effenberg in diesen traurigen Zeiten »Stunden vor dem Fernseher. Videotext, die Bundesligatabelle, Rechenspiele.« Und seine Frau Martina »saß daneben und hat mit dem Haushaltsgeld gerechnet«. Als die Prämien ausblieben, wurde es mit den monatlichen Einkünften »eng«. Von den »knapp 4.000 Mark Grundgehalt netto« musste die vierköpfige Familie alle anfallenden Ausgaben bestreiten: »1.300 Mark für das Reihenhaus, 500 Mark für den Bausparvertrag, 500 Mark aufs Sparbuch.«

Moment einmal, nur 500 Mark fürs Sparbuch? Da kann man dann tatsächlich schon einmal »Schlafstörungen« bekommen und nachts »schweißgebadet wach« werden. Immer noch besser aber als diese schlimmen Träume »von Niederlagen und Verfolgungsjagden mit der Polizei«. Effenberg erinnert sich: »Sie haben mich gestellt und erschossen – da bin ich aufgewacht.«

Doch am Ende hat auch der Junioren-Nationalspieler – Gott sei Dank – mitten im Abstiegskampf seinen inneren Frieden und die nötige Ruhe gefunden, wie die *Sport Bild* damals berichtete: »Jeden Donnerstag geht er jetzt in die Kirche der katholischen Gemeinde St. Helene in Rheindahlen. Er sitzt immer rechts in der Bank und betet für sich, seine Frau, die Kinder und den Verein: Bloß nicht absteigen!« Und was soll man sagen: Alle Wünsche gingen in Erfüllung! Gut nur, dass die Katholiken so ein großes Herz haben, denn eigentlich ist Effenberg evangelisch …

WM 2010 – Deutschland

»Man muss sagen, dass man in der Platzhälfte von Bosnien nicht so reingehen muss«, und: »Ich hatte das Gefühl, dass die Kroaten auch noch ein paar Möglichkeiten hatten.« *Jogi Löw nach dem Spiel gegen Serbien*

»Wenn wir Weltmeister werden, können Sie mit mir machen, was Sie wollen. Ich fahre dann überall hin.« *Miroslav Klose*

»Traurige Gesichter bei schlechtem Wetter – und kein Grillfleisch.« *Thomas Müller auf die Frage, wie er sich die Stimmung in Deutschland vorstellt*

»Ich habe Maradona aus zeitlichen Gründen nicht mehr so erlebt.« *Der 1989 geborene Thomas Müller auf die Frage, wie er Diego Maradona als Fußballer erlebt habe*

»Da meine Frau nicht da ist, muss ich mit Harald kuscheln. Da kann ich mir allerdings Schöneres vorstellen.« *Miroslav Klose auf die Frage, wie er seinen freien Tag gestaltet und mit Blick auf DFB-Pressechef Harald Stenger*

»Ich hab ihn jetzt noch nicht gesprochen, ich hatte gestern noch Doping.« *Arne Friedrich im Gespräch mit Michael Steinbrecher*

»Jérôme ist nicht sein richtiger Bruder und auch nicht sein richtiger Freund.« *Manuel Neuer über das Brüderpaar Jérôme und Kevin Prince Boateng*

»Dann bauen wir erstmal einen Damm.« *Bastian Schweinsteiger zur Nachricht, dass das deutsche WM-Quartier in einem Hochwassergebiet liegt*

»Dafür, dass wir in Afrika sind, können wir uns nicht beschweren.« *Arne Friedrich über das deutsche WM-Quartier*

»Philipp ist kein Mann
für eine Nacht, der hat meistens
gar nicht so viel Zeit!«

Mehmet Scholl über Philipp Lahm

»Wir können an die Spieler nur appellieren, sich warm anzuziehen und sich nach dem Duschen die Haare zu föhnen. Wir rufen die Tipps von der Mama immer wieder ins Gedächtnis.« *Hansi Flick, weil es in Südafrika so kalt war*

Als Charly Neumann noch Tonbandgeräte per Kauf-Kassette verkaufte

Auf Schalke habe ich einmal einen Fan getroffen, der gerade dabei war, seine Versicherungen umschreiben zu lassen. Ich schaute ihn verdutzt an, und er sagte nur: »Dat is jedes Mal 'ne Scheiße, ker. Die Biermarke wechseln, gut und schön, auch mit den Würsten, keine Sache. Aber seit die für fast alles werben, is dat jedes Mal 'n Riesenakt, alles neu anzupassen.«

Schalker sind ein treues Volk. Und als Charly Neumann noch lebte, bekamen sie die Produktempfehlungen sogar direkt per Kauf-Kassette zum Dauerhören. *Charly Neumann damals beschwingt*: »Meine lieben Schalker Freunde, ich kann euch nur eins sagen: Charlys Stimme war nur möglich, dieses zu hören, weil uns die Firma Anitech ein Sonderangebot für alle Schalker Fans gemacht hat. Ihr wisst, für nur 20 Mark haben wir diesen wunderschönen Kopfhörer von der Firma Anitech, ein Schalke-Poster und einen Schalke-Aufkleber fürs Auto. Freunde, das Poster kommt übers Bett, hör mal, von der Firma Anitech wird dieses wunderschöne Gerät ans Öhrchen gepackt, damit der Nachbar nicht wach wird, hör mal, die Freunde hören es nicht, wenn Charly zu euch spricht. Ich sage euch, bei uns ist wieder alles rundherum in Ordnung, in Schalke brennt der Baum!«

Und: »Hallo Schalke-Fans, ich muss sagen, ich bin von diesem Tonbandgerät, was sich hier gerade an meinem Öhrchen befindet, wunderbar begeistert. Diese klare Tonwiedergabe, all das ist nur möglich durch die Firma Hako. Ihr wisst, Schalker Freunde, Firma Hako ist drei Mal in Gelsenkirchen vertreten, 15 Mal in Nordrhein-Westfalen, auch für die Freunde, die außerhalb Gelsenkirchens kommen, haben die Möglichkeit, von der Firma Hako, dieses wunderschöne Gerät mal zu kaufen. Und eins muss ich euch sagen: Wem meine Quatscherei nicht gefällt – die Firma Hako hat auch noch andere Tonbänder, der kann sich zum Beispiel auch ein anderes Tonband reinziehen, da hört er zwar Charlys Erzählerei nicht …

Und Charly wird nur noch weinen vor Freude, nie mehr vor Traurigkeit, weil wir einfach jetzt diese Sponsoren haben, die den Verein auch dementsprechend unterstützen, und dazu gehört, liebe Schalker Freunde, die Firma Hako, ein Prost auf die Firma Hako. Auch die waren für uns ein Glücksfall, sonst wäre dieses wunderschöne Tongerät heute gar nicht möglich, für 'nen Appel und 'n Ei, liebe Schalke Freunde, in eure Taschen tragen zu dürfen. Alles Gute, alles Schöne – euch stets ergebener Charly Neumann!«

Wer sagte was?

1. **Über wen sagte Jürgen Kohler: »Zu dem gehe ich nicht. Der würde mich fertigmachen«?**
   - A Werner Lorant
   - B Stefan Raab
   - C Otto Rehhagel
   - D Harald Schmidt

2. **Wen nannte Reiner Calmund 1992 einen »Lackaffen« und »fußballerischen Analphabeten«?**
   - A Rudi Assauer
   - B Erich Ribbeck
   - C Gerhard Mayer-Vorfelder
   - D Gerd Niebaum

3. **Wer wird zitiert mit den Worten »I said to Littbarski, you must dribble«?**
   - A Berti Vogts
   - B Udo Lattek
   - C Franz Beckenbauer
   - D Hennes Weisweiler

4. **Wegen welcher Beleidigung schickte Schiri Amerell im August 1992 Günter Schlipper vom Platz?**
   - A Du, alter Schalke-Hasser
   - B Knallfrosch
   - C Bratarsch
   - D Blinde Nuss

5. **Die »orijinale Kriewel CD von Aapejeil« mit dem Song »Alles platt oder watt« handelt angeblich von welchem Verein?**
   - A Geht wohl um Gladbach
   - B Ein Song für den 1. FC Köln
   - C Dem FC Meppen gewidmet
   - D Handelt wohl von Bayer Uerdingen

6. **Für welchen Berliner Klub gingen Fans 1985 auf dem Ku'damm mit dem Spruch »Haben Se nich mal 'ne Mark für 'ne jute Sache?« betteln?**
   - A Union Berlin
   - B Tennis-Borussia Berlin
   - C Tasmania Berlin
   - D Hertha BSC

WM-Fundstücke

Und in der Kabine wäre es Rudi Völler beinahe gelungen, Herrn Kohl, der in der Pause zweimal vom Platzlautsprecher gebeten worden war, sich zusammen mit Frau Weber wieder auf der Ehrentribüne einzufinden, mit einer gezielten Champagnerfontäne zur Strecke zu bringen.« *STERN*, 1990

★ ★ ★

»Deutschlands Abwehr-As Kohler schwört auf den Augenkontakt. Beim Aufwärmen vor den großen Spielen der WM läuft er zu seinem Gegenspieler, baut sich vor ihm auf und blickt ihm tief und drohend in die Augen. Das signalisiert: ›Du gehörst mir. Ich habe keine Angst vor dir.‹« *Bunte*, 1990

★ ★ ★

»Da sagte doch Dieter Kürten, der das WM-Spiel Deutschland gegen England im ZDF kommentierte: ›Es ist ja auch eine Zumutung, bei 30 Grad Fußball zu spielen.‹ Ich betreue nebenamtlich die Arbeiter eines Emaillier- und Gießerei-Werks und weiß: In der Gießerei wird Tag für Tag bei Temperaturen bis zu 44 Grad für einen Spitzenlohn von 14,82 Mark pro Stunde gearbeitet. Die Herren Fußballer kassierten allein schon für das Herumstehen in der Vorrunde zusätzlich 20.000 Mark.« Leserbrief in der *Hörzu* 1982 von Prof. Dr. H.-J. T., Psychotherapeut aus Lübeck

★ ★ ★

»Rudi Michels Kommentare möchte ich keineswegs abwerten. Aber wo bleiben alle Bemühungen, den Sport unpolitisch zu halten, wenn er bei einem Spiel sagt: ›Obwohl ich nicht gerade ein Anhänger der Sowjetunion und ihrer Mannschaft bin …‹« Leserbrief in der *Hörzu* 1982 von Ruth J. aus Kleve

★ ★ ★

»Als jemand, der nur alle vier Jahre Fußball sieht, fühlte ich mich vom Reporter Werner Schneider besonders angesprochen. Leider vermisste ich einige Erklärungen, z. B.: Warum durften die Belgier mit sechs Holländern eine Mauer vor dem belgischen Tor bilden? Geht das bei Benelux-Staaten?« Leserbrief in der *Hörzu* 1982 von Sigrid K. aus B.

Kindernamen von Fußballstars: Ronald Ronaldo und der Pilot Inspektor!

Woran kann man erkennen, dass Fußballer mittlerweile tatsächlich zu echten Popstars gereift sind? An ihren großen Autos, den bunten Tattoos oder den schicken Spielerfrauen? Ganz bestimmt. Aber insbesondere kann man den neuen Status unserer Lieblingskicker daran festmachen, welch kreative Mühe sie sich bei der Wahl der Vornamen ihrer Kinder geben.

Promis, das weiß jeder gut informierte High-Society-Kenner, nennen ihre Nachgeborenen nämlich nicht einfach Thomas, Steffi, Klaus, Melanie oder Patrick. Nein, es darf ruhig ein wenig in die prall gefüllte Kuriositäten-Kiste gegriffen werden. Hazel Patricia und Phinnaeus Walter bei Julia Roberts, Nicita Caja Floria bei Jessica Stockmann und Prince Michael, Paris Michael Katherine und Prince Michael II bei Michael Jackson sind noch eher die schlichten Versuche, außerhalb der üblichen Vornamens-Gewässer zu fischen.

Der deutsche Fußballprofi schaut lieber interessiert in Richtung eines Bob Geldof. Peaches Honeymoon, Fifi Trixibelle und Little Pixie haben wahrscheinlich bereits den Schauspieler Uwe Ochsenknecht zu den gelungenen Versuchen – Wilson Gonzales, Jimi Blue und Cheyenne Savannah – für seine drei Kinder angeregt. Auch Sylvester Stallones Inspiration Sage Moonblood ist bei den Kickern super angekommen.

Abstand haben jedoch die meisten Profi-Papas von der berühmten Verona-Pooth-Idee, das Kind nach dem Zeugungsort zu benennen, genommen. San Diego klingt zwar klasse, aber nachdem ein mitdenkender Internetuser irritiert gefragt hatte, ob seine drei Kinder dann tatsächlich »Oggersheim, Leipzig und Herford« heißen würden, wurde der Plan sofort widerrufen.

Alles richtig gemacht haben in diesem Sinne die Muster-Papas Mike Hanke mit Janatha-Fey und Jayron-Cain, der Torhüter Dennis Eilhoff mit Darren Jaden und Leni Collien sowie Stefan Kießling mit Tayler-Joel (»Wir haben in einem Magazin Namen von Promis gesehen, darunter auch Taylor. Den Namen fanden wir gut und haben das ›o‹ durch ein ›e‹ ersetzt«). Auch Gerald Asamoah mit den Zwillingen Jada und Jaden kann gefallen.

Anfang der neunziger Jahre hatte auch der deutsche Mittelfeldspieler Michael »Balu« Kostner einen klasse Einfall. Bei dem Nachnamen konnte es zu der Zeit natürlich nur der Kevin sein. Kevin Kostner. Na danke, Papa!

Den Vogel hat aber wieder ein internationaler Star abgeschossen. Der brasilianische Weltmeister von 1998, Ronaldo, hat nämlich einmal über die Wahl des Namens für sein erstes Kind gesagt: »Wir haben häufig bei McDonald's gegessen, wo es ja den Ronald McDonald gibt. Deshalb haben wir unseren Sohn auch Ronald genannt.« Na, dann lieber Ronald Ronaldo, viel Spaß beim Spielen mit dem Sohn des amerikanischen Schauspielers Jason Lee. Dem süßen kleinen Pilot Inspektor!

Es hagelt schnelle rote Karten: Ellenbogen ohne Ende!

Andy McLaren vom FC Dundee kann von sich mit Fug und Recht behaupten, am 16. Dezember 2006 nicht den besten Tag seines Lebens gehabt zu haben. Die Niederlage seines Klubs in Clyde veredelte sich McLaren selbst auf eine besondere Art und Weise. Kurz vor Schluss der Partie säbelte er sichtlich gefrustet seinen Gegenspieler David Hutton so böse um, dass er wegen groben Foulspiels die rote Karte sah. Auf dem Weg in die Kabine kam ihm unglücklicherweise der Clyde-Spieler Michael McGowan irgendwie krumm, so dass McLaren sich genötigt sah, diesem ins Gesicht zu schlagen. Nun könnte man meinen, es würde langsam reichen, doch der Profi aus Dublin ließ sich gar nicht mehr beruhigen. Als der aufmerksame Schiedsrichter Dougie McDonald schließlich McLaren zu sich in die Kabine rief, um ihm für das Schlagen des Gegenspielers eine weitere rote Karte zu zeigen, war es endgültig um den rüpelhaften Spieler geschehen. Er trat mit voller Wucht ein Loch in die Tür des Schiedsrichter-Raumes – und erhielt postwendend von Dougie McDonald die dritte rote Karte des Tages. Ein bis heute angeblich nicht gebrochener Weltrekord und ein Tag, der zwar nicht der beste für McLaren war, aber sicherlich einer der unvergesslichsten!

Um die schnellste rote Karte in der Geschichte des Fußballs streiten sich der Engländer David Pratt und der Jamaikaner Walter Boyd. Der Angreifer des siebtklassigen Vereins Chippenham Town, David Pratt, brachte es bereits nach unglaublichen, handgestoppten drei Sekunden fertig, seinen Gegenspieler so rücksichtslos umzutreten, dass er des Feldes verwiesen werden musste. Der Anpfiff der Southern-League-Begegnung in Basley wurde also quasi zweimal vollzogen.

Doch das war wohl tatsächlich noch nicht die schnellste rote Karte aller Zeiten. Walter Boyd sollte am 24. November 1999 bei der Partie seines walisischen Klubs FC Swansea gegen Darlington das Kunststück vollbringen, nach null Sekunden den roten Karton zu sehen. Eigentlich unmöglich, aber da das Spiel zum Zeitpunkt der Auswechselung durch einen Freistoß unterbrochen war und erst nach Boyds rüder Attacke wieder aufgenommen wurde, stimmt die Zählweise. Der Jamaikaner rammte – gerade auf dem Feld – seinem Gegenspieler den Ellenbogen ins Gesicht, holte sich umgehend den Platzverweis ab und ließ sich vom Schiedsrichter den Weg zu den Duschen zeigen. Erst dann pfiff der Schiri die Partie wieder an, und Boyd, der keine einzige Sekunde gespielt hatte, darf sich von nun an eines unschlagbaren Rekords für die Ewigkeit sicher sein.

Neururers Meisterschaftstraum: »Nee, das Ding will ich selber mal gewinnen!«

Bei einer Fragerunde im Rahmen des »FC-Stammtischs« im November 2009 wollte ein Kölner Fan von Peter Neururer wissen, ob die Anekdote stimme, dass sich der Coach vor der ersten Begegnung die Mannschaftsaufstellung von einem Anhänger diktieren habe lassen: »Dass ich, als ich damals Trainer vom FC geworden bin, die Spieler nicht kannte, kann ich mir nicht vorstellen. Aber es ist durchaus richtig, dass ich – ich weiß nicht mehr, wer es war – einen Beteiligten gefragt habe: ›Wenn du die Verantwortung hättest und ihr meckert immer rum, dann sag du mir doch mal, wer soll denn in Leverkusen spielen. Nenn mir mal die Aufstellung.‹

Das gleiche Spielchen mache ich übrigens auch immer gerne mit Präsidenten, wenn die beginnen, Kritik auszuüben, dann sag ich: ›Was stellen Sie sich eigentlich vor? Machen Sie mal für morgen die Aufstellung, dann haben Sie aber auch die Verantwortung. Da wird kein Präsident dieser Welt etwas sagen.‹

Dieser Fan hat mir ein paar Namen genannt, und es ist durchaus möglich, dass davon auch einige in Leverkusen gespielt haben. Aber wenn es so war: Wunderbar! Wir haben, glaube ich, in Leverkusen damals gewonnen, 2:1. Ich glaube, der Herr war Gemüsehändler aus Köln. Kennt jeder. War jeden Tag am Geißbockheim.«

Und auf die Frage, ob er noch Ambitionen habe: »Natürlich brenne ich noch. Ich habe irgendwo – auch das ist vielleicht eine Spinnerei, aber auch das zeichnet mich ja möglicherweise aus – einen großen Traum. Und so lange der Traum noch nicht erfüllt ist – und der wird wahrscheinlich nie erfüllt – werde ich weitermachen.

Jeder hat doch irgendwo zu Beginn seiner Trainerlaufbahn ein Ziel. Ich habe einen Traum gehabt, als ich angefangen habe mit 21 Jahren, die erste Mannschaft zu trainieren: Einmal die Meisterschale in der Hand halten. Ein einziges Mal.

Jetzt war ich 1978 dabei, als der 1. FC Köln im Hamburger Volksparkstadion gegen St. Pauli gespielt und gewonnen hat. Über meinen ehemaligen Dozenten an der Sporthochschule in Köln, wo ich studiert habe – der wusste wie FC-bekloppt ich war – habe ich einen Platz neben der Trainerbank gekriegt. Als der FC gewonnen hatte, gab es Fotos und ich hätte die Schale in der Hand halten dürfen. Aber damals schon, 1978, habe ich die Hand weggenommen und gesagt: ›Nee, das Ding will ich selber mal gewinnen.‹ Und solange ich den Traum habe, einmal die Schale in der Hand zu haben, selber gewonnen zu haben, werde ich weitermachen als Trainer. Ich befürchte, das wird verdammt lange dauern. Aber dem Fußball werde ich erhalten bleiben, bis der Deckel drauf ist!«

Internationaler Fußball

»Die Russen laufen schneller rückwärts als meine Spieler vorwärts.« *Berti Vogts, Trainer von Aserbaidschan*

»Gegen die Türkei darfst du erst aufhören zu spielen, wenn deren Spieler schon im Bus sitzen.« *Reiner Calmund bei der EM 2008*

»Wie verteidigt man gegen den Eiffelturm?« *Jelle Goes, Trainer von Estland, nachdem Peter Crouch ein Tor für England gegen sein Team geschossen hat*

»Wenn wir früher in den Westen kamen, hatten wir Minderwertigkeitskomplexe. Die Auslagen in den Schaufenstern haben uns so beeindruckt, dass wir anschließend verloren haben.« *Rico Steinmann*

»Wenn es nötig ist, sterbe ich auf dem Spielfeld.« *Maradona bei der WM 2010*

»Maradona ist der beste Spieler aller Zeiten. Er ist der einzige Spieler, der mit Mainz aufsteigen und dann gleich noch Meister in der Bundesliga werden würde.« *Zeljko Petrovic*

»Es war, als würde ich im Ausland spielen.« *Ian Rush über seine Zeit bei Juventus Turin*

»Ich habe 15 Jahre Gymnastik in Burkina Faso gemacht.« *Kölns Torschütze Wilfried Sanou über seinen Flickflack-Jubel*

»Ich habe kürzlich die Brasilianer im Training gesehen, A-Elf gegen B-Elf. Wenn die gut drauf sind, betreiben sie eine andere Sportart als unsere Nationalmannschaft.«

Reiner Calmund

»Der einzige Weg, wie wir nach Europa kommen können, ist mit der Fähre.« *Trainer Kevin Keegan ohne Hoffnungen auf die Europa League*

»In so einer Stadt habe ich früher nur das Netz geprüft, ob es stark genug ist für meinen Schuss.« *Jupp Heynckes nach einer Europapokal-Blamage bei Cork City*

Witze-Klassiker

Im Fußballstadion sitzt der kleine Peter auf den Schultern seines Vaters und schreit immerzu: »Blau wirft!«, »Abseits!«, »Dumme Sau!« …

Die Zuschauer um die beiden herum sind begeistert, was der Kleine schon so alles rufen kann. Auf einmal packt der Vater ihn, zieht ihn mit einem Ruck von den Schultern und versohlt ihm den Hintern. Der Stehplatznachbar ist entsetzt: »Was soll das denn? Warum schlagen Sie Ihr Kind?«

»Er kennt jedes Wort, was mit Fußball zu tun hat. Das schreit er hier lauthals rum«, ruft der Vater wütend gegen den Lärm an, »aber Pipi, das kann er nicht sagen!«

★ ★ ★

Mario, der neue Wunderstürmer des FC, hat schon richtig Schiss in der Buchse. »Ker, Trainer, die bringen doch morgen den harten Hans mit. Der tritt auf alles, was sich bewegt.« »Ehrlich? Dann hast du ja nichts zu befürchten!», erwidert der Trainer trocken.

★ ★ ★

Zwei Anhänger des VfL Bochum unterhalten sich: »Du, ich habe gehört, dass wir einen neuen Trainer bekommen?« »Ach, was. Wen denn?« »Reinhold Messner. Er soll schon mal alles für den Abstieg regeln!«

★ ★ ★

Sitzt ein Mann im Fußballstadion und murmelt ständig vor sich hin: »50.000 Zuschauer, 22 Spieler, drei Schiedsrichter, zwei Trainer …« Fragt ihn sein Sitznachbar: »Warum wiederholen Sie das immer und immer wieder?« »Das ganze Stadion ist pickepacke voll. Und ausgerechnet mir muss dieser blöde Vogel auf den Kopf scheißen!«

★ ★ ★

Der erste Sohn des Bundesligastürmers des FC Wackershausen wird getauft. Natürlich ist die ganze Mannschaft zu diesem feierlichen Akt gekommen. Doch dann rutscht dem Pfarrer am Weihbecken das Kind aus den Händen. Geistesgegenwärtig stürzt der Torhüter von seinem Platz hoch, hechtet zum Altar und kann den Jungen im letzten Moment auffangen. Die Kirche springt auf und applaudiert glücklich. Der Torhüter winkt in die Menge, tippt zweimal auf und schlägt dann in hohem Bogen ab.

Kunterbunter Wissenstest

1. Welche Ehre wurde Samy Sane im Mai 1991 zuteil?

- A Tor des Monats
- B Spieler des Monats
- C Muslimischer Sportler des Jahres
- D Krawattenmann des Jahres

2. Welcher Deutsche wurde 2005 in die Hall of Fame des englischen Fußball-Verbandes aufgenommen?

- A Uwe Seeler
- B Wolfgang Overath
- C Franz Beckenbauer
- D Bert Trautmann

3. Wie überbrückte der ehemalige Schalke-Präsident »Oscar« Siebert auch schon einmal berufliche Durststrecken?

- A Friedhofsgärtner
- B Muschelverkäufer
- C Model
- D Tretbootverleiher

4. Welche Größe hatte Günter Netzer in seinen Fußball-Schuhen?

- A 45
- B 46
- C 47
- D 48

5. In welcher Sportart war Eyjólfur Sverrisson neben dem Fußball auch isländischer Nationalspieler?

- A Basketball
- B Handball
- C Skilanglauf
- D Boxen

6. Wozu war Karl Allgöwer am Anfang seiner Karriere nicht bereit?

- A Schienbeinschützer zu tragen
- B Fleisch zu essen
- C Ein Flugzeug zu besteigen
- D Autogramme zu geben

Ein umstrittenes Tor: Sepp Maier ein Lügner oder Märchenerzähler?

Stolz berichtete die *Sport-Illustrierte* im Juli 1968, dass nur sie ein »Foto der entscheidenden Szene« besäße, die weder die TV-Kameras noch die 80.000 Zuschauer im Stadion genau eingefangen bzw. gesehen hätten. Im Europapokal-Halbfinale der Hinspiel-Partie zwischen dem AC Mailand und Bayern München war das 2:0 für die Gastgeber durch Sormani möglicherweise irregulär. Doch aufgrund des Fotos behauptete die *Sport-Illustrierte*, der Treffer wäre korrekt gewesen. Das wollte der erzürnte Bayern-Keeper Sepp Maier nicht auf sich sitzen lassen und beschrieb in einem Leserbrief die Situation aus seiner Sicht.

»Sehr geehrte Herren! Ich habe mit großem Interesse Ihren Bericht über das 1. Tor in Mailand gelesen und muß Ihnen Folgendes mitteilen. Dieses Bild, was Ihr ausgezeichneter Fotoreporter im Sansiro Stadion schoß, beweist überhaupt nichts, denn der Ball ist zwar in der Luft, aber bis zum Abschlag sind es mindestens noch eine Sekunde, daß es ein gestrecktes Bein war, daran zweifelt wohl niemand, außer Ihrer Illustrierten. Oder vielleicht könnten Sie mir bitte sagen, wie ich in dieser Situation, wie das Bild zeigt, Sormani den Ball unten an die Sohle schießen kann, folge dessen fehlen auf Ihrem Starfoto die zehntel Sekunden, die das Foul von Sormani beweisen. Oder bilden Sie sich vielleicht ein, ich sei ein Lügner, oder Märchenerzähler, der die Sache mit dem gestreckten Bein erfunden hat, es ist nur schade, daß es kein Fernsehen, und nicht einmal alle 80.000 Zuschauer im Stadion gesehen haben.

Zum Abschluß noch der beste Beweis. Als die Mailänder in München durch das 0:0 das Endspiel erreicht hatten, ging ich zu den Italienern, um Ihnen zu gratulieren, da trat mir Karl-Heinz Schnellinger mit Sormani entgegen. Schnellinger übersetzte für Sormani Folgendes. Es täte ihm leid, daß er mit gestrecktem oder darübergehaltenem Bein das Tor erzielte, ich sollte es doch bitte vergessen. Ich sagte darauf, es war zwar nicht schön von ihm, aber bei diesem schwachen Schiedsrichter hätte er sich so etwas schon erlauben können, er lächelte und ich verabschiedete mich darauf, mit dem Gedanken doch ein ausgezeichneter Sportsmann der Sormani, denn welch ein Spieler der Welt, würde nach einem Foul, da darauf hin ein Tor fällt, zum Schiedsrichter laufen und sagen, ich habe mit unsauberen Mitteln das alles entscheidende Tor geschossen, der wäre ja wohl dumm oder?

Ich hoffe sehr, das Sie die Zeilen zur Kenntnis nehmen. Mit sportlichen Grüßen, Sepp Maier, Anzing – Ich will mich bei diesem Schreiben nicht entschuldigen, sondern nur die Tatsachen berichten.«

Einmal Shootingstar und zurück: Günter Breitzke

Christoph Daum hatte Günter Breitzke auf Herz und Nieren geprüft und dann für zu leicht befunden. Nach einem zweimonatigen Probetraining schickte ihn der Kölner Trainer wieder nach Hause. Er war sich sicher, dieser Mann wird sich in der ersten Liga nicht durchsetzen. Doch er sollte sich irren.

Günter Breitzke wurde zum Shootingstar, als er 1988 für nur 30.000 Mark vom SC Brück zu Borussia Dortmund in die Bundesliga wechselte. Gleich in seiner ersten Saison schoss er zehn Tore in 31 Begegnungen und holte am Ende der Spielzeit den DFB-Pokal. Damals träumte Breitzke von einem eigenen Rennpferd und einem BMW 325i. Doch bereits 1995 sollte seine Karriere im bezahlten Fußball schon wieder vorbei sein. Außer Erinnerungen an die schöne Zeit und die Kameradschaft zu den ehemaligen Mitspielern ist dem »Kölsche Jong« nach seiner Laufbahn nicht viel geblieben.

An die Trainings-Weisheiten seines Fußballlehrers aus Jugendtagen beim SC Brück in Köln denkt Günter Breitzke jedoch noch heute mit Ehrfurcht und Respekt gerne zurück: »Der Winnie hat immer gesagt, du musst nach einem Spiel oder nach dem Training so kaputt sein, dass du die ganze Bank für dich alleine brauchst, um deine Beine hochzulegen.«

Und wenn das große Talent, das früh seine Ausbildung zum Maler und Lackierer abbrach, um sich ganz der Aussicht auf einen Profivertrag zu widmen, etwas zu zögerlich agierte, dann nahm ihn sein Trainer Winnie Pütz beiseite und redete dem jungen Günter ins Gewissen: »Winnie hat immer gesagt: Du musst am Anfang immer etwas mehr tun als die anderen, wenn du was werden willst.«

Was sich ein bisschen nach den klugen Kalenderweisheiten aus dem Film »Forrest Gump« (Mama sagt immer: »Das Leben ist wie eine Pralinenschachtel – man weiß nie genau, was drin ist.«) anhört, war für Breitzke in seiner Karriere stets Ansporn und Orientierung zugleich.

Seit einigen Jahren ist der ehemalige Nachwuchsstar von Borussia Dortmund dorthin zurückgekehrt, wo einmal alles begann. In Köln-Stammheim lebt er in einer Zweizimmerwohnung weit vom bunten Bundesligatreiben entfernt: »Ich sitze den ganzen Tag vor dem Fernseher. Was soll ich auch sonst machen? Ich habe keine Stelle, kein Geld, kein Auto, keine Freundin, muss mit ein paar Euro Hartz IV auskommen.«

Als die Welt von Günter Breitzke noch in Ordnung war und eine große Karriere vor ihm lag, da sagte der Kölner einmal: »Ich bin vom Training oft so kaputt, dass ich vor der Kiste einschlafe und erst wieder aufwache, wenn das Programm vorbei ist.« Winnie Pütz ist damals sicher sehr stolz gewesen auf seinen Günter.

Als ein Dortmunder Rechtsanwalt zum Helden von Istanbul wurde

Reinhard Rauball rieb sich immer wieder die Augen. Er konnte einfach nicht glauben, was da gerade mit ihm geschah. Die Zuschauer standen auf den Sitzen und schwenkten ihre Fahnen. Immer wieder schüttelte der ehemalige Dortmunder Präsident seinen Kopf, schob sich die Brille zurecht und lachte. Die Fans von Galatasaray Istanbul ließen ihren Helden einfach nicht gehen. Und so drehte Rauball an diesem wunderschönen Oktoberabend im Jahre 1988 unter dem Jubel der rot-gelben Massen noch eine Ehrenrunde. Doch warum eigentlich?

Die Jahre unter ihrem deutschen Trainer Jupp Derwall hatten dem Istanbuler Traditionsklub Auftrieb gegeben. Nach vierzehn langen Spielzeiten war man 1987 endlich wieder Meister geworden und hatte diesen Triumph in der darauf folgenden Saison bestätigen können. So startete man mit viel Selbstbewusstsein in die Vorrunde des Europapokals der Landesmeister, wo Galatasaray auf den österreichischen Klub Rapid Wien traf. Und tatsächlich: Nach zwei nervenaufreibenden und hart umkämpften Begegnungen gelang die Sensation. Erstmals seit vielen Jahren hatte sich der türkische Meister spielend (Besiktas Istanbul kam einmal wegen eines Verzichts von Apoel Nikosia eine Runde weiter) fürs Achtelfinale qualifiziert. Der Jubel bei den Türken kannte keine Grenzen.

Und trotz einer deutlichen 3:0-Niederlage im Hinspiel der zweiten Runde bei Xamax Neuchâtel trieben die Zuschauer ihre »Löwen« im Ali-Sami-Yen-Stadion von der ersten Minute an nach vorne. Die Mannschaft spielte sich in einen Rausch und die Fans auf den Tribünen fielen von einer Jubelarie in die andere. Und dann passierte es: In einer dramatischen Phase bewarfen sie emotional aufgeputscht die Schweizer Spieler so massiv mit Münzen, dass der Schiedsrichter die Begegnung unterbrechen musste. Xamax-Stürmer Adrian Kunz wurde behandelt, das Spiel unter Protest fortgesetzt und 5:0 von Istanbul gewonnen.

Doch wenige Tage später folgte der Schock: Galatasaray wurde aus dem laufenden Wettbewerb ausgeschlossen. Nur dem Verhandlungsgeschick von Reinhard Rauball hatten die Türken es schließlich zu verdanken, dass sie doch noch eine Runde weiterkamen. Der ehemalige Dortmunder Präsident wurde enthusiastisch gefeiert, die folgende Partie aufgrund der verhängten Platzsperre ins Müngersdorfer Stadion in Köln gelegt – wo man durch einen 40-Meter-Freistoß des kleinen, und nach diesem Abend legendären, Cevad Prekazi den AS Monaco mit Arsene Wenger besiegte – und am Ende konnte Galatasaray Istanbul mit dem Halbfinal-Einzug einen der größten Triumphe der Vereinsgeschichte feiern. Auch Dank eines deutschen Rechtsanwalts als Helden der Türken!

Kuriositäten bunt gemixt

Bei einem Spiel der Intertoto-Runde Anfang der neunziger Jahre in Israel hatte sowohl der VfL Bochum wie auch der Gegner nur weiße Trikots im Gepäck. Als daraufhin die Bochumer in ihren blauen Trainingssweatshirts auflaufen wollten, stellte der Schiedsrichter die Forderung, dass wenigstens die Rückennummern angebracht sein müssten. Was also tun? Entschlossen griffen die Spieler nach dem Tapeverband und versuchten in einer kollektiven Basteleinheit mit künstlerisch wertvollen Verzierungen der Bitte des Schiedsrichters nachzukommen. Was bei Peter Knäbels Rückennummer 7 noch ganz gut gelang, artete bei Benatellis 8 schon in den Bereich der surrealen Artefakte aus.

★ ★ ★

1991 gab es eine bemerkenswerte Situation in der ersten Liga. Thomas Stratos vom Hamburger SV stand seinem zukünftigen Schwiegervater, Manfred Führer, auf dem Platz gegenüber. Doch Führer war nicht etwa ein gegnerischer Spieler, nein, der gute Mann leitete das Spiel als Schiedsrichter. Als man Johannes Malka, den Schiedsrichter-Ausschuss-Vorsitzenden, zu diesem Fall befragte, antwortete dieser etwas irritiert mit einer Gegenfrage: »Was soll man dazu sagen?«

★ ★ ★

Tod nach dem Endspiel: Die Eifersucht seiner Ehefrau ist einem südkoreanischen Fußballfan zum Verhängnis geworden. Er hatte das Endspiel der Fußball-WM bei einem Freund verfolgt und war erst am nächsten Morgen nach Hause gekommen. Weil sie vermutete, ihr Mann habe eine Freundin, brachte die Ehefrau ihn mit einem Küchenmesser um.

★ ★ ★

Kurioses ereignete sich im November 2006 in Schweden. Anhänger des Meisters Djurgårdens IF aus Stockholm verlangten vom eigenen Klub im letzten Punktspiel bei Tabellenführer Elfsborg IF eine Niederlage und wollten diese notfalls mit einem Spielabbruch durch Platzstürmung erzwingen. Da der Titelverteidiger selbst nur im Mittelfeld rangierte, hatten Fanklubs die Spieler von Djurgården offen aufgefordert, im entscheidenden Spiel gegen Elfsborg extra schlecht zu spielen: »Für uns zählt nur, dass AIK nicht die Meisterschaft bekommt«, sagte ein Anhänger von Djurgården. Kennen wir das nicht irgendwo her? Aus dem Ruhrgebiet vielleicht?

Etwas verwirrt

»Ich ziehe immer zuerst meinen rechten Schuh an, dann den rechten Socken.« *Barry Veninson*

»Ja, auf jeden Fall. Ich habe mit ihm aber nicht zusammengespielt!« *Dortmunds Brasilianer Dede auf die Frage, ob er Udo Jürgens kenne, der als Stargast bei der 100-Jahr-Feier des BVB auftrat*

»Bei mir wusste man immer, woran ich war.« *Günter Netzer*

»Schottland muss heute nicht unbedingt ein Tor erzielen, aber sie sollten gewinnen.« *Billy McNeill*

»Ich habe viele Alternativen, und jede ist anders.« *Glenn Hoddle*

»Sie haben großartig gespielt.« *Hans Deckert, DFB-Spielausschussvorsitzender, nach einem Spiel zum nicht eingesetzten Duisburger Spieler Herbert Büssers*

»Ich gebe nicht gern Exklusiv-Interviews. Ich habe da immer das Gefühl, ich störe.«

Uli Stein

»Ganz rein?« *Toni Sailer zu Wolfgang Wolf, der ihn einwechseln wollte*

»Ich beglückwünsche den VfB Stuttgart zur ersten gesamtdeutschen Fußball-Weltmeisterschaft.« *Erwin Teufel, Ministerpräsident von Baden-Württemberg*

»Ich kenne die Regel nicht richtig. Ich glaube, es muss ein halber oder ein ganzer Umfang drin sein.« *Horst Heldt*

»Wir haben am Wochenende das nächste Heimspiel wieder zu Hause.« *Frantisek Straka*

»Klar kann man sich auch an den Ball gewöhnen. Wenn deine Frau drei- bis viermal in der Woche besoffen ist, gewöhnst du dich auch irgendwann daran.« *Khalid Boulahrouz zum Spielball der Saison 2010/11 »Torfabrik«*

Marco Carini: St. Pauli – Die kleine Lüge des Bodo Brandt-Chollé

Es ist der 18. Juni 1995. Noch drei Minuten bis zum Aufstieg. Uneinholbar liegt der FC St. Pauli 5:0 gegen Homburg in Führung. Dann ein Pfiff: Nach einem Foul im Homburger Strafraum zeigt Schiedsrichter Bodo Brandt-Chollé auf den Elfmeterpunkt. Die Geste ist eindeutig. Doch Hunderte Fans am Spielfeldrand glauben an das Spielende. In hochprozentiger Jubelstimmung stürmen sie das Grün, reißen ihren Lieblingen die Trikots vom Leib und trennen Souvenir-Grassoden aus dem Rasen. Die meisten Spieler treten im Laufschritt die Flucht vor der Fanübermacht an, Torhüter Frank Böse nur noch in Unterwäsche.

Den nüchtern gebliebenen Zuschauern wird allmählich klar, dass sich eine Katastrophe anbahnt. Ein Spielabbruch droht. »Bitte bewahrt die Ruhe«, brüllt Stadionsprecher Rainer Wulff in sein Mikrofon: »Verlasst sofort den Platz!« Seine Stimme geht im Jubel unter. Die Fans auf den Tribünen rufen den Fans auf dem Rasen ein »Ihr seid doof!« entgegen. Tränen stehen in den Augen der Zuschauer, die das Regelwerk des DFB kennen: Bei einem selbstverschuldeten Spielabbruch ist das Spiel mit 2:0 für den Gegner zu werten. Aufstieg adé?

Bange Minuten vergehen. Dann bereitet Vizepräsident Christian Hinzpeter dem Spuk ein Ende: »Ich habe eben mit dem Schiedsrichter in der Kabine gesprochen«, verkündet der sichtlich mitgenommene Jurist durch das Stadionmikrofon: »Das Spiel wird offiziell beendet und mit 5:0 für uns gewertet.« Wieder brechen Fans in Tränen aus. Doch diesmal sind es Freudentränen.

Als Bodo Brandt-Chollé vor die Kameras tritt, gibt er eine verblüffende Erklärung. »Ich wollte keinen Elfmeter geben, sondern mit dem Pfiff lediglich das Spiel ordnungsgemäß beenden, was ich damit auch getan habe.« Nach 87 Minuten? Und die eindeutige Handbewegung zum Elfmeterpunkt? »Ich hatte mit den Homburgern, die Angst vor den am Spielfeldrand wartenden Fans hatten, ein Handzeichen in Richtung Kabine vereinbart«, erklärt Brandt-Chollé trocken: »Meine Geste mag für viele missverständlich gewesen sein.«

Erst sechs Jahre später gesteht Brandt-Chollé die ganze Wahrheit: »Ich habe in den letzten Minuten kaum noch gepfiffen, weil so viele schon am Rand standen. Dann gab es dieses Foul, und ich konnte nicht anders, als Strafstoß zu pfeifen. Natürlich wurde das missverstanden, die Leute kamen von allen Seiten. Da hab ich den Arm halt ein wenig gedreht und weg vom Elfmeterpunkt hin zur Kabine gezeigt. Die Uhr habe ich dann in der Kabine zu Ende laufen lassen. Damit war die Sache korrekt.«

Gastbeitrag von Marco Carini aus dem wunderbaren Werk »FC St. Pauli. Das Buch. Der Verein und sein Viertel« von Christoph Nagel und Michael Pahl

Rubrik: Kann man nicht unbedingt wissen!

1. Borussia Dortmund kennt jeder. Doch was bedeutet eigentlich »Borussia«?

- A Preußen
- B Liebesritter
- C Arbeiterschaft
- D Treue

2. Wo eröffnete der Frankfurter Spieler Fahrudin Jusufi seine Kneipe »Zum Jusufi«?

- A Am Bieberer Berg in Offenbach
- B Im Bahnhofsviertel von Frankfurt
- C In der Otto-Fleck-Schneise
- D Am berühmten Römer

3. Was stand im Februar 1992 hinten auf dem Stadion-Sessel von Alex Ristic?

- A Schleudersitz! Schlüssel beim Präsidenten!
- B Bonbons. Bitte hier!
- C Müller-Milch formte diesen Mann!
- D Hier kommt Alex!

4. Wessen Foto hatte Ulli Potofski Anfang der neunziger Jahre im Goldrahmen in seiner Schreibtischschublade?

- A Claudia Schiffer
- B Heribert Faßbender
- C Sylvester Stallone
- D Franz Beckenbauer

5. Warum war der 9. Mai 1990 ein historischer Tag für den DDR-Frauenfußball?

- A EM-Qualifikation geschafft
- B Einziges Länderspiel
- C Man gewann 5:2 gegen die DFB-Damen
- D Höchster Sieg in der Geschichte (9:2 gegen Luxemburg)

6. Wie ist der Zweitname von Lothar Matthäus?

- A Dieter
- B Klaus
- C Herbert
- D Werner

Als man dem Hamburger SV beinahe einen Weltmeister schenkte!

Im April 1991 war der große Diego Armando Maradona am Ende seiner Kräfte. Mit glasigen Augen und aufgedunsenem Gesicht sprach er in die Kameras: »Ich kann nicht mehr, ich will sterben.«

Sechs Wochen zuvor hatte man nach einem Spiel seines SSC Neapel Spuren von Kokain in seiner Doping-Probe festgestellt. Maradona verließ daraufhin Italien, flüchtete nach Buenos Aires und wurde dort schließlich überführt. »Ich habe den Rummel nicht mehr ertragen. Nur das Kokain machte mein Leben im goldenen Käfig erträglich«, versuchte er sich zu rechtfertigen und zu retten, was noch zu retten war. Und tatsächlich sollte der »Göttliche« nach einer 15-monatigen Sperre durch die FIFA noch einmal auf die Weltbühne des Fußballs zurückkehren. Und fast wäre er dabei sogar in Deutschland gelandet – beim Hamburger Sport-Verein.

Im Oktober 1992 titelte nämlich ein buntes Magazin: »Der Transfer-Skandal des Jahres. *SPORT-BILD* dokumentiert, wie der HSV ein Supergeschäft in den Sand setzte.« Ein angeblich »millionenschwerer Bauunternehmer«, der Kieler Johnny Solterbeck, wollte den argentinischen Weltmeister in die Hansestadt locken. Dem *Spiegel* vertraute er an: »Ich schenke dem HSV einen Starspieler. Ich ziehe das komplett allein über die Bühne.«

Zuvor hatte sich Solterbeck schon bei Holstein Kiel für ein neues Stadion eingesetzt und Millionen versprochen. Einzige Bedingung: Die Spielstätte sollte nach seiner Mutter benannt werden, »Erika-Solterbeck-Stadion«.

Mit einer durchaus unorthodoxen Idee wollte der Bauunternehmer den Maradona-Deal realisieren: Der Argentinier sollte nur in den Heimspielen eingesetzt werden. Bei Auswärtsbegegnungen hätte der HSV freiwillig auf den Superstar verzichtet – außer der Gegner hätte sich explizit die Anwesenheit Maradonas gewünscht. »Bei Auswärtsspielen hätte er nur gespielt, wenn wir an den Einnahmen der Gastgeber beteiligt worden wären. Denn zum HSV mit Maradona kommen auch in anderen Stadien automatisch 15.000 Zuschauer mehr«, erklärte der »enttäuschte« Solterbeck nach dem geplatzten Transfer.

Doch der damalige Manager Heribert Bruchhagen mochte sich nicht länger mit der »Wichtigtuerei« des Bauunternehmers beschäftigen und weigerte sich fortan, »die Bühnenauftritte des Herrn Solterbeck zu begleiten«.

Der noble Kieler Gönner musste wenig später Konkurs anmelden und Maradona ging nach Spanien. Doch bereits nach nur 26 Spielen wurde er beim FC Sevilla wieder gefeuert. Man hatte die Eskapaden des kleinen Wundermannes – trotz des durchaus lukrativen Deals – satt. Denn den »goldenen Käfig«, das wurde allen Beteiligten damals klar, wird Diego Armando Maradona zeitlebens nicht mehr verlassen können.

Elfmeter – ein schreckliches Kapitel: Eine Analyse aus den 60er Jahren

Als in der Hinrunde der Bundesligasaison 1964/65 nach zehn Spieltagen nur die Hälfte aller Strafstöße (zehn von 20) verwandelt worden war, fragte man sich im Land des stets tödlich versenkten Elfmeters: Was ist denn bitte hier los?

Der Zweikampf zwischen Torwart und Schützen wurde daraufhin preußisch genau unter die Lupe genommen. 17,8 Quadratmeter, so errechnete man, stehen dem Ausführenden als Fläche, in die er treffen sollte, zur Verfügung, 7,32 m Breite und 2,44 m Höhe. Abzüglich natürlich dem Raum, den der Torwart abzudecken versucht. Kein Vergnügen also für den Schützen.

Steff Reisch, damaliger Kapitän des 1. FC Nürnberg, erklärte, wie es sich anfühlt, wenn man zum Strafstoß antritt: »Das ist eine ganz undankbare Sache. Geht er rein, heißt es: Na ja, ein Elfmeter. Geht er nicht rein, sagt alle Welt: Nicht mal einen Elfmeter kann er schießen.« Und Reisch wusste, wovon er sprach. Bereits dreimal hatte er zu diesem Zeitpunkt den Ball nicht im Tor unterbringen können. Zu gerne hätte er seinen Job darum an einen Mitspieler abgegeben. Doch niemand anderes aus seiner Mannschaft fand sich, der die Verantwortung übernehmen wollte. Als in einem Spiel gegen Eintracht Braunschweig der gegnerische Torwart erneut einen Ball von Reisch parierte, wollte er zum zweiten Strafstoß im selben Spiel unter keinen Umständen antreten: »Es war vereinbart, dass Wild diesen zweiten Elfmeter schießen sollte. Aber als ich ihn rief, war er nicht dazu zu bewegen. Ich wandte mich an Leupold, auch vergebens. Da hab' ich es halt noch mal gemacht.«

Rudi Brunnenmeier, der Stürmer des TSV 1860 München, war froh, als er nicht mehr schießen brauchte und den Job an seinen Mitspieler Patzke abgeben konnte. Das Ganze war ihm nicht geheuer: »Elfmeterschießen ist eine Nervensache. Die meisten werden beim Stande von 0:0, 1:1, 1:0 oder so verschossen. Bei 4:0 hau i jeden nei!«

Der erfolgreichste Schütze der damaligen Zeit war der Meidericher Ludwig »Lulu« Nolden. Und er hatte einen Trick. Lulu wartete so lange, bis er eine Reaktion beim Torhüter wahrgenommen hatte, wie er erklärte: »Darauf richte ich mich ein. Rechte oder linke Ecke, das weiß ich vorher nie. Aber ein Torwart reagiert immer irgendwie.«

Auch der Ehrenspielführer der deutschen Nationalmannschaft, Fritz Walter, hatte einen Tipp: »Bleibe immer bei deiner Ecke!« Allerdings war auch er froh, nicht mehr schießen zu müssen: »Ich kenne das Gefühl, wenn das Tor immer kleiner und der Torwart immer größer wird. Elfmeter – ein schreckliches Kapitel!«

Knochenbrecher: »Wenn du nicht brav bist, dann hole ich den Simmet!«

Während seiner Zeit bei Tennis-Borussia Berlin hätte der spätere Schalker Dietmar Schacht beinahe mal Schweineblut getrunken. Da die Mannschaft nicht übermäßig erfolgreich war, hatte eines Tages sein Mitspieler Gerald Scheunemann die Idee, seine Teamkollegen auf eine besondere Art und Weise anzustacheln. Aus der Metzgerei seines Vaters brachte der Berliner einen Eimer voll Schweineblut mit und meinte: »Trinkt das und ihr marschiert am Samstag ohne Pause.« Er selbst ging dann mit gutem Beispiel voran und schluckte den halben Eimer, ohne einmal abzusetzen. Doch leider zog keiner seiner Mitspieler nach. Am Samstag, so erinnert sich Schacht, marschierte Scheunemann tatsächlich wie »ein Verrückter – und gespielt hat er, dass man sofort gesehen hat, dass er ein Metzgerssohn war«. Völlig verblüfft stellte der knochentrockene Haudegen Schacht nach Spielschluss fest: »Der war sogar noch härter als ich.«

Und Schacht gehörte definitiv bereits zur gehobenen Kategorie der Knochenbrecher. Eine Art von Spielertyp, die wichtig ist, um sich Respekt zu verschaffen und den besten Mann des Gegners kompromisslos auszuschalten. Herbert Erhardt war so einer in den fünfziger Jahren. Bei einem Länderspiel im März 1958 gegen Spanien hatte Bundestrainer Sepp Herberger einen Spezialauftrag für seinen Fürther Verteidiger: »Herbert, Sie haben an di Stefano zu kleben wie eine Briefmarke am Kuvert. Notfalls folgen Sie ihm auch auf die Toilette.« Deutschland gewann die Partie mit einem klaren 2:0. Auch ein Erfolg des beinharten Erhardt. Neunzig Minuten hatte er di Stefano keine Sekunde aus den Augen gelassen und das eine oder andere Mal tüchtig hingelangt. Sepp Herberger war nach der Partie voll des Lobes, merkte allerdings schmunzelnd an: »Sie haben Ihre Aufgabe gut gemacht, Erhardt. Aber die Toilettentür hätten Sie nicht so laut zuschlagen müssen.«

Auch Ewald Lienen hatte bei den früheren Derbys zwischen Gladbach und Köln so einen Kettenhund an seiner Seite, wie er selbst einmal erzählte: »Wenn mich der Konopka zu sehr geärgert hat, ist der Berti über die Mittellinie gekommen und hat mich gerächt. Das war zwar gegen meine pazifistische Grundeinstellung, aber tief drinnen habe ich eine leichte Genugtuung gespürt.«

Der harte Hund Heinz Simmet war in den Siebzigern als Wasserträger und Putzer von Wolfgang Overath unterwegs. Der Saarländer grätschte sich durch die Bundesliga und diente dem Kölner Mittelfeldmann sogar als Kinderschreck. Denn als Overaths Sohn Marco mal wieder unartig war, soll der Vater ihm mit tiefer Stimme gedroht haben: »Wenn du nicht brav bist, dann hole ich den Simmet!«

Fußballstars intim: Schlaue Fragen und noch schlauere Antworten

Teil III

In Österreich gehört es mittlerweile zum guten Ton, dass Fußballer, Trainer und Funktionäre nicht mehr jede Frage eines Journalisten einfach so hinnehmen. Peter Pacult leistet sich fast wöchentlich einen neuen Ausraster. Legendär ist inzwischen auch das kurze Gespräch auf dem Rasen nach der Begegnung von Sturm Graz gegen den Grazer AK. Ein Spieler stand nach der Pleite den Fragen des Interviewers zur Verfügung: »0:4 im Derby gegen den GAK … Günther Neukirchner, wie froh sind Sie denn, dass der Schiri jetzt abgepfiffen hat?« *Neukirchner:* »Was soll die Frage jetzt? Für was ist die Frage jetzt? Erklären Sie mir das! Sollen wir uns jetzt freuen, wenn wir 4:0 verlieren oder was? Bei uns haben ein paar die Hosen voll, wir machen kapitale Eigenfehler, mehr brauchen wir nicht sagen, aber die Frage brauchen Sie mir jetzt auch nicht stellen.« *Interviewer:* »Na, haben Sie nicht Angst gehabt vor einer noch höheren Niederlage, den Eindruck hatte man jetzt zum Schluss …« *Neukirchner:* »Das ist die nächste depperte Frage … fällt Ihnen jetzt nichts Gescheiteres ein?«

Auch die Stars der achtziger und frühen neunziger Jahre hatten auf alle noch so abenteuerlichen Fragen eine passende Antwort parat. Doch was am Ende sonderbarer war – die Fragen der Fans oder die Antworten der Fußballidole –, liegt wie immer ganz im Auge des Betrachters. Teil III:

Udo Lattek: *Könnten Sie nicht auch nach einem verlorenen Spiel einmal Ihre grimmige Miene vergessen?* (Fritz Z., 8117 Fällanden/Schweiz) Wenn Sie einen Riesenhunger haben, und jemand nimmt Ihnen Ihr Butterbrot und die Getränke weg, lachen Sie dann?

Michael Rummenigge: *Wer ist für Sie der beste Elfmeterschütze der Bundesliga?* (Stephan L., 3500 Kassel) (lacht) Michael Kutzop!

Toni Schumacher: *Wie kommst du mit Uli Stein aus?* (Nicole H., 4800 Bielefeld) Ich möchte privat nichts mit ihm zu tun haben.

Dieter Eckstein: *Was hältst du von Freikörperkultur?* (Thomas G., 6630 Saarlouis) Wenn's FKK nur für Frauen gäbe, wäre ich dafür …

Hansi Müller: *Sind Sie böse auf Altobelli wegen der Ohrfeige im Spiel gegen Avellino?* (Matthias O., 8203 Schaffhausen) Nein. Es war ja auch keine Ohrfeige. Altobelli hat mir nach einer vergebenen Chance aus Verärgerung seine Faust auf die Wange gelegt.

Lothar Matthäus: *Würdest du dich bitte scheiden lassen und mich heiraten?* (Marleen D., 2860 Osterholz-Scharmbeck) Nein, ich bin glücklich verheiratet.

Felix Magath: *Würden Sie für die Gage von 100.000 DM ein Jahr lang als Punker umherlaufen?* (Gaby T., 4840 Rheda) Nein, auch nicht für eine solche Summe.

Reporter

»Ich darf als Reporter ja nicht parteiisch sein … ich will auch nicht parteiisch sein – aber … lauft, meine kleinen schwarzen Freunde, lauft!« *Marcel Reif beim WM-Spiel Kamerun – Argentinien beim Stand von 1:0*

»Das ist Sylvie van der Vaart. Auch bei ihr steht es 0:0.« *Bela Rethy während der EM 2008 beim Schwenk über die Tribüne*

»Ein Tor muss her, soll es nach 90 Minuten nicht noch so stehen wie jetzt.« *Heribert Faßbender*

»Frankreich, der erste Anwärter auf die Titelverteidigung.« *Fritz von Thurn und Taxis beim Eröffnungsspiel der WM 2002*

»Einen Brasilianer in eine Hintermannschaft zu integrieren ist ungefähr so, als würde man einen Roulettespieler bei einer Bank beschäftigen.« *Gerd Rubenbauer*

»Eine gelbe Karte mit Folgen. Nein, er ist nicht schwanger, aber er wird ein Spiel aussetzen müssen.« *Ulli Potofski*

»Spieler gibt's, die haben im Brustmuskel mehr Gefühl als manch einer im Fuß.« *Fritz von Thurn und Taxis*

»Die Südkoreaner essen Knoblauchzehen wie andere Pralinen. Dagegen müssen die Belgier heute anstinken.«

Wolfgang Ley

»Wer heute noch einen vermeintlichen Zwerg auf die leichte Schulter nimmt, der verhebt sich.« *Günter-Peter Ploog*

»Aber dennoch hat der VfB Leipzig 0:0 gewonnen.« *Jörg Wontorra*

»Jedes Bein eines tschechoslowakischen Spielers haben die Österreicher schon getroffen, nur noch nicht ins Tor.« *Gerd Rubenbauer*

Maradona – das Lied: La mano de dios (Die Hand Gottes)

In dem einzigartigen Dokumentarfilm »Maradona by Kusturica« singt der Weltstar dieses Lied selbst. Hier erstmals in der deutschen Übersetzung!

In einem Slum geboren, es war der Wille Gottes,
bescheiden aufzuwachsen und zu überleben.
Sich der Widrigkeit stellen
mit dem Streben, sich Schritt für Schritt das Leben zu verdienen.
Auf einem Feld erschuf er eine unsterbliche Linke
mit Erfahrenheit dürstendem Ehrgeiz es zu schaffen.
Von klein auf (als »Cebollita« – s. u.) träumte er bei einer Weltmeisterschaft zu spielen
und sich in der in der ersten Liga zu behaupten,
um so durch das Spielen vielleicht seiner Familie zu helfen …

Kurz nach seinem Debüt / »Maradó, Maradó«, / rief »die 12« (la doce – s. u.) begeistert / »Maradó, Maradó«. / Ihr Traum hatte einen Stern / voll von Toren und Dribblings (gambetas – s. u.) / und das ganze Volk sang: / »Maradó, Maradó«, / die Hand Gottes war geboren, / »Maradó, Maradó«, / Er verbreitete Freude im Volk, / erfüllte dieses Land mit Ruhm.

Er trägt ein Kreuz auf seinen Schultern, weil er der Beste ist,
seinem Gegenüber niemals käuflich.
Eigenartige Schwäche, wenn Jesus doch stolperte,
warum sollte er nicht auch.
Der Erfolg stellte ihm eine weiße Frau vor,
geheimnisvoll angehaucht und verboten im Genuss,
hat ihn von dem Verlangen abhängig gemacht, sie noch mal zu probieren und in seinem Leben einzuschließen.
Und es ist ein Spiel, das Diego eines Tages gewinnen wird …

Anmerkungen:

»Cebollitas«: (Zwiebelchen) ist eine Fußballmannschaft für Kinder, oft aus sehr armen Verhältnissen. Dort entdeckte man Diego.

»la doce« (die Zwölf) ist die Fangruppe von Boca Juniors, einer der bekanntesten Fußballmanschaften in Argentinien.

»gambeta« ist ein Spiel mit dem Ball – Art von Dribbling – wird in Südamerika gespielt. Beinhaltet schnelle, kurze Körperbewegungen, um den Gegner zu täuschen (man überkreuzt dabei die Beine in der Luft), und Maradona war darin super.

Fußball und Werbung

1. Wer war der erste Werbepartner (Trikots) des VfL Bochum?

- A Osborne
- B Plus
- C Opel
- D Polsterwelt

2. Welcher Revierklub änderte aus kommerziellen Gründen in den 1970er Jahren vorübergehend sein Vereinsemblem?

- A Schalke 04
- B MSV Duisburg
- C Rot-Weiß Essen
- D Borussia Dortmund

3. Wie heißt die selbsternannte »Nationalmannschaft des Baskenlandes«, die bis zum Jahr 2000 auf Trikotwerbung verzichtete?

- A FC Barcelona
- B Atletico Madrid
- C Athletic Bilbao
- D Betis Sevilla

4. Seit wann vergibt die FIFA exklusive Marketingrechte an Sponsoren bei einer WM?

- A 1982
- B 1987
- C 1994
- D 1997

5. Welcher Slogan stand auf den Trikots aller Bundesligateams am letzten Spieltag der Saison 1992/93?

- A Don't drink and drive
- B Mein Freund ist Ausländer
- C Mach's mit
- D Du bist Deutschland

6. Wer war der erste deutsche Profiklub, der aus Finanzgründen Trikotwerbung machen wollte?

- A Eintracht Braunschweig
- B Wormatia Worms
- C Borussia Dortmund
- D Westfalia Herne

Kunterbunte Geschichten

Günter Netzer musste die Feier zu seinem 28. Geburtstag nach dem Europapokalspiel in Aberdeen sausen lassen. Er hatte sich eine schmerzhafte Muskelzerrung zugezogen. Am nächsten Tag bekam er aber dennoch etwas geschenkt. Ein Redakteur der TV-Zeitschrift *Bild + Funk* hatte ihm eine Plastiktorte mit der Aufschrift »Happy Birthday« übergeben. Kitsch-Liebhaber Netzer soll sich laut des Magazins *Sport-Illustrierte* begeistert geäußert haben: »Herrlich, endlich ein originelles, total unnützes Geschenk, das mag ich.«

★ ★ ★

Willi Schulz hatte in den siebziger Jahren eine Kneipe auf St. Pauli. Doch sein bester Kunde wurde er nicht. Eigentlich war er fast nie dort. Der geschäftstüchtige Wattenscheider hanseatisch cool: »Ich betrete sie nur zum Abkassieren.«

★ ★ ★

Auf die Frage des berühmten, ehemaligen FAZ-Fragebogens »Wie ist ihre gegenwärtige Geistesverfassung?« antwortete Trainer Daum einmal spirituell auf Wolke sieben: »Ich empfinde eine aktive Gelöstheit!«

★ ★ ★

Irgendwie hatte es die Vorstellung des Münchner Torjägers Rudolf Brunnenmeier dem Bundestrainer nicht angetan. Als er nach dem Schlusspfiff der Partie der Löwen gegen Borussia Mönchengladbach gefragt wurde, wie er denn die Leistung des Mittelstürmers beurteilen würde, sagte Helmut Schön: »Hat der denn überhaupt gespielt?«

★ ★ ★

Der Mannschaftskapitän des Deutschen Fußballmeisters Werder Bremen, Arnold »Pico« Schütz, animierte durch seinen Spitznamen Mitte der sechziger Jahre viele Vereinsanhänger zu originellen Ideen. So wurde der Mannschaft ein Heidschnuckenbock namens Pico überreicht. Als das Team die Meisterschaft holte, entwarf ein Künstler eine Nachbildung des Tieres. Und als Höhepunkt der »Picoritis« nannte ein Bremer Ehepaar seinen frisch geborenen Sohn ebenfalls nach dem Spitznamen von Schütz.

★ ★ ★

Der Spanier Emilio Butragueno bekam bei der WM 1986 in Mexiko eine Uhr für das schnellste Tor der WM geschenkt. Nach 1:03 min. hatte er gegen Nordirland bereits getroffen.

1. Welcher Schalker Kult-Spieler der 90er Jahre zählt die Malerei und Fotografie zu seinen Hobbys?
2. Wer schoss das 500. Tor in der Länderspielgeschichte der DDR?
3. Mit wem nahm die Band Dimple Minds die Single mit dem Titel »Barfuß oder Lackschuh« auf?
4. Welcher niederländische Superstar der 80er und 90er Jahre hat den Song »Not The Dancing Kind« 1984 gesungen?
5. Welcher deutsche Spieler machte sich in der Saison 1986/87 in Österreich mit vier roten Karten einen Namen?

B	L	N	I	X	L	S	F	U	D	V
I	O	F	D	S	A	M	M	E	R	C
U	C	R	A	L	K	E	Ü	N	Ö	I
P	V	F	O	K	E	N	L	J	T	A
I	I	F	M	W	H	I	L	I	Z	Q
E	G	T	A	S	K	E	E	N	H	K
Z	U	N	C	Ü	T	A	R	N	K	O
T	L	B	F	H	A	V	X	F	H	K
P	L	N	K	Ü	E	S	E	W	J	S
E	I	G	E	N	R	A	U	C	H	W
O	T	P	O	L	F	E	L	E	Ä	I

Otto Rehhagel – Ein Leben als Trainer

Noch bevor Otto Rehhagel zum FC Bayern München wechselte, erklärte er 1993 einmal, warum er nicht an den Erfolg der Taktik des ständigen »Provozierens« von Manager Uli Hoeneß glaube: »Wenn ein Hund auf mich zukommt und ich knurre, dann weicht er sofort zurück und bellt. Aber wenn ich sage: ›Ach, mein Schätzchen, komm mal her. Hast du schon ein Leckerchen gehabt?‹, und der Hund hört meine sanfte Stimme. Dann kann ich gleich auf ihn einwirken. Übersetzt heißt das: Man erreicht nur Ziele, wenn man vernünftig miteinander redet. Ich glaube, wenn Leute durch Krach provozieren wollen, ist dies auch eine gewisse Schwäche. Ich provoziere meine Spieler damit, dass 20 Mann im Kader sind, jedoch nur die Besten spielen.«

★ ★ ★

In den achtziger Jahren hat es Otto Rehhagel sehr genossen, mit dem Musiker und VfL-Fan Herbert Grönemeyer entspannt in einer Bremer Kneipe zu sitzen und über alte Zeiten zu quatschen. So nach dem Motto: »Wie hieß noch mal der eine Verteidiger vom VfL, weißt du noch, der mit dem kurzen Hals?« Vielleicht hätte man noch hinzufügen können: Der von den Fans nach einem gefährlichen Raubtier benannt wurde …

★ ★ ★

Was viele Fußballfans nicht wissen, Otto Rehhagel feierte seinen ersten Erfolg als Trainer bereits als Spieler von Kaiserslautern: »Im März 1972 verpflichteten die Verantwortlichen des FVR den damaligen Bundesligaprofi des 1. FC Kaiserslautern Otto Rehhagel als Trainer. Die Mannschaft des FV Rockenhausen stand mit drei Punkten abgeschlagen am Tabellenende. Unter dem neuen Trainer legte man eine Siegesserie hin und schaffte am letzten Spieltag noch das Unmögliche, den Klassenerhalt. Somit war Rockenhausen der Beginn einer der erfolgreichsten Trainerlaufbahnen mit namhaften Klubs wie Bayern München, Werder Bremen, 1. FC Kaiserslautern und als Krönung die Nationalelf Griechenlands, mit der Rehhagel bekanntlich 2004 Europameister wurde.«

★ ★ ★

3.000 Mark Strafe musste Otto Rehhagel einmal zahlen, weil der DFB in seinem Spruch »Du pfeifst wie ein Weltmeister« gegenüber Aaron Schmidhuber eine »Verunglimpfung« sah.

Die Karrieren der Fußballstars

Beinahe wäre der HSV-Spieler Uwe Seeler auch noch Filmstar geworden. Doch der Nationalspieler sagte Curd Jürgens Ende der sechziger Jahre leider für eine Rolle im Streifen »Der Arzt von St. Pauli« ab. Der heimatverbundene Hanseat meinte selbstkritisch: »Ich bin doch Fußballspieler und kein Schauspieler!«

★ ★ ★

Die Trainer-Legende Max Merkel über das Alter, als er selbst 64 Jahre jung war: »Es gibt welche, die sich mit 35 Jahren schon wie ein Opa bewegen, und andere, die verloben sich mit 75. Bei einem Kreislauftest, bei dem sie mich an mindestens 100.000 Drähte angeschlossen hatten, wurden bei mir Werte wie beim 30-Jährigen festgestellt. Wenn ich nicht schon verheiratet gewesen wäre, hätte ich mich auf der Stelle verlobt! Ich bin der Adenauer des Fußballs! Ohne Übertreibung: Ich bin noch so prima beieinander, dass mir nach'm zweiten Mal höchstens die Knie weh tun.«

★ ★ ★

Im Alter von 21 Jahren meinte Lothar Matthäus über sich selbst: »Ich bin ordentlich, meine Frau meint manchmal: pingelig. Früher habe ich auch gerne im Mittelpunkt gestanden, aber das hat sich gelegt, finde ich.«

★ ★ ★

Der Frankfurter Bundesligaspieler Patrick Ochs hat bereits auf dem Höhepunkt seiner aktiven Laufbahn einen außergewöhnlichen Wunsch für die Zeit nach dem Leistungssport: »Ich werde nach meiner Karriere kein Fleisch mehr essen.« Was sich etwas schräg anhört, hat eigentlich einen ganz einfachen Grund – seine Lebensgefährtin: »Nina ist mittlerweile Vegetarierin. Solange ich Profi bin, muss ich Fleisch essen, um wichtige Nährstoffe zu mir zu nehmen. Ich achte aber darauf, nur Bio-Fleisch zu kaufen. Damit die Tiere wenigstens ein schönes Leben hatten und nicht nur in der Schlachtfabrik waren.« So ist recht. Und vielleicht ergibt sich ja im Anschluss an die Karriere noch ein Job in der Bio-Industrie. Nina wäre sicherlich stolz!

★ ★ ★

Helmut »Jockel« Bracht war nicht begeistert. Der Dortmunder Außenläufer reiste Mitte der sechziger Jahre extra zur Leipziger Messe in die DDR, um als Ölkaufmann nach geeigneten Maschinen für seine Branche zu suchen. Doch Bracht kehrte enttäuscht wieder nach Hause zurück. Sein Fazit: »Wenn die so weitermachen, dann haben sie uns in 50 Jahren noch nicht eingeholt.«

Presse

»Ich weiß halt, da spielt jetzt Manchester gegen Deutschland im Finale.« *Anna Doubek, die ehemalige tm3-Chefredakteurin über die Champions League*

»Der DFB-Elf reichte ein 0:0-Zittersieg gegen die Türkei.« *ARD-Videotext*

»Jetzt fahren wir selbstbewusst an die Ostseeküste!« *Bayern-Echo vor einem Auswärtsspiel in Bremen*

»Borussia Dortmund. Vereinsfarben: Schwarz-Geld.« *Geißbock-Echo*

»Stuttgart im Rausch, auf der Galerie und im Gras! Elber schlägt die Pässe schon per Fallrückzieher und auch Fredi Bobic trifft, wie er will. Sogar seine Freundin ist schwanger.« *Berliner Tagesspiegel*

»Edling – Breitbrunn 2:0. Das Ergebnis wurde ohne Gewähr übermittelt, denn so ganz genau wussten es die Platzherren nicht.« *Münchner Merkur*

»Hollands Käsespiel stinkt ganz Europa.« *BILD*

»In Erwartung eines spannenden Westfalenderbys mit einem positiven Ausgang für die schwarz-gelben Farben verbleiche ich herzlichst Ihr Dr. Gerd Niebaum.« *Borussia aktuell*

»Riedle, der für seine Größe ziemlich hoch springen konnte, hieß ›Air Riedle‹, Möller, der für sein Alter ziemlich wehleidig war, hieß ›Aua Möller‹.«

Süddeutsche Zeitung

»Neuer Dauerkarten-Rekord beim BFC Dynamo: Der BFC konnte den Verkauf von Dauerkarten in der neuen Saison verdoppeln!!!« *Presseinformation des BFC Dynamo Berlin über den Sprung von 17 auf 36 Tickets*

»Herr Rehhagel, mit welcher Farbe muss ich zu Hause bei mir die Wände streichen?« *Ein Journalist auf einer Pressekonferenz, bei der der Trainer und gelernte Maler Rehhagel gemeint hatte, er beantworte ab sofort nur noch Fachfragen*

Fußballpoeten kurz notiert

Franz Beckenbauer, Anfang der achtziger Jahre, über die Kräfte des Fußballs: »Du gehst mit einem richtigen Missvergnügen auf einen hoppeligen Trainingsplatz, hast schon eine Wut, dass du jetzt auch noch arbeiten musst. Die Bälle werden verteilt, und plötzlich geschieht etwas Seltsames. Du berührst den Ball, die Gesichter um dich herum entspannen sich, die ersten Lacher fallen, aus dem Missvergnügen wird Vergnügen. Von einer Minute zur anderen wirst du wieder ein Kind. Du spielst selbstvergessen, es macht dir Spaß, wenn dir etwas gelingt. Ich weiß nicht, ob das jetzt spinnert klingt: Dein ganzes Leben ist plötzlich eine runde Sache, so rund wie der Ball. Die Erde ist rund, die Sonne ist auch rund. Ohne Sonne kannst du nicht leben. Es ist eigenartig.«

★ ★ ★

Otto Rehhagel, der alte Poet, kann selbst bei der schönen Muse nicht vom Fußball lassen: »Ich habe etwas bei Rilke gelesen, da denke ich an meine Spieler: ›Die so dich finden, binden dich an Bild und Gebärde. Ich aber will dich begreifen, wie dich Erde begreift; mit meinem Reifen reift dein Reich.‹ Das gibt mir Motivation.«

★ ★ ★

Sänger Volker Lechtenbrink mag 1983 einfach alles: »Magst du die auf den Plätzen, die stehend auf dich setzen. Die keinen Weg scheuen, am Fußball sich freuen. Es gibt noch so viele Fragen, doch ich möchte dir ganz gern sagen: Fußball mag ich!«

★ ★ ★

Ode der Bayern-Fans an den Trainer von Bayern 2, Hermann Gerland: »Wir sind schon echte Freunde, die Amateure eine Macht. Wir halten fest zusammen, auch wenn's auf dem Spielfeld kracht. Keiner kann uns wirklich was, wir supporten euch total. Wir sind schon ein starkes Team und wir holen den Pokal! Hermann Gerland, du bist wieder da. Hermann Gerland, unser Trainer. Hermann Gerland, du bist wunderbar. Hermann Gerland ist ein Freund fürs Leben. Du bist immer für uns da, egal was auch passiert. Bist ein großer Trainer, mit dem Bayern nicht mehr verliert. Hermann Gerland, bleib für immer. Hermann Gerland, Hermann Gerland, bleib für immer hier, geh nicht mehr fort!«

★ ★ ★

In seinem Buch »Alles« lässt Bodo Illgner sein fiktives Torwart Alter Ego »Kevin« den Kalauer-Satz sagen: »Lieber vor dem Spiel auf die Toilette, als im Spiel in die Hose.« Im Buch ist das Kevins »Lieblingsspruch« und »durchaus doppeldeutig« gemeint.

Frisuren-Raten: Deutsche Nationalmannschaft

1940-1958

1951-1960

1954-1970

1984-1994

1987-1998

1995-2006

Netzer und Delling auf den Färöern: »Ich muss das mit Ihnen ertragen«

Mittwoch, 11. Juni 2003. Deutschland spielt in der Qualifikation zur EM 2004 auf den Färöern. Und den beiden ARD-Kommentatoren Günter Netzer und Gerhard Delling bekommt die frische Seeluft offensichtlich richtig gut.

Delling: »Sie haben auch die Spieler der Färöer gesehen. Haben Sie auch festgestellt, dass die dieses selbstbewusste Siegerlächeln immer im Gesicht tragen im Hotel?«

Netzer: »Nee, ich habe festgestellt, dass die Milchgesichter haben wie Sie!«

Delling: »Ja! An dieser Stelle sollten wir eigentlich gleich abgeben, wir machen trotzdem kurz noch ein bisschen weiter und schauen uns noch einmal den Trainer an. *(Nach dem Einspieler)* Also, der Mann weiß, wovon er redet, und dementsprechend muss man sagen, das ist wahrscheinlich der, der diesen – in Anführung – Milchgesichtern, so sahen sie mir gar nicht alle aus, aber doch einiges an Selbstbewusstsein eingeflößt hat.«

Netzer: »Ja, das ist vorhanden. Trotzdem muss ich erinnern an diesen Unterschied, der herrscht zwischen Deutschland und den Färöern, der manchmal nicht sichtbar ist, der aber hier unbedingt sichtbar sein ... muss, öh, werden muss.«

Delling *(amüsiert):* »Das war auch, öh, zumindest, öh ...«

Netzer: »Färöisch ...«

Delling: »... so fast nah dran. Aber es war zumindest ein schwerer Versuch, ins Spiel zu kommen, ich hoffe, der deutschen Mannschaft gelingt das heute ein bisschen besser.«

Nach dem Spiel. Deutschland hat die Partie durch Tore in der 89. und 90. Minute mit 2:0 doch noch gewonnen:

Delling: »In der Halbzeit hat man offensichtlich drüber gesprochen: Kombinieren, Ball laufen lassen. Warum sagt das nicht einer auf dem Feld?«

Netzer: »Kombinieren, Ball laufen lassen war die Devise schon für Schottland, was uns da auch gefehlt hat. Das eine ist das, was man will, das andere, was man kann.«

Delling: »Ja. Warum antworten Sie eigentlich nie auf meine Frage?«

Der Bundestrainer kommt hinzu. **Rudi Völler**: »Ich hab' gerade den Jungs in der Kabine gesagt: Was habt ihr doch für ein schönes Leben als Fußball-Profis, ich sehne mich dahin mal zurück. Der Günter wird bestimmt bestätigen, wie schön das früher als Fußballer war.«

Delling: »Tja. Das haben Rudi Völler und Günter Netzer gemeinsam: Beide wären gern noch einmal richtige Fußballer, nicht?«

Netzer: »Ja. Er hat völlig recht. Es war ein richtig schönes Leben. Aber ich hab' noch ein größeres Handicap. Ich muss das mit Ihnen ertragen.«

Die Panini-Weltformel und der Raub von Brasilien

Ob jung, ob alt – vor großen Turnieren bricht regelmäßig die Sammelleidenschaft aus. Panini-Bilder aus Italien sind immer noch der Renner. Vor der Weltmeisterschaft 2010 war der Run auf die bunten Tütchen offensichtlich so riesig, dass in Brasilien eine bewaffnete Bande den Kopf verlor und sich gewaltsam in den Besitz der raren Ware brachte. Sie überfiel einen Großhändler in Santo André, nahm kurzzeitig 30 Geiseln und erbeutete schließlich um die 135.000 Panini-Bilder zur Fußball-WM in Südafrika. Die brasilianischen Agenturen vermeldeten gleichzeitig, dass das Sammelfieber bereits einige Tage vor der Tat nicht mehr ausreichend befriedigt werden konnte. Und nun auch noch das. Sowohl die Sammler wie auch die Kioskverkäufer beschwerten sich umgehend über die fehlende Lieferung. Die Bildchen waren in 27.000 Briefumschlägen eingepackt, mit denen fünfzig Verkaufsstellen versorgt werden sollten. Einige Tage später dann die erlösende Nachricht, dass ein Großteil des Diebesguts wieder aufgetaucht sei. Brasilien atmete auf.

In Europa hingegen hatte das Wettrennen bereits ohne rationierte Einschränkungen begonnen. In der Schweiz berichtete eine Zeitung am Tage des offiziellen Verkaufsstarts, dass ein stolzer Sammler bereits nach achteinhalb Stunden sein Album komplett gefüllt hätte. Wie das ging: »Der Trick ist, zwei Schachteln am selben Ort zur selben Zeit zu kaufen – möglichst zwei aufeinanderfolgende. So finden sich in der zweiten Schachtel die fehlenden Bilder der ersten Schachtel. Wenn man Glück hat.«

Glück ist für Wissenschaftler ein Wort, das sie höchstens bei der Partnersuche akzeptieren. Im Falle der Sammelbilder hat sich allerdings der Informatiker Andreas Binzenhöfer bereits 2006 auf die Suche nach der »Panini-Weltformel« gemacht. Und er glaubt, er hat sie gefunden. Mit der Formel kann man unter anderem ausrechnen, wie viel Geld ein Sammler am Ende tatsächlich investieren muss. Ohne mit jemandem zu tauschen, wäre man beim WM-Album 2006, das 596 Bilder hatte, zwischen 300 bis 700 Euro los gewesen.

Christoph Leuenberger, Mathematiker an der Hochschule für Technik und Architektur in Fribourg, hat dazu eine Panini-Wahrscheinlichkeitsrechnung erstellt: »Wie viele Bildchen muss man im Schnitt aus der Urne ziehen, bis man alle mindestens einmal gezogen hat (d. h. bis das Album voll ist)? Die Antwort lautet $N \cdot \ln(N)$ und liefert für $N = 660$ den Wert 4285. Dies läuft unter dem Namen coupon collector's problem.« Das wäre dann doch ein bisschen viel, weshalb Panini mit einer geheimen Durchmischung nachhilft. Und wem das noch zu teuer ist; siehe Brasilien.

Adrianos Eskapaden oder die Freundin am Baum

Der Paul Gascoigne Brasiliens ist der Stürmer Adriano. Frauen, Alkohol, Depressionen und jede Menge Schlagzeilen. In Mailand machte sich der Star einmal zu später Nachtstunde in einer Diskothek an eine nette amerikanische Touristin ran. Unter starkem Alkoholeinfluss baggerte und baggerte Adriano, bis der Freund des netten Mädchens schließlich vor ihm stand und ihm eine verpassen wollte. Es war der 206 cm lange US-Basketballer Rolando Howell von Pallacanestro Varese. Die beiden prügelten sich und beglückten die frisch renovierte In-Disko schließlich mit einer ausgelassenen Massenschlägerei. Die Fotos gingen um die Welt.

Als 2006 alle Fußballfans glaubten, der Stürmer von Inter Mailand litte an schweren muskulären Problemen, die ihn mysteriöserweise wochenlang am Spielen hinderten, war die Wahrheit tatsächlich eine andere. Jahre später gestand der Brasilianer: »Ich war nur glücklich, wenn ich trank, so dass ich nie aufgehört habe. Ich ging jeden Abend raus, und ich trank alles, was mir begegnete: Wein, Whiskey, Bier ... viel Bier! Ich bin zu jedem Training betrunken gekommen. Ich habe nicht geschlafen, aus Angst, zu spät zu kommen. Doch am Ende war ich zu keiner Zeit vorzeigbar, so dass sie mich auf die Krankenstation zum Schlafen geschickt haben.«

Adriano ging damals zurück nach Brasilien, nahm eine kurze Auszeit vom Fußball und schien auf einem guten Weg – ohne Alkohol und ohne Depressionen. Doch dann kam der Rückfall. Nach einem Qualifikationsspiel der Nationalmannschaft für die WM 2010 gegen Peru vermeldeten die Medien Berichte über seine Ermordung. Eine Woche später die Entwarnung: Adriano war wieder einmal nur im Suff hängen geblieben. Ein paar Tage später dann die Schlagzeile, der Brasilianer sei ein Stalker. Adriano verfolge liebestrunken seine Ex-Freundin.

Offensichtlich um eine andere Herzensdame handelte es sich im März 2010 bei einer der spektakulärsten Aktionen des Stürmers. Als Adriano schön gemütlich mit seinen Teamkollegen Vagner Love, Alvaro, Bruno und Denis Marques in Rio tüchtig einen draufmachen wollte, hatte seine Freundin Joana Machado offensichtlich etwas gegen das zünftige Männer-Saufgelage einzuwenden. Doch weil die Superstars ihr nicht die nötige Aufmerksamkeit schenkten, begann die Freundin die Autos von Adriano und seinen Kumpanen mit Steinen zu bewerfen. Nach einer Sekunde des Staunens handelten die fünf schnell, fesselten die Furie und banden sie an einen Baum vor dem Haus. Dann zogen sie los und erlösten die schockierte Freundin erst am nächsten Morgen um sieben Uhr aus ihrer ungewöhnlichen Lage. Was Paul Gascoigne zu der Aktion gesagt hat, ist leider nicht bekannt.

Flitzer: HSV auf dem Arsch und Uwe Seeler auf dem Rücken

Flitzer haben in den allermeisten Fällen einen kleinen Nachteil: Sie sind nicht gerade für ihre außergewöhnliche Attraktivität bekannt. In der Regel hat sogar das baumelnde Geschlechtsteil eine Größe, die Jungen in der Pubertät dazu bringt, nach dem Fußballtraining lieber schamvoll zu Hause zu duschen, als sich den Hohn und Spott der Teamkollegen abzuholen. Aber Ausnahmen bestätigen ja die Regel und so hatte im Winter 1999 der alternde Star des FC Middlesbrough, Paul Gascoigne, Glück, als ihm mitten auf dem Platz ein Nikolaus erschien und nur wenige Zentimeter von ihm entfernt weibliche Rundungen aufblitzen ließ. Da strahlten Flitzer und Star gleichermaßen um die Wette und auch der Ordnungsdienst wurde plötzlich von einem kollektiven Wadenkrampf geplagt.

Ein ähnliches Erfolgserlebnis hatte die italienische Nationalmannschaft bei ihrer Vorbereitung auf die EM 2008. Alleine die Namen der beiden Damen lassen erahnen, wie gerne sich die Kicker von ihrem Training abhalten ließen: Lisa Dalla Via und Marianne Puglia rannten auf den Platz, zogen sich bis auf einige Bikini-Fetzen nackig aus und verteilten Küsschen. Gennaro Gattuso, Marco Materazzi, Mauro Camoranesi, Luca Toni und Co. starrten zuckersüß lächelnd den hüpfenden Bällen hinterher.

Nicht attraktiv, aber innovativ war der Flitzer, der in der Saisonvorbereitung 2009 den FC St. Pauli bei einem Spiel in Göttingen gegen eine Stadtauswahl beehrte. Leider war der gute Mann augenscheinlich kein Anhänger des Kiezklubs. Sein Idol: Uwe Seeler. Und so hatte sich der Flitzer dick und fett »HSV« auf sein Hinterteil und in einem grell leuchtenden Rot-Ton »Uwe Seeler« auf seinen entblößten Rücken geschrieben. Auf seinem Bauch verbreitete er die Botschaft: »Brot für die Welt«. Begeistert verfolgten Spieler, Betreuer und Fans des FC St. Pauli, wie der Nackedei rasend schnell über den Platz lief und dabei sogar einen Kopfstand vollführte. Erst vor der Bank der Hamburger verlangsamte er die Geschwindigkeit. Dann ließ er sich mit hoch gereckten Armen jubelnd nieder und für seine Spaßeinlage feiern.

Solche Erlebnisse hatte der »König der Flitzer«, der Liverpooler Mark Roberts, früher fast an jedem Wochenende. Seine Leidenschaft für das Freikörper-Laufen wurde 1993 bei einem Rugbyspiel in Hongkong geweckt. Erst sah er eine nackte Frau übers Spielfeld flitzen, dann wettete er und am nächsten Tag rannte Roberts selbst über den Platz. Mittlerweile lebt der König allerdings in einem goldenen Käfig. Vor wichtigen internationalen Ereignissen muss der Engländer seinen Pass bei der örtlichen Polizeidienststelle abgeben. Für die Weltmeisterschaft 2006 soll Roberts sogar gleich ein Ausreiseverbot von der britischen Regierung erhalten haben. Aber seine attraktiven Nachfahren sind ja bereits losgeflitzt.

Lästern

»Madjer bereitet sich nur für das Spiel in München vor. Er trainiert wieder den Hackentrick ...« *Artur Jorge, als es vier Jahre nach dem Europacup-Finale erneut zum Spiel Bayern – Porto kam*

»Hansi, komm auf die Bühne und sag ein paar Worte. Aber bitte sing nix!« *Franz Beckenbauer beim Kaiser-Cup zu Volksmusikant Hansi Hinterseer*

»Unsere Mannschaft hat ein Zweikampfverhalten wie Weinbergschnecken.« *Präsident Hannes Kartnik von Sturm Graz*

»Der Ernst Happel sieht aus wie Beethoven im letzten Stadium.« *Max Merkel*

»Ich hatte schon vorher das Gefühl, dass die Mannschaft noch nicht reif für die Bundesliga ist. Aber dass einige Spieler so weich in der Birne sind, hätte ich nicht gedacht.« *Felix Magath nach einer 1:2-Niederlage der Frankfurter Eintracht beim Oberligisten KSV Klein-Karben*

»Ailton rennt nur immer nach vorn und geradeaus. Als die technisch versierten Brasilianer das Kombinieren geübt haben, hat er wohl gefehlt.« *Andreas Herzog*

»Wir haben im Training viele Elfmeter geübt, aber Bodo war eine Katastrophe. Unsere Chance lag darin, dass er angeschossen wird.« *Franz Beckenbauer nach der WM 1990 über Bodo Illgner*

»Wenn wir Deutschen tanzen, und nebenan tanzen Brasilianer, dann sieht das bei uns eben aus wie bei Kühlschränken.« *Berti Vogts*

»Ich hab früher schon in der Westkurve gestanden und Lothar Matthäus beschmissen.«

Mario Basler

»Beim Uli Stein waren in Mexikos Höhenluft wohl nicht alle Gehirnzellen eingeschaltet.« *Frank Beckenbauer über Stein, der ihn damals »Suppenkasper« nannte*

»Immer wenn Aumann die Klappe aufreißt, kriegt er den Laden voll.« *Udo Lattek*

Als eine Punkband Fortuna Düsseldorf das rechte Bein eines Spielers kaufte!

Rote Haare, rote Socken, eine bunte Hose im Schotten-Rock-Muster, dazu eine rot-weiß eingefärbte Büchse Becks-Bier in der rechten Hand und ein Trikot des Lieblingsvereins mit ARAG-Sponsorenaufdruck auf der Haut. Campino, der Leadsänger der Band »Die Toten Hosen« lächelte an diesem lauen Maiabend im Jahre 1989 cool und gelassen in die Kamera des Fotografen. Das *fussball magazin* hatte einen jungen, musikbegeisterten Redakteur in die Fürther Stadthalle geschickt, denn die fünf Mitglieder der Düsseldorfer Punkrock-Band planten etwas Außergewöhnliches. Auf den Spuren des englischen Hitparadenstürmers Elton John wollten sie ihren Fußballklub finanziell unterstützen. Von jedem verkauften Konzertticket ihrer Tour sollte eine Spende an ihren Verein gehen. Und so prangte in dicken orangefarbenen Lettern auf jeder Karte: »Plus eine Fortuna-Mark.«

Zuerst hatte man in Medienkreisen an einen besonders klugen Werbegag der fünf Musiker aus dem Rheinland gedacht, doch schon bald war klar, dass den fußballbegeisterten Düsseldorfern die Sache wirklich ernst war, wie Campino euphorisch erklärte: »Es muss wieder ›in‹ sein, zur Fortuna zu gehen oder etwas für den Verein zu machen. Da haben wir uns gedacht, es wird Geld für so viel Unsinn gespendet, also lasst uns von unserem Geld etwas Vernünftiges machen, zum Beispiel einen Spieler kaufen.«

Schon seit Längerem bekannten sich »Die Toten Hosen« öffentlich zu ihrem Verein – auch wenn dieser anfangs etwas zurückhaltend auf die Liebeszuneigungen reagierte: »Als wir vor Jahren immer mal wieder Freikarten abgeholt haben, haben sie noch gesagt: ›Okay, hier sind die Karten, aber sagt's keinem weiter!‹ Damals haben die sich wohl noch geschämt, dass wir dahin gehen!«

Was mit dem Geld genau passieren sollte, darüber waren sich die fünf zunächst nicht einig. Sollte es ein Stürmer, ein Mittelfeldspieler oder doch eher einer für die löchrige Abwehr sein? Mit einem Augenzwinkern verständigte man sich darauf, dass der Trainer am besten wissen müsse, was zu tun sei: »Wir haben da volles Vertrauen zum Ristic. Gute Leute, die er geholt hat. Der Carl Werner zum Beispiel macht Sachen, die kann der Rijkaard auch nicht besser … hat Ristic gesagt.«

Am Ende wurde die Aktion unter dem Motto »Wir kaufen das rechte Bein von Anthony Baffoe« zu einem großen Erfolg und zu einem legendären Kapitel Bundesligageschichte. Die eingesammelten 200.000 DM reichten, um einen großen Teil der Ablöseforderungen von Fortuna Köln für den späteren ghanaischen Nationalspieler zu erfüllen.

Frisuren-Raten: verrückte Bundesliga

VFB STUTTGART, EINTRACHT FRANKTFURT, KSC

HANSA ROSTOCK

WERDER BREMEN, BAYER LEVERKUSEN

BORUSSIA M'GLADBACH, BAYERN MÜNCHEN

VFB STUTTGART, TSG HOFFENHEIM

BORUSSIA M'GLADBACH, FORT. DÜSSELDORF, VFL BOCHUM

Sprüche klopfend Richtung Abstiegskampf: Bayer Leverkusen 2002/03

Es war die Saison nach der legendären Spielzeit 2001/02, in der Bayer Leverkusen innerhalb von nur ein paar Tagen die Meisterschaft verspielte sowie die Finalbegegnungen im DFB-Pokal und in der Champions League vergeigte. Manager Reiner Calmund hatte noch einen zarten Schnauzbart und Tränen des Verlusts in den Augen, als er in einem Franz-Beckenbauer-Gedächtnismarsch über den Rasen der BayArena trabte. Damals glaubte man in der Stadt des ewigen Zweiten, schlimmer könne es gar nicht mehr kommen. Wie sehr man sich doch irrte!

Auch der neue große Sponsor aus Essen hätte sich das viele Geld für eine Werbeagentur wohl gespart, hätte man vor der Saison auch nur geahnt, was der Bayer-Elf dort blühen sollte. Aber einmal begonnen, konnte man die Idee – jeden Spieltag pointiert mit einer kleinen Anzeige im immer selben Stil zu begleiten – nicht einfach wieder so zu den Akten legen.

Gott sei Dank! Denn was am Ende zurückblieb, war eine Achterbahnfahrt der Gefühle und manch schöner (bissig-kritischer) Spruch über den rasanten sportlichen Niedergang eines Vereins – der sich nur ein Jahr nach dem Finale der Champions League im Abstiegkampf der Fußball-Bundesliga wiederfand.

1. Spieltag – Cottbus 1:1 # *Es gibt Schlimmeres als einen Punkt gegen Cottbus: keinen Punkt gegen Cottbus.*

2. Spieltag – Dortmund 1:1 # *Es ist schwer, in Leverkusen zu gewinnen. Diesmal sogar für Leverkusen.*

3. Spieltag – Bochum 2:4 # *Lieber Toppi, alles hättest du Bochum früher nicht beibringen müssen.*

Champions League – Maccabi Haifa 2:1 # *Nach 2 Siegen sieht die Tabelle gleich viel besser aus, Leverkusen. Calli und Toppi übrigens auch.*

10. Spieltag – Berlin 1:1 # *Leverkusen punktet in Berlin. Und das ist auch gut so!*

Champions League – Barcelona 1:2 # *In Mailand bitte dran denken, Leverkusen: Der Ball ist rund, das Spiel dauert 90 Minuten.*

17. Spieltag – 1. FC Nürnberg 0:2 # *Endlich Winterpause!*

18. Spieltag – Cottbus 0:3 # *Sonntag Ruhetag? Leverkusen verschläft Rückrundenstart.*

Champions League – Inter Mailand 2:0 # *Wenn man es nicht kann, muss man es wenigstens wollen!*

29. Spieltag – Schalke 04 1:3 # *Worauf wartet ihr eigentlich noch?*

32. Spieltag – HSV 4:1 # *Noch habt ihr es in der Hand, Leverkusen. Aber auch im Fuß?*

34. Spieltag – Nürnberg 0:1 # *Aus aktuellem Anlass erscheint diese Anzeige in Schwarz. Das war knapp. Fast wäre diese Anzeige erschienen.*

Opa, Zico, Mozart, Lassie und Schnix – Spitznamen der Bundesliga

Manche Spitznamen von Bundesligaprofis hören sich gar zu abenteuerlich an, aber da man ja in der Kabine schlecht Mäuschen spielen kann, muss man sich an die Überlieferungen halten, die existieren. Hermann Gerland, den in Bochum jedes Kind nur »Tiger« ruft, würde sich auf dem Platz nicht umdrehen, wenn »Ata« Lameck ihn bei einem Benefizspiel von hinten so anraunzen würde. Für seine Mitspieler von damals ist der harte Hermann bis heute einfach nur »Eiche«.

Thomas von Heesen sollen seine Kollegen angeblich »Prothesen-Heesen« genannt haben. Und das nicht etwa, weil der ehemalige Mittelfeldspieler so häufig verletzt war, sondern einfach nur, weil es sich so schön reimte.

Den Uerdinger Marcel Witeczek »Opa« zu rufen, weil er tatsächlich bereits in jungen Jahren auf manchen Bildern ziemlich alt aussah, oder den Bochumer Peter Zanter »Pizza« zu taufen, weil er so gerne beim Italiener isst, bot sich an. Auch der Spitzname »Manta« für den Karlsruher Guido Streichsbier, weil er jeden Morgen einen neuen Manta-Witz beim Training erzählte, oder »Mücke« für Michael Harforth, weil er so stark wie Bud Spencer (in dem Film »Sie nannten ihn Mücke«) ist, klingt logisch. Wahrscheinlich ist selbst der dritte KSCler im Bunde, Gunter Metz, ein bisschen stolz auf seinen Rufnamen »Rolf« gewesen, weil er zu der damaligen Zeit eine Figur wie der Gewichtheber Rolf Milser hatte. Doch einem Mannschaftskollegen den Spitznamen »Schiri« zu verpassen, nur weil der Uerdinger Werner Kempkes sich auf dem Feld angeblich so unauffällig wie ein Schiedsrichter bewegte, ist dann doch ein bisschen weit hergeholt.

Weitere Spitznamen der Bundesliga:

Gerald Asamoah – Blondie
Uwe Bindewald – Zico
Thomas Broich – Mozart
Jürgen Klinsmann – Flipper
Jürgen Kohler – Der Kokser
Marek Lesniak – Lassie
Ewald Lienen – Zettel-Ewald
Tomas Rosicky – Schnitzel
Matthias Sammer – Motzki
Bernd Schneider – Schnix
Manfred Schwabl – Manolito
Huub Stevens – Der Knurrer von Kerkrade
Bernd Schuster – Der blonde Engel
Lothar Woelk – Netzer

Udo Lattek: »In so einer Situation muss man ganz ruhig bleiben!«

Ein Versprechen hat Udo Lattek in seinem Leben nicht halten können. Er hatte einmal gemeint: »Ich habe meiner Tochter Nadja gesagt: ›Wenn du alt genug bist, um in der Zeitung zu lesen, was für ein Riesenarschloch dein Vater ist, dann höre ich auf.‹« Das war, kurz bevor er auf Schalke als Trainer anheuerte und Nadja ihren zehnten Geburtstag feierte. Damals fabulierte Charly Neumann gewohnt euphorisch: »Ich sehe am Himmel einen UEFA-Cup-Platz!« Doch schon im Winter stieg Udo Lattek bereits wieder aus und aus Europa wurde es erst Jahre später etwas für Schalke.

Lattek, der im September 1991 auf die Frage, wer der beste Trainer sei, bescheiden antwortete: »Der Lattek, als er noch Trainer war«, kehrte im Jahre 2001 zu einer weiteren früheren Station im Revier zurück. Borussia Dortmund stand fünf Spieltage vor dem Ende der Saison kurz vor dem Abgrund, als Präsident Gerd Niebaum die irre Idee hatte, Udo Lattek noch einmal auf den Posten des Cheftrainers zu befördern. Doch bevor er Dortmund retten konnte, musste man sich erst einmal in Geldsachen einig werden. Stolz erzählte Lattek später, es wäre am Ende nicht die kolportierte eine Million gewesen, die Dortmund für fünf Spiele zahlte, sondern derer zwei. Und zusätzlich sollte es einen neuen Mercedes 500 geben, da Lattek gesehen hatte, dass Gerd Niebaum solch ein schönes wie seltenes Auto bereits fuhr. »Du Hund«, soll der Präsident bei dieser Forderung gerufen, aber schließlich doch eingeschlagen haben. Und Udo Lattek selbst sagte Jahre später: »Ich habe das Geld immer genommen. Ich wollte schließlich niemandem wehtun.«

Über die Sitzung vor dem entscheidenden Spiel beim VfB Stuttgart hat Matthias Sammer einmal aus dem Nähkästchen geplaudert. Lattek beschwor die Mannschaft damals mit diesen Worten: »Ich erzähl euch jetzt mal eine Geschichte. Ihr sitzt zu Hause, ganz gemütlich im Wohnzimmer, habt die Beine hoch gelegt und guckt gemeinsam mit eurer Frau einen schönen Film im Fernsehen. Glas Rotwein dabei. Und plötzlich hört ihr es krachen und schwarz vermummte Einbrecher stehen bei euch im Haus. ›Mensch, was macht ihr da?‹, fragte Udo Lattek den ›Kokser‹ und brachialen Manndecker Jürgen Kohler. Insgeheim rechnete er natürlich damit, dass der sich erregt, aufspringt und lautstark tönt: ›Trainer, ganz klar. Die musst du umhauen!‹ Doch Kohler lehnte sich entspannt zurück und sagte: ›Trainer, in so einer Situation muss man ganz ruhig bleiben!‹ Und Udo Lattek, der alte Fuchs, hielt nur für einen Moment inne und meinte dann: ›Ganz genau. Ganz ruhig bleibt man. Und so müsst ihr heute spielen. Mit viel Ruhe und Augenmaß, dann haut das schon hin!‹« Anschließend ging Lattek rechtzeitig zum Studium seiner Tochter Nadja endgültig in den Ruhestand.

Einmal und nie wieder oder der Mann für 65 Minuten: Dirk Drescher

Als Dirk Drescher am ersten Spieltag der Saison 1985/86 für den VfL Bochum in Nürnberg den Platz betrat, war er gerade einmal 17 Jahre, 5 Monate und 13 Tage alt. Am Vormittag dieses denkwürdigen Tages erst hatte sein Verein beim DFB eine Spielberechtigung für den jungen Mann eingeholt. Eine weise Entscheidung. Denn nachdem die eigentliche Nummer eins, Ralf Zumdick, endgültig wegen einer Schulterverletzung hatte passen müssen, schaffte es der Nachwuchstorwart Markus Croonen – ebenfalls in seinem allerersten Spiel überhaupt – gerade einmal bis zur 25. Minute. Dann säbelte er den Nürnberger Reiner Geyer übereifrig von den Beinen und flog unter Tränen vom Platz.

Ein Moment der Stille im Frankenstadion. Schließlich schüttelte sich der VfL-Coach Rolf Schafstall einmal kräftig durch, schaute betreten Richtung Auswechselbank, nahm Stürmer Stefan Kuntz vom Platz und nickte dann dem nervös vor sich hinstarrenden Dirk Drescher zu. Ihn persönlich anzusprechen, traute sich der Trainer nicht, denn Schafstall wusste nicht einmal den Vornamen seines Ersatzkeepers.

Der siebzehnjährige Gymnasiast stand zitternd auf, blickte auf den Boden und deutete stumm auf seine Fußballtreter. »Ich war mit einem Male so nervös, dass ich es nicht schaffte, meine Fußballschuhe zuzubinden«, erinnert sich der Torwart noch heute schmunzelnd an diesen ganz besonderen Moment. Routinier Heinz Knüwe fackelte nicht lange, ging in die Hocke und knotete eine Doppelschleife. Währenddessen erkundigte sich Kapitän Klaus Fischer nach Dreschers Vornamen und Ata Lameck klopfte in einer Tour dem Keeper – und auch ein bisschen sich selbst – mutmachend auf die schmalen Schultern.

Als der VfL Bochum nach neunzig Minuten und nach einem durch und durch unansehnlichen Spiel überraschend mit 1:0 beim Club gewonnen hatte, schien es für einen Augenblick so, als sei ein neuer Stern am Torwarthimmel geboren. Doch der Nürnberger Trainer Heinz Höher kritisierte eher seine Mannschaft, als den jungen Keeper des VfL in den Himmel zu loben. »Wir waren doch nicht einmal in der Lage, einem 13- oder 14-jährigen Knaben einen Ball ins Netz zu setzen«, ordnete er die Leistung des von den Medien zum Titelhelden gemachten Nachwuchstorwarts kopfschüttelnd ein.

In Bochum sah man die Dinge ähnlich und verpflichtete über Nacht den alten Gladbacher Meisterspieler Wolfgang Kleff als neue Nummer eins. Rotsünder Markus Croonen kam in seiner Karriere nur noch zu drei weiteren Einsätzen beim VfL Bochum und für Dirk Drescher blieb der Traum »Fußball-Bundesliga« eine fünfundsechzigminütige Episode ohne Wiederholung.

Schiedsrichter

»Ich hätte ihm auch Rot zeigen können, aber er hatte am nächsten Tag Geburtstag, da wollte ich nicht so hart sein.« *Schiri Dr. Franz-Xaver Wack über Gelb-Rot für Bochums Martin Meichelbeck*

»Zwei Blinde sehen auch nicht blinder als einer.« *Stefan Reuter zum Vorschlag, zwei Schiedsrichter einzusetzen*

»Schiedsrichter dosieren Wein, Weib und Gesang. Das beflügelt sie zu sehr guten Leistungen.« *Walter Eschweiler*

»Denen haben wir es jetzt mal gezeigt, den saublöden Herren Sportlehrern.« *Manfred Amerell splitterfasernackt in der Kabine nach einem Spiel gegen Bochums Sportlehrer Reinhard Saftig*

Wolfgang Overath: »He, Aldinger, jetzt hast du wohl gerade deine schwachen zehn Minuten.« *Heinz Aldinger:* »Und du, Overath, spielst schon 70 Minuten Scheißdreck.«

»Schiedsrichter kommt für mich nicht in Frage, schon eher etwas, was mit Fußball zu tun hat.« *Lothar Matthäus*

»Es sah so aus, als ob der Schiedsrichter eine neue gelbe Karte hatte und sehen wollte, ob sie funktioniert.« *Richard Rufus*

»Nur der Halbzeitpfiff war keine Fehlentscheidung.« *Charly Mrosko von Arminia Hannover*

»Nachdem die größte Witzfigur, die ich seit 35 Jahren kennengelernt habe, das Fußballspiel Fortuna Köln gegen Hertha BSC abgepfiffen hat, eröffne ich die Pressekonferenz.«

Jean Löring

»An diesem Ergebnis war nichts zu machen. Der Schiedsrichter hatte dieses Spiel auf seinem Totoschein als Unentschieden getippt.« *Terry Venables*

Karl-Heinz Rummenigge bei der WM 1990: »Ich hoffe, wir sehen diesen Schiedsrichter nicht mehr bei dieser WM.« *Heribert Faßbender:* »Höchstens als Kartenabreißer.«

Der Popstar Falco und seine Fußball-Wunschelf mit Flair!

Im Mai 1987 nahm der damalige Popstar Falco – mit einer grauen Schlabberbuchse und einer roten Adidasjacke ausstaffiert – an einer Trainingseinheit des 1. FC Nürnberg teil. Zusammen mit Dieter Eckstein, Stefan Reuter und einem Heer an Fotografen und Kamerateams hechtete der Österreicher zu PR-Zwecken dem Ball hinterher, wiewohl »die etwas zu üppig ausgefallenen Regionen um den Bauchnabel« und der langjährige Zigarettenkonsum das Laufen etwas erschwerte. Zudem musste der Musiker – als er zum wiederholten Male beim Elfmeterschießen das runde Leder vor seinen Beinen verfehlte – kleinlaut eingestehen, dass er in seinem Leben Fußball bisher leider noch »nie gespielt« habe.

Auf die Frage nach seiner liebsten Leibesübung antwortete der »Plattenmillionär« aus den Bergen dann auch nicht gänzlich unerwartet ziemlich eindeutig: »Dreimal dürfen Sie raten, Sie kommen gewiss drauf.«

Zu gerne hätte der erfolgreiche Sänger, der ein Jahr zuvor mit seinem Hit »Rock Me Amadeus« drei Wochen lang Platz 1 in den US-amerikanischen Billboard-Charts einnahm, damals einen Teil seiner üppigen Erlöse in den Ballsport gesteckt: »Einen Fußballverein würde ich gern finanzieren, so wie der Elton John. Oder Rod Stewart mit der schottischen Nationalmannschaft.«

Eine kickende Wunschelf mit »Flair« hatte der österreichische Popstar auch schon klar vor Augen, wie er dem Reporter des *fussball-magazins* in seinen »heiteren« Ausführungen anvertraute: »Im Tor müsste ein Dicker stehen. Am besten Fats Domino. Alice Cooper spielt Stopper. Der schaut so gruselig aus, an dem traut sich keiner vorbei. Libero spiele ich selbst. Ich bin immer gerne libero. Als Mittelstürmer wäre Peter Maffay ideal. Der hat viel Power. Linksaußen müsste der Konstantin Wecker spielen. Rechtsaußen der Jörg Haider.«

Beim Thema Ersatzbank zögerte Falco kurz, wischte sich mit dem Handrücken den Schweiß von der Stirn, fand aber schließlich doch noch einen Wunschkandidaten für sein Team: »Ich kenne im Showbusiness keine richtigen Arschlöcher, die ich auf die Ersatzbank setzen würde. Höchstens den Roy Black, aber nur, weil er im Augenblick nicht so richtig fit ist.«

Als Coach nahm der Popstar, der im wahren Leben Hans Hölzel hieß, Frank Sinatra (»Der hat mit Abstand die meiste Erfahrung«) mit in seinen virtuellen Wunschkader auf und bestimmte als Mann in Schwarz spontan den damaligen CSU-Ministerpräsidenten Franz-Josef Strauß.

Und auf die Frage, was es denn bei Siegesfeiern geben solle, antwortete der Musiker, der 1995 mit dem Hit »Mutter, der Mann mit dem Koks ist da« Erfolge feierte, breit grinsend: »Nur Alkohol.«

Kurioses am laufenden Band

1. **Vor welcher Tür wurde 1988 ein Laster mit dem Slogan »Das Fußballerlebnis SV Meppen« abgestellt?**
   - A Olaf Thon
   - B Toni Schumacher
   - C Peter Neururer
   - D Jens Lehmann

2. **Welche Nationalmannschaft hätte Trainer Horst Wohlers im März 1990 beinahe übernommen?**
   - A Frankreich
   - B Griechenland
   - C Niederlande
   - D Dänemark

3. **In welchem Aufzug erschien Paul Gascoigne bei der WM 1990 zum Training?**
   - A In Satinunterwäsche
   - B Komplett nackt
   - C Als Clown verkleidet
   - D Im Maggie-Thatcher-Köstum

4. **Auf welchen Gegenstand, den Christoph Daum über die Geschäftsstelle geordert hatte, wartete er über zwei Jahre?**
   - A Locher
   - B Schreibmaschine
   - C Faxgerät
   - D Tischlampe

5. **Unter welchem Motto fuhr »Super-Fan« Marino Fioretti zur EM 1992 nach Schweden?**
   - A Lieber Kotzen statt Boxen
   - B Statt Leuchtraketen lieber Trompeten
   - C Import ist besser als Export (wegen der hohen Bierpreise)
   - D Lieber Saufen statt Raufen

6. **Mit welchen technischen Hilfsmitteln versuchte der BVB im Frühjahr 1991 aus der Krise zu kommen?**
   - A »brain-checker« (Entspannung)
   - B »mind-machine« (Mentaltraining)
   - C »air-robot« (Sauerstoffgerät)
   - D »muscle-impact« (Muskelaufbau)

Guerilla-Marketing: Wie der Fußball die Menschen begeistert

Als der VfB Stuttgart 2007 Deutscher Meister wurde, hatte plötzlich jeder Fan in der Schwabenmetropole eine Meisterschale aus Pappe in der Hand. Über 50.000 Stück dieser Imitate sollen rund um den Tag der Feierlichkeiten in Stuttgart verteilt worden sein. Der Clou: Das »Sportlifestyle-Unternehmen« Puma hatte die Mitte großflächig mit seinem runden, weiß-roten Logo beklebt. Die Bilder der glücklich jubelnden Fans, die stolz die Meisterschale hoch hielten, gingen um die Welt. Kostenlose Werbeminuten im Fernsehen und gratis Anzeigenflächen in Magazinen und Zeitungen waren so garantiert.

Die Königsklasse des Guerilla-Marketing gewann 2009 jedoch die niederländische Brauerei Heineken. Unter einem Vorwand lockten Freundinnen, Arbeitgeber und Uni-Professoren fußballbegeisterte Menschen zu einem klassischen Konzert genau an dem Tag, an dem das CL-Spiel Real Madrid gegen AC Mailand stattfand. Herzergreifend war dabei besonders die Szene eines attraktiven Pärchens. Der Mann war vollkommen irritiert, als die Frau ihm sagte, dass sie Karten für das Konzert an diesem speziellen Datum habe. Er stammelte: »Aber da ist doch das Spiel. Ich mache keinen Scherz.« Und sie zuckte nur italienisch-lässig und bestimmt mit den Schultern und erwiderte: »Dann musst du eben das Spiel sausen lassen.«

An dem besagten Abend versammelten sich die Protagonisten im Konzertsaal, versanken in ihren Sesseln und guckten immer wieder gelangweilt auf ihre Uhren. Über 1.000 Menschen, von denen etwa 200 eingeweiht waren und den Lockvogel gespielt hatten, schauten auf eine riesige Videoleinwand, auf der zur klassischen Musik eines Streichquartetts live poetische Verse niedergeschrieben wurden. Schon nach wenigen Augenblicken gähnten die ersten Fußballfreunde und blickten betreten zu Boden. Doch dann kam Bewegung in den Abend. Auf der Videoleinwand erschien der Satz: »Es ist schwierig, seinem Chef ›Nein‹ zu sagen, oder?« Erste Lacher im Publikum. »Oder zur Freundin?« Die Männer schauten amüsiert zu ihren Partnerinnen hinüber. »Oder zum Spiel?« Erleichterung im Saal machte sich hörbar breit. Und dann die endgültige Erlösung: »Wie konnten Sie jemals auf die Idee kommen, das große Spiel zu verpassen?« Applaus!

Das Streichquartett ging in die bekannte Eröffnungsmelodie der Champions-League-Hymne über, und auf der Videoleinwand stand die letzte und wichtigste Notiz des Abends: »Real Madrid gegen AC Mailand jetzt hier auf der Leinwand. Lassen Sie es uns gemeinsam genießen!«

Über 1,5 Mio. sahen das Heineken-Spektakel live auf Sky Sport und zehn Mio. am nächsten Tag in den Nachrichten.

Skandale: Wetten, Frauen und Korruption – alles wie immer!

1916: Vier Spieler von Manchester United und drei von Liverpool verbüßten für eine Bestechungsaffäre lebenslängliche Sperren. Einer von ihnen, E.J. West von Manchester United, wurde formal 1945 als 60-Jähriger wieder begnadigt. Die sieben hatten hohe Summen auf ein Remis zwischen ihren beiden Teams gesetzt und auch so gespielt. Ein Mitspieler, der nicht eingeweiht worden war, hatte von der Absprache erfahren und sie verraten.

1955: Durch eine unüberlegte Bemerkung eines Spielers schöpfte Frankreichs Verband Verdacht, dass der Aufstieg von Red Star Paris in die erste Division erkauft worden sei. Die Nachforschungen ergaben, dass Red-Star-Trainer Charles Nicolas mehrere Torhüter bestochen hatte, darunter Schönhenzel vom FC Toulon, der 150.000 Francs dafür bekam, dass er im Spiel gegen Red Star vier haltbare Bälle passieren ließ. Nicolas und Schönhenzel wurden für immer gesperrt, Red Star musste wieder in die zweite Division zurück.

1959: Die Rache einer enttäuschten Braut deckte einen schweren Korruptionsfall im italienischen Fußball auf. Signorina Marchesini war die Verlobte Renato Azzinis, eines ob seiner Klasse und Härte gefürchteten Mittelläufers des AC Padua, der damals von Nereo Rocco, dem späteren Trainer des AC Mailand, betreut wurde. Als Azzini den Hochzeitstermin immer wieder hinausschob, verlor seine Zukünftige die Geduld und verriet, dass Azzini bei einer überraschenden 3:5-Heimniederlage gegen die abstiegsbedrohte Mannschaft von Atalanta Bergamo bestochen worden war. Der Mann, der Azzini bearbeitet hatte, war ein gewisser Gigi Gagiotti, der Spielerbestechungen berufsmäßig betrieb. Ihm konnte man damals allerdings nicht an den Kragen, weil er keinem Verein angehörte und sportliche Korruption in Italien nicht strafbar war. Azzini aber wurde lebenslänglich disqualifiziert, Atalanta zuerst in die Seria B verbannt, im Berufungsverfahren jedoch freigesprochen.

1960: Der Ex-Internationale Gino Capello versprach seinem ehemaligen Team-Kameraden Nini Catozzo zwei Mio. Lire, wenn er im Spiel von Atalanta Bergamo gegen das abstiegsbedrohte Genua 93 den Genuesen zum Sieg verhelfe. Catozzos Frau, eine Sportjournalistin, meldete Capello jedoch dem Verband, der ihn daraufhin auf Lebenszeit sperrte. Genua wurden 28 Punkte abgezogen. Tragisch: Denn das bedeutete nicht nur den Abstieg – die Genuesen mussten auch die neue Saison mit einem Minus von zehn Punkten beginnen, weil sie nur ganze 18 Zähler erobert hatten. An einen Wiederaufstieg war unter diesen Voraussetzungen natürlich nicht zu denken.

Anekdoten aus früheren Zeiten

Manfred Manglitz, Bundesligatorwart des Meidericher SV, machte seinem Spitznamen »Cassius« 1965 vor einem Spiel gegen Tasmania Berlin alle Ehre. Er begrüßte seinen Nationalmannschaftskollegen Horst Szymaniak mit den Worten: »Na, Schimmi – nichts los bei Tas, was? Keine Siege, kein Geld.« Szymaniak konterte: »Aber heute packen wir euch.« Darauf Manglitz: »Ja, aber dann müssen wir Skat spielen.«

★ ★ ★

Andreas Weiß, der Jugendleiter des 1. FC Nürnberg, nutzte die Gelegenheit konsequent. Als er 1965 auf einer Feier der Franken als Weihnachtsmann auftrat, kritisierte er im Schutze der Verkleidung die gelegentlichen abendlichen Kontrollbesuche des Cheftrainers Jenö Csaknady in den Wohnungen der Spieler. Hinter seinem weißen Rauschebart sagte er: »Einige Spieler haben dem Weihnachtsmann geschrieben, er möge doch endlich Eis und Schnee auf die Straßen bringen, damit der Jenö seine nächtlichen Rundfahrten einstellt.«

★ ★ ★

Helmut »Jimmy« Traska, Torwart in den sechziger Jahren bei Rot-Weiß Oberhausen, erwarb bei einem Essener Gebrauchtwagenhändler einen Opel Kapitän für 3.500 Mark. Kollegen, denen er seine Errungenschaft stolz vorführte, bezeichneten den Preis als viel zu hoch und den Unterhalt als viel zu kostspielig. Traska brachte den Wagen umgehend zurück. Der Händler zahlte noch 1.800 Mark. Traskas Verlust: 1.700 DM.

★ ★ ★

Als Rudi Gutendorf Mitte der sechziger Jahre Trainer beim VfB Stuttgart war, musste er sich einmal vor dem Amtsgericht der »unverantwortlichen und gefährlichen Fahrweise verantworten«. Zuerst sollte Gutendorf vor Gericht die Frage nach seinem Gehalt beantworten. Diskret schob er dem Vorsitzenden einen Zettel zu. Der las ihn und warf ihn dann weg. Dennoch schrieben die Zeitungen anschließend von einer monatlichen Vergütung in Höhe von 5.000 DM. Der Hauptbelastungszeuge, der sich als Autofahrer von Gutendorf »verfolgt« gefühlt hatte, musste sich vom Staatsanwalt »Ungereimtheiten« vorwerfen lassen. Nachdem er erst erklärt hatte, von Fußball keine Ahnung zu haben, identifizierte er daraufhin die Farben des Gutendorf'schen Wagens (rot-beige) als die des VfB, gab zum Besten, er würde seinen Namensvetter Pfisterer in der Bundesligaelf des VfB aufstellen, und musste schließlich sogar zugeben, Mitglied des VfB-Lokalrivalen Stuttgarter Kickers zu sein. Dumm gelaufen irgendwie!

Knochenbrecher kurz notiert

Auch im Team muss man sich Respekt verschaffen. Als Klaus Augenthaler 1975 aus Vilshofen zum großen FC Bayern kam, sprach von den Alten niemand ein Wort mit dem Nachwuchsspieler. Bulle Roth haute »Auge« aus den Schuhen raus, und Jupp Kapellmann zischte ihm zu: »Geh zurück, wo du herkommst.« Doch der Assistenztrainer der Bayern, Werner Olk, hatte ein Einsehen mit dem jungen Mann. Er bläute Augenthaler ein: »Du musst dich wehren.« Und der Weltmeister von 1990 wehrte sich: »Da habe ich dem Jupp Schläge angedroht und ihn zweimal rasiert. Ab da war Ruhe.«

★ ★ ★

Wattenscheids Trainer Hannes Bongartz wurde einmal gefragt: »Wenn Nürnberg gegen Wattenscheid spielt, sind Verletzungen für Club-Spieler an der Tagesordnung. Nach Dorfner hat es zuletzt auch Zarate erwischt. Tritt Ihre Elf den 1. FCN kaputt?« »Quatsch. Scheinbar sind die Jungs aus dem Ruhrgebiet nur härter als die Franken.«

★ ★ ★

In seinem Buch »Ich will kein Vorbild sein« forderte Paul Breitner, dass man schon den Schülern beibringen solle, wie man richtig Foul spielt. Ein riesiger Aufschrei ging durch die Fußball-Gesellschaft. Doch im Prinzip hatte Breitner gar nicht so unrecht, wie er selbst erklärte: Das Foulspiel ist ein Bestandteil des Fußballs. Ergo müsse man lehren, es so auszuführen, dass schwere Verletzungen verhindert werden.

★ ★ ★

Paul Steiner musste sich 1979 nach einem Foul am damaligen 1860-Stürmer Heinz Flohe einer Millionenklage und dem Vorwurf einer vorsätzlichen Körperverletzung erwehren. Doch der raubeinige Verteidiger beteuerte auch Jahre später noch seine Unschuld: »Es war eine unglückliche, wahrscheinlich ungeschickte Aktion von mir. Statt des Balles traf ich das Schienbein von Flohe.«

Schön gesprochen

»Der Konjunktiv ist der Feind des Verlierers.« *Jens Lehmann nach dem EM-Finale*

»We have to fight weiter.« *Jonas Kampers Nicht-Abstiegs-Motto, kurz darauf in ganz Bielefeld plakatiert*

»Ich bin kein Nazi, aber diesem Mann, der den Ribery entdeckt hat, dem muss man ein Ritterkreuz mit Eichenlaub und Brillanten geben.« *Udo Lattek*

»Gewinnen ist nicht sehr wichtig, solange du gewinnst.« *Vinny Jones*

»Auf einem alten Fahrrad lernt man das Radeln.« *Rafael van der Vaart über seine fünf Jahre ältere Frau Sylvie*

»Das ist wie VW Beetle gegen Porsche. Wir sind aber nicht auf der Autobahn, sondern im Stadtgebiet unterwegs und müssen gucken, ob der Beetle nicht hier und da einen Vorteil hat.«

Bielefeld-Trainer Ernst Middendorp vor einem Spiel gegen den FC Bayern

»Der Regen kommt von Gott. Deshalb ist das kein Problem.« *Gladbachs Brasilianer Dante auf die Frage, ob ihn der viele Regen in Deutschland störe*

»Wer sich selbst keine Grube gräbt, fällt immerhin in eine Grube weniger.« *Sepp Herberger*

»Solange wir als Fettaugen auf der Wurstsuppe schwimmen, wollen wir glänzen.« *Matthias Lindner*

»Arroganz ist die Perücke der Unwissenheit.« *Franz Beckenbauer*

»Ich fahr gar nicht erst aus der Haut – denn die Rückfahrt bringt meistens Probleme.« *Dieter Eckstein*

»Dem Philipp Lahm beim Training zuzusehen, ist wie Bratwurst essen. Ein richtiger Genuss.« *Hermann Gerland*

Der Jahrhunderttrainer: »Mein Name ist Middendorp! M-i-d-d-e-n-d-o-r-p!«

Rüdiger Lamm, der ehemalige Manager von Arminia Bielefeld, hat einmal über Ernst Middendorp gesagt: »Verrückt bin ich, aber er ist wahnsinnig.« Eine punktgenaue Charakterisierung des »wilden Handfegers«, die sicherlich deutschlandweit alle Fußballfans sofort unterschreiben würden. Ein ganz spezieller Mensch scheint dieser ehemalige Klosterschüler zu sein. Und er ist einer der ganz wenigen Bundesligatrainer, dem eine eigene umfassende Webseite gewidmet wurde. Wer unter www.jahrhunderttrainer.de ins Internet geht, erfährt von der Schuhgröße über jede einzelne Anekdote bis hin zur aktuellsten Neuigkeit alles, was er über Ernst Middendorp je erfahren wollte – und noch jede Menge darüber hinaus.

Der Betreiber der Seite, der Bielefelder Stefan Hübner, hat offensichtlich einen echten Narren an dem Mann gefressen, der sich im April 1988 bei einer Pressekonferenz so vorstellte: »Mein Name ist Middendorp! M-i-d-d-e-n-d-o-r-p! Ich sage dies ausdrücklich, weil es bereits dreimal Schwierigkeiten gab.«

Die Alkoholfahrten des Trainers, die auch schon einmal auf Straßenbahnschienen gegenüber des Bielefelder Landgerichts oder halb auf einer Kreuzung parkend endeten (»Ich kann mich nicht erinnern, wie ich dahin gekommen bin. Ein riesiges Rätsel.«), sind in aller Ausführlichkeit dokumentiert. Und auch die berühmten Sätze gegenüber einem Reporter von Radio Bielefeld werden noch einmal entsprechend gewürdigt.

Als an diesem 22. November 1997 die Arminia beim 1. FC Köln gewann, riss Middendorp – emotional äußerst aufgeputscht – dem armen Mann das Aufnahmegerät zur Seite und schrie: »Hauen Sie ab, Sie Arschloch, Sie Schwein, nehmen Sie das Mikro weg!« Und weil Middendorp gerade so schön in Fahrt war, fügte er abschließend die mittlerweile zum geflügelten Wort gereifte Sentenz hinzu: »Knien Sie nieder, Sie Bratwurst!«

Auf der anschließenden Pressekonferenz lief das Fass dann beim Bielefelder Trainer endgültig über, als er sich einmal richtig »auskotzte« und dabei die versammelte Journaille verbal und frontal anging. Damit leistete er sich *den* Ausraster der Saison, wie Hübner schreibt.

Sein »verrückter« Freund und damaliger Manager der Arminia, Rüdiger Lamm, versuchte Middendorp noch aus der Schusslinie zu nehmen, als er meinte: »Solche Geschichten entstehen nur dadurch, dass man ihn nicht kennt.« Doch das war leider ein äußerst verzweifelter Versuch. Denn Lamm selbst hatte nur wenige Wochen zuvor einer Reporterin von Radio Bielefeld die wenig nette Aufforderung zukommen lassen: »Lecken Sie mich doch da, wo Sie es am liebsten haben!«

Gemischte Tüte für Experten

1. **Wer schoss 1956 in Leipzig vor 120.000 Zuschauern einen sogenannten »Oxford«?**
   - A Werner Liebrich
   - B Fritz Walter
   - C Max Morlock
   - D Uwe Rahn

2. **Für welches Kinderspielzeug hat Paul Breitner 1985 Werbung gemacht?**
   - A He-Man
   - B Playmobil
   - C Lego
   - D Matador

3. **Mit welchem Elfmeterschuss erlangte der Italiener Antonio Cabrini internationale Berühmtheit?**
   - A Elfmeter im WM-Endspiel 1982
   - B Er verschoss den ersten Elfmeter in einem Finale
   - C Doppelter Innenpfostenschuss bei der WM 1956
   - D Erster Elfmeter-Lattentreffer bei einer WM

4. **Welche zwei Sendungen waren 1990 die erfolgreichsten hinter den WM-Spielen der deutschen Elf?**
   - A Wetten, dass...? & Verstehen Sie Spaß?
   - B Wetten, dass...? & Hotel Paradies
   - C Wetten, dass...? & Wicherts von Nebenan
   - D Wetten, dass...? & Diese Drombuchs

5. **Wer hat gesagt »Autogrammgeben gehört für mich zum unnützen Personenkult«?**
   - A Guido Buchwald
   - B Ewald Lienen
   - C Jürgen Klinsmann
   - D Karlheinz Förster

6. **Wessen Frau Monica arbeitete bei »Dalli-Dalli« als Assistentin von Hans Rosenthal?**
   - A Jürgen Röber
   - B Friedhelm Rausch
   - C Jürgen Sundermann
   - D Erich Ribbeck

Fundgrube kurz notiert

Einen interessanten Vergleich schloss einmal der bei den Schalker Fans als »Flattermann« oder «unsicherer Kantonist« verschriene Torhüter Walter Junghans. Weil er häufiger mal danebengriff, verglich er sich – in einem gewagten metaphorischen Versuch – mit dem nicht immer ganz trinkfesten Showstar Harald Juhnke: »Er kann ein ganzes Jahr oder länger nüchtern bleiben, ein einziger Rückfall aber sorgt sofort wieder für negative Schlagzeilen.«

★ ★ ★

Es kursiert die Legende von einem Benefiz-Elfmeterschießen in Karlsruhe, bei dem Oliver Kahn Kindern fast die Tränen in die Augen getrieben haben soll. Geplant war, dass für jedes Tor der Kleinen gegen ihn Geld für einen guten Zweck fließt. Kahn, so heißt es, habe keinen Ball durchgelassen.

★ ★ ★

Stuttgarts Fritz Walter hatte im *kicker* erzählt, dass er hier und da ein wenig im Haushalt helfen würde. Als er am folgenden Tag in die Kabine kam, empfingen ihn einige Mitspieler bereits mit der Frage: »Na, Fritz, hast du denn auch schon die Spülmaschine ausgeräumt?«

★ ★ ★

Toni Schumacher: »Litti kannte jeden Zaubertrick, sobald er auf den Markt kam. Irgendwann hatte er auch diesen Zauberwürfel, eine halbe Nacht lang hat er daran gedreht. Ich legte mich deshalb in die Badewanne schlafen, bis Litti um halb drei Uhr nachts brüllte: Ja! Jetzt hab' ich's geschafft!«

★ ★ ★

Als ein HSV-Zauberer am 24. Spieltag der Saison 1997/98 Stopfnadeln im Rasen des Volksparkstadions versenkte, meinte Schalke-Manager Rudi Assauer nur trocken: »Hauptsache, von unseren Jungs reißt sich keiner den Hintern auf.« Hat auch nicht viel geholfen: 1:1 lautete das Endergebnis.

★ ★ ★

Christian Günther, der Stadionsprecher bei Werder Bremen, legte vor einer Partie im September 1992 gegen Bayer Uerdingen die Platte »Ich hab mich so auf dich gefreut« auf. Ein Scherz, gerichtet an all diejenigen, die an diesem Tage nicht erschienen waren. Die nur 10.959 Besucher des Spiels hatten dennoch ihren Spaß – denn Werder siegte mit 2:1.

Fakten-Mix kurz notiert: Elfmeter, kleine Tore und Sócrates-Tricks

Mario Kempes, der argentinische Torschützenkönig der WM 1978, hatte in den drei Vorrunden-Begegnungen nicht ein einziges Tor geschossen. Doch im vierten Spiel explodierte der Stürmer und erzielte im Laufe des Turniers insgesamt sechs Treffer. Jahre später erzählte er in einem Interview den wahren Grund für seinen persönlichen Durchbruch. Sein Trainer Carlos Menotti hatte zu ihm gesagt: »Mario, rasieren Sie sich!« Das machte Kempes, schoss Tore und stellte hinterher erleichtert fest, dass Fußball ganz einfach sein kann: »Häufig sind es Kleinigkeiten und plötzlich macht es klick.«

★ ★ ★

Toni Schumacher in *der Freitag:* »Ja, wie hält man einen Elfmeter? Ich habe Statistik geführt, wusste über alle Schützen, in welche Ecke sie am häufigsten schießen, aber das Entscheidende geschieht im Moment. Ich warte, bis der Schütze den Ball hinlegt und mit dem Kopf hochschaut. In diesem Bruchteil einer Sekunde verraten sich die meisten: Sie blicken in die Ecke, in die sie schießen werden. Ich mach dann die Ecke bewusst noch größer, indem ich mit dem Oberkörper ganz leicht in die andere Ecke kippe. Das klappt nicht immer, logisch, aber oft genug.«

★ ★ ★

Der Ballkünstler Sócrates über seine Elfmeter ohne Anlauf: »Ich habe einiges probiert und kam zu dem Schluss, es sei so am besten. An dieser Technik habe ich bis heute keine Zweifel.« Dem Elfer liegen also keine ästhetischen Gedanken zugrunde? »Nein, eigentlich nicht. Natürlich gibt es immer einen kleinen Prozentsatz an ästhetischen Anforderungen. Um Aufmerksamkeit zu erregen und um Leute zur Diskussion zu provozieren.«

★ ★ ★

Novum im deutschen Fußball: Obwohl der Deutsche Fußball-Bund eine Höhe von 2,44 Metern vorschreibt, maßen beide Tore des Oberligisten Germania Dattenfeld vor einem Spiel im Herbst 2009 bis zur Latte lediglich 2,27 Meter. Die Partie gegen den SV Straelen wurde zwar unter Protest ausgetragen, musste aber nach einem Einspruch wiederholt werden. Mittlerweile sollen die Tore auch in Dattenfeld eine ordentliche Höhe haben.

Ahli ist der Größte: »Steh auf, ich bin auch kaputt wie ein Hund!«

Wolf-Dieter Ahlenfelder ist nicht böse, dass die Kollegen heute über 3.000 Euro für ihren Job bekommen und er in den Anfängen nur 24 Mark. »Ich brauche nur 15 Euro für ein Pilsken und Frikadellen«, sagte er einmal verschmitzt grinsend und strich sich zärtlich über den Bauchansatz. Die leichte Wampe hatte er schon zu seinen aktiven Zeiten – und sie kam nicht von ungefähr. Doch im Gegensatz zu vielen seiner Kollegen gab Ahlenfelder seine kleine Schwäche offen zu: »Ich kenne andere Schiedsrichter, die sind auch keine Waisenkinder. Die sollen mal ehrlich sein: Wer geht schon gerne in eine Kneipe und trinkt nur ein Bier?«

Am Ende wurde der Alkohol aber schließlich doch sein Verhängnis. Johannes Malka, der allmächtige und gestrenge DFB-Schiedsrichter-Obmann, wollte nicht länger dabei zuschauen, wie der beleibte Schiri aus Oberhausen immer beliebter und größer wurde. Er schlug zurück und wählte Ahlis Achillesverse: »Wenn Herr Ahlenfelder seinen Spruch ›Noch'n Korn und ´nen Ahlenfelder‹ noch immer zum Besten gibt, dann wissen Sie, auf welchem Gebiet er besonders stark war …«

Vorher hatte Malka dem populären Schiri einen anderen, geradezu grotesken Vorwurf gemacht: »Wenn jeder nach Fingerspitzengefühl pfeift, dann brauchen wir keine Schiedsrichter mehr. Dann kann jeder so pfeifen wie Herr Ahlenfelder.« Dabei war es gerade die Art und Weise, wie Ahli ein Spiel leitete, die bei den Akteuren auf dem Platz wie bei den Zuschauern auf den Tribünen gleichermaßen gut ankam. »Wenn einer motzt, dann motze ich zurück«, sagte er einmal und erzählte die Geschichte von seinem Freund Paul Breitner, der ihn mehrfach mit »du Affe« angesprochen hatte. Ahlenfelder konterte gelassen: »Schau mal in den Spiegel, Breitner, dann weißt du Bescheid.«

Die Karten ließ Ahlenfelder zumeist in der Tasche. »Lass dich auswechseln, sonst wechsel ich dich aus«, soll er am 21. November 1987 dem Mannheimer Spieler Dieter Finke beim Spiel gegen den VfB Stuttgart gesagt haben. Trainer Felix Latzke reagierte sofort, wechselte Finke aus und bewahrte ihn so vor einer roten Karte. Der DFB fand die Aktion nicht so toll und verpasste Ahlenfelder eine Denkpause.

Bei einem anderen VfB-Spiel holzte in der 89. Minute ein Uerdinger einen Stuttgarter brachial um. Der blieb mit schmerzverzerrtem Gesicht liegen. Doch Ahli sagte zum VfB-Spieler nur: »Steh auf, ich bin auch kaputt wie ein Hund.«

Und wenn es Ahlenfelder zu bunt wurde, ist er auch schon einmal zu einem Franz-Josef Tenhagen gegangen und hat ihm gesagt: »Hömma, Jupp. Ein bissken ruhiger jetzt. Wir wollen doch gleich noch schön ein Pott Bierchen zusammen schlürfen, oder nicht?« Da wusste der Jupp dann genau Bescheid, was zu tun ist. Ganz ohne Karten.

März 2009, Montagnachmittag 13.15 Uhr im Büro von Aki Watzke

Die Tür geht auf und ein atemloser Susi Zorc kommt hereingestürmt.

Aki: Mensch, Susi, du hast aber ein Tempo drauf. So aufgedreht kenn' ich dich nur, wenn Werder überteuerte Ersatzspieler auf den Markt schmeißt. **Susi**: Nee, nee, Boss. Kam gerade im Radio – die haben IM Blaukraut rausgeschmissen. **Aki**: Waaas? *Das Telefon klingelt – Vorwahl Gelsenkirchen. Aki mit verstellter Stimme:* Zahnarztpraxis Erlinghausen. **Anrufer**: Hier ist IM Blaukraut. **Aki**: Alles klar, Andi. Wir können offen reden. Sonst ist nur Susi hier bei mir. **IM Blaukraut**: Der Schnusenberg hat mir gerade die Papiere in die Hand gedrückt. **Aki**: Herrgott, der Schnusi. Der Saftsack geht mir gehörig auf die ... ähm ... Nerven. Gerade, wo es so gut lief. **IM Blaukraut**: Tut mir echt leid, Boss. Ich glaub, mit dem Rutten und dem Engelaar hab ichs etwas übertrieben. **Aki**: Nix da. Andi, du hast nen tollen Job gemacht. Du hast mehr erreicht, als wir uns vorgestellt haben. **IM Blaukraut**: Aber so kurz vorm Ziel! **Aki**: Hör mir mal zu: Wie viele Millionen habt ihr über die Champions League eingenommen? **IM Blaukraut**: Grob übern Daumen würd ich mal so 40 schätzen. **Aki**: Und wie viel hast du ausgegeben? **IM Blaukraut**: Mit der letzten Rate an die Käsköppe und die ganzen Berater dürften das mal locker 50 gewesen sein. **Aki**: Wie viele Titel haben die Blauen in der Zeit gewonnen? **IM Blaukraut**: Hömma, natürlich keinen. **Aki**: Und wie viele deiner Einkäufe haben ihren Wert gesteigert? *Beide lachen lauthals.* **IM Blaukraut**: Ich sehs ja ein. Aber ich war fast fertig! **Aki:** Du machst jetzt erst mal locker Urlaub auf unsere Kosten und anschließend bring ich dich bei Rot-Weiß Erlinghausen unter. 10.000 € netto, du gibst den Frühstücksdirektor und hältst ansonsten die Schnauze. **IM Blaukraut**: O. k., bis demnächst. **Aki** ruft zur Vorzimmerdame: Heidi, hol mir mal den Andi Möller ans Telefon. **Susi**: Andi Möller? **Aki**: Denk doch mal mit Susi. Das ist der nächste logische Schritt. Die Blauen müssen dank Blaukraut jetzt ordentlich sparen. Und beim Möller müssen die da nur mit Edding aus dem ü ein ö machen und sparen sich ein neues Türschild. **Susi**: Man, Aki – du hast echt den Durchblick. *Das Telefon klingelt erneut.* **Aki**: Ja bitte? **Anrufer**: Hier ist IM Taschentuch. Ich dachte schon, ihr hättet mich hier in der hessischen Einöde für immer geparkt. **Aki**: Andi, wie oft hab ich dir gesagt, dass so ein Schläfer Geduld haben muss. Ich hätte da einen Job für dich. **IM Taschentuch**: Ich höre. **Aki**: Also, du brauchst eigentlich nur zwei Dinge. Erstens die Nummer vom Schnusenberg. **IM Taschentuch**: Die hab ich. Und das zweite? **Aki**: Die Telefonnummer von Ailton ...

schwatzgelb.de, Sascha Roolf, 10.03.2009

Liebe, Sex und Zuneigung

»Wenn beim zweiten Mal die Knie immer noch nicht wund sind, ist's erlaubt.« *Max Merkel über Sex vor dem Spiel*

»Irgendeine Frau hat mich in einem Interview gefragt: ›Sind Sie so dünn, weil sie es den ganzen Tag miteinander treiben?‹ Ich habe geantwortet: ›Ehrlich gesagt, ja.‹« *Victoria Beckham*

»Wenn ich gegen Real Madrid ein Tor schieße, komme ich ein Jahr ohne Sex aus.« *Kanadas Julien de Guzman vom spanischen Erstligisten Deportivo la Coruna vor dem Spiel gegen Real Madrid*

»Als ich das erste Mal von Viagra gehört habe, dachte ich, es wäre ein neuer Spieler, der bei Chelsea unterschrieben hat.« *Tony Banks, Minister für Sport und Chelsea-Fan*

»Am liebsten hätte ich auch noch die Hose ausgezogen.« *Aachens Torschütze Christian Fiel zu seinem Treffer gegen den FC Köln und der gelben Karte nach seinem Trikot-Striptease*

»Ich muss mich um das Geschäftliche kümmern, nicht um das Geschlechtliche!« *Norbert Pflippen über außereheliche Abenteuer seiner Spieler*

»Mann macht jeder Frau einen Heiratsantrag, die ein Ticket für das Spiel Leeds gegen Sheffield United hat. Bitte ein Foto beilegen (vom Ticket)!«

Anzeige in der Yorkshire Evening Post

»Er braucht täglich Sex, sonst kriegt er Kopfschmerzen.« *Maradona über Maradona*

»Ich stelle immer wieder fest, dass die Spieler früher ins Bett gehen, wenn ihre Frauen im Hotel sind.« *Nationalelf-Manager Oliver Bierhoff*

»Die Bayern sind wie deutsche Ehemänner: auswärts stark – zu Hause mäßig.« *Sepp Maier*

»Ich habe immer gedacht, er hasst mich. Dann habe ich gelesen, was er über Johan Cruijff gesagt hat. Da merkte ich erst, dass er mich gemocht haben muss.« *Terry Venables über den spanischen Nationaltrainer Javier Clemente*

Paul Gascoigne: Wie England seinen wichtigsten Mann verlor

An den meisten Verletzungen war ich selbst schuld«, sagt Paul Gascoigne in seiner Autobiografie »Gazza. Mein verrücktes Leben«. Doch nicht immer war es der Mittelfeldstar allein, der unter seinen Eskapaden leiden musste. Bei der Weltmeisterschaft 1990 in Italien ereignete sich eine Geschichte, die selbst der Coach der Engländer, Bobby Robson, so nie persönlich erfahren hat. Erst durch die Veröffentlichung in Gascoignes Buch kam die ganze Sache heraus. Denn der Kapitän und wichtigste Spieler der englischen Nationalmannschaft, Bryan Robson, konnte nach dem nächtlichen Ausflug tatsächlich kein einziges Spiel mehr bei der WM bestreiten. Der Presse hatte man etwas von Achillessehnenproblemen erzählt und David Platt als Ersatz aus der Heimat in die italienische Sonne geholt.

Aber wie es zur Verletzung Bryan Robsons wirklich kam, schilderte Gascoigne erstmals in dieser kleinen Anekdote: »Bobby Robson hatte unser Fehlen bemerkt und ließ uns mit der Polizei suchen. Wir rannten wie die Teufel, um ins Hotel zu kommen, bevor er uns erwischte. Chris Waddle und ich schafften es zusammen mit Bryan Robson, unserem Kapitän, der übrigens auch aus der Tyneside kommt, unentdeckt bis in unser Zimmer. Ich warf mich aufs Bett und alberte weiter rum. ›Halt die Klappe, du Landei‹, fluchte Bryan. ›Du verträgst ja wirklich gar nichts.‹ Bryan stemmte das Bett hoch und versuchte mich runterzukippen, dabei rutschte er aus – und das Bett knallte auf seine Zehe. Überall war Blut. ›Schnell‹, sagte ich, ›du musst es im Bidet abwaschen.‹ Als Bryan Wasser über seine Zehe laufen ließ, merkten wir, dass er sich eine klaffende Wunde zugezogen hatte. Mit einem Schlag waren wir wieder nüchtern, wir wussten, dass er einen Physiotherapeuten brauchte. Der Physio warf nur einen Blick auf Bryans Zehe und erklärte, er müsse Bobby Robson holen. Oh Gott. Bobby war fuchsteufelswild. Ihm war klar, dass wir getrunken und dann irgendeinen Blödsinn veranstaltet hatten. Jetzt wollte er wissen, wie es passiert war. Ich sagte, Bryan habe seine Füße im Bidet gewaschen und sei dabei ausgerutscht. Das sei alles, reiner Zufall. Wir würden doch nicht so bescheuert rumalbern …«

Am folgenden Tag hatte sich Paul Gascoigne am Pool mit Chris Waddle verabredet. Man wollte einen Tauchwettbewerb machen. Gazza freute sich mächtig. Und um gleich einen guten Eindruck zu hinterlassen, rannte er, so schnell er konnte, über den Hotelrasen Richtung Pool. Gascoigne stolperte und verstauchte sich die Zehe. Bobby Robson stand am Beckenrand, schüttelte den Kopf und fluchte.

Frisuren-Raten: Moderatoren

ARD

ARD

ARD

ZDF

ZDF

RTL

Als Andreas Möller zum »Lügenbold« der Liga wurde

Andreas Möller und das Beraterteam um seinen Ziehvater Klaus Gerster hatten sich auf das Leben als Fußballprofi richtig gut vorbereitet. Bereits 1987 soll ein Rechtsanwalt ein Papier mit dem Titel »Vorschläge für Antworten gegenüber der Öffentlichkeit« ausgearbeitet haben, wie die *Sport Bild* im März 1992 schrieb. Darin standen so schlaue Allgemeinsätze wie »Ich spiele seit meinem ... Lebensjahr für Eintracht Frankfurt. Ich bin Frankfurter und Eintrachtler. Ich fühle mich Eintracht Frankfurt und seinen Anhängern sehr eng verbunden.«

Fragen zum Thema Geld sollte Möller am besten so beantworten: »Entscheidend ist für mich die sportliche Fürsorge durch meinen Verein. Geld ist für mich nebensächlich.« Und »Fragen zu Verhandlungen mit anderen Vereinen« wären nach Meinung des Rechtsanwalts am günstigsten mit einer Floskel wie dieser zu begegnen gewesen: »Ich will in Frankfurt bleiben. Ich möchte meinen Vertrag mit Eintracht Frankfurt um mehrere Jahre verlängern.«

Möller zeigte sich als guter Schüler, als er schon kurze Zeit später Handzettel im Waldstadion verteilen ließ, auf denen er treuherzig versprach, dass er natürlich bei der Eintracht bleibe. »Zwei Monate später spielte er für Dortmund«, erinnert sich sein damaliger Trainer Feldkamp immer noch genau.

Legendär auch Möllers Auftritt vor der Dortmunder Südtribüne im September 1989. Per Stadionmikrofon ließ er die schwarz-gelben Fans wissen, dass er niemals innerhalb der Bundesliga wechseln würde. Mit süß-weicher Stimme verkündete er entschieden: »Meine Gedanken gehören nur Borussia.« Die Füße allerdings waren zu diesem Zeitpunkt fast schon wieder in Frankfurt.

Als Möller schließlich kurz vor seinem Transfer zu Juventus Turin 1992 im Duktus des Antwortkatalogs immer noch alle Wechselabsichten abstritt, platzte bei Uli Stein endgültig der Kragen: »Er hat uns, den Verein und die Fans, wie bereits zuvor Borussia Dortmund, das ganze Jahr hindurch verarscht mit seinen Lügen und Intrigen.«

Mannschaftskamerad Heinz Gründel war sich – trotz aller Möller'schen Treueschwüre zur Eintracht – vorher bereits sicher gewesen, dass der Mittelfeldspieler zur neuen Saison im Lire-Paradies spielen würde: »Darauf würde ich sofort 100.000 Mark setzen. Doch ich finde kein Wettbüro, das die Wette annimmt.«

Wenigstens einer war schließlich richtig glücklich: Andreas Möller. Er hatte in Turin neben ganz viel Geld endlich auch seine fußballerische Heimat gefunden: »Wenn du in Italien eine gute Aktion gehabt hast, reden die Fans eine Viertelstunde davon – du kannst dich gemütlich zurücklehnen. Das kommt meiner Spielweise sehr entgegen.«

Lustkiller Fußball: Frauen, Männer und die Viagra-Nachfrage

Umfragen sind in Großbritannien ganz offensichtlich der absolute Renner. Und immer scheinen sie nur eins beweisen zu wollen: Wie geil die Briten auf Fußball sind und wie wenig Lust sie eigentlich auf die Perle an ihrer Seite haben.

So hat man einmal 2.000 Männer auf der Insel gefragt, für wen ihre Gefühle stärker ausgeprägt seien – für die eigene Partnerin oder ihr Lieblingsteam. Und die Forscher zeigten sich tatsächlich überrascht, was wiederum so ziemlich jeden Mann überraschen sollte. Während 94 Prozent der Männer antworteten, sie würden ihren Verein immer lieben, egal wie schlecht dieser auch spiele und wie mies er sie behandeln würde, wären nur 52 Prozent der Befragten bereit, die Beziehung zu einer Frau aufrechtzuerhalten, wenn es dort mal nicht so laufen würde, wie man sich das wünschte. Bedingungslose Treue, Loyalität und Opferbereitschaft sieht in der Tat anders aus.

Auch die zweite Studie wirft kein gutes Licht auf das männliche Geschlecht. Während der WM 2002 sei die Viagra-Nachfrage um über die Hälfte zurückgegangen. Dies ließe nur den einen Schluss zu, dass Fußball den britischen Männern offensichtlich wichtiger sei als Sex. Nach Vermutungen von Medizinern habe das runde Leder viele Männer so sehr in seinen Bann gezogen, dass diese einfach kein Bedürfnis mehr nach Sex verspürt hätten. Eine andere These lautete, dass die Lust auf die Fernseh-Übertragungen aus Japan und Südkorea schlichtweg größer gewesen sei als das Verlangen nach körperlicher Liebe. Der Einbruch von durchschnittlich 27.000 Verschreibungen auf nur noch 13.000 im Juni 2002 sei nach einer Studie des Londoner Marktforschungsinstituts Isis Research so drastisch, dass er nicht durch andere Einflüsse erklärt werden könne.

Man könnte sich fragen, was ist bloß mit uns Männern los? Gibt es denn tatsächlich keine Lösung für das »Mann-Frau-Fußball-Problem«? Doch es gibt sie! Und wieder liefert hierbei eine Umfrage aus Großbritannien wichtige Erkenntnisse.

Im Internet haben dort 1.900 Männer bereitwillig die Frage beantwortet, mit welchem Kleidungsstück sie ihre Partnerin des Nachts am liebsten im Bett vorfinden würden. Und das überraschende Ergebnis: 21 Prozent würden ihre Frau gerne komplett nackt sehen, 23 Prozent stehen auf sexy Dessous und – 34 Prozent aller Männer fänden es richtig geil, wenn sich ihr Schatz im Fußballtrikot betten würde. Wenn das nicht die Lösung aller partnerschaftlichen Probleme ist. Richtiges Trikot an, rein ins Bett, Viagra einwerfen und gemeinsam Fußball schauen. Was Schöneres kann es nicht geben – wenigstens für die Männer, wenn man all den Umfragen Glauben schenken mag.

Bekannte Schlachtrufe aus dem Stadion. Heute: »Schulz, du Sau!«

Ende der achtziger, Anfang der neunziger Jahre hallte ein Schlachtruf durch die Stadien der Republik. Egal was dieser ungelenkig wirkende Verteidiger aus Dortmund auch anstellte, die gegnerischen Fans waren sich in ihrem Urteil über den blonden Hünen bereits einig. Lautstark skandierten sie: »Schulz, du Sau!« Doch wer war dieser Schulz überhaupt, und was hatte er Schlimmes getan?

Erst spät war der gebürtige Friese zum Profi geworden. 26 Jahre war Michael Schulz bereits alt, als er in Kaiserslautern sein Debüt in der Bundesliga feierte. Nach zwei eher beschaulicheren Spielzeiten auf dem Betzenberg wechselte er 1989 zur Borussia nach Dortmund. Und dort nahm das Verhängnis seinen Lauf.

Am 16. September fühlte er sich in einer Partie gegen den 1. FC Köln vom Schiedsrichtergespann um Manfred Amerell wieder einmal benachteiligt. Und so marschierte er nach dem Spiel schnurstracks zum Linienrichter Gerhard Paulus, stellte sich mit beiden Stollenschuhen und vollem Gewicht auf einen von Paulus' Füßen und meinte trocken: »So, und jetzt haue ich dir einen in die Schnauze!« Obwohl es dazu nicht mehr kam, sperrte man Schulz für acht Wochen.

Eine Zeit lang wurde es danach etwas ruhiger um den späteren Nationalspieler, doch bereits am zweiten Spieltag der Saison 1990/91 sorgte Michael Schulz für einen weiteren denkwürdigen Eklat. In der 28. Minute der Partie seines BVB beim KSC schickte Schiedsrichter Werner Föckler – natürlich wieder einmal völlig zu Unrecht – den Dortmunder mit Gelb-Rot vom Platz. Und als dieser gerade wutschnaubend den Rasen im Karlsruher Wildparkstadion verlassen wollte, sah er am Spielfeldrand einen Eimer stehen, der – so Schulz – »einfach umgetreten werden musste«. Der Fotograf Bodo Goeke schoss damals das »Sportfoto des Jahres« und Trainer Horst Köppel machte den Scheibenwischer. Ob er dem Schiri, Schulz oder beiden galt – man wird es nie wirklich erfahren.

Ein Freund schenkte dem beinharten Verteidiger anschließend das Buch »Stressbewältigung durch innere Entspannung« (ein Klassiker für Wirtschaftsmanager), doch schon einige Wochen später flog Schulz in Nürnberg wieder vom Platz. Joachim Philipkowski vom 1. FCN kannte nach dem Spiel keine Gnade: »Der Schulz tritt die ganze Bundesliga kaputt; da muss sich der DFB etwas einfallen lassen.« Doch nicht alle Nürnberger reagierten so zimperlich. Schulz' Gegenspieler präsentierte sich als echter Kerl, als er tapfer argumentierte: »Um Gottes Willen, so schlimm ist der Schulz auch wieder nicht. Gut, er hat mir auf den Oberschenkel getreten und schon am Anfang gefragt: ›Hast du was genommen?‹« Aber das sei doch nicht weiter der Rede wert, meinte Uwe Wolf nach Spielschluss ziemlich entspannt und bewahrte den Dortmunder so vor Schlimmerem.

Fußballstars intim: Schlaue Fragen und noch schlauere Antworten
Teil IV

Es ist immer schön, Kinder glücklich zu machen, und die Fragen sind immer lustiger als die Fragen vor und nach den Spielen«, sagte Jens Lehmann mal bei einem Treffen für und mit »kids«. Leider sind seine Antworten auf die Fragen »Welche Spieler könnt ihr überhaupt nicht leiden« und »Welche Fans sind besser: englische oder schwäbische?« nicht überliefert worden.

Die Zeitung mit den vier großen Buchstaben inszenierte für ihren Lieblingsunternehmer und Hoffenheim-Präsidenten Dietmar Hopp einmal ein Treffen mit fünf Kindern, die von seinem Verein »Anpfiff ins Leben« unterstützt werden. Und gleich die erste Frage von Maris haut den neutralen Leser um: »Herr Hopp, wie wird man eigentlich ein guter Mensch?« Dietmar Hopp: »Ich versuche, das umgekehrt zu beantworten. Wie kann man ein schlechter Mensch werden? Man wird ein guter Mensch auch dadurch, dass man anderen hilft. Für mich ist das eine tiefe Verpflichtung.«

Auch die Stars der achtziger und frühen neunziger Jahre hatten auf alle noch so abenteuerlichen Fragen eine passende Antwort parat. Doch was am Ende sonderbarer war – die Fragen der Fans oder die Antworten der Fußballidole –, liegt wie immer ganz im Auge des Betrachters. Teil IV:

Pierre Littbarski: *Was sagst du beim Friseur, um diese starke Frisur zu bekommen?* (Tanja, Ellwangen) Ich sag' zum Friseur, mach die Augen zu und schneid' drauflos.
Winfried Schäfer: *Warum trugen Sie in Bochum einen schwarzen Anzug?* (Georg S., 6700 Ludwigshafen) Er war dunkelblau. Ich wollte mal schauen, wie ich im dunklen Anzug auf Schiedsrichter wirke.
Thomas von Heesen: *Was ist dran am »Monaco-Gerücht«?* (Simon Martin S., 2000 Hamburg 65) Das Gerücht kann nur von »Monaco Franze« sein.
Toni Schumacher: *Sind Sie sich im Klaren, dass Sie unsere Nationalmannschaft um den WM-Titel gebracht haben?* (Christoph S., 8700 Würzburg) Ich bin untröstlich.
Andreas Buck: *Was wäre, wenn Sie Andreas Möller wären?* Dann würde ich versuchen, ab und zu ein bisschen ehrlicher zu sein.
Uwe Bein: *Liest du auf der Toilette Zeitung?* (Felix M., Nagold) Wenn ich Zeit habe, kann es auch vorkommen, dass ich auf der Toilette einmal Zeitung lese.
Uli Hoeneß: *Liebe oder Fußball – was würden Sie wählen?* Muss ich und würde ich Fußball wählen.
Anthony Baffoe: *Was bedeutet für Sie Lebensqualität?* Dass ich mir einiges leisten kann – und auch noch Essen einfrieren kann, so dass ich nicht verhungere.

Stürmer und Tore

»Wir haben Krafttraining mit Medizinbällen gemacht. Dann lag der Ball am Sechzehner. Ich sagte: ›Ich mach' ihn rein.‹ Die anderen wetteten dagegen. Na ja, dann habe ich ihn drübergeschossen.« *Aachens Ex-Fußballprofi Günter Delzepich*

»Der Lippens kann am Ball alles – sogar Aufpumpen und Einfetten.« *»Pille« Gecks über seinen Kollegen*

»Der springt beim Kopfball vier Meter hoch. Doch zum Glück weiß er da oben nicht mehr, wo das Tor steht.« *Bernd Krauss über Erik Meijer*

»Es ist einfach zu kompliziert und macht meinen Kopf kaputt.« *Englands Nationalspieler Wayne Rooney auf die Frage, warum er keine Gitarrenstunden mehr nehmen will*

»Lineker – ein Mann mit Torriecher. Aber im Moment ist die Nase verschnupft.« *Dieter Kürten*

»Das ist kein Unvermögen. Bei uns ist das Kunst.« *Tschik Cajkovski nach mehreren vergebenen Torchancen seines Spielers Dieter Müller*

»Kanu ist so träge. Manchmal habe ich gedacht, er würde schlafen, wenn er gespielt hat.« *Paul Robinson über seinen früheren Mitspieler bei West-Brom*

»Tore sind wie Ketchup.
Erst kommen gar keine,
dann kommen ganz viele
auf einmal.«

Cristiano Ronaldo

»Liebe machen und Tore schießen sind die schönsten Dinge, die Gott uns gegeben hat.« *Luca Toni*

»Ein Torriecher ist wahrscheinlich wie Fahrrad fahren – das verlernt man auch nicht.« *Klaus Allofs*

»Ich brauche noch fünf Tore, um den Arsenal-Rekord zu brechen – aber nicht, dass ich jetzt zählen würde.« *Ian Wrigh*

Ralf Piorr: Born to be Woelk

Eine Jugend wie aus einem Ruhrgebietsroman von Ralf Rothmann. Zwischen Zechensiedlung, Trabrennbahn, Taubenzüchtern und Beat-Festivals in der Recklinghäuser Vestlandhalle. »Easy going« war angesagt, cool und lässig sein hatte oberste Priorität. »Wir sind im Baggersee nackt schwimmen gewesen oder am Wochenende nach Amsterdam getrampt. Irgendwann sind wir nach Katwijk gefahren, weil dort die Rockband Procol Harum spielte. Da hieß es nur: ›Komm, da müssen wir hin!‹ Es gab dieses Feeling, vieles ausprobieren zu wollen. Wir wollten als Generation etwas bewegen«, gerät Lothar Woelk noch heute ins Schwärmen und bekennt unumwunden: »Die Aufbruchstimmung der 1970er Jahre hat mich geprägt.« Als harter Junge aus Recklinghausen-Hillerheide hörte er auch harte Musik: Deep Purple, Ten Years After und Led Zeppelin. Nur wenn man auf seine erste Single, die er sich gekauft hat, zu sprechen kommt, gluckst er verlegen herum: Lamplight von den Bee Gees. »War halt gut zum Schmusen.« Und dann gab es noch den Fußballplatz und die Maloche. Talentspäher des VfL Bochum sollen ihn in der Opel-Betriebsmannschaft entdeckt haben, lautet eine jener Geschichten, die im heimeligen Ruhrgebiet dutzendweise erzählt werden. »Das ist Quatsch«, wiegelt Woelk ab. Der gelernte Werkzeugmacher hat zwar bei Blaupunkt und bei Opel malocht, dem VfL war er allerdings schon durch seine Einsätze in der Junioren-Westfalenauswahl aufgefallen. Zwölf Jahre an der Castroper Straße und 385 Bundesligaeinsätze sollten folgen. Mit seinen langen Haaren, dem wilden Bart und seinem unbändigen Kampfgeist verkörperte er geradezu die Generation der »Unabsteigbaren« und wäre heute der Casting-Volltreffer für jeden Wickie-Film. Nur als Defensivackerer fühlte er sich verkannt, so dass er im Training gerne in der Kreativabteilung hinter den Spitzen seine Ballkünste demonstrierte. Christian Gross rief ihm dann einmal zu: »Hey Jünter, gib mal den Ball rüber.« In Anspielung auf den blonden Gladbacher Mittelfeldstrategen, der gerne aus der Tiefe des Raumes kam und heute knorrig – und Grimme-Preis belohnt – den Fernsehexperten mimt. Aus »Jünter« wurde schließlich Woelks ständiger Spitzname »Netzer«. Noch heute weiß er selbst nicht ganz genau warum. »Ob mir der Name aufgrund meiner technischen Fähigkeiten verliehen wurde oder ob es vielleicht auch daran lag, dass ich ab und an das Spiel meiner Kollegen kritisierte, sei dahingestellt«, gibt er nonchalant zu. Wer Böses dabei denkt, wird weggegrätscht. Born to be Woelk halt.

Fakten, Fakten, Fakten

1. Welcher niederländische Trainer wurde als Erster DFB-Pokalsieger in Deutschland?
- A Arie Haan
- B Eddy Achterberg
- C Louis van Gaal
- D Rinus Michels

2. Welchen Rekord stellte der Bochumer Peter Jackisch 1987 auf?
- A Schnellstes Tor der Bundesligasaison
- B Schnellste Auswechselung
- C Schnellster Spieler aller Zeiten (Stand Juli 2010)
- D Schnellste rote Karte eines Debütanten nach acht Minuten

3. Welcher Bundesligatrainer hatte die längste Amtszeit im deutschen Fußball?
- A Otmar Hitzfeld
- B Hennes Weisweiler
- C Otto Rehhagel
- D Volker Finke

4. Wie viele Spieltage gab es in der spanischen Liga in der Saison 1986/87?
- A 38
- B 40
- C 42
- D 44

5. Wer schoss als erster Schütze zweimal das erste Tor in der Saison in der ersten Minute?
- A Uwe Seeler
- B Timo Konietzka
- C Rudi Völler
- D Gerd Müller

6. Wer schoss als erster Bundesligaspieler sechs Tore in einer Begegnung?
- A Gerd Müller
- B Klaus Fischer
- C Horst Hrubesch
- D Dieter Müller

Sócrates: »Wozu braucht man Titel? Für den Lebenslauf?«

Für die sechste Ausgabe von *Null Acht*, dem »Magazin für Rasenpflege«, trafen Alois Gstöttner und Karina Lackner »Sócrates auf ein Erfrischungsgetränk seiner Wahl« und führten ein Gespräch über »Demokratie, Corinthians, Lebensläufe, Mona Lisa, Brasilien und, ja, auch Fußball.« Das komplette Interview ist unter *www.nullacht.at* nachzulesen.

Sócrates Brasileiro Sampaio de Souza Vieira de Oliveira. Wer so einen klingenden Namen hat, kann kein schlechter Fußballspieler sein? Richtig! Bei den Weltmeisterschaften 1982 und 1986 führte der exzentrische Kapitän die Mannschaft auf den Platz. Zwischen 1978 und 1984 spielte er bei Corinthians, »seinem Verein«, und schoss in 297 Spielen 172 Tore. 2004 – im stolzen Alter von 50 – gab »Doutor« Sócrates sein zwölfminütiges Inseldebüt beim englischen Neuntligisten Garforth Town.

Welche Ideen hättest du zur Reästhetisierung des Spiels?

Früher war es viel spielerischer, sehr kunstvoll, ein talentorientiertes Spektakel. Daneben haben die Sportler in den letzten 40 Jahren einen großen physischen Evolutionsprozess durchgemacht. Die Sorge um Effizienz ist größer als in den Jahrzehnten zuvor. Was heute fehlt, ist die Anpassung des Spiels an die aktuelle Kondition. Vor 40 Jahren legte ein Spieler nur um die vier Kilometer beim Spiel zurück. Das heißt, die Räume sind heute viel eingeschränkter und es gibt viel mehr Körperkontakt – das Spiel ist somit weniger schön. Mein Lösungsvorschlag wäre, nur neun Spieler auf den Platz zu schicken, um die Bewegungsräume wieder zu aktivieren. So gäbe es mehr Raum, mehr Zeit zum Denken und die Kunst würde wieder vielfältiger werden.

Und weiter: mehr erlaubte Auswechslungen. Bei einem Spiel mit 90 Minuten bei 40 Grad ist es unmöglich, das gleiche Leistungsniveau zu halten. Mit mehr erlaubten Auswechslungen würde man sich damit leichter tun – eine Theorie, die sowieso viel diskutiert wird und die ich auch immer wieder anspreche. Denn genau darum geht es: Diskussion und Reflexion zu provozieren.

Viele bezeichnen die Seleção von der Weltmeisterschaft 1982 als eine der »schönsten«, obwohl sie nicht gewonnen hat. Du hast einmal gesagt, dass dir Titel nicht wichtig sind.

Wozu braucht man Titel? Für den Lebenslauf? Den kannst du dir dann in die Tasche stecken, zusammenfalten und zerreißen. Wenn du an einem großen Ereignis teilnimmst, ist das Wichtigste der Titel, Erfolg zu haben. Gewinn und Erfolg ist das Einzige, was für viele Menschen zählt. Aber es gibt diese und jene Werte. Ich meine: Jede Sekunde in meinem Leben muss die beste sein und die nächste muss die vorangegangene übertreffen. Was wirklich zählt, ist Glücklichsein.

Der B.C. Harlekin 1985: »Lasst die Menschen doch bei uns spielen!«

Lange bevor es die TSG Hoffenheim aus den Niederungen des deutschen Fußballs bis in die Bundesliga schaffte, gab es in Augsburg eine Geschichte, die ähnlich spektakulär begann, allerdings ebenso schnell auch wieder beendet war.

Der ehemalige Elektromechaniker Peter Eiba wäre Mitte der achtziger Jahre beinahe so etwas wie die frühe bayrische Ausgabe des Joachim Hopp geworden. Als »schwerreicher Besitzer einer Kette von Spielhallen« (*Spiegel*) hatte er sich die Schnapsidee in den Kopf gesetzt, einen Fußballklub von ganz unten bis ganz nach oben zu führen. Ohne lange zu fackeln, meldete Eiba den eingetragenen Augsburger Verein Forest Haunstetten um und benannte ihn nach dem Namen seines Unternehmens: B.C. Harlekin 1985.

Der emsige Unternehmer holte den ehemaligen Profi Gerd Zimmermann als Spielertrainer an seine Seite, übergab ihm das neue Vereinslokal »Ins Harlekin« und hatte bereits weitere Pläne in der Tasche, die es ihm ermöglichen sollten, Ex-Stars in die unterste Liga, die C-Klasse, zu locken. Eiba wollte den zukünftigen Spielern eine Harlekin-Fußball-Boutique und eine Harlekin-Agentur zur Vermittlung von Amateurfußballern eröffnen. Sein Traum: »Ich will eine allgemeine Harlekin-Sportbewegung ins Leben rufen. Der Harlekin soll hier in Augsburg zum Symbol werden wie in Köln der Geißbock.«

Argwöhnisch vom Augsburger Publikum beobachtet, blieben die großen Erfolge jedoch aus. Auch der spektakuläre Transfer des Brasilianers Francisco das Chagas Marinho1987, der 13 Jahre zuvor einmal für den FC Schalke 04 spielen sollte, aber den Königsblauen zu teuer war, änderte nichts mehr an der sportlichen Perspektivlosigkeit des B.C. Harlekin.

Und obwohl Peter Eiba hoch und heilig versprochen hatte, seine Harlekin-Jungs nicht im Stich zu lassen (»Niemals, die bleiben meine Nummer eins, die bring ich in die Bundesliga«) musste er alsbald einsehen, dass sein Plan wohl etwas zu ehrgeizig gewesen war. Und so schloss sich der »Spielhallen-König« dem bayerischen Amateur-Oberligisten FC Augsburg an, kehrte dort als neuer Manager gleich einmal kräftig durch, warf kurzerhand den ehemaligen Nationalspieler und Coach der Mannschaft, Helmut Haller, hinaus und verpflichtete mit Jimmy Hartwig einen Trainer-Newcomer. Der Ex-HSVer gestand dann auch auf der Pressekonferenz bei einem Gläschen Champagner freimütig und schelmisch grinsend: »Von der Bayernliga hab' ich keine Ahnung.«

Aber das war dem kleinen Mann, der eine Welt voll lustiger Harlekine unter seinem Slogan »Lasst die Menschen doch bei uns spielen« herbeisehnte, schließlich egal. Hauptsache: »Jetzt haben die Jungs endlich mal wieder was zu lachen.«

Als der Stadionsprecher Udo Scholz noch der Papst auf dem Betzenberg war

Der Mann bezeichnet sich selbst als Erfinder des republikweit bekannten Evergreens »Zieht den Bayern die Lederhosen« aus. Udo Scholz, der langjährige Stadionsprecher des 1. FC Kaiserslautern, hatte seine schöpferische Hochphase zu den Zeiten, als Fitnessdrinks noch R´activ hießen und Computer von Atari der letzte Schrei waren. Was allerdings Ende der 80er Jahre noch niemand ahnen konnte: Udo Scholz symbolisierte Zukunft und Vergangenheit des reinen Fußballvergnügens gleichermaßen. Nach ihm kam der durchgestylte Event und hinter ihm lag die monotone Ergebnisdurchsage. Udo Scholz war Roy Black und Dieter Thomas Heck in einer Person und trug das Herz eines hitzigen Rockstars auf seiner Zunge und in seinen Lenden. Bei Toren für seinen geliebten FCK suchte man als Einzelgänger lieber das Weite – Udo Scholz, so sagt man, umarmte sogar Stützpfeiler, wenn kein menschliches Lebewesen sich für seine Jubelarien erbarmte.

Er revolutionierte den Job des Stadionsprechers vom Ansager zum Animateur und veränderte damit ganze Abläufe eines Spieltags. Seit Scholz wird die Bekanntmachung der Akteure in allen Arenen zusammen mit den Fans durchgeführt: »Mit der Nummer 1: Gerrrriiiiieee ...« Und die Anhänger in der Kurve: »EHRMANN!« Den Gegner kündigte Scholz andererseits auch schon einmal so an: »Die Aufstellung des FC Bayern entnehmen sie bitte der Tagespresse.«

Vor der Begegnung ließ er es sich nicht nehmen, die Werbung für die heimischen Produkte höchstpersönlich, live und spontan zu sprechen: »Du musst gar nicht weit verreisen, willst du italienisch speisen – Vater, Mutter und die Oma, alle gehen gern ins Roma«, oder »Immer frisch und lecker sind die Brezeln vom Ecker«.

Kam Tante Irmchen aus Leipzig zu Besuch, ließ Scholz die 70-jährige Dame erzählen, sie habe zum runden Jubiläum die Wahl zwischen drei Tagen Paris und zwei Stunden Betzenberg gehabt – und strahlte anschließend ins Publikum: »Und wo ist sie?«

Als Udo Scholz Anfang des neuen Jahrtausends in den Finanzwirren des FCK und nach Vorwürfen, er habe Reisekosten nicht korrekt abgerechnet, den Posten des Stadionsprechers aufgeben musste, ging auch ein gutes Stück Pfälzer Tradition den Betze hinab. Und nicht nur das. Mit ihm verließ das Stadion auch ein Mann, der immer fest an sich und seinen FCK glaubte. Denn wie sagte Udo Scholz einmal so schön: »Wenn ich auf dem Betzenberg ein Tor durchsage, dann ist das so, als ob der Papst den Segen Urbi et Orbi spricht.«

Wagner und Klimowicz: Vier rote Karten und eine Flasche Wein!

Liebe sei im engeren Sinne die Bezeichnung für die stärkste Zuneigung, die ein Mensch für einen anderen Menschen zu empfinden fähig ist. Der Erwiderung bedarf sie nicht«, heißt es und irgendwie passt diese Beschreibung perfekt auf das sonderbare Verhältnis, das der Schiedsrichter Lutz Wagner und der Spieler Diego Klimowicz auf dem grünen Rasen während ihrer beiden Karrieren pflegten. Irgendwelche Gefühle müssen bei dieser eigenartigen Konstellation im Spiel gewesen sein, anders ist das Geschehene nicht zu erklären. Denn als Lutz Wagner im Winter 2009 dem Südamerikaner – über den Manni Breuckmann einmal so schön sagte »Diego Klimowicz – ein Name wie Winnetou Koslowski« – bei einer Partie in Stuttgart die rote Karte zeigte, war es nicht nur die vierte rote Karte seiner Laufbahn, sondern gleichzeitig auch der vierte rote Karton von ein und demselben Schiedsrichter. Als der Argentinier die Entscheidung Wagners in Augenhöhe vor sich sah, konnte er nur ungläubig und müde lächeln. Schließlich schüttelte Klimowicz kurz den Kopf, trabte dann langsam vom Feld und zählte auf dem Weg in die Kabine – für die TV-Kameras gut sichtbar – an einer Hand die Zahl der Platzweise von Lutz Wagner für ihn ab.

»Man könnte meinen, dass Diego ihm mal die Frau ausgespannt hat«, schlussfolgerte Bochums Kapitän Marcel Maltritz mit einem Augenzwinkern. Diego Klimowicz sah die Sache allerdings nicht ganz so entspannt. »Das ist nicht normal. Der hat was gegen mich«, mutmaßte er und kochte vor Wut. Doch wahrscheinlich war es genau andersrum. Connie Francis sang früher so treffend »Die Liebe ist ein seltsames Spiel«, und ein altes Sprichwort bringt es ganz gut auf den Punkt: »Was sich liebt, das neckt sich.«

Denn Lutz Wagner zeigte sich nur ein paar Tage nach dem Platzverweis von seiner romantischen Seite und schickte dem Argentinier über die Medien eine versteckte Liebesbotschaft: »Zum Saisonende ist für uns beide in der Bundesliga Schluss. Dann möchte ich Herrn Klimowicz gerne zu mir nach Hause einladen. Bei einem Glas Wein kann man alte Spannungen bestimmt lösen.«

Und auch die seit über zwanzig Jahren glücklich verheiratete Ehefrau des Schiedsrichters freute sich bereits auf ein kleines feuriges Abenteuer mit dem Südamerikaner. Neugierig erkundigte sie sich: »Ich kenne Klimowicz nicht. Schaut der gut aus? Wenn ja, müsste ich mich mal damit beschäftigen …«

Doch die Liebe blieb leider unerfüllt. Der Argentinier packte zum Ende der Spielzeit seine Koffer und verschwand Richtung Heimat. An die Wagners soll er bei seiner Abreise übrigens keine warmen Gedanken mehr verschwendet haben …

Finessen

»Die spielen taktisch gut, obwohl sie ohne Taktik spielen.« *Udo Lattek*

»Kraft zählt und Tempo ist wichtig. Und dann muss man es im Kopf und in den Zehenspitzen haben. Oben muss es blitzen und unten muss es funken.« *Helmut »Fiffi« Kronsbein*

»Leverkusens Manager Reiner Calmund saß drei Tage lang auf meinem Schoß. Wer sein Gewicht kennt, weiß, dass man danach nicht mehr ›Nein‹ sagen kann.« *Christoph Daum*

»Einige müssen ihre Bauchmuskeln trainieren, obwohl sie nicht mal wissen, was das ist. Wenn wir die trainieren, kommen sie am nächsten Tag an und meinen, sie haben was mit dem Blinddarm.« *Willi Reimann*

»Ich war mit einem Auge hier und mit dem anderen Ohr in Bremen.« *Stuttgarts Trainer Christian Gross über das Fernduell um einen Platz in der Europa League mit dem Hamburger SV*

Frage an Fußballspieler Dirk Schuster, Karlsruher SC: »Welche taktische Zuordnung hat Ihr Trainer vor dem Spiel für die Abwehr vorgenommen?« *Antwort:* »Blau gegen Weiß.«

»Rolf, wenn du deine Mannschaft
nicht sehen willst, kannst du mit uns fahren.
Du darfst auch vorne sitzen.«

Ein Fan von Eintracht Frankfurt zu Trainer Rolf Dohmen nach einer Auswärts-Klatsche

»Dem Kampf gegen unsportliches Verhalten soll ja hier der Kampf angesagt werden.« *Heribert Faßbender*

»Wenn die Köpfe der Spieler nur eine Hülle sind ohne Hirn, dann ist es egal, ob du mit einer Vierer- oder einer Schneekette spielst.« *Klaus Augenthaler*

»Ich genieße jedes Mal den Sommer. Du kannst kein Spiel verlieren.« *Roy Evans, Manager von Liverpool*

Moddin Meyer: Ein widerwärtiges Männlein – De minst sympatieke club van Duitsland

Niederländer verfolgen interessiert alle großen europäischen Ligen, schon allein deshalb, um immer auf der Höhe zu sein, was ihre zahlreichen Legionäre denn so treiben. Die Sympathien sind dabei (leistungs) gerecht über den Kontinent verteilt. Mit zwei Ausnahmen: FC Barcelona und Bayern München. Barcelona wird von allen geliebt, Bayern München unisono gehasst.

Warum? Wegen »ihrer Arroganz, der zahllosen Tore von Gerd Müller, des dummen Spiels von Georg Schwarzenbeck und der Härte Stefan Effenbergs«.

In Barcelona wurde Johan Cruijff zum »Erlöser«, unser Kaiser Franz jedoch taufte ihn profan »König Johan« – für Niederländer eben keine Majestätsbeledigung, sondern Gotteslästerung.

Im August 1972 gastierte Ajax Amsterdam für ein Freundschaftsspiel in München. Die »Ajacieden« waren bereits einen Monat im Training, die Bayern erst eine Woche. Ajax ließ sich die Gelegenheit nicht entgehen, die Bayern mit 5:0 zu schlagen. Linksaußen Piet Keizer versuchte unentwegt, Franz »Beckenbauertje« den Ball durch die Beine zu spielen, um nach dem Spiel zu ihm sagen zu können: »Ich bin Keizer, du bist Beckenbauer!«

1978 war es dann an den Bayern, Ajax zu demütigen. In Amsterdam fand das Abschiedsspiel von Johan Cruijff statt, dem größten Niederländer seit … dem größten Niederländer aller Zeiten. Man dachte, es sei eine gute Idee, Bayern München einzuladen. Die Niederländer hatten es allerdings versäumt, den Bayern zu erklären, dass ein Abschiedsspiel im Wesentlichen so abläuft, dass man den Jubilar einmal treffen lässt, um ihn dann auf den Schultern vom Platz zu tragen. Die Bayern jedoch waren nicht mit ein paar Kästen Bier auf's Spielfeld gekommen, sondern mit einer Menge Wut im Bauch. (Scheiß-Hotel, von den Fans als Nazis beschimpft, von den Ajacieden mit dem Arsch nicht angeguckt …) Mit 8:0 regten sie sich ab und die Niederländer bis heute noch auf: »Typisch Duits!« Sepp Maier nimmt einen Ehrenplatz ein im Pantheon deutscher Antipathieträger, sitzend, mit einem seiner Pfosten als Rückenlehne. Der Maier Sepp hatte es sich tatsächlich während der laufenden Spielzeit auf seinem Allerwertesten bequem gemacht. »Een akelig mannetje!« Ach ja, und dann war da noch Lothar Matthäus, der auf dem Oktoberfest zu einer Gruppe Niederländer gesagt haben soll: »Ihr seid mal ganz ruhig, euch hat der Adolf wohl vergessen.«

Moddin Meyer lebt in Rotterdam und berichtet regelmäßig in einer Kolumne aus dem orangefarbenen Fußball-Land auf www.scudetto.de

Ruhrpottfußball

1. **Welcher Klub spielt am Uhlenkrug?**
   - A Schwarz-Weiß Essen
   - B Rot-Weiss Essen
   - C STV Horst-Emscher
   - D DSC Wanne-Eickel

2. **Zwar führt der VfL Bochum das Jahr 1848 im Wappen, der eigentliche Verein wurde aber erst viel später gegründet. Wann?**
   - A 1902
   - B 1924
   - C 1938
   - D 1953

3. **Welcher Verein wurde 1930 wegen Verstoßes gegen das Amateurstatut aus seinem Verband ausgeschlossen?**
   - A Borussia Dortmund
   - B Schalke 04
   - C MSV Duisburg
   - D Rot-Weiss Essen

4. **Welcher Bundesligaspieler eines Ruhrgebietvereins spielte über 500 Mal in der Bundesliga, aber niemals für die A-Nationalmannschaft?**
   - A Michael »Ata« Lameck
   - B Michael »Susi« Zorc
   - C Willi »Ente« Lippens
   - D Andreas »Heintje« Möller

5. **Wie heißt das Stadion von Westfalia Herne?**
   - A Stadion unter Tage
   - B Stadion bei Elfriede
   - C Stadion am Schloß Strünkede
   - D Stadion vor Tor 3

6. **Wie heißt der erste reine Fußballverein im Ruhrgebiet?**
   - A Hagener SC
   - B Wittener FC
   - C SpVgg Erkenschwick
   - D Adler Riemke

Kleine Sticheleien unter Freunden: Delling und Netzer

Nach dem WM-Finale 2006 zwischen Italien und Frankreich im Gespräch mit Franz Beckenbauer. Delling findet lobende Worte für Beckenbauers Einsatz.

Delling zu Netzer: »Haben Sie auch schon gratuliert? Er ist ja quasi Ihr Chef.«

Netzer: »Ich habe in den letzten Tagen schon so oft gratuliert, was da auf die Beine gestellt worden ist, machen Sie sich um unsere Freundschaft mal keine Sorgen, die ist höher anzusiedeln als unsere.«

★ ★ ★

Netzer zu Beckenbauer: »Franz, ich freu mich, dass du ihn auch nicht verstehst. Ich versteh ihn auch nicht, aber ich bin daran gewöhnt.«

★ ★ ★

Beckenbauer: »Ich bin aber auch nie vom Platz gestellt worden, das möchte ich mal festhalten.« **Netzer:** »Das ist richtig, aber das war auch ungerecht.«

★ ★ ★

Delling: »Sogar Günter Netzer war gut drauf, gut gelaunt.« **Beckenbauer:** »Das ist öfters so, da kennen Sie ihn vielleicht nicht gut genug.« **Netzer:** »Ich wollt grad sagen, da haben Sie sich jetzt ein Eigentor geschossen. Wir unterhalten uns immer so, das liegt einzig und allein an Ihnen.«

★ ★ ★

Delling, als Beckenbauer weg ist: »Leider sind wir jetzt nur noch zu zweit, jetzt muss ich mich wieder mit Ihnen rumschlagen.«

★ ★ ★

Delling und Netzer schauen einen Einspieler. Günter Netzer auf dem Spielfeld. **Delling:** »... mit einem eleganten Pass. Oh. Das war Ihr erstes Spiel für Real Madrid, oder?« **Netzer:** »Ja! Das ist typisch, dass Sie genau diese Situation raussuchen, wo ich einen Elfmeter verschieße ...« **Delling:** »Wir haben wirklich lange gesucht, ehrlich. Und hätten wir ein Tor gefunden, wir hätten es ja sofort genommen, aber die spanischen Archive sind nicht so gut. Führen wir es mal darauf zurück ...«

Im Detail: Die FIFA-Fibel zur Weltmeisterschaft 1974

Wer glaubt, erst mit Sepp Blatter wurde die FIFA zur perfektionistischen Eventmaschine, der sieht sich angesichts des 13 Punkte umfassenden Plans, intern auch die »FIFA-Fibel« genannt, zur Weltmeisterschaft 1974 eines Besseren belehrt. Sechs Jahre vor Beginn des Fußball-Großereignisses verfügte Deutschland über kein einziges Stadion, das die bindend vorgeschriebenen Punkte allesamt erfüllte. Viel Arbeit wartete also 1968 auf den Chef-Organisator und späteren DFB-Präsidenten Hermann Neuberger und sein Team. Die 13 Punkte im Einzelnen:

- ★ Fassungsvermögen von mindestens 60.000 Zuschauern, davon 50 Prozent Sitzplätze, davon wiederum zwei Drittel überdacht
- ★ Große Umkleideräume mit Arzt- und Behandlungszimmer sowie allen notwendigen medizinischen Einrichtungen
- ★ Geeigneter Nebenplatz für das Aufwärmen der Spieler, nach Möglichkeit eine angrenzende Sporthalle
- ★ Presseplätze mit Arbeitspult für mindestens 400 Journalisten, beim Endspiel für 1.200
- ★ Eine technisch perfekte Presse-Telefonzentrale mit Anschlüssen für 24 Kabinen. Außerdem die Möglichkeit direkter Telefonanschlüsse am Platz für ein Viertel, also mindestens 100, der vorhandenen Arbeitsplätze
- ★ Aufstellung von 5 bis 10 Fernschreibern
- ★ 24 (Endspiel 40) feste Kabinen für Rundfunkreporter; 10 (Endspiel 30) feste Kabinen für Fernseh-Kommentatoren
- ★ Räumlichkeiten für transportable Dunkelkammern der Fotografen
- ★ Ehrenloge für mindestens 150 Personen und Nebenraum für deren Bewirtung
- ★ Ausreichende Beleuchtung der Zu- und Abgänge sowie hohe und stabile Trenngitter zwischen den Platz-Kategorien
- ★ Leuchtschrifttafel zur Bekanntgabe von Ergebnissen und Informationen
- ★ Modernste Flutlichtanlage von mindestens 400 Lux an der lichtschwächsten Stelle
- ★ Zahl der Parkplätze im Verhältnis von 1:4 zum Fassungsvermögen des Stadions

Fußballer sind raue Zeitgenossen

Nach fünfzehn langen Profijahren gestand sich der harte Hund Paul Steiner selbst ein, dass er gegen kleinere Vereine wie Homburg oder Uerdingen ein gewisses Motivationsproblem verspüre. Er müsse sich da immer irgendwie aufpeitschen, heiß machen und das klappe bei ihm nur noch, wenn er die Aggressionen mit einem Feindbild schüre, meinte Steiner selbstkritisch. Schiedsrichter seien dafür klasse, sagte der Abwehrspieler des 1. FC Köln, dumm wäre nur, dass er bei denen mittlerweile nicht mehr so richtig beliebt sei. Die gelben Karten für seine ständigen Meckereien konnte er schon gar nicht mehr zählen. Deshalb schwenkte er irgendwann um und betrieb den dringend benötigten Aggressionsaufbau mithilfe seiner Gegenspieler. Und die sollten mal nicht so kleinlich reagieren, wenn Steiner sie tüchtig beschimpfte, meinte er selbst ein wenig beleidigt. Der Wattenscheider Souleymane Sane wäre beispielsweise so einer, der sich anstellte. Dabei hatte die Kölner Kampfmaschine den Senegalesen doch nur »Nigger« genannt. Für Steiner war es deshalb völlig unverständlich, dass sich dieser Sane hinterher beschwerte und die Sache »nicht einfach vergessen« konnte. »Das ist sein Problem«, bellte Steiner nur kurz, als der Wattenscheider auf eine Entschuldigung hoffte. Schließlich meine er das überhaupt nicht »persönlich«. Sein Freund Toni Schumacher dächte da ganz ähnlich, behauptete der beinharte Nationalspieler, bei dem würde es nur etwas länger dauern, »bis er die Aggressionen wieder abgebaut habe«. Was das dann allerdings konkret für Konsequenzen für die Umwelt der beiden hatte, dazu schwieg Paul Steiner lieber. Vielleicht auch besser so.

★ ★ ★

Bei der WM 1966 in England fiel der Mannschaftskapitän Uruguays, Horacio Troche, unrühmlich auf, als er beim Stande von 0:1 im Viertelfinale gegen Deutschland nach einem rohen Foul vom Platz gestellt wurde. Doch noch bevor er vom Schiedsrichter vom Feld geführt werden konnte, leistete er sich ein weiteres Vergehen: Er verpasste dem deutschen Stürmer Uwe Seeler eine schallende Ohrfeige.

★ ★ ★

Frank Mill sagte einmal ganz körperbewusst: »Ich habe so dicke Waden, dass ich die Schienbeinschoner nicht unter den Stutzen tragen kann. Der Hersteller ist seit Jahren nicht in der Lage, größere Stutzen anzufertigen. In die vorhandenen Dinger passen nur Fußballer rein, die ihre Beine in Fanta-Flaschen baden können.«

Jean Löring und seine Fortuna: Eine Starkstrom-Verbindung!

Der Legende nach soll Jean Löring kurz nach Kriegsende eine Annonce im *Kölner Stadtanzeiger* aufgegeben haben. »Akkordeon gegen Fußballschuhe zu tauschen gesucht. Größe egal«, lautete der Text des Inserats. Der Beginn einer im wahrsten Sinn des Wortes legendären Karriere als Fußball-Fanatiker und Vorsitzender des kleinen Klüngel-Klubs Fortuna Köln.

Die Anekdoten, die sich um Erlebnisse dieses Mannes ranken, sind in ihrer Anzahl wie inhaltlich spektakulär. Der häufig aufbrausende, immer emotional statt rational agierende Präsident spuckte nie in eine geöffnete Flasche alkoholischen Getränks. So hat man Jean Löring einmal gefragt, ob er über einige seiner Taten am nächsten Morgen vielleicht etwas anders gedacht habe. Doch der Südstädter antwortete: »Morgens denke ich nicht, da nüchtere ich höchstens meinen Kater aus!«

Fortuna Köln war sein Klub, wie er bei der Entlassung des Trainers Harald Schumacher in der Halbzeitpause einer Partie selbst so schön sagte: »Ich als Verein musste reagieren!« Aber für seine wahre Geliebte tat Löring einfach alles. Als bei einem Spiel der Fortuna wenige Minuten vor Schluss der Begegnung das Flutlicht ausfiel, soll der gelernte Elektriker angesichts einer deutlichen Führung seines Klubs den Kurzschluss im wahrsten Sinne des Wortes selbst in die Hand genommen haben. Mit bloßen Arbeiterprangen hielt er zwei Starkstromkabel bis zum Schlusspfiff zusammen.

Doch selbst der charismatische Präsident und seine spektakulären Aktionen änderten nichts am mangelnden Zuschauerinteresse in der Südstadt. Der Verein war häufig dem Gespött der Fußball-Öffentlichkeit ausgesetzt. Werner Hansch meinte einmal süffisant: »Und wieder nur 500 Zuschauer im Kölner Südstadion, rufen Sie an und ich gebe Ihnen die Namen durch.«

Und dann verscherzte es sich Jean Löring Anfang der neunziger Jahre auch noch höchstpersönlich mit einer Zuschauergruppe – den Beamten. Als seine Spieler mal wieder nicht so agierten, wie er sich das vorstellte, warf er ihnen mangelnde Berufsauffassung und Beamtenmentalität vor. Er verglich ihr Verhalten mit dem seines Briefträgers: »Kommst du heute nicht, kommst du morgen.« Die Beamtenverbände liefen natürlich Sturm. Aber im Grunde war der Protest auch ganz praktisch. Die notorisch unter Zuschauermangel leidenden Südstädter hatten endlich einmal eine plausible Erklärung für die wenigen Anhänger. Und als kurz nach Lörings Aussage gegen Bayreuth nur noch rund 450 Menschen den Weg ins Fortuna-Stadion fanden, erklärte Kölns Vorstandsmitglied Rudolf Fähnrich das mangelnde Interesse ganz einleuchtend: »Ist doch kein Wunder. Die Briefträger sind allesamt nicht gekommen.«

Werner Hansch

»Mancher sieht Gelb vom Mann in Schwarz und ärgert sich dann grün und blau, bis er Rot sieht.«

»Die Freude war zwar nicht umsonst, aber vergebens.«

»Deutlich ging der Ellenbogen zur Hand.«

»Es sind schon über so viele Dinge Gras gewachsen, dass man bald keiner Wiese mehr trauen kann.«

»Slalomschule für Fortgeschrittene.« *Über Sergej Kirjakow*

»Lieber ein Riese im Tor als ein Zwerg im Vorgarten.« *Über Schalkes Tormann Holger Gehrke*

»Lachen ist die beste Art, dem Gegner die Zähne zu zeigen.«

»Wenn eine Mauer sich erhebt, wird es oben eng, aber unten ist Platz.«

»Das Leben, lieber Willibert, ist zu kurz für ein langes Gesicht.«

»Lieber ein Bomber auf dem Rasen als dauernd Sprengstoff auf der Bank.«

»Ja, Statistiken. Aber welche Statistik stimmt schon? Nach der Statistik ist jeder 4. Mensch ein Chinese, aber hier spielt gar kein Chinese mit.«

»Aumanns Trikot ist voller Schlamm. Wenn der sich jetzt auf 'ne Heizung setzt, kann er sich mit 'nem Hammer ausziehen.«

»Nein, lieber Zuschauer, das ist keine Zeitlupe, der läuft wirklich so langsam.«

»Der schlägt so viele Kerzen, als wenn morgen Weihnachten wäre.« *Über den Abwehrspieler Thomas Kroth*

Nationalhymen bei einer WM: Trinklieder und Kriegstreiberei

Als Fußballfan ist man sich gar nicht bewusst, welch unheilvolle Zeilen einem die Sängerknappen der Nationen bei großen Wettkämpfen entgegenschmettern. Nicht selten wird zum erbitterten Kampf bis zum letzten Tropfen Blut aufgefordert. Da ist es schon fast ein wenig verwunderlich, wie blutleer dann manche Vorstellung bei einem Turnier letztendlich ist.

So muss man vermuten, dass die französische Marseillaise aller Voraussicht nach inhaltlich nicht mehr in jedem Spielerohr ankommt. Wie anders wäre sonst bei solchen Zeilen das frühe Ausscheiden der Équipe Tricolore – ohne nennenswerte Gegenwehr – bei der WM 2010 zu erklären gewesen: »Hört ihr im Land das Brüllen der grausamen Krieger? Sie rücken uns auf den Leib, eure Söhne, eure Ehefrauen zu köpfen.«

Auch der Mannschaft aus Algerien merkte man bei ihren Vorstellungen in Südafrika nicht unbedingt den Text der »Kassaman« an. Wenn man genauer hinhört, war das vielleicht aber auch gar nicht so schlecht: »Wir schwören beim zerstörerischen Blitzstrahl, bei den Strömen reinen Blutes, die vergossen wurden, und ob wir leben oder sterben, dass Algerien leben möge.«

Und so geht es munter weiter mit der martialischen Kriegsmetaphorik in den Hymen der Nationen. Uruguay fordert «Freiheit oder ein ehrenvoller Tod», die USA besingen «der Raketen roter Schein» und «das Bersten der Bomben in der Luft» und Italien geht, wenn nötig, wieder bis zum Äußersten, wenn es dazu aufruft: «Lasst uns die Reihen schließen, wir sind bereit zum Tod.»

Wie angenehm klingt es da, wenn zwischen all dem Bösen auch das Schöne seinen Platz findet. »Deine Äcker und blumigen Auen sind fürwahr Edens glückliches Bild«, singt man in Chile und der Brasilianer ist ganz beseelt von seiner Heimat, wenn er stolz intoniert: »Von Natur aus ein Gigant, bist du schön und stark, unerschrockener Koloss.«

Genauere Geografie-Kenntnisse erwirbt man in Europas Osten. Dass Slowenien ein Weinland ist, lässt sich unschwer an der Nationalhymne erkennen. Die »Zdravljica« ist ein Trinklied und so heißt es dort poetisch verklärt: »Freunde, die Rebe hat nun wieder den süßen Labetrunk beschert, der uns're Pulse hebet, der Herzen uns und Augen klärt; der ertränkt, was da kränkt, der Hoffnung in die Brust uns senkt.«

Und da kommt es natürlich nicht von ungefähr, dass auch die siebte Strophe der Hymne, die seit der Unabhängigkeit 1991 gesungen wird, äußerst friedvoll klingt: »Es leben alle Völker, die sehnend warten auf den Tag, dass unter dieser Sonne die Welt dem alten Streit entsag! Frei sei dann – jedermann, nicht Feind, nur Nachbar mehr fortan!«

Frisuren-Raten: Stars der Spitzenklubs

FC BARCELONA

SPORTING LISSABON, MAN. UNITED, REAL MADRID

MAN. UNITED, REAL MADRID, AC MAILAND

PARIS SG, FC BARCELONA, AC MAILAND

BORDEAUX, TURIN, REAL MADRID

FC BARCELONA

+++ SEX-FAKTEN ÜBER CRISTIANO RONALDO +++

Der englische Trainer Paul Jewell hat mal so schön süffisant über den portugiesischen Superstar Cristiano Ronaldo gesagt: »Er ist 1,87 m groß, mutig wie ein Löwe, stark wie ein Ochse und schnell wie der Blitz. Wenn er auch noch gut aussehen würde, könnte man sagen, er hat alles.«

Tatsächlich interessieren viele Frauen Ronaldos fußballerische Fähigkeiten nicht die Bohne. Für sie ist er der »Sexiest Man Alive«. Grund genug für ein Boulevardmagazin, mal ein paar Sex-Fakten über ihn zusammenzutragen. Hier ein Ausschnitt:

Ronaldo steht auf knackige Hinterteile. Das sagt seine Ex-Geliebte Naya: »Er liebte meinen Hintern. Der hat zwar ein paar Kilo zu viel, ist aber unglaublich fest.« **+++** Feiert seine Siege gerne in weiblicher Gesellschaft. Wenn er dabei sogar ein Tor erzielt hat, wird die Party im Bett fortgesetzt. **+++** Kondome bewahrt er in seinen schicken Dolce-&-Gabbana-Cowboystiefeln auf. **+++** Sein bestes Stück soll so gut ausgestattet sein wie sein Ego. Studentin Naya vergleicht es sogar mit einer Familien-Pizza. **+++** Liebt Pornos. Überall in seiner Wohnung sollen Magazine herumliegen. **+++** Seine Anmachen können ziemlich derb sein. Studentin Naya: »Er sagte mir, dicke Mädels blasen sehr gut. So entschied er sich für mich.« **+++** Hatte in Los Angeles ein Techtelmechtel mit Party-Girl Paris Hilton. Die schwärmte danach: »Er ist 1.000 Mal besser als mein Ex.« **+++** Beim Sex mit Bademoden-Model Niki Ghazian hatte er einen Gips am Fuß. **+++** Nach eigener Aussage fühlt er sich so wohl in seinem Geschlecht, dass er auch Blümchen im Haar tragen kann. **+++** Versucht auch schon mal das weibliche Geschlecht mit rosa Höschen anzulocken. **+++** Ein Augenzeuge erzählte über die Nacht mit Paris Hilton: »Cristiano und Paris tauschten die ganze Nacht Spucke aus. Sein Tisch benötigte jede Kellnerin im Gebäude, um die großen Mengen an Alkohol zu servieren.« **+++** Sogar beim Sex soll er manchmal seine Sonnenbrille tragen **+++** Im Internet gibt es verschiedene Seiten mit Schminktipps: »So sehen Sie aus wie Ronaldo!« **+++** Paris Hilton behauptet, sie habe einen Zauberer beauftragt, Ronaldo zu verhexen, da er sie gekränkt habe. Kurz danach erlitt er eine schwere Knöchelverletzung. **+++** Seine sportliche Figur kann er nicht von seiner pummeligen Mutter Dolores haben. Mama Ronaldo hat auch sonst mit Sport nichts am Hut. **+++** Auch Ronaldo ist nur ein Mensch: Auf dem Foto eines Paparazzo ist zu sehen, wie er im Anzug aus einem Klub kommt. Unter seinen Achseln: starke Schwitzflecken! **+++** »Me, you, fuck, fuck!« Durch diesen Anmachspruch wurde er zum Vater eines Sohnes.

Turbulenzen kurz notiert

Ende der siebziger Jahre hat der Essener Willi Lippens bei den Dallas Tornados gespielt. Und der Name des Vereins war irgendwie auch Programm, wie sich Lippens erinnert: »Wir haben da gesessen, der Gert, ich und der Alex Stepley von Manchester United und wollten Spaghetti essen. Der Alex hat immer eine exquisite Soße gemacht, Fläschchen Scotch auch auf dem Tisch und dann haben sie im Fernsehen gezeigt, dass da ein Killertornado kommt und genau da und da hin. Haben wir erst einmal auf der Karte geguckt, wo wir denn überhaupt wohnen. Ist das vielleicht da? Komm, kipp erst mal schnell noch einen ein. Und zack! Und dann wurde das Programm unterbrochen: Also, wenn es ganz ruhig wird, es dann Hagel gibt und die Hölle losbricht, setzt euch ganz schnell in die Badewanne und die Matratze über den Kopf und rührt euch nicht mehr. Oder unterm Türbogen. Das sind da ja nur Hundehütten. Und wir wieder noch ein Glas und zong. ›Hörst du schon was? Nee? Dann ist ja noch alles normal!‹ Und wir wieder eingeschenkt. Und dann war die Flasche halb leer. Läuft der Gert Trinklein raus und ruft: ›Na, komm doch, du Idiot! Reiß doch alles ab. Was habe ich denn mit dir zu tun, Blödmann!‹ Drei Stunden später sind wir wieder raus. 200 Meter weiter lag alles rum und wir hatten uns schön einen gegeben.«

* * *

Ein Torhüter des BVB musste einmal im Krankenhaus einige Untersuchungen über sich ergehen lassen. Als ihm dabei eine Schwester Blut abnehmen wollte, stand der Keeper erbost auf und forderte, dass umgehend der Chefarzt kommen solle. Er habe schließlich einen Anspruch auf eine erstklassige Behandlung und da könne es nun wirklich nicht sein, dass ihm eine einfache Schwester mit einer pieksenden Nadel zu nahe käme.

Emotional schwer angeschlagen lief die Schwester, den Tränen nahe, zu ihrem Boss und erzählte ihm von den deutlichen Worten des Dortmunder Tormannes. Listig grinsend erwiderte der Chefarzt mit einem aufmunternden Klopfer auf die hängenden Schultern der Schwester: »Na, dann wollen wir mal sehen, was wir für unseren Patienten tun können.«

Nach vier mehr oder weniger erfolgreichen Anläufen kam er fröhlich pfeifend aus dem Behandlungszimmer zurück und hielt das abgezapfte Blut in der Hand. Bedauernd verzog er das Gesicht, übergab die kleinen Plastikgefäße und lächelte die Schwester dabei spitzbübisch an: »Tja, hat heute leider irgendwie nicht so gut geklappt ...!«

WM 1974: Sepp Maiers Blasen vom Handbremsen

Wenn Sepp Maier auf die WM 1974 angesprochen wird, dann erzählt er eine Geschichte immer und immer wieder. Die Story vom großen Saufgelage und dem anschließenden Ausflug nach Hamburg nach dem verlorenen Spiel gegen die Brüder und Schwestern aus der DDR wird wahrscheinlich von Version zu Version ausschweifender und spektakulärer. Aber das ist egal, denn der lustigste Nationaltorwart Deutschlands aller Zeiten hat ein besonderes Talent fürs Erzählen, wie er in dieser Fassung aus dem Jahr 1990 für eine WM-Beilage der *Sport Bild* beweist: »Die Emotionen, die sich in drei Wochen aufgestaut hatten, entluden sich. Wir haben uns Dinge an den Kopf geworfen, die nüchtern niemand gesagt hätte und jeden Nüchternen beleidigt hätten. Der Paul Breitner hat seine Zigarre gepafft, und Helmut Schön fragte ihn gekränkt, ob uns das denn weiterbringe. Die Nacht nach der Niederlage gegen die DDR war ein einziges Gelage. Aber hier ging der entscheidende Ruck durch die Mannschaft. Der harte Stamm, so um die 16 Spieler, war bei der Sauferei dabei, auch Beckenbauer. Bei wichtigen Dingen hat der Franz nie gefehlt. So zwischen zwei und drei Uhr hab ich dann gesagt: Los, Uli, wir fahren zu unseren Frauen nach Hamburg. Einen Sicherheitsbeamten habe ich überredet, uns sein Auto zur Verfügung zu stellen. Er sagte, er müsse aber unbedingt dabei sein, denn wenn etwas passiere mit dem Auto, sei er dran. Aber er sei zu müde zum Fahren. Also hab ich zu ihm gesagt: Leg dich auf den Rücksitz und schlaf. So sind Uli und ich ausgebüchst.

In Hamburg ging die Bremse kaputt. Mit der Handbremse hab ich das Auto immer wieder zum Stehen bringen müssen. Im Europäischen Hof haben wir an der Bar unsere Frauen getroffen – aber auch einige Journalisten. ›Wenn ihr eine Zeile schreibt‹, habe ich gedroht, ›könnt ihr was erleben.‹ Alle haben dichtgehalten.

Den Sicherheitsbeamten haben wir morgens losgeschickt, die Bremsen reparieren zu lassen. Aber Sonntag früh war keine Werkstatt offen. Also sind wir mit der Handbremse die 70 Kilometer zurückgefahren. Für zehn Uhr war Training angesetzt. Als wir zurückkamen, waren die meisten schon auf dem Platz. Der Beamte musste ans Steuer, Uli und ich haben uns flach gelegt, damit uns keiner sieht. Unbemerkt sind wir auf unsere Zimmer geschlichen. Unser nächtlicher Ausflug blieb für den Rest der Weltmeisterschaft unentdeckt.

Helmut Schön wunderte sich nur, warum ich beim Torwart-Training nur mit der linken Hand nach dem Ball griff. ›Was ist los?‹, fragte er. ›Ich weiß nicht, die rechte tut mir heut weh‹, log ich. Vom vielen Handbremsen hatte ich lauter Blasen in der rechten Hand.«

Lothar Matthäus, die Frauen und die Vorliebe für Damen mit einem »a« am Ende

Nicht wenige Leute glauben, »ein Lothar Matthäus« könne nicht treu sein. Doch das stimmt nur zum Teil. Denn eine Sache scheint ihm in all den Jahren immer heilig gewesen zu sein: Die Namen seiner geehelichten Partnerinnen haben um alles in der Welt mit einem »a« zu enden. Keine Nicole, Kathrin oder Melanie hatte so je eine echte Chance auf eine Dauerliaison mit dem potenten Mann aus Franken. Eine verstörende Nachricht sicherlich auch für all die Judiths, Chantals und Mechthilds auf unserem runden Erdball, die sich den paradiesischen Träumen eines Lebens an der Seite des ewig Knackigen bisher so eifrig hingaben. Lothar steht auf »a«s, da macht der Esel keinen Ausfallschritt. Seine vier Ehefrauen tragen deshalb auch diese vier herrlich wohlklingenden Namen: Silvia, Lolita, Marijana und Kristina Liliana. Dass man da als Mann allein durch das betörende Klingeln im Gehörgang schwach werden muss, kann man gut verstehen, auch wenn man selbst nicht die Güte der Natur am eigenen Leib erfahren durfte, als »ein Lothar Matthäus« zur Welt gekommen zu sein.

Und vermutlich liegt in genau dieser Vorliebe für Namen mit einem »a« am Ende auch das Dilemma unseres großen Rekordnationalspielers. All die Majas, Vanessas, Lindas, Lenas und Glorias, die Lothar jeden gottverdammten Tag über den Weg laufen und ihn nur durch das Aussprechen ihres Vornamens bereits um alle Sinne berauben, machen sein Leben zu einem immerwährenden Spießrutenlauf, auch wenn Matthäus einmal in einer ruhigen Minute selbstbewusst sagte: »Ich, was meine Person betrifft, entscheide alleine.«

Doch gerade das darf tatsächlich bezweifelt werden. Denn neben dem unwiderstehlichen Hang zu Frauen mit einem »a« am Ende des Vornamens kommt Lothar Matthäus anscheinend auch immer wieder das übergroße Angebot des weiblichen Frischemarkts in die Quere. »Nach dem fragens doch dauernd, die spinnerten Weiber«, pflaumte bereits 1985 ein grantiger Tankwart in der Nähe der damaligen Münchner Wohnung des Ehepaares Matthäus unschuldige Damen an, die sich in unseligen Zeiten ohne Navigationsgerät naiverweise vertrauensvoll in die Hände des ölverschmierten Benzinmanns begaben.

Nein, Lothar Matthäus ist und war einfach immer sehr beliebt beim jungen weiblichen Geschlecht. Das muss man auch als Mann ohne Murren neidlos anerkennen. Und niemand sage bitte, vor allem die lüsterne Frauenwelt nicht, das konnte doch keiner ahnen. Denn bereits Gattin Nummer 1, die blonde Silvia, wusste sehr genau Bescheid, auf welch dünnem Eis sie sich befand. Das *fussball-magazin* notierte im Mai 1985 für die Nachwelt und all die nachkommenden Damen so wunderbar treffend: »Längst hat sie sich daran gewöhnt, dass Ehemann Lothar von weiblichen (meist minderjährigen) Fußball-Fans mit hingebungsvoller Liebe überschüttet wird.« Und daran hat sich bis heute auch ganz offensichtlich nicht viel geändert.

WM 2010 – bunt gemischt

»In Frankfurt ist die Brieftasche schließlich auch schnell weg.« *Otto Pfister, in 40 Jahren bei acht afrikanischen Nationalteams und fünf Vereinsmannschaften beschäftigt, zur Sicherheit in Südafrika*

»Argentinien ist ein Rolls Royce und Messi der Fahrer.« *Diego Maradona*

»Die Mannschaft Südkoreas, die gleich auf den Platz geht, ist im Schnitt 1,82 m groß. Das sind sechs Zentimeter mehr, als ich es bin. Und ich bin schon ein Riesenkerl.« *Mehmet Scholl in der ARD-Vorberichterstattung vor dem Spiel Südkorea gegen Griechenland*

»Es ist gut, dass Frankreich so früh nach Hause musste. Noch eine Woche und die Spieler hätten sich gegenseitig aufgefressen. Das war der beste Weg, den Kannibalismus zu verhindern.« *Eric Cantona*

»Wir sind 23 Löwen, die in ihrem Käfig herumlaufen und darauf hoffen, dass der Wärter vergisst, die Türe zu schließen.« *Dänemarks Stürmer Jon Dahl Tomasson vor dem ersten Gruppenspiel gegen die Niederlande*

»In der Premier League sagt Wayne zu den Schiedsrichtern viel schlimmere Sachen.«

Englands verletzter Kapitän Rio Ferdinand über das »F... you!« seines Teamkollegen Wayne Rooney in Richtung eines Schiedsrichters

»Er wollte morgens, nachmittags und abends trainieren. Wir haben ihm ein Beruhigungsmittel gegeben, damit er gelassener wird.« *Brasiliens Nationaltrainer Carlos Dunga über Kaka*

»In Leverkusen wird jeder eingesperrt, der eine Vuvuzela ins Stadion mitbringt.« *Leverkusens Sportchef Rudi Völler*

»Über dieses fürchterliche Leck werden die Yankees sich nicht beschweren.« *Die Sunday Times nach dem Torwartfehler von Rob Green im Spiel USA – England bei der WM 2010 angesichts der BP-Öl-Katastrophe*

»Da ist es saukalt und um fünf Uhr dunkel. Man muss sich von der Vorstellung verabschieden, dass es da warm ist und an jeder Ecke ein Leopard sitzt.« *Franz Beckenbauer über Südafrika*

Das unbekannte Vereinslied. Heute: TS Wienhausen

Wienhausen liegt südöstlich von Celle an der Aller und in unmittelbarer Nähe der Bundesstraße 214. Alljährlich wird vom 31. Mai bis 3. Oktober im Kloster eine Teppichausstellung ausgerichtet. Ansonsten stehen die 4.188 Einwohner der kleinen niedersächsischen Stadt wie ein Mann hinter ihrem Sportverein, der Turnerschaft Wienhausen von 1910 e.V.

Der Titel der Vereinshymne der Fußballabteilung ist leider genauso unbekannt wie der Autor und Sänger dieses wunderbaren Liedes mit musikalischen Einflüssen von Scott McKenzie mit seinem Hippie-Hit »San Francisco« und The Byrds mit »Mr. Tambourine Man«.

Eines ist jedoch klar: Kreativität wird in Wienhausen groß geschrieben. So wurde im TSW-Forum bereits im Frühherbst ausgiebig das Motto der Abschlussfahrt diskutiert. Alle durften Vorschläge einreichen und von diesem Recht wurde erfreulicherweise ausgiebig Gebrauch gemacht. Nachdem Beispiele der vergangenen Jahre vorgestellt wurden, wie »Züschen – Wir sind nicht zum Spaß hier!« oder »Alle von uns sind verheiratet – manche auch mit Frauen«, tobten sich die Vereinsmitglieder tüchtig aus.

»TS Wienhausen Kulturausschuss«, »Der Ball ist rund und ein Pils braucht sieben Minuten«, »Wer sich erinnert, war nicht dabei« oder »Kein Programm, aber stramm« landeten in der Gunst der Mannschaft ganz weit vorne. Als ein »bisschen zu asi vielleicht« wurden äußerst selbstkritisch die Beiträge »Wo Saufen eine Ehre ist, kann Kotzen keine Schande sein« und »Es gibt keine hässlichen Frauen! Es gibt nur zu wenig Alkohol« eingestuft. Am Ende kristallisierte sich der schöne Gassenhauer aller Deutsch-LK-Abschlussfahrten »MEIST DICHTER, ALS DENKER« heraus.

So verblüfft es nicht, dass die erste Strophe des Liedes durch eine schlichte Eleganz besticht: »Seit 50 Jahren wird hier gebufft / bei der TSW aus Tradition / die Väter haben es uns vorgemacht / es kochte das Stadion«.

Die zweite Strophe deutet an, welches Triebmittel den Geist in Wienhausen gerne einmal belebt: »Damals waren es 11 Freunde wie heut / und machten die Gegner platt / auch wenn die anderen mal Dusel hatten / gab es flüssiges Brot aber satt.«

Der Refrain hat dann schließlich echtes Champions-League-Format: »TSW, TSW dem Gegner tut es weh / wenn er mit 'ner Packung nach Hause zu Mama geht / TSW, TSW dem Gegner tut es weh / weil er seit heute die Welt nicht mehr versteht.«

Und abschließend: »Auch heute ist das nicht anders geworden / die TSW ist eine Macht / und selbst gegen große Fußballgrößen (man spielt u.a. gegen den SC Vorwerk Celle und TuS Oldau-Ovelgönne II; A.d.A.) / werden hier die Punkte gemacht.«

Ausländer in der Bundesliga

1. **Wer war der erste ausländische Bundesligatrainer, der Deutscher Meister wurde?**
   - A Branko Zebec
   - B Tschik Cajkovski
   - C Max Merkel
   - D Aleksandar Ristic

2. **Welcher Verein hatte am ersten Spieltag 1963/64 keinen ausländischen Spieler unter Vertrag?**
   - A Eintracht Frankfurt
   - B Meidericher SV
   - C 1. FC Köln
   - D 1860 München

3. **Welcher Bundesligaklub war der erste, der mit elf ausländischen Spielern auf dem Feld stand?**
   - A Hansa Rostock
   - B VfB Leipzig
   - C Dynamo Dresden
   - D Energie Cottbus

4. **Aus welchem Land stammten die einzigen ausländischen Bundesligaspieler bei der WM 1974?**
   - A Schweden
   - B Polen
   - C Brasilien
   - D Chile

5. **Wer war der erste Afrikaner in der Bundesliga?**
   - A Sunday Oliseh
   - B Ibrahim Sunday
   - C Anthony Yeboah
   - D Hany Ramzy

6. **Von welchem Klub kam Giovane Elber in die Bundesliga?**
   - A Xamax Neuchatel
   - B Young Boys Bern
   - C Grasshoppers Zürich
   - D FC Basel

Derbyzeit ist Foren-Hoch-Zeit: Ein Revier-Splitter

Eine Meldung aus einem BVB-Forum, veröffentlicht in einem Forum des S04: »Ab 12 Uhr am Sonntag ist Warsteiner Fantreff mit kostengünstigen Getränken/Essen am Westfalenstadion, ab 13:30 fahren insGEsamt 40 kostenlose Busse (Eintrittskarte nötig) in die verseuchte Stadt direkt zum Gästeblock.«

Antworten der Schalker: »40 Busse?? Wollen die zum Spargelernten?? 20 Busse Rababer pflücken, 20 Busse Spinat bügeln.« **+++** »Na wenn das mal stimmt ... Irgendwie kann ich mir ned vorstellen , dass die Truppe in Busse einsteigen wird, die direkt zum Stadion fahren...Nunja« **+++** »ich dachte die DOofen wollen uns hauen und jetzt auf einmal sicher kommen« **+++** »Ich... Ich.....Ich spüre .... FURCHT!!! schwarz-gelbe Furcht macht mich noch aggressiver!« **+++** »Maaaaan ey weshalb kommen die Zecken mit dem Bus!? Die sollen zum Hbf kommen!!!!! (Ein Freund sagte einst im Besoffenen Kopp zu mir: »Ich bin Assauer vom beruf« Danach war mir erst klar, dass er Besoffen war! Lol)« **+++** »bleibt mal locker, die erfolgsfans fahren mim bus, hab mich mal durchgehört, die angeblichen hardklo fans kommen mim zug!« **+++** »Das ist auch gut so sollen se ruhig alle kommen, denen werden wa zeigen wer die nummer 1 im Pott ist. Und zwar nit nur im Fussball« **+++** »such dir aber die gleichaltrigen raus. (Guter Sex wirkt so stark lebensverlängernd – mir hat heute Nachmittag meine private Rentenversicherung gekündigt.)« **+++** »gut, dass das letzte spiel diese jahr in der arena is... denn das wird ne echte schweinerei in der Gästekurve.... denn da werden viele über die leistung ihrer Mannschaft kotzen müssen.« **+++** »Ich bezweifel, dass die Meinung einiger pickliger PC-Freaks, die mit Paint-Shop ultracoole Gewaltankündigungen per Internet verbreiten allgemeingültig ist.« **+++** »WIE GÄSTEBLOCK??? SCHWEINESTALL PASST SONNTAG BESSER!!!« **+++** »Das einzigste dass brennen wird, sind die Socken der DOOFEN, wenn sie aus GE gejagt werden!!! (Schalker wird man nicht, man wird als Schalker geboren!!!)« **+++** »Samma is am Samstach Klassenfaht vonne Zeckenschule oda warum komm die alle middn Bus? Da wird sicher die Muddi von denen auch ihre Pausenstullen für die Bustour schmieren und ihnen 1000 mal sagen dat se ja schön fein acht geben solln. Kann mir gut vorstellen dat se da vorm Signal Spiele Park sich in Zweierreihen Händehaltenerweise vor dem Bus aufstellen müssen.« **+++** »Zecken halt (Die Kunst wird immer sensationeller und unverständlicher und das Leben immer langweiliger und hoffnungsloser.)« **+++** »Am Montag den 11 Dezember wird der Stadionwart unser Gästeblock mit Schädlingsbekämpfungsmitel Reinigen müssen.« **+++** » wo werden den die 20/40 busse parken?« **+++** »Bei dir vor der Haustüre!«

Fakten-Mix: Neue Medien und der Fußball kurz notiert

Damit die glücklose Fußballnation Österreich künftig bei Weltmeisterschaften nicht weiter zuschauen muss, suchte sie im Sommer 2010 auf ungewöhnliche Weise nach neuen Hoffnungsträgern – und zwar per Casting-Show. Der Privatsender Puls 4 wollte mit der Show »Austria's New Footballstar« zusammen mit dem ehemaligen Sturmhelden der Bundesliga, Toni Polster, als Jury-Chef junge Talente des österreichischen Fußballs entdecken. Dem Sieger der Show bot sich die Möglichkeit, einen Profivertrag bei einem österreichischen Bundesligaverein zu ergattern. Einzige Voraussetzung: Die Spieler sollten unter 18 Jahren sein. Gerüchten zufolge hatten sich nämlich bereits einige abgehalfterte Stars eine Fortsetzung ihrer Karriere über den Sieg in der Casting-Show versprochen.

★ ★ ★

Auch beim Hamburger SV hat man 2009 innovative Wege eingeschlagen. In Zusammenarbeit mit Studenten der Hamburger Medienakademie wurden kurze Filme fürs Internet unter dem Motto »Arena-Syndrom« konzipiert. Einer der Beiträge stach dabei aus der Masse durch seine simple Idee und amüsante Umsetzung heraus. Unter dem Video stand bei »youtube« nur: »Fan Lennart dreht durch und verbringt die Sommerpause auf ganz eigene Art und Weise.«

Zu sehen war ein Mann im HSV-Trikot, der an verschiedenen Orten unvermittelt anfing, Stadionlieder zu singen und Schlachtrufe zu intonieren. Absurd wurde die ganze Sache durch den Kontrast Schauplatz und Gesang. So lief der HSV-Anhänger durch eine gut gefüllte Bahn und rief vor einem leeren Platz stehend: »Einer geht noch, einer geht noch rein!« Ein sichtlich irritierter Opa schaute in dieser Situation dem singenden Fan hinterher und nuschelte: »Ist ja gut.«

Vor einem Straßenkünstler stehend, rief der HSV-Fan: »Das ist super, das ist elegant«, und an einer Bushaltestelle neben einer älteren Frau sitzend, begann er plötzlich zu singen: »Allee, Allee, Allee ... eine Straße, mit vielen Bäumen, ja das ist eine Allee.« Die Oma wähnte sich im falschen Film. Über 30.000 User klickten das Video innerhalb kürzester Zeit an.

★ ★ ★

Kurz nach dem legendären Wutausbruch von Giovanni Trapattoni im März 1998 schaltete eine Fluggesellschaft Anzeigen mit folgendem Spruch: »Besser fliegen mit Flugzeug voll, als spielen wie Flasche leer.« Viele Jahre später machte sich zudem jemand anderes ein berühmtes Zitat aus der Pressekonferenz des Maestro zunutze. Auf N24 startete die Sendung des Journalisten Claus Strunz unter dem schönen Titel »Was erlauben Strunz?«.

Eine Autofahrt mit Peter Neururer: »Du suchst das Blaulicht, oder?«

Wer mit Peter Neururer schon einmal Auto gefahren ist, der weiß, dass der Mann aus Marl es stets etwas rasanter mag. Fragen nach dem Motto: »Hömma, weißt du, ob da gleich noch Blitzer kommen?«, muss man als Beifahrer abkönnen. Wenn man zusätzlich mit einer Portion Wagemut ausgestattet ist, kann das auch nicht schaden. Denn Peter Neururer gehört zu den Menschen, die nicht nur äußerst gerne beim Autofahren reden, sondern dazu den intensiven Blickkontakt zum Beisitzer pflegen. Kurzum: Eine Reise mit dem wortgewandten Trainer kann zum Erlebnis werden.

Schade deshalb, dass er auf einer seiner spektakulärsten Fahrten der letzten Jahre alleine an Bord seines weißen Porsche Cayenne GTS war. Neururer wurde damals auf einer Landstraße kurz vor dem luxemburgischen Machtum von der Polizei gestoppt. Wie er selbst nicht müde wird zu betonen, soll der Trainer »angeblich« mit 153 km/h von einer Laser-Anlage geblitzt worden sein. Erlaubt waren schlappe 90. Doch die Geschwindigkeitsübertretung sollte an diesem Tage zum kleinsten Übel werden. Denn bei der anschließenden Kontrolle seines Fahrzeugs fanden die Luxemburger Beamten ein Blaulicht auf dem Beifahrersitz und einen Schreckschuss-Trommelrevolver samt Munition im Handschuhfach. Als man sich freundlich bei Neururer erkundigte, ob er vielleicht ein deutscher Kollege sei, überkam den Marler Schimanski ein Moment der Schwäche und er bejahte die Frage. Die kurze telefonische Kontrolle der Personendaten Neururers endete schließlich mit erhobenen Händen und einer intensiven Leibesvisitation des Trainers am Kofferraum seines Flitzers.

Wenn man sich auf einer Fahrt mit Peter Neururer allzu intensiv umschaut, dann kann es passieren, dass man gefragt wird: »Und, suchst du das Blaulicht?« Das ist nämlich immer noch in Luxemburg. Was traurig ist, weil es zu Bochumer Zeiten ein Geschenk der VfL-Spieler war. Die hatten ihrem Coach eine besondere Freude machen wollen und dabei voll ins Schwarze getroffen. Denn immer dann, wenn Peter Neururer über die vollgestopfte A40 zum Training eilen wollte und ihn ein Stau am pünktlichen Erscheinen hinderte, packte die Marler Kultfigur ihr Blaulicht aufs Dach und wartete, was passierte. »Das dauerte nur Sekunden und dann teilte sich die Autoschlange wie bei Moses in der Bibel das Wasser in der Mitte auf und ich konnte mit meinem Wagen hindurchstechen wie mit einem kalten Messer durch warme Butter«, plauderte Neururer einmal aus dem Nähkästchen und strahlte. Nur ein einziges Mal hielt ihn die deutsche Polizei wegen dieses Vergehens an. Doch die TV-Kommissare Toto & Harry drückten bei ihrem Bochumer (Vereins-)Kollegen noch einmal ein Auge zu.

Die deutsche Eiche des Schiedsrichterwesens

Ich kann nicht anders: Immer wenn ich den Namen Walter Eschweiler höre, muss ich an die Geschichte eines Bekannten denken. Als dieser einmal bei der »Schwarzen Diva« aus Bonn anrief und, wie man es eben so macht, sich höflich mit seinem Namen vorstellte, konterte Eschweiler trocken und ohne jede Vorwarnung: »Ah – Sascha Theisen, der meist gesuchte Mann von Interpol.«

Das ist schon groß, keine Frage. Doch wenn ich so etwas höre, denke ich immer verzweifelt darüber nach: Wie kommt man bloß auf solche Sätze? Stehen die vielleicht in irgendwelchen Sprücheklopfer-Ratgebern, die schon durch ihre super-lustigen Titel wie »Wer jetzt nicht lacht, ist als Kind in ein Botox-Fass gefallen« oder »Wie werde ich ohne über Los zu gehen wie Cindy aus Marzahn« Lust auf ein ausgedehntes Mittagessen mit Scherzkeksen zum Nachtisch machen? Vielleicht ist es am Ende aber auch die erkaufte Halbbruderschaft mit Mario Barth, die einen dazu befähigt, solch bahnbrechende Sentenzen einem gänzlich unbekannten Menschen völlig schmerzbefreit als ersten Kommunikationsbrocken hinzuwerfen.

Am einfachsten wäre es wahrscheinlich, den ehemaligen FIFA-Schiedsrichter und langjährigen Angestellten des Auswärtigen Amtes, Walter Eschweiler, einmal persönlich zu fragen. Der Mann ist schließlich eine lebende Schatzkammer an Kalauern und Dönekes für schnell mal zwischendurch.

Seiner bekanntesten Geschichte, die von der WM 1982, als ihn der peruanische Spieler Velasquez, »mit einer Figur wie ein Orang-Utan«, über den Haufen lief und Eschweiler eine Rolle rückwärts machte, kann man mittlerweile keine denkbare Facette mehr hinzufügen – der Klönonkel im Schiedsrichterkostüm hat sie aus allen möglichen und unmöglichen Perspektiven bereits erzählt. Seinem besorgten damaligen Chef, Hans-Dietrich Genscher, soll er noch in der Halbzeitpause telefonisch Entwarnung gegeben haben: »Lieber Herr Minister, außer dem angeborenen Dachschaden liegt keine nennenswerte Beschädigung vor.«

»Die Pfeife der Nation« suchte damals in Spanien auf dem Rasen nur schnell seine »Buchhaltung zusammen« und stand dann wieder auf. Warum? Na, »eine deutsche Eiche wankt, aber sie fällt nicht«, ist doch klar! Und zudem sei da auch noch eine Ärztin auf den Platz gelaufen, die sich ihm mit den Worten »Hello, I'm a doctor for animals« vorgestellt habe. Da habe sogar der Zeremonienmeister der Pointe für einen Moment seinen Humor verloren!

Cool

»Das war heute eine Mannschaft, die hatte eine Blutgruppe. Und diese Blutgruppe lautete Sieg.« *Kölns Trainer Christoph Daum*

»Wenn es hier nach Schweiß stinkt, bin ich das. Das Spiel war so aufregend.« *BVB-Trainer Jürgen Klopp zu seinem Schalker Kollegen Fred Rutten*

»Wenn Ihr mich loswerden wollt, müsst Ihr mich schon erschießen.« *DFB-Präsident Mayer-Vorfelder zu Vorstandskollegen*

»Ich habe Thorsten Fink nicht beleidigt. Ich habe ihm nur gesagt, dass er die Fresse halten und auf seinen Platz zurückgehen soll.« *Uwe Wolf, als Interimstrainer von 1860 München*

»Im Moment nicht. Yeboah und Chapuisat sind besser drauf.« *Uwe Fuchs auf die Frage, ob die Nationalmannschaft ein Thema sei*

Reporter: »Geben Sie mir bitte eine Antwort auf die nächste Frage, in der nicht ›egal‹ vorkommt. Wer soll ihr Finalgegner werden? Bayern oder Schalke?« *Bremens Trainer Thomas Schaaf:* »Is mir wurscht!«

»Nach dieser Vorstellung muss ich sagen, ich habe eine Pistole samt Waffenschein und würde einigen am liebsten das Hirn durchpusten!«

Nürnbergs Präsident Roth

»Wie immer – leicht behaart am Kopf.« *Hannover-Trainer Dieter Hecking auf die Frage, wie er seinen Profi Jiri Stajner gesehen hat*

»Ich habe mit meinem Sohn Luca telefoniert. Er hat nach dem 3:1 den Fernseher ausgeschaltet, weil ihm das Spiel zu einseitig war.« *Österreichs Assistenztrainer Andy Herzog nach einem 3:2 gegen die Elfenbeinküste. Sohn Luca ist zwei Wochen alt.*

»Ich habe mich total geärgert. Ich hätte nach dem Spiel jemand auf die Schnauze hauen können.« *Mainz-05-Trainer Jürgen Klopp*

»Für mich persönlich gibt es mit Paul Breitner in Zukunft nur noch einen möglichen Berührungspunkt: ich als Arzt und er als Notfall.« *Jupp Kapellmann über seinen Intimfeind*

Christoph Ruf: Von den Steinpilzen des Fußballs

Neulich war ich am Bischofsholer Damm, bei Arminia Hannover. Und einmal mehr sollte sich bestätigen, dass man in manch kleinem Stadion einen netteren Nachmittag verbringen kann als in den Hochsicherheitstrakten der Bundesliga mit ihrem Charme von Sparkassenneubauten. Man möchte dort am liebsten Hausschuhe anziehen, um das Interieur nicht mit ordinärem Straßenstaub zu besudeln.

Ganz anders bei den Arminen, wo auf den Traversen wachsen darf, was wachsen will. Auf dem offiziellen Rasen wurde dann auch mit dem Ball gewerkelt, schön war das zugegebenermaßen nicht. Aber wer sich beim Fußball vom Fußball stören lässt, muss eben Wolfsburg-Fan werden. Schnell wandte ich mich wesentlichen Dingen zu und blätterte in dem Stapel, der am Eingang gereicht worden war. Dort fand sich ein Album in Panini-Manier: Bei jedem Spiel bekommt der Zuschauer – in Hannover sind es selten mehr als 500 – drei Spieler zum Einkleben. Am letzten Spieltag ist das Album voll. Großartig. Ebenso wie die sieben Fans der Gastmannschaft, die versuchten, das Lübecker B-Team anzufeuern und vom etwa 30-Mann-Supportblock der Arminen zu hören bekamen, dass das aussichtslos sei: »Ihr seid Japan, wir Godzilla.«

Auch bei TeBe Berlin, wo man sich Woche für Woche von rechten brandenburgischen Weichköpfen beschimpfen lassen muss, ist man sich der eigenen Unbedeutendheit bewusst. Wenn – wie letzte Saison geschehen – 1.500 Fans vom BFC Berlin das Heimspiel zum Auswärtsspiel machen, hält das hier keinen davon ab, die prallvoll gefüllte Kurve mit einem Hinweis auf das Plattenbauviertel zu beleidigen, in dem das BFC-Stadion steht: »Hurra, das ganze Haus ist da!«

Bei Altona 93 findet man ebenfalls diese Selbstironie. Unvergessen der Fan, der bei einem Spiel gegen Glashütte den Gegner als »Crystal Palace für Arme« beschimpfte, um nach einer Fehlentscheidung des Schiedsrichters zu brüllen: »So kann ich nicht arbeiten – als Fan.« In der ersten Liga hört man solche Rufe kaum – auch weil sie durch die Zwangsberieselung mit Übel-Musik übertüncht werden.

In Hof haben sie diese Probleme nicht. Dafür hapert es ein wenig mit der Kreativität. Immerhin schafften sie es, aus ihrem Gegner Bayreuth ein »Gay«reuth zu machen. Doch dafür gaben es ihnen die Schwarzgelben in vollen Kübeln zurück. Seither habe ich ein neues Lieblings-Transparent. Auf ihm stand: »Euer Stammbaum ist ein Kreis!«

Christoph Ruf erzählt in »Ist doch ein geiler Verein« (»Fußballbuch des Jahres 2008«) viele weitere spannende Geschichten abseits der viel befahrenen Bundesligapisten.

Frisuren-Raten: DDR-Oberliga

1962–1976

1968–1975

1969–1977

1969–1985

1969–1984

1986–1990

Das raue Geschäft mit dem Fußball

In den Niederlanden versuchte Mitte der neunziger Jahre der »Bund gegen das Fluchen« (Bond tegen het Vloeken) die Fußballfans ein bisschen in ihrer Ausdrucksweise zu mäßigen. Die Kampagne stand unter dem Motto »Ein Fluch verfehlt immer das Ziel (Tor)« (Een vloek mist ieder doel). Landesweit wurden Plakate aufgehängt und in den Stadien gelbe Karten mit der Aufschrift »Das ist eine freundliche Warnung: Fluch nicht!« verteilt. Ob die Werbung etwas gebracht hat, weiß man nicht. Aber wenigstens hat es in den Jahren danach keine weiteren Peinlichkeiten im Stile eines Ronald Koeman (Popo-Abwischen mit Deutschland-Trikot) oder eines Völler-Bespuckers Frank Rijkaard im niederländischen Fußball gegeben.

★ ★ ★

Joe Kinnear hätte sich auf jeden Fall eine Scheibe von dem Programm abschneiden können. Denn als der Trainer im Oktober 2008 als neuer Newcastle-Coach vorgestellt wurde, rastete er komplett aus. In nur fünf Minuten ließ er 52 Schimpfwörter gegen die anwesende Medienschar los, immer wieder brüllte er »F*** off!«. Zu Beginn der Pressekonferenz fragte er nach Simon Bird vom Daily Mirror und nach Niall Hickman vom Express. Nachdem sich beide mutig zu erkennen gegeben hatten, wurden sie von Kinnear aufs Heftigste für ihre Berichterstattung beschimpft. Bird nannte er einen »Sauhund« und Hickman bezeichnete er als »durchgeknallt«. Als der Pressesprecher von Newcastle United sich um Schadensbegrenzung bemühte, war es bereits ein verzweifelter Versuch und ein Akt der Hilflosigkeit: »Kommen wir zurück zum Fußball. Einigen wir uns darauf, dass alles, was bisher gesagt und eventuell auf Band aufgenommen wurde, vom Tisch ist. Reden wir nicht mehr drüber.« Die Ursache für »F**Kinnear« war wohl vor allem ein Bericht des *Mirror*, der geschrieben hatte, dass Kinnear als erste Amtshandlung der Mannschaft und sich selbst einen Urlaubstag gegönnt habe.

★ ★ ★

Ein eher kurioses Ritual hatten der 1860-Masseur Hans Hodrius und der Abwehrspieler Thomas Miller Mitte der neunziger Jahre. Bevor Miller auf den Platz ging, schrie Hodrius ihn an: »Miller, du kannst doch überhaupt kein Fußball spielen!«, »Ihr habt doch eh nix drauf!« oder »Heute führen sie euch wieder schön vor«. Der Verteidiger schnauzte dann wütend zurück: »Schleich dich! Ich werd's dir schon zeigen!« Eine seltsame Art der Motivation, aber anscheinend wusste Hodrius ganz genau, was gut für Miller war: »Der Thomas braucht, auf gut Deutsch, die Verarschung!« Na, dann!

Elfmeterschießen auf englische Art: »Willkommen im Klub!«

Einer der am häufigsten zitierten Sprüche von Paul Breitner ist auch einer seiner lustigsten: »Da kam dann das Elfmeterschießen. Wir hatten alle die Hosen voll, aber bei mir lief's ganz flüssig.« Ob er damit seinen Kollegen Uli Hoeneß meinte, der sich da in die Buchse machte, ist leider nicht überliefert. Aber das könnte schon ganz gut sein. Denn der langjährige Bayern-Manager wird wohl nie diese schreckliche Nacht des 20. Juni 1976 in Belgrad vergessen, als er im EM-Endspiel gegen die CSSR seinen Strafstoß Richtung Mond schoss, während Antonín Panenka Sepp Maier mit einem lockeren Lupfer in die Tormitte narrte. Uli Hoeneß wird in diesen Minuten vielleicht auch einmal kurz den Mann verflucht haben, der ihm das fast hundert Jahre zuvor überhaupt erst eingebrockt hat. Wenn er denn wusste, wer dieser Mann war. Denn ganz genau lässt sich das tatsächlich nicht mehr sagen. Man hat sich allerdings allgemein darauf geeinigt, dem Iren William McCrum die Idee des Elfmeters zuzuschreiben. Er soll am 2. Juni 1891 maßgeblich an der neuen Regel 13 auf der Sitzung des »International Footbal Association Board« mitgearbeitet haben. Sie lautete folgendermaßen: »Wenn ein Spieler einem Gegner absichtlich ein Bein stellt oder ihn zurückhält oder den Ball vorsätzlich mit der Hand spielt und dies in einer Zone von zwölf Yards (elf Meter) vor seiner eigenen Torlinie, dann *kann* der Schiedsrichter der benachteiligten Partei einen Strafstoß zusprechen.« Wohlgemerkt, er kann. Damals musste man noch beim Schiedsrichter diese Form der Bestrafung »verlangen«.

Ziemlich sicher überliefert ist aber, dass den ersten Elfmeter John Heath am 14. September 1891 im Spiel seiner Wolverhampton Wanderers gegen Accrington verwandelte. Heath war Engländer. Genau wie Stuart Pearce. Nur hatte dieser 1990 im Halbfinale der WM gegen Bodo Illgner nicht ganz so viel Glück. Der Kölner Keeper hielt das Schüsschen des Engländers und Pearce wurde weltberühmt.

17 Jahre später musste der ehemalige Linksverteidiger als Trainer der englischen U21 mit ansehen, wie seine Jungs am Gastgeberland Niederlande scheiterten. Im längsten Elfmeterschießen in einem offiziellen UEFA-Spiel lautete das Endergebnis 12:13. Pearce kommentierte die Niederlage süffisant trocken: »Immerhin haben wir die Entscheidung bis zum 32. Elfmeter hinausgezögert, das ist ja ein Schritt in die richtige Richtung.«

An seinem Humor hatte Pearce allerdings schon einige Jahre vorher tüchtig feilen können. Als sein Mitspieler bei Manchester City, Robbie Fowler, in einem Spiel um den Einzug in den UEFA-Cup den entscheidenden Elfmeter verschoss, nahm Stuart Pearce Fowler in den Arm und sagte nur: »Willkommen im Klub!«

Kunterbunt oder blau: Die Bundesliga mag es farbig!

Sylvie van Vaart sagte einmal, dass sie ihren Mann Rafael in Modefragen lieber berate, damit dieser »nicht in diesen typischen Fußballer-Klamotten« rumlaufe. Prada-Schuhe und »so Angeber-Shirts« fände sie nämlich eher peinlich.

Man darf vermuten, dass die niederländische Spielerfrau nie die legendäre Christoph-Daum-Kollektion zu Gesicht bekommen hat, die Anfang der neunziger Jahre für Furore sorgte. Jahrelang hieß es gar, dass die kunterbunten Hemden den Namensgeber fast in den Ruin getrieben hätten.

Wie es wirklich war, verriet Christoph Daum während seiner Zeit in Wien dem Magazin *Falter*: »Eines Tages kamen schwerreiche Chinesen aus Hongkong an und wollten eine Hemdenkollektion mit meinem Namen auf den Markt bringen. Der Obolus war nicht schlecht, also machte ich mit. Wir gingen auf die Messe, hatten unseren Stand wie ein Stadion aufgebaut, daneben eine Torschusswand. Durch meine Connections hatte ich jeden Tag einen Nationalspieler da. Alle haben rübergeguckt, der Seidensticker (großer deutscher Hemdenfabrikant, d. Red.) guckte sich jeden Tag die Augen wund. Die Kollektion schlug ein, weil wir nicht Hemden, sondern Lebensgefühl verkauft haben. Das war ein neuer Weg, den danach H&M und viele andere auch gegangen sind. Niedriger Preis bei hoher Qualität – nur die ›Champions-Line‹ war dann doch ein bisschen teurer. Nach der Messe kam der Seidensticker mit seinem Rolls-Royce angefahren und bot mir an, die Kollektion zu übernehmen. Er wollte aber die Bedingungen diktieren, und da hab ich nicht mitgespielt. Schließlich hat er für ein Schweinegeld den Geschäftsführer der Christoph-Daum-Kollektion weggekauft. Damit war die Sache gegessen, denn ich weiß doch gar nicht, wie man Hemden herstellt und vertreibt.«

Am 12. August 2000 hatte Daum schon einmal einen modisch extravaganten Auftritt. Beim Spiel gegen den VfL Wolfsburg erschien er ganz in Blau. Reiner Calmund war begeistert: »Ich fand den Anzug sehr gut. In einer Diskothek hätte Christoph Daum als Popstar sicher einen noch besseren Eindruck gemacht. Ich war überrascht, dass er wie ein moderner Elvis Presley aussah. Es hat nur ein bisschen Glitzer gefehlt.«

Der schwergewichtige Bayer-Manager war auf den Bundesligatrendsetter Daum fast ein wenig neidisch. Energisch forderte Calmund: »Ich hoffe, dass ich jetzt auch einen blauen Anzug kriege. Bei mir würde das mehr wirken. Ich biete mehr Fläche.« Doch dazu kam es leider nicht mehr. Kurz nach dem Auftritt als »blauer Daum« war die Karriere des Leverkusener Trainers in Deutschland vorerst beendet.

Der mit Abstand reichste Mann der Bundesliga: Matthias Ohms 1989

Früher einmal war die Bundesliga auch ein Ort, an dem wirklich reiche Männer ihre Träume von Macht, Scheinwerferlicht und Erfolg verwirklichen konnten. Der Modezar Klaus Steilmann mäzenierte aus Wattenscheid 09 einen Bayern-Bezwinger, der Krampfadern-Klinik-Besitzer Günter Eichberg kaufte Schalke 04 in höchster Not das von Charly Neumann sehnsüchtig herbeigebetete Waschpulver und in Frankfurt lenkte der Börsen-Dollar-Millionär Matthias Ohms die Geschicke des Klubs aus einer Ecke der Vereinsgaststätte am Riederwald bei Äppelwoi und Würstchen.

Geschichten aus dieser Zeit lesen sich wie die Märchen aus 1001 Nacht. Der Präsident von Eintracht Frankfurt wurde einmal in einem bunten Artikel der *Sport Bild* in allen Facetten seiner Herrlichkeit besungen. Ohms sei »der mit Abstand reichste Mann der Bundesliga« und seine Telefonrechung bei der Post schlage mit »ungefähr 800.000 Mark pro Monat« zu Buche. Doch das wäre auch kein Wunder, stand dort im Dezember 1989 geschrieben, schließlich arbeiteten seine 70 Angestellten »vor Bildschirmen an 400 (!) Telefonen«.

Fotos in seinem eigenen Flugzeug (»Beechcraft«), an der Bar seines hauseigenen Tresenbereichs (»... würde gut ins Hamburger Atlantic Hotel passen ...«), im maßgeschneiderten Anzug und mit Champagner-Flasche in der Kabine zusammen mit Charly Körbel und Frank Schulz sowie stilvolle Illustrationen seiner Frau, der »schwarzen Barbara«, runden den Jubelartikel stimmungsvoll ab.

Höhepunkt der Bildergalerie ist jedoch das Motiv »Ohms in Fankutte«, das mit dem aussagekräftigen Satz untertitelt wurde: »Ein Mann, der auch Spaß versteht!«

Damals wuchs das Vermögen des Präsidenten »wie Omas Kräuter auf der Fensterbank« – man konnte dabei zusehen, wie es sich vermehrte. Doch auch zu diesem Zeitpunkt bereits, als Ohms sich bei der morgendlichen Abfahrt zur Arbeit zwischen mehreren Nobelkarossen entscheiden musste, hatte der Devisenhändler offensichtlich ein wenig den Überblick über seine Finanzen verloren: »Er ist mehrfacher Millionär, weiß aber nicht, wie viel er hat (im Ernst).«

Heute findet man im großen, weiten Internet über einen der schillerndsten Präsidenten der Bundesligageschichte nur einige wenige Randnotizen. Und statt Glamour und Glitzerwelt regiert auch bei Matthias Ohms mittlerweile der Sparfuchs. Opel fahre er, sagte er einmal, und den Jaguar, den man ihm andichtete, besaß er einzig auf dem Papier: »Das Auto gehört einer Freundin. Es war nur auf mich zugelassen, aus Versicherungsgründen.« Ob er stets noch »brav seine zwölf Mark Monatsbeitrag überweist«, ist leider auch nicht überliefert – aber ein spannendes Kapitel der Eintracht-Historie wird Matthias Ohms für immer bleiben.

Die guten alten Zeiten

»Die gute alte Zeit war, als Fußballer ihre Suppe noch zu Hause aßen und nicht im Werbefernsehstudio.« *Robert Lembke*

»Wohin sollte ich denn wechseln? Ich bin doch schon beim FCK!« *Fritz Walter*

»Wenn du früher zum Trainer gesagt hast, du hast Kopfschmerzen, hat der gesagt: ›Geh ans Kopfballpendel, dann gehen die weg.‹ Und heute? Da schickt er dich zur Kernspintomografie …« *Walter Frosch*

»Wenn Spieler heutzutage über ein Tor jubeln, schauen sie zuerst die Bandenwerbung an und entscheiden dann, vor welchem Schriftzug sie in die Knie gehen.« *Pelé*

»Wenn ich zur Ecke gehe, das weiß jeder, dann kommen Feuerzeuge und Geldstücke geflogen. Das war ein Zeichen, dass man dies eigentlich nicht machen sollte. Zumal nach der Euro-Umstelllung viele nicht mehr so viel Geld in der Tasche haben. Da sollten die Leute lieber das Geld in der Tasche behalten, anstatt es zu mir zu werfen. Nicht zuletzt wegen der Steuererhöhung und was alles noch so kommt.« *Stefan Effenberg als Erklärung für eine Scheibenwischergeste zu den Zuschauern in Bochum*

»Im Spiel habe ich immer Angst, dass ich die zehn anderen in die Pfanne haue, wenn ich nicht vor meinem Gewissen mein Bestes gegeben habe.« *Bernard Dietz*

»Alle frisch gestylt – und bei Windstärke 4 fallen sie um.« *Walter Frosch über die heutige Spielergeneration*

»Schlimm ist dieses Gejammer.
Tut hier weh, tut da weh.
Aber solange sie das Handy
halten können, muss ja noch
genug Kraft da sein.«

Werner Lorant

»Was willst du von denen denn noch verlangen? Mit dem Kettchen am Hals und dem Clip am Ohr kommen die nicht mal mehr zum Kopfball hoch.« *Schalke-Präsident Günter Siebert über die jungen Spieler seiner Mannschaft*

Effenbergs Bücher: Die erste Seite habe ich weiß gelassen!

Die Menschen, die dabei gewesen sind, beschreiben diesen Moment als sehr ernst. Stefan Effenberg hatte auf die Frage eines Journalisten, welches Buch der Weltliteratur ihn persönlich geprägt habe, geantwortet: »Hitlers Tagebuch. Das hat mich dann doch interessiert.« Der Moderator Oliver Welke wollte die peinliche Situation damals mit einem kleinen Ausfallschritt entspannen und fragte deshalb mit einem verschmitzten Grinsen im Gesicht: »Ähem, die *Stern*-Version der Tagebücher?« Doch Effenberg, der seine verfahrene Lage nicht erkannte, antwortete entschieden: »Nein, die niedergeschrieben wurde in dem Buch.« Es war der Tag, als der ehemalige Nationalspieler Effenberg in Berlin sein autobiografisches Werk »Ich hab's allen gezeigt« der interessierten Öffentlichkeit vorstellte.

Nur wenige Wochen später ließ seine frühere Frau Martina in einem Artikel des Magazins *Bunte* wissen, dass auch sie an die Veröffentlichung ihrer Memoiren denke. Überzeugt vom Erfolg meinte die Ex-Gattin des Fußballprofis: »Das würde ein Hit, ein Knaller!« Sie wolle, wenn sie denn einmal genügend Zeit habe, sich ohne einen Ghostwriter hinsetzen und alles niederschreiben. Von der »Scheinwelt des Fußballerlebens«, so Martina Effenberg, habe sie mittlerweile genug und würde »nicht mal mit einem Fußballer flirten«.

Stefan Effenberg hingegen hatte noch lange nicht genug vom runden Showbusiness. Einige Schlachten sollten mit der Veröffentlichung seines Buchs viel mehr in eine neue Runde gehen: »Wer mich öffentlich angemacht hat, kriegt jetzt eins vor den Latz. Zum Beispiel Breitner, Netzer und Lattek. Ich hoffe, dass sie nicht anfangen zu jammern.« Und mit einem ganz speziellen Freund wollte der ehemalige Bayern-Spieler die Privatfehde gerne auch weiterhin möglichst intensiv austragen: »Lothar Matthäus hat ein eigenes Kapitel. Die erste Seite habe ich weiß gelassen, weil eigentlich jedes Wort über ihn zu viel ist.«

Vielleicht wäre dieser nette Einfall auch sieben Jahre später einen Gedankengang für ein komplettes Buch wert gewesen. Denn nicht Martina Effenberg veröffentlichte ihre Geschichte, es war Stefans neue Frau, die unter dem Titel »Eigentlich bin ich ja ganz nett« ihre Gedanken über »Die wahre Claudia Effenberg« niederschrieb. Es wurde eine Ansammlung alltäglicher Nichtigkeiten. Ob Stefan Effenberg sie jemals ganz gelesen hat, wird man wahrscheinlich nie erfahren. Vielleicht ist das Buch auch einfach nur im Regal gelandet. Direkt neben den niedergeschriebenen Tagebüchern des Adolf Hitler.

Vereinsfußball in Deutschland

1. Wer war der erste Zweitligameister nach Einführung der eingleisigen zweiten Liga?

- A Fortuna Köln
- B Eintracht Braunschweig
- C Fortuna Düsseldorf
- D Schalke 04

2. Welche Mannschaft wurde 1986 deutscher Meister, ohne an einem der vorhergehenden 33 Spieltage Tabellenführer gewesen zu sein?

- A Werder Bremen
- B VfB Stuttgart
- C Hamburger SV
- D Bayern München

3. Wie hieß der Trainer des ersten Bundesligameisters 1. FC Köln?

- A Rudi Gutendorf
- B Georg Knöpfle
- C Max Merkel
- D Hermann Eppenhoff

4. Wer war der Nachfolger Sepp Maiers im Tor der Bayern?

- A Walter Junghans
- B Jean-Marie Pfaff
- C Raimond Aumann
- D Harald Schumacher

5. Wer prägte den Spruch: »Mach et, Otze«?

- A Erich Rutemöller
- B Udo Lattek
- C Hennes Weißweiler
- D Peter Neururer

6. Bei welchem Derby von 1983 bewarfen sich die gegnerischen Fans über die Köpfe der Polizei hinweg mit Dartpfeilen?

- A Borussia Dortmund gegen Schalke 04
- B Eintracht Frankfurt gegen Kickers Offenbach
- C 1. FC Nürnberg gegen SpVgg Fürth
- D 1. FC Köln gegen Fortuna Köln

Verhaltensregeln für Frauen während großer Fußball-Turniere!

Im Internet kursieren regelmäßig vor wichtigen Turnieren wie Welt- und Europameisterschaften humorvolle Texte. Dem anonymen Verfasser sei für eine der gelungensten Versionen dieser Gattung gedankt!

§ I In der Zeit während des Turniers ist der Mann absoluter Herrscher über das TV-Gerät und die dazugehörige Fernbedienung.

§ II Die Ehefrau/Freundin beschäftigt sich in dieser Zeit stumm mit häuslichen Arbeiten.

§ III Vor jedem Spiel ist dem Mann eine Kiste mit kühlem Bier neben den Fernsehsessel zu stellen, wobei die Betonung auf kühl liegt. Ersatzweise können auch Jack Daniels, Asbach, Bacardi mit kühler Cola und Eiswürfeln bereitgestellt werden.

§ IV Während eines Spieles ist der Frau der Aufenthalt im Fernsehzimmer strengstens untersagt.

§ V In der Halbzeitpause besteht für die Frau ein 15-minütiges Betretungsrecht, um leere Getränkeflaschen durch frisch gekühlte volle Flaschen zu ersetzen. Bei Bedarf können diverse Knabbereien gereicht werden. Das Rascheln mit Tüten sowie der Gebrauch verbaler Kommunikation ist dabei strengstens zu unterlassen.

§ VI Spätestens 30 Minuten vor Beginn eines Spieles ist dem Mann eine mit Liebe zubereitete Mahlzeit zu reichen. Um die mentale Spielvorbereitung des Mannes nicht zu stören, ist auch in dieser Zeit die Schnatterluke geschlossen zu halten.

§ VII Während des Turniers sind jegliche Handlungen, die der Fortpflanzung dienen könnten, zu unterlassen. Ebenso zu unterlassen ist das Tragen von Kleidung, die beim Mann das Verlangen nach solchen Handlungen auslösen könnte.

§ VIII Sollte der Mann in seinem Großmut der Frau gestatten, die eine oder andere Minute einen Blick auf das Spiel zu werfen, sind Zwischenrufe sowie Fragen, die den fußballtechnischen Intellekt der Frau verraten würden (z. B.: »Was ist Abseits?«) unbedingt zu unterlassen. Mit einem körperlichen Verweis belegt sind solche Bemerkungen wie z. B. »Ach, der Gomez sieht aber heute wieder süß aus«.

Ja, liebe Frauen, wenn ihr euch an diese minimalen Verhaltensregeln haltet, wird euch euer Mann danken, indem er versuchen wird, kein Bier zu verschütten, nicht jeden Quadratzentimeter im Umkreis von drei Metern um seinen Trainerstuhl (Fernsehsessel) vollzubröseln, beim Verzehr der unter **§ VI** genannten Mahlzeiten euch nicht ständig an die kulinarischen Fähigkeiten seiner Mutter zu erinnern.

Doping und Vitamine: Plötzlich hatte jeder Asthma!

Die Dopingproblematik, die Toni Schumacher durch sein Buch »Anpfiff« Mitte der Achtziger in den öffentlichen Fokus gerückt hatte, ließ den ehemaligen Nationaltorhüter auch Jahre nach dem Erscheinen seiner Autobiografie nicht los. 1989 eckte Schumacher erneut an, als er sagte: »Ich bin überzeugt, dass in unterklassigen Ligen immer noch gedopt wird. Da geht es schließlich auch schon um einiges Geld, und wie oft liest man die kleinen Meldungen, dass einer bei einem unterklassigen Spiel umfiel und der Arzt nur noch ›Herzversagen‹ diagnostizieren konnte? Was der DFB jetzt kontrolliert, ist nur die Spitze des Eisbergs.« Seine Sorge war verständlich.

Denn erst seit dem Jahr 1988 hatte der Deutsche Fußball-Bund flächendeckend und regelmäßig Doping-Kontrollen im Fußball durchführen lassen. Das umstrittene Aufputschmittel Captagon stand zwar bereits seit den siebziger Jahren auf der Dopingliste des Deutschen Sportbundes, ohne Tests war dem Missbrauch in der Bundesliga allerdings kein Riegel vorgeschoben.

»In Duisburg musste man nur zum Masseur gehen. Das war ein älterer Herr, der auch bestens beim DFB bekannt war«, erzählte Günther Schlipper von seiner Zeit beim MSV, als die Doping-Problematik 2006 durch ein Interview mit dem Bundesligatrainer Peter Neururer wieder ein aktuelles Gesprächsthema wurde.

Auch der ehemalige Nationaltorwart Jens Lehmann konnte von Doping-Erlebnissen aus den achtziger Jahren beim FC Schalke 04 berichten: »Als ich angefangen habe, mit 17 oder 18 Jahren, da habe ich so etwas gehört. Einige haben wohl, um spielen zu können, Captagon geschluckt.«

Dem früheren Zweitliga-Profi und späteren Trainer Hans-Werner Moors hatte man die Substanzen angeblich heimlich bei Preußen Münster untergejubelt: »Es hieß: ›Probiert das mal, ihr braucht Vitamine.‹« Ob das tatsächlich so stimmte? In der Regel schienen die Profis gut Bescheid zu wissen. So antwortete Herbert Waas auf die Frage, ob er schon einmal gedopt habe: »Nein, nicht dass ich wüsste. Sicher habe ich schon mal Hustensaft geschluckt – aber gegen Husten!«

Und auch Peter Neururer gewährte einen Blick hinter die Kulissen, der zeigte, dass die Ahnungslosigkeit der deutschen Fußball-Repräsentanten wohl eher nur vorgespielt war: »Es gab auch andere Mittel: alle Ephedrine, die auch von den Radfahrern geschluckt werden. Das sind die Asthmamittel. Plötzlich hatte jeder Asthma, um das nehmen zu dürfen.«

Wegen der Einnahme zahlreicher Mittelchen während seiner Zeit als Torhüter sagte Harald Schumacher viele Jahre nach seiner Karriere einmal: »Wenn ich mal sterbe, könnt Ihr auf meinem Grab keine Blumen pflanzen, denn die wachsen nicht.«

Anekdoten-Mix: Littbarski, Krankenhausstraße und ein Sarglager

Als Matthias Herget 1984 Vater wurde, legte man ihn tüchtig rein. Weil der Spieler von Bayer Uerdingen fürchtete, in Ohnmacht zu fallen, wollte er bei der Geburt seiner Tochter Nadine nicht mit dabei sein. Und so blieb Herget entspannt zu Hause auf der Couch sitzen und wartete auf den erlösenden Anruf aus dem Krankenhaus. Der kam auch. Man teilte Herget freundlich mit, dass es jetzt fast so weit sei und man davon ausgehen könne, dass das Kind in etwa einer Stunde auf der Welt wäre. Herget erinnert sich: »Ich habe mir sehr viel Zeit gelassen, um ja nicht zu früh dort zu sein. Als ich im Krankenhaus war, sagte mir eine Schwester, es sei alles vorbei. Ich ging erwartungsfroh in den Kreißsaal und merkte, dass man mich reingelegt hatte: Es dauerte noch eine halbe Stunde, bis Nadine auf der Welt war.« Im Nachhinein freute sich der Libero dann aber schließlich doch, dabei gewesen zu sein. Und in Ohnmacht ist er auch nicht gefallen – trotz des Schabernacks.

★ ★ ★

Was für eine symbolträchtige Autogrammadresse für den Franzosen-Schreck der Weltmeisterschaft von 1982: Toni Schumacher, Krankenhausstraße 88, 5030 Hürth

★ ★ ★

Pierre Littbarski war schon immer einer, der Spaß verstand. Als er einmal gefragt wurde, ob er denn mit Thomas Häßler auf einem Zimmer liege, antwortete der ehemalige Kölner Nationalspieler: »Nee, das geht nicht. Einer muss doch an die Klinke kommen.«

★ ★ ★

Fritz Langner ist eine Trainerlegende – nicht nur weil er angeblich einmal bei einem Übungsspielchen gesagt haben soll: »Ihr fünf spielt jetzt vier gegen drei!« Eine seiner Marotten war es, bei den Partien nicht immer auf der Trainerbank zu sitzen: »In einem Drahtsessel hinter dem Tor war ich. Von dort habe ich meine Mannschaft dirigiert. Und wenn meine Spieler dann in heiklen Situationen das Spiel von hinten heraus aufgebaut haben, dann haben sie sich anschließend umgedreht. Ich habe genickt und alles war in Ordnung.« Und einmal ist Fritz Langner auch abseits des Sportplatzes nicht dort gewesen, wo man ihn erwartete. Mit dem Auto war der Trainer in einem Sarglager gelandet: »Ja, das war in Recklinghausen. Da bin ich zu schnell gefahren, habe die Kurve nicht gekriegt und bin durch die Schaufensterscheibe mitten in die Särge. Was glauben Sie, wie schnell ich da wieder raus war.«

Wie eine Gans ganz Oberhausen verzückte: Lucy!

Oberhausens Trainer Jörn Andersen war begeistert. Natürlich solle die Gans wiederkommen, sagte er mit einem Lächeln im Gesicht: »Lucy war zweimal hier, wir haben zweimal gewonnen. Sie ist beim nächsten Mal wieder eingeladen.«

Im Frühjahr 2004 waren die Rot-Weißen ganz verzückt von diesem handzahmen kleinen Federvieh. Schnell wurde Lucy zum Glücksbringer und Maskottchen von RWO. Quasi das Pendant zum Kölner Geißbock. Und so saß die Gans von nun an auf einem Stuhl am Spielfeldrand und schaute dem Gekicke auf dem grünen Rasen geduldig zu. Der extra angefertigte Fanschal schmückte und wärmte ihren langen Hals und machte klar: Hier sitzt ein echter tierischer Freund des heimischen Fußballklubs.

Der neue Glücksbringer des SC Rot-Weiß Oberhausen ging durch die Presse. Nur zu verständlich, dass sich da auch andere eine Scheibe vom Ruhm abschneiden wollten. Die Nachbarn der Gans, das Arabische Bauchtanz Studio Szausan Ibrahim, stellten Fotos des berühmten RWO-Fans ins Internet und schrieben dazu: »Hallo ihr Lieben, das ist Lucy, unsere Nachbarin. Sie ist als richtige Diva bekannt aus Presse, Funk und Fernsehen. Und hier ist ihre Familie: Gänsepapa Andreas & Gänsepapa Werner, ihre beste Freundin Jackie und dat Luder Kira von nebenan.« Und weil alle von den süßen Bildern begeistert waren, schickte ein TV-Sender zum Silvester-Fest 2004 ein Team bei Szausan Ibrahim vorbei. Stolz verkündete man: »Das RTL-Fernsehteam fand uns soooo coool, dass sie unsere Silvesterparty gedreht haben. Das Motto ›Gan(s) elegant ins Jahr 2004‹.«

Lucy war in aller Munde. Doch dann kam die Schreckensnachricht: »Tierquäler töteten die bekannte Gans in der Nacht zum Donnerstag.« Halter Andreas Langer hatte Lucy »brutal geschlachtet« aufgefunden. Noch unter Schock meinte er: »Ich kann es noch gar nicht fassen. Der oder die Täter sind auf unser Grundstück eingebrochen und haben dem Tier den Kopf abgerissen und ihn wohl als eine Art Trophäe mitgenommen.«

Im Internet solidarisierten sich die Fans schnell mit dem Halter und zeigten sich betroffen: »Auch ich bin im Besitz von 4 schönen norwegischen Waldkatzen! Kann mir auch vorstellen, wie sich der Inhaber von Lucy jetzt so fühlt!«

Doch zum Zeitpunkt des Todes war die »meist fotografierte Gans Deutschlands« bereits schon länger nicht mehr als RWO-Maskottchen aktiv. Langer vermutete: »Das muss wohl an vereinsinternen Gründen gelegen haben, weil Lucy wahrscheinlich zu sehr in den Mittelpunkt der Aufmerksamkeit rückte.« In der Saison 2004/05 stieg RWO übrigens ab – bereits ohne den Glücksbringer Lucy.

Das schöne Leben

»Keine Angst, im Himmel wird auch Fußball gespielt.« *Uwe Seeler*

»Spieler sind wie kleine Kinder. Wenn ich meiner Tochter fünfmal etwas sage und sie macht es nicht, kann ich sie auch nicht ins Heim stecken.« *Klaus Augenthaler*

»Falls irgendjemand jemals hören sollte, dass Kevin Keegan zum englischen Fußball zurückkommt, dann kann er so viel lachen wie ich. Es wird niemals passieren.« *Der spätere englische Nationaltrainer Kevin Keegan, 1985, bei seinem Umzug nach Spanien*

»Zwischen den Ohren muss es stimmen.« *HSV-Trainer Huub Stevens*

»Mensch, bin ich stolz darauf, dass ich mich Direktor schimpfen darf. Rekordnationalspieler bin ich ja gerade nicht, aber dafür bin ich ab jetzt ein Direktor«. *Manni Burgsmüller, nachdem er 1993 bei der Firma »Media Master« im Bereich Sport-Marketing eingestiegen war*

»Solange noch kein Gegenspieler rückwärts an mir vorbeiläuft, möchte ich spielen.« *Leverkusens Nationalspieler Bernd Schneider*

»Was soll ich mit gelben Karten rumwerfen. Die scheiß ich zusammen, dann parieren sie auch.«

Schiedsrichter Greiner

»Ich liebe das Geräusch eines knackigen Tacklings und das ›Aah‹ des Gegenspielers.« *Paul Ince*

»Als Spieler habe ich es nie nach Italien geschafft. Dafür jetzt als Getränkefachmann.« *Manfred Kaltz, nachdem er 1991 Vertriebsdirektor einer italienischen Getränkefirma wurde*

»Wenn's nach mir geht, würden wir den familien-internen Rekord brechen. Ich weiß nur nicht, ob meine Frau Elke da mitmacht.« *Uwe Scherr nach der Geburt seines ersten Sohnes; Scherr hat 13 Geschwister*

»Meine Mutter hat mir ein paar Glücksunterhosen gekauft. Ich werde nicht sagen, ob ich sie trage, aber ich hoffe, dass ich auf dem Heimweg nicht von einem Bus überfahren werde.« *Gary Johnson bei Bristol City*

Bunte Witze-Box: Holland, Schalke und ein Hintern

Eine holländische Familie steht im Sportgeschäft. Der zehnjährige Pietje schaut sich die Trikots an und sagt zu seiner älteren Schwester: »Weißt du was? Ab heute bin ich Deutschland-Fan. Und ich wünsche mir zum Geburtstag ein Deutschland-Trikot!« Die Schwester schaut ihn entsetzt an, verpasst ihm eine schallende Ohrfeige und ruft: »Du bist wohl verrückt?! Erzähl das mal deiner Mutter!« Pietje reibt sich die Wange, geht aber tapfer zu seiner Mutter und sagt auch ihr: »Mama, Mama, ab heute bin ich Deutschland-Fan. Und ich wünsche mir zum Geburtstag ein Deutschland-Trikot!« Die Mutter fackelt nicht lange, verpasst ihrem Sohn links und rechts eine Ohrfeige und schickt ihn zu seinem Vater. Pietje hat Tränen in den Augen, geht aber dennoch tapfer zu seinem Vater und gesteht: »Papa, Papa, ab heute bin ich Deutschland-Fan. Und ich wünsche mir zum Geburtstag ein Deutschland-Trikot!« Der Vater rastet total aus, legt seinen Sohn übers Knie und versohlt ihm den Hintern. Anschließend verlässt die Familie das Geschäft und geht zum Auto. Dort fragt der Vater den Sohn: »Und Pietje, hast du heute etwas gelernt?« Pietje antwortet im Brustton der Überzeugung: »Ja, habe ich: Jetzt bin ich erst einen Tag Deutschland-Fan und hasse die Holländer schon wie die Pest!«

★ ★ ★

Der Mittelstürmer hat katastrophal gespielt, schiebt aber die ganze Schuld für die Niederlage auf den Schiedsrichter. In der Kabine meint er zum Trainer: »Dem Kerl trete ich in den Hintern!« – »Lass mal gut sein«, sagt der Coach gelassen, »heute triffst du sowieso nichts mehr!«

★ ★ ★

Der kleine Manni sagt zu Vatta: »Papa, ich kann bis 20 zählen und die anderen in meiner Klasse nur bis zehn. Is dat, weil ich 'nen Schalker bin?«

Vatta antwortet: »Jo Manni, dat is, weilse 'nen Schalker bis.«

Manni sagt zu Vatta: »Papa, ich kann das Alphabet von A – Z und die anderen in meiner Klasse nur von A – L. Is dat, weil ich 'nen Schalker bin?«

Vatta antwortet: »Jo Manni, dat is weilse 'nen Schalker bis.«

Der kleine Manni sagt zu Vatta: »Papa, beim Schwimmen ham wir Jungs inner Dusche unser Schniedel verglichen. Die anderen haben nur 5 cm und ich hab 10 cm. Is dat, weil ich 'nen echten Schalker bin?« Vatta antwortet: »Nee Manni, dat is weil die anderen 8 sind und du 14.«

Frisuren-Raten: Bundesliga-Recken

BAYERN MÜNCHEN, VFB STUTTGART

1. FC KÖLN, BAYER LEVERKUSEN

VFB STUTTGART, HSV

VFB STUTTGART, KSC

SCHALKE 04, BAYERN MÜNCHEN, BVB

SCHALKE 04, BAYERN MÜNCHEN

Das Halbfinal-Aus bei der WM 2006: Auch die Promis haben Gefühle!

Der Tag danach. Das Halbfinalspiel bei der WM 2006 war verloren. Italien im Finale. Wir hatten gelitten und geweint. Und uns dann voller Neugierde gefragt: Wie haben wohl die Promis diese schmerzlichen Minuten erlebt? Gott sei Dank erlöste uns die *Bild* mit einer umfangreichen Auswahl an trostspendenden Antworten der wichtigsten Deutschen:

Bahn-Chef Hartmut Mehdorn (63): *»Ich habe das Spiel mit meiner Frau zu Hause geschaut. Mein erster Gedanke beim Tor war: ›Mamma mia!‹«*
Cora Schumacher (29): *»Wir haben in Ralfs neuer Jagdstube geguckt, die ich ihm zum Geburtstag geschenkt habe. Ich hatte Gulasch gemacht – das blieb uns im Halse stecken.«*
Familienministerin Ursula von der Leyen (48, CDU): *»Ich habe im Büro mit engsten Mitarbeitern mitgezittert. Als das Tor fiel, habe ich gerufen: ›Jetzt aber kämpfen! Das holen wir noch auf!‹«*
Ex-Nationalspieler Karlheinz Förster (48): *»Ich habe allein daheim in Schwarzach im Odenwald geguckt. Für mich fiel das 0:1 wie aus heiterem Himmel. Dennoch bin ich ganz ruhig geblieben. Ich bin kein Typ, der vorm Fernseher Emotionen zeigt.«*
TV-Moderatorin Carolin Reiber (59): *»Ich war daheim mit meiner Familie, machte zur Beruhigung Hausarbeit. Bis ich registrierte, dass die Italiener wirklich ein Tor geschossen haben, war das zweite gefallen.«*
Starkomiker Otto (57): *»Ich hatte mit meinem Lieblings-Italiener den Deal: Siegt Italien, ist alles frei, sonst zahlen wir doppelt. Beim 0:1 haben wir den besten Wein bestellt.«*
TV-Moderatorin Frauke Ludowig (42): *»Wir haben mit Freunden im Garten geguckt, gegrillt. Ich brachte meine Tochter ins Bett – und verpasste das entscheidende Tor. Als ich wiederkam, sah ich nur noch in verweinte Männergesichter.«*
Sänger Roberto Blanco (69): *»Wir haben bei Freunden gegrillt. Als das Tor fiel habe ich ›Ooh‹ geschrien vor Enttäuschung.«*
Verona Pooth (38), Werbe-Ikone: *»Ich war mit Schwiegerpapi im Stadion. Beim Tor habe ich mir die Augen zugehalten und immer gesagt: ›Nein, nein, nein.‹ Als ich meine Hände vom Gesicht nahm, waren die Farben Schwarz, Rot, Gold verlaufen.«*

DONNERSTAG FAKTEN

❶ Welche Nationalmannschaft hält den Rekord der längsten Serie ohne Niederlage?

❷ Welcher Nationaltorhüter kassierte 14 Tore bei seinen zwei WM-Einsätzen für Deutschland?

❸ Wer knackte als erster Spieler die 111 gelben Karten in der 1. Bundesliga?

❹ Welcher Torhüter schaffte es in der Saison 1986/87, als erster Torwart nach vier gelben Karten gesperrt zu werden?

❺ Welcher Spieler schoss am 6. November 1982 als erster Spieler der Bundesliga fünf Tore in einer Halbzeit?

X	L	P	I	B	L	S	S	U	D	K
I	O	F	I	U	L	P	W	F	W	W
U	C	E	H	R	M	A	N	N	A	I
S	K	F	T	G	U	N	L	J	L	A
I	V	F	V	S	H	I	T	I	L	T
T	K	E	A	M	V	E	E	N	H	K
Z	C	N	E	Ü	T	N	Q	N	K	O
L	Ö	B	K	L	H	V	X	F	H	W
Ü	F	E	Ü	L	A	I	D	E	J	S
E	C	R	P	E	N	O	A	E	A	K
O	C	G	O	R	F	E	Z	E	Ä	I

Zwischen Peru, ein paar Brandys und vollen Hosen: Flugangst

Flugangst ist für Fußballprofis eigentlich ein Faustschlagargument gegen eine erfolgreiche Karriere. Eines der prominentesten Beispiele ist der ehemalige Arsenal-Star Dennis Bergkamp gewesen. Jede Begegnung außerhalb der Insel oder der Niederlande wurde zum Horrortrip für ihn. »Die Aussicht, dass du wieder fliegen musst – das ist es. Und wenn man dann direkt nach einem Auswärtsspiel mit dem Flugzeug nach Hause muss, kann man sich vorstellen, wie so ein Spiel läuft«, erklärte Bergkamp einmal sein persönliches Desaster.

Auch heute gibt es Profis, die die Freiheit hoch über den Wolken nicht besonders schätzen. Herthas Patrick Ebert gibt offen zu: »Ich habe totale Flugangst. Wenn ich länger als eine Stunde in einer Maschine sitze, scheiße ich mir in die Hosen.«

Und als der HSV-Spieler Paolo Guerrero wegen seiner Aviophobie in Peru festsaß, schickte man extra einen Betreuer aus Hamburg los, um zu erkunden, auf welchen Wegen man den Kicker ansonsten zurück in die Hansestadt bringen könne.

Paul Gascoigne hingegen hat eine erstaunlich schnelle Wandlung durchgemacht – wenigstens was seine Flugangst betrifft. Als er im Alter von 19 Jahren für ein U21-Turnier in Frankreich zum ersten Mal in den Flieger stieg, ging es ihm alles andere als gut, wie er in seiner Autobiografie »Gazza« erzählt: »Ich hatte die Hosen voll, war mir sicher, das Flugzeug würde abstürzen und ich müsste sterben. Ich kippte ein paar Brandys, um mir Mut anzutrinken, hatte aber trotzdem ein mulmiges Gefühl. Der Teamarzt musste mich an die Hand nehmen und an Bord bringen, ich ließ ihn fast den ganzen Flug über nicht mehr los, weil ich vor Angst wie ein kleiner Junge zitterte.«

Nur drei Jahre später ist Gascoigne von seiner mittelschweren Flugangst-Attacke bereits wieder geheilt. Vielmehr: Das Flugzeug ist für ihn zu einem Spielparadies geworden. Als die Mannschaft während der WM 1990 für das Achtelfinal-Spiel gegen Belgien nach Bologna umziehen muss, nimmt man den Flieger. Um sich ein wenig abzulenken, bittet Gascoigne den Piloten, ihm das Cockpit zu zeigen und wie man fliegt: »Er erklärte mir, welche Schalter man umlegt, um das Flugzeug steigen, sinken oder abdrehen zu lassen. Natürlich sollte ich selbst keinen anrühren, aber ich zog blitzartig am erstbesten, nur um zu sehen, wie stark das Flugzeug reagierte – sofort setzte es zum Sturzflug an.« Chris Woods, der gerade aufgestanden war, wurde mit voller Wucht in seinen Sitz zurückgeworfen. Er drohte seinem Mitspieler postwendend eine Tracht Prügel an. Und Gascoigne hatte hoch über den Wolken seinen Spaß. Von Flugangst keine Spur mehr.

Bunt gemischte Kuriositäten

Als der FC Singen 04 Mitte der sechziger Jahre als ehemaliger Deutscher Amateurmeister zurück in die Schwarzwald/Bodensee-Liga musste, gingen nicht nur die meisten Spieler, sondern auch einige der treuen Zuschauer. Da kam ein Brief von einem anonymen Absender den Verantwortlichen eigentlich ganz gelegen. Denn dem Brief lag ein Hundertmarkschein bei. Und dazu ein kurzes Anschreiben, in dem der Absender erklärte, seit Jahren als Zaungast die Spiele gesehen, aber nie das Eintrittsgeld entrichtet zu haben. Dies bedrückte ihn nun so sehr, dass er es mit der Geldsendung wieder gutmachen wolle. Das freute die Vereinsleitung natürlich sehr, verunsicherte sie allerdings auch. Unklar blieb nämlich, wie es der »Schwarzseher« angestellt hatte, die Spiele zu sehen. Ein Loch im Zaun war dem Verein bisher nicht bekannt gewesen. Und so richtete man über die Presse einen Aufruf, dass sich der anonyme Spender doch bitte noch einmal melden solle, um das Geheimnis des unerforschten Gucklochs zu lüften.

★ ★ ★

1986 versuchte der Tüftler Leo Walker aus Wolterdingen bei Donaueschingen sein Glück mit einer wundervollen Erfindung. Die Idee hinter seiner bahnbrechenden Neuschaffung: Die Stürmer sollten so treffsicher werden, dass in der Bundesliga die Tore nur noch wie am Fließband fielen. Ein Fußball sollte mit einer zehn Meter langen elastischen Schnur an einem Standfuß befestigt werden. Das Leder wäre nach jedem Schuss automatisch zum Schützen zurückgekehrt. Der »Clou« dabei: Das patentierte Befestigungssytem, das ein Verheddern der Schnur verhinderte. Doch irgendwie konnte sich die kleine Zaubermaschine des eifrigen Bastlers nicht durchsetzen. Oder wie sonst sind die »Leistungen« unserer Bundesligakicker seit damals zu erklären?

★ ★ ★

Zwei Monate vor der Weltmeisterschaft 1974 fand im Frankfurter Waldstadion das DFB-Pokal-Halbfinale zwischen Eintracht Frankfurt und Bayern München statt. In der 90. Minute stand es zwischen den beiden Mannschaften schiedlich-friedlich 2:2, als Schiedsrichter Heinz Aldinger auf den Punkt zeigte. Elfmeter für die Eintracht. Die Bayern-Stars um Hoeneß, Breitner und Beckenbauer tobten. Sepp Maier war nicht mehr zu halten. Jürgen Kalb trat an und traf in der letzten Sekunde. Zwei Monate später war die Geschichte wieder vergessen: Denn Bernd Hölzenbein hatte schon einmal klammheimlich im Pokal-Halbfinale seine WM-Finalschwalbe geübt!

Trainerleben

»Die Leute sagen, dass sein Weggang wie der Tod der Queen sei. Dabei ist es noch viel schlimmer.« *John Regan, Fanklub Sekretär von Newcastle United, nach dem Rücktritt von Kevin Keegan*

»Im Inneren habe ich schon seit Wochen daran geglaubt, dass wir gegen Bayern 2:2 spielen.« *Gladbachs Coach Hans Meyer*

»Kein Spieler darf klüger sein als der Trainer.« *Gyula Lorant*

»Im Erfolg ist alles richtig, im Misserfolg alles falsch. Wenn die Mannschaft gegen den Abstieg kämpft und der Trainer im Kaschmir-Sakko erscheint, wird er betrachtet wie ein Heiratsschwindler.« *Franz Beckenbauer*

»Ottmar Hitzfeld ist ja nicht wie der Herr Bush, wo jeder hofft, dass er bald weg ist.« *Bayern-Manager Uli Hoeneß*

»Ich hätte auch acht Wochen lang Sackhüpfen machen können, weniger wäre dabei auch nicht herausgekommen.« *Frieder Schömezler, Trainer der Stuttgarter Kickers*

»Ein Vorbild, nicht nur, was den Haarschnitt betrifft.« *Karlsruhe-Trainer Ede Becker über Werder-Coach Thomas Schaaf*

»In Bremen duze ich nur meine Frau.« *Otto Rehhagel*

»Auf dem Platz hat nur einer was zu sagen. Sonst geht's hier zu wie beim Bundesparteitag der Grünen.«

Werner Fuchs

»Machen Sie das Fenster auf. Los, machen Sie schon. Hört man schon was? Die Fans fordern sicher wieder meinen Kopf. Oder hab' ich schon Halluzinationen?« *Arminia Bielefelds Coach Michael Frontzeck auf der Pressekonferenz*

»Wegen Gyula Lorant hätte ich beinahe aufgehört. Er hat mir mal erklärt, dass man einen herausgesprungenen Meniskus am besten mit der Eckfahne wieder reinhaut.« *Bayern-Arzt Dr. Müller-Wohlfarth*

Zärtliche Gefühle im harten Bundesligageschäft!

Harte Kerle und echte Gefühle? Man ist versucht zu glauben, dass die foulenden, spuckenden und schwitzenden Männer der Bundesliga auch daheim den Macho geben. Ganz im Sinne der wilden Raubkatze Oliver Kahn, der einmal freimutig bekannte: »Das einzige Tier bei uns zu Hause bin ich.«

Sylvia Matthäus, die erste Ehefrau des Weltstars, beichtete in einer ruhigen, lotharfreien Minute gänzlich Gegensätzliches, fast intim Zärtliches aus dem Seelenleben des Fußballprofis: »Er braucht mich nach jedem Training, vor allem aber nach einem verkorksten Spiel. Da möchte er am liebsten nichts mehr hören und nichts mehr sehen, sondern sich nur noch in irgendein Eckchen verkriechen. Aber er rappelt sich immer wieder auf – und zieht uns auch aus dem tiefsten Schlamassel wieder hoch.«

Auch Un-Mi, die Frau des koreanischen Fußball-Helden, Bum-kun Cha, konnte von der feinfühligen Seite ihres Mannes berichten. »Hoffentlich wird Cha heute Abend in Kaiserslautern aufgestellt! Es würde ihn so hart treffen, wenn er nicht spielt«, erzählte sie offenherzig einem Fußball-Magazin. Wahrscheinlich werden auch seine Konkurrenten um den Stammplatz bei der Frankfurter Eintracht aufmerksam verfolgt haben, welch weiche Seite ihr Mitspieler da offenbarte: »Ich zittere jedes Mal um ihn, sensibel wie er ist, nimmt er sich jeden Misserfolg unwahrscheinlich zu Herzen.«

Dieses Klima des ehrlichen Gefühls hat offensichtlich auch Chas Frankfurter Mannschaftskameraden Karl-Heinz Körbel dazu ermuntert, auf die Frage nach dem schönsten Moment seiner sportlichen (!) Laufbahn zu antworten: »Als ich meine Frau Margarete kennengelernt habe.« Da verwundert es fast schon nicht mehr, dass auch der Vereinskollege Ralf Falkenmayer ganz ohne Hemmungen von seinen ersten Gehversuchen in Sachen Liebe erzählen mochte. Die Geschichte vom Kennenlernen seiner Freundin Antonietta beweist, dass hartes Agieren auf dem grünen Rasen und kuscheliges Parieren auf der heimischen Couch sehr wohl zusammengehen: »Ich traf sie vor rund fünf Jahren bei Bekannten meiner Schwester. Ich erinnere mich noch gut: Ich sah sie, schaute ihr die ganze Zeit tief in die Augen – und brachte keinen Ton raus. Zwei Jahre später – ich war Antonietta wiederholt in der U-Bahn nach Bornheim-Mitte begegnet – trafen wir uns im Schwimmbad wieder, in dem ich ausgebildet wurde. Da fasste ich mir ein Herz und sprach sie an. Wir verabredeten uns, und seitdem gehen wir und wohnen wir miteinander. Ich bin eben in der Beziehung ein Spätzünder.«

Studium und Beruf

1. **Welchen Beruf übte Anfang der neunziger Jahre Reinhard Libuda aus?**
   - A Platzwart
   - B Drucksachen-Veredler
   - C Kellner
   - D Fanshop-Mitarbeiter

2. **Welche Ausbildung half Martina Effenberg dabei, ihren Mann beruflich zu unterstützen?**
   - A Veranstaltungskauffrau
   - B Physiotherapeutin
   - C Köchin
   - D Kraft- und Fitnesstrainerin

3. **Welches Studium brach Rainer Zobel nach wenigen Semestern ab?**
   - A Jurastudium
   - B Germanistikstudium
   - C Sportstudium
   - D Mathestudium

4. **Wer übte für seine Wunschkarriere als TV-Reporter bei der WM 1990 mit dem fiktiven Sender »Deutsches Nationalelf-Fernsehen«?**
   - A Lothar Matthäus
   - B Pierre Littbarski
   - C Andreas Brehme
   - D Uwe Bein

5. **Was hatte der Essener Frank Mill eigentlich nach seiner Laufbahn beruflich vor?**
   - A Gastronomie
   - B Fitness-Center
   - C Schrott-Großhandel
   - D Versicherungs-Kaufmann

6. **Welchen Beruf hat Udo Lattek gelernt?**
   - A Sozialarbeit
   - B Lehrer für Sport und Englisch
   - C Spirituosen-Kaufmann
   - D Krankenpfleger

Eure Sprüche zum Schießen: Reimend zurück ins Jahr 1992 – Teil 2!

Sogar ein hoher Würdenträger von Werder Bremen, Klaus-Dieter Fischer, schickte eine kleine Auswahl zum Reimcontest des Fußballmagazins: »Liebe SPORT-BILDner, vor langer Zeit, mit viel Getöse, war ich für Euch der Werder-Böse. Trotzdem lass ich's mir nicht nehmen, als Vizepräsident von Bremen beim Sprücheklopfen mitzumachen. Hier meine Verse – nur zum Lachen!« Am Ende feierte man: »Toll! Eine halbe Million Sprüche voll!« Das Land der Dichter und Denker hatte sich mal wieder von seiner besten Seite gezeigt.

»Potofski kommt vor Tutti Frutti, erst guck ich mit, dann ohne Mutti.« *(Maik G., 3300 Braunschweig)*

»Ist Rolf Töpperwien am Ball, hoffen wir auf Tonausfall.« *(Dietmar Z., 4980 Bünde 21)*

»Der Lothar zu dem Klinsi spricht: Mann, du läufst, als hättste Gicht.« *(U.B., 8500 Nürnberg 50)*

»Ich sag nichts über Werner Zimmer, denn Heribert ist noch viel schlimmer.« *(Jörg S., 5560 Wittlich)*

»Kindermann zum Trotze, mach et noch ma, Otze!« *(Frank N., 8751 Weibersbrunn)*

»Es spielt ein Team, das jeder kennt: Kremers ›Ruhrpott-Rentnerband‹!« *(Hans-Hermann B., 2150 Buxtehude)*

»09 verliert – es läuft der Schweiß. Bongartz weiß: Watten scheiß!« *(Carsten E., 4630 Bochum 1)*

»Krabbe sagt zu Lerby leise: Probier's mit meiner Zauberpaste.« *(Angela M., 6087 Büttelborn 2)*

»Krees Geschoss hab ich gedacht, wird von der NATO überwacht.« *(Walter S., 7000 Stuttgart 1)*

»Nando fragt: Wo ist das Tor. Furtok sagt: Du stehst davor!« *(Jürgen S., 2850 Bremerhaven)*

»Aleks auf dem Schleudersitz? Vielleicht taugt der neue Klebstoff nix!« *(Peter H., 6301 Kinzenbach)*

»Am Betzenberg tu ich es kund, dauert die 2. Halbzeit eine Stund´.« *(Walter S., 7000 Stuttgart 1)*

»Der Frank Lelle, der stoppt den Gegner mit der Kelle.« *(Josef S., 8909 Münsterhausen)*

»Bei Hansa spielt Straka, der schafft wie ein Bagga!« *(Stephan S., 6520 Worms 1)*

»Zum Laufen hat der Povlsen Beine, sonst kann er nichts alleine!« *(Petra S., 3004 Isernhagen 1)*

»Den Uli Stein erkennt man nicht wieder, er komponiert jetzt Friedenslieder.« *(Heinz W., 6501 Schwabenheim)*

Lieblingsmusik der Stars in den 80er und 90er Jahren

Andi von den »Toten Hosen« hat in einem Interview Ende der Achtziger mal gesagt: »Wenn du die Spieler fragst, welche Musik sie am liebsten hören, bekennt fast jeder: Peter Maffay. So kannst du doch nicht Weltmeister werden!«

Ganz falsch lag er mit seiner Vermutung – die gestützt wurde durch das »Hanuta/Duplo«-WM-Album 1986 – nicht, aber ganz richtig war sie auch nicht. Einerseits ist der größte Peter-Maffay-Fan aller Zeiten, Toni Schumacher, gar nicht erst mit zur WM 1990 in Italien gefahren und andererseits ist die deutsche Nationalmannschaft tatsächlich Weltmeister geworden. Deshalb lohnt ein genauer Blick auf den Musikgeschmack deutscher Spieler von Anfang der achtziger bis Mitte der neunziger Jahre in jedem Fall!

Peter Maffay und Rod Stewart **Toni Schumacher,** *Joe Cocker und Sam Cooke* **Wolfgang de Beer,** *Electric-Light-Orchestra (ELO), Queen und Bruce Springsteen* **Pierre Littbarski,** *Volker Lechtenbrink* **Uwe Reinders,** *Bruce Springsteen* **Wiggerl Kögl,** *Wolfsmond, Police, Men at Work* **Dieter Schatzschneider,** *Bryan Adams und Mike Oldfield* **Dieter Hoeneß,** *Simply Red und Al Jarreau* **Stefan Reuter,** *Pink Floyd, Genesis, Then Jericho* **Hans-Jörg Criens,** *Jimmy Somerville* **Mehmet Scholl,** *Guns n' Roses* **Uwe Scherr,** *Phil Collins* **Andreas Herzog,** *Stevie Wonder, Elton John, Simply Red* **Felix Magath,** *Prince und Kool & the Gang* **Thomas von Heesen,** *Bruce Springsteen und Bryan Adams* **Rudi Völler,** *Jennifer Rush* **Dieter Eckstein,** *Herbert Grönemeyer und Rainhard Fendrich* **Winfried Schäfer,** *Klaus Lage und Wolf Maahn* **Pierre Littbarski,** *Kool & the Gang* **Frank Ordenewitz,** *Alles, was Melodie hat* **Wolfgang Trapp,** *Rod Stewart* **Michael Rummenigge,** *Billy Idol* **Thomas Berthold,** *Elton John* **Klaus Allofs,** *Nena* **Olaf Thon,** *Bee Gees* **Karl-Heinz Körbel,** *Stevie Wonder und Al Jarreau* **Erdal Keser,** *Chris de Burgh* **Guido Buchwald,** *Julio Iglesias und Nicole* **Jean-Marie Pfaff,** *Peter Maffay* **Gerd Strack,** *Rolling Stones* **Frank Mill,** *David Bowie* **Michael Frontzeck,** *Phil Collins* **Andreas Köpke,** *Udo Lindenberg* **Markus Wuckel,** *Marius Müller-Westernhagen* **Ralf Loose,** *Madonna und Tina Turner* **Thomas Helmer,** *Neil Diamond und Harry Belafonte* **Manfred Kaltz,** *Whitney Houston und Dire Straits* **Wolfgang Funkel**

Graeme Souness: Ein ekelhafter Kerl ohne Freunde

Einer, gegen den kein Stürmer dieser Welt gerne angetreten ist, war in den siebziger und achtziger Jahren der Schotte Graeme Souness. Ein beinharter Kerl, der sich stolz damit brüstete, einmal bei einem Europapokalspiel gegen Dynamo Bukarest seinem Gegenspieler Lica Movila mit einem Faustschlag einen doppelten Kieferbruch zugefügt zu haben. Souness in seiner Erinnerung an diesen Tag: »Die beste Rechte, die ich je anbrachte!«

Kein Wunder, dass da der frühere englische Nationalspieler Frank Worthington in Bezug auf den Schotten kein Blatt vor den Mund nahm: »Müsste ich den härtesten und rücksichtslosesten Spieler nennen, dem ich in 15 Jahren auf den Fußballplätzen begegnet bin, brauchte ich keine Sekunde lang zu zögern; es wäre Graeme Souness.« Auch Jacky Charlton hatte für den langjährigen Spieler des FC Liverpool keine netten Worte übrig, er nannte Souness einen »ekelhaften Kerl«. Und er musste es wissen, denn er war sein langjähriger Trainer beim FC Middlesbrough.

Als Souness diesen Klub 1978 Richtung Liverpool verließ, war Charlton bereits geflüchtet, aber der restliche Verein soll lauthals aufgeatmet haben. In Liverpool angekommen, logierte der Nationalspieler die ersten zwei Wochen in einem Hotel und ließ es sich gut gehen. Umgerechnet fielen in dieser Zeit stolze 800 Mark an Nebenkosten an. Eine unglaubliche Zahl an Limonaden und Fruchtsaftgetränken stand auf der Rechung. Doch der Liverpooler Geschäftsführer, der diese begleichen sollte, ließ sich nicht für dumm verkaufen und erfuhr auf Nachfrage von der Hotelleitung, dass es sich Souness nach Feierabend gerne bis spät in die Nacht an der Bar selbst besorgt habe. Er hätte nur eine Bitte gehabt: Ob man den üppigen Spirituosen-Konsum nicht ein wenig verschleiern könne – schließlich seien in einem Wodka-O doch nur Spurenelemente von Alkohol. Die Rechung durfte der Schotte am Ende selbst bezahlen.

Die größte Überraschung seiner Karriere erlebte Graeme Souness 1984. Seine Profikollegen wählten den kompromisslosen Knochenbrecher zum zweitbeliebtesten Spieler der Saison. Gleich hinter seinem Mannschaftskameraden Ian Rush. Dabei hatte Souness immer geglaubt, niemand im großen weiten Fußballbusiness würde ihn mögen: »Ich besitze zwar eine Kiste mit Medaillen und Trophäen, aber nirgendwo Freunde. Nicht auf den Zuschauerrängen und nicht in unserem Umkleideraum.«

Fußballer allein im Bett: Schweißausbrüche im Trainingslager

Das beste Trainingslager sei die eigene Frau, hat Otto Rehhagel einmal gesagt, und Aufenthalte in der Fremde für seine Mannschaft stets so kurz wie möglich gehalten. Er war ein großer Verfechter des verheirateten Fußballspielers, da die Jungs dann wüssten, wohin sie gehören und keine Dummheiten machen würden. Eine gewagte These. Aber vielleicht hatte der langjährige Bremer Coach einfach auch nur den Durchblick und die richtigen Akteure um sich geschart. Einen Jimmy Hartwig zu bändigen, wäre wohl auch Rehhagel nicht ganz so leicht gefallen. Der bekannte nämlich einmal sehr freizügig: »Trainer Ernst Happel versteht auch, dass ein Spieler nach 14 Tagen Trainingslager Schweißausbrüche kriegt, wenn er eine Frau sieht.«

Ausschweifende Damenkontakte zu vermeiden, war – neben sportlichen Aspekten – auch ein Ziel des frisch ernannten Teamchefs, Franz Beckenbauer, bei der Auswahl der Unterkünfte für die Nationalmannschaft. Als man ihn im Herbst 1984 bei einem Leser-Interview fragte, wieso er denn nicht mehr in große Hotels, sondern in Sportschulen mit dem Team ginge, antwortete der »Kaiser«: »Weil Sportschulen für die intensive Vorbereitung einer Mannschaft besser geeignet sind. Man kann dort mit den Spielern ruhiger und ungestörter arbeiten.« Allerdings musste der ehemalige Nationalkicker gleich bei der nächsten Frage eines anderen Lesers, der wissen wollte, wo Beckenbauer denn seine jetzige Frau kennengelernt habe, schmunzelnd eingestehen: »Das passt ja: in einer Sportschule. Sie war dort Angestellte im Büro.«

Die weltmännischen Fehltritte des Kaisers sind einem Berti Vogts vermutlich schon immer etwas suspekt gewesen. Er schottete bei der EM 1992 sein Team lieber konsequent vor den eigenen Ehefrauen und Freundinnen ab. Das führte dazu, dass sich mit der Zeit einiges anstaute, wie Rolf Töpperwien bei Andreas Brehme investigativ erfragte: »Na, Andy, wie ist das denn so mit euren Frauen hier? Fällt das schwer, so lange getrennt von Tisch und Bett?« Und Brehme antwortete sichtlich überhitzt, aber dennoch äußerst cool: »... vom Tisch nicht ...«

Die ukrainische Teamleitung hatte sich bei der WM 2006 wiederum etwas ganz Raffiniertes für die Spieler überlegt. Als zusätzliche Motivationsspritze sollten die Fußballer ihre Liebsten erst dann wiedersehen dürfen, wenn sie das Halbfinale erreicht haben. Leider schied die Ukraine bereits im Viertelfinale aus. Ob das Verbot unterdessen aufgehoben wurde, ist bedauerlicherweise nicht überliefert worden.

Laster

»Von Bier kriegst du nun mal eine Fahne. Egal, ob du eins trinkst oder zehn.« *Wolf-Dieter Ahlenfelder*

»Ich rauche gelegentlich ´ne Zigarette. So nach dem Spiel kann dies nicht schaden, das mindert die Leistung überhaupt nicht. Man muss ja nicht gleich hundert Stück paffen.« *Wolfram Wuttke*

»Der schläft doch in Bremer Bettwäsche, den haben sie grün-weiß eingewickelt.« *Erich Ribbeck über Rolf Töpperwien*

»Ich bin sehr konservativ katholisch erzogen worden, habe deshalb häufiger im Beichtstuhl gesessen. Ich hatte bei allen Zehn Geboten was zu sagen.« *Reiner Calmund*

»Papa, du hast einen blöden Beruf. Du musst sogar sonntags trainieren, wenn andere Leute in die Kirche gehen.« *Jonas Allgöwer*

»Ich kenn den doch. Der steht zu Haus unterm Pantoffel und muss sich abreagieren.« *Jupp Kapellmann über Heinz Simmet*

»Ich bin zwar Nichtraucher, aber ein goldenes Feuerzeug ist doch einfach ein schönes Andenken.« *Der Schiedsrichter Giuseppe Agnoli, nachdem er von einem Feuerzeug getroffen wurde*

»Seit Franz Josef Strauß nicht mehr regiert, ist es hier nicht mehr so nett.« *Rudi Assauer über das Rauchverbot in Bayern*

»Mein schwerster Gegner war immer die Kneipe.« *Walter Frosch*

»Nehmen Sie Cesar Louis Menotti,
ein Toptrainer, aber wenn er mit einem Spieler
geredet hat, hat er gefragt, ob es Frau und
Kindern gut geht. Ansonsten saß er
auf der Bank und rauchte
50 Zigaretten.«

Bernd Schuster

»Er kann, wie beim Spiel in Duisburg, nicht nach 20 Minuten seinem Mitspieler auf die Fresse hauen. Das geht mal, aber nicht ständig.« *Ernst Middendorp über Jörg Böhme*

Alles: Gummis mit Bananengeschmack und ein Ständer

Leider ist der »fiktive Tatsachenroman« von Bodo & Bianca Illgner in der Rezension etwas untergegangen. Denn das Buch »Alles«, das die Illgners »vollkommen ohne den sonst obligatorischen Ghostwriter« geschrieben haben, ist wahrscheinlich der ehrlichste und authentischste Blick hinter die Kulissen des internationalen Profifußballs. Und für Freunde der erotischen Literatur bieten die fiktiven Figuren Kevin (Bodo) und Jasmin (Bianca) ein Paradies der Lüste. In diesem kleinen Ausschnitt ist Kevin gerade Weltmeister geworden und löst mit seinen FC-Kumpels eine Wette im »Vereins-Stammbordell« ein:

»Es dauerte eine Weile, bis sich meine Augen an das schummerige Licht gewöhnt hatten und ich sie im halbdurchsichtigen schwarzen Neglige auf einem Bett liegen sah, das lediglich mit einem Laken bezogen war und weder Kopfkissen noch Zudecke besaß. ›Du warst aber schnell hier!‹, neckte sie mich. ›Eine schöne Frau soll man nicht zu lange warten lassen, sonst überlegt sie es sich noch anders.‹ ›Endlich sehe ich dich mal ohne dieses blöde Fußballtrikot ...‹ ›Aber du hast immer noch deine Arbeitskleidung an ...‹ ›Du kannst mir ja beim Ausziehen helfen ...‹

Verführerisch lag sie auf der Seite und blickte mich an. Mein Penis schwoll in froher Erwartung an. Natürlich hatte ich mit Jasmin eine Superfrau zu Hause, aber das war eine Gelegenheit ... Es hatte nichts mit Liebe zu tun ... Erregt näherte ich mich ihr, legte mich neben sie auf das Bett und begann, sie von ihrem unwiderstehlichen Fetzen Stoff zu befreien. Zeitgleich tasteten ihre Hände zu dem Handtuch, das ich mir nach dem Duschen um die Hüften gelegt hatte. Mit einem Ruck hatte sie das Handtuch geöffnet und hielt meinen Ständer in ihrer Hand. Ich kam ganz schön auf Touren!

›Küssen ist aber nicht drin‹, ermahnte sie mich, als ich ihrem Gesicht näher kam. Routiniert griff sie zu einem kleinen Tischchen neben dem Bett und öffnete die Verpackung eines Kondoms. Sie schubste mich, so dass ich nicht anders konnte und auf dem Rücken landete. Blitzschnell rollte sie sich auf mich und saß über mir. Nun begann sie, mit geübten Handgriffen, den Gummi über mein Glied zu streifen. Zu guter Letzt nahm sie mein bestes Teil in den Mund und fuhr mit der Zunge auf und nieder.

›Hier lege ich immer die Gummis mit Bananengeschmack hin ...‹, sagte sie in einer kurzen Atempause. Mittlerweile war ich so scharf geworden, dass ich es einfach nicht mehr aushielt. ›Ich muss dich jetzt einfach haben‹, stöhnte ich und drang in sie ein.«

Bodo Illgner & Bianca Illgner: Alles. Ein fiktiver Tatsachenroman.
Edition Steffan, 2005

Aus dem Leben der Fußballstars

1. Für wen steht das »t« in MTM Music?

- (A) Thomas Häßler
- (B) Tony Woodcock
- (C) Toni Turek
- (D) Jupp Tenhagen

2. Welcher Trainer spielte 1982 in dem Film »Ohne Ball und Netz« neben Barbara Valentin die Hauptrolle?

- (A) Jupp Derwall
- (B) Max Merkel
- (C) Holger Osieck
- (D) Jürgen Röber

3. Mit welchem Buch in der Hand ließ sich Norbert Nigbur 1983 ablichten?

- (A) Konsalik: Liebesnächte in der Taiga
- (B) Sepp Maier: Artist der Nation
- (C) Alfred P.: Richtig leben nach den Sternen
- (D) Kostolany: Wunderland von Geld und Börse

4. Wer bezeichnete seinen Trainer beim 1. FC Köln, Karl-Heinz Heddergott, als »Amateur« und »Flasche«?

- (A) Stephan Engels
- (B) Gerhard Strack
- (C) Pierre Littbarski
- (D) Bernd Schuster

5. Welcher Interpret untermalte mit dem Lied »Oh, la Ola« 1992 die Highlights des TV-Senders Premiere?

- (A) Herbert Grönemeyer
- (B) Klaus Lage
- (C) Wolfgang Petry
- (D) Nina Hagen

6. Wem widmete die Band »Die Prinzen« einen Song?

- (A) Berti Vogts
- (B) Lothar Matthäus
- (C) Oliver Kahn
- (D) Paul Breitner

Rudi Völlers Presse-Echo: »Ich kann diesen Käse nicht mehr hören«

Das berühmte »Scheißdreck-Käse«-Interview des damaligen Teamchefs der deutschen Nationalmannschaft, Rudi Völler, nach einem glücklichen 0:0 auf Island kennt jedes Kind. Doch was sagte die Presse, die viel gescholtene, in den Tagen nach dem Gespräch mit Waldemar »Weißbier-Waldi« Hartmann. Hier ein Auszug aus dem Blätterwald

Frankfurter Allgemeine: »Führungskräfte anderer Branchen hätten nach so unflätigen Ausfällen gar nicht mehr zum Rücktritt aufgefordert werden müssen; nach ein paar Minuten des Abstands wäre ihnen klar geworden, dass sie untragbar geworden sind.« **+++ *Frankfurter Rundschau***: »Rudi Völler hat in einem cholerischen Anfall die Wut gefunden, einmal er selbst zu sein, der schlichte Fußballer, der sich ungerecht behandelt fühlt, der, durchaus branchentypisch, mit Ironie nichts anzufangen weiß, sich vergisst und die Gossensprache wählt, die sonst nur in der Umkleidekabine benutzt werden darf [...] Das darf Völler in seiner gehobenen verantwortlichen Position nicht noch einmal passieren.« **+++ *Süddeutsche Zeitung***: »Aber Völlers Wut ist kein Beleg einer charakterlichen Doppelexistenz, sondern nur eine fällige Reaktion, nachdem einer lange über seine Bedrückungen geschwiegen hat«. **+++ *Bild***: »Rudi Rambo [...] Wenn die Herren Stars dies am Mittwoch nicht mit einem Sieg gegen Schottland zurückzahlen – dann gehen sie als die charakterloseste Nationalmannschaft aller Zeiten in die Geschichte ein.» ***tz***: »Rudi sieht rot. Wir sehen schwarz!« **+++ *Nürnberger Nachrichten***: »Vulkan-Ausbruch auf Island. In seinem heiligen Zorn übertraf Teamchef Völler das Temperament seines Teams.« **+++ *Südkurier***: »Seriöse Berichterstatter wie Gerhard Delling und Günter Netzer als Zielscheiben zu benutzen für seinen Zorn, der sich doch in Wirklichkeit auf viel mehr Personen innerhalb der Medien und in deren Dunstkreis bezieht, ist schwach. Dabei Worte zu benutzen wie ›Scheißdreck‹ oder ›Schwachsinn‹ ist das, was er seinen Kritikern vorwirft: nämlich ›unterste Schublade‹.« **+++ *Berliner Morgenpost***: »Was erlauben Völler?« **+++ *Tagesspiegel***: »Rudi Trapattoni« **+++ *Westdeutsche Allgemeine Zeitung***: »Völler prügelte die Überbringer, die Interpreten der schlechten Nachrichten, aber nicht die Verursacher: seine Herren Nationalspieler hat er nämlich mehr oder minder in bauschige Watte gepackt und gluckenhaft in Schutz genommen.« **+++ *Ruhr Nachrichten***: »Der populärste Angestellte des Deutschen Fußball-Bundes hat sich in aller Öffentlichkeit mächtig vergaloppiert. [...] Völler ist lange genug Profi, um mit derartigen Begleitumständen seines hochdotierten Berufs umgehen zu können.« **+++ *Leipziger Volkszeitung***: »Ein deutscher Teamchef muss – auch wenn er den Status eines Volkshelden genießt – Kritik ertragen.« **+++ *Sächsische Zeitung***: »Schiedsrichter kennen für solches Nachtreten ohne Ball nur eine Konsequenz: Rot!«

Die Sprache des Fußballs. Heute: Wessi-Hopper

Als an einem Apriltag im Jahre 2007 eine große Menschenmenge die Castroper Straße in Bochum geschlossen hinauflief, rieben sich einige der zufällig in die Szenerie geratenen Passanten irritiert die Augen: Sie sahen in ein durch und durch weißes Meer an Leuten. In Königsblau und Schwarz stand auf den Shirts zu lesen: »Nordkurve in deiner Stadt«.

Später im Ruhrstadion blinkten die weißen Leiber aus der Masse heraus. Schalker im Bochumer Sitzplatzbereich, Schalker in der blau-weißen Ostkurve. Ohne falsche Scham hatten sie sich in ihren Shirts mit der aufreizenden Aufschrift direkt unter die eingefleischten VfL-Fans gemischt. Provokation pur. Doch wie durch ein Wunder blieb es an diesem Tage in den meisten aller Fälle ruhig!

Ein ähnliches Szenario wäre wohl in Dresden undenkbar. Dort wird mit den sogenannten Wessi-Hoppern kurzer Prozess gemacht – egal wie, wo und wann sich ein westlich aussehender Zuschauer in die Kurve der Dynamo-Anhänger auch verirrt. Im Internet schilderte ein Fan des VfB Stuttgart einen Ausflug zum Spiel des Karlsruher SC gegen Dynamo Dresden. Als er von der Polizei in den Auswärtsblock der Dresdener Anhänger gedrängt wurde, begann seine spannende Erzählung: »Vielen Dank, als Wessi-Hopper in den Gästeblock verfrachtet zu werden. Eigentlich keine gute Idee, und schon kommt die erste Gestalt an, die uns als Wessis identifiziert, und will 10 Euro von uns – das ist so üblich im Dresdner Gästeblock.«

Später »hört man Nachrichten, dass zwischen zehn und 30 Wessi-Hopper hier und heute schon aus dem Block geprügelt worden« seien. Doch der Stuttgarter hatte Glück. Aufgrund einer »persönlichen Einladung« Dresdener Ultras blieb er an diesem Tage verschont.

Fußballfans aus dem Westen sind in den Kurven des Ostens aber offensichtlich allgemein nicht gerne gesehen. Groundhopper, die von Feld zu Feld eilen, um diese Spielstätten auf ihrer Liste als gesehen abhaken zu können, treffen sich an allen Tagen der Woche weltweit in den Stadion. Als an einem Montagnachmittag die Partie Slavia Prag gegen Sparta Prag angepfiffen wurde, befanden sich unter den 14.000 Zuschauern auch knapp 100 Deutsche. Auch hier schienen die westlichen Schlachtenbummler nicht gut gelitten, denn einer der Anwesenden fragte sich im Nachhinein besorgt: »Bin mal gespannt, wann das erste Spruchband ›Wessi-Hopper verpisst euch!‹ in 'nem osteuropäischen Stadion auftaucht ...«

Also, liebe Schalker: »Nordkurve in deiner Stadt«-Shirts besser nicht in den Stadien des Ostens anziehen!

Peter Lohmeyer und sein ganz normaler Tag mit Lothar Matthäus

Vor der WM 2006 sollte in England zum zehnjährigen Jubiläum der Europameisterschaft 1996 ein Benefizspiel stattfinden. England gegen Deutschland hieß die Paarung und beide Seiten fuhren aus ihren Ländern Promis auf, dass das Herz eines jeden showbegeisterten Fußballfans schneller schlug.

Unter den deutschen Stars war auch der Schauspieler Peter Lohmeyer, der diesen Tag für immer in besonderer Erinnerung behalten wird. Und das lag gleich an einer ganzen Reihe von sehr speziellen Vorkommnissen, wie er einmal in einer launigen Runde auf einem Fußballabend in Gelsenkirchen erzählte.

Es fing damit an, dass am Morgen des Spiels der Kapitän der Mannschaft, Lothar Matthäus, die Freundschaftsbegegnung für einen guten Zweck absagen lassen wollte. Seiner Meinung nach wäre das deutsche Team viel zu schwach besetzt und hätte gegen die Engländer keine Chance. Nach einigen Stunden intensiver Beratung konnte der ehemalige Star des FC Bayern schließlich doch noch durch einige ältere Mannschaftskameraden davon überzeugt werden, dass es bei einer Benefizveranstaltung natürlich schon sehr wichtig sei zu gewinnen, aber man auch die gute Sache nicht gänzlich aus den Augen verlieren dürfe. Matthäus gab schließlich immer noch meckernd nach.

Und dann lief das Spiel wider Erwarten richtig gut an für das deutsche Team. Nach einer wunderbaren Vorarbeit von Maurizio Gaudino schoss Peter Lohmeyer nach nicht einmal sechs Minuten bereits das 1:0 und schob auch nach siebenundzwanzig Minuten das Leder zum 2:0 ins englische Tor. Doch der Schiedsrichter gab den Treffer nicht. Lohmeyer reagierte entspannt, merkte allerdings an: »Ich hoffe nicht, dass es ein zweites Wembley war. Aber ist schon okay, es ist mein Geschenk an England!«

Nach 50 Minuten hieß es trotzdem 2:0 für Deutschland, doch dann ließen die Kräfte nach und man fing sich zwei schnelle Gegentreffer. An der guten Laune der Spieler auf dem Platz konnte das allerdings nichts ändern. Nur Lothar Matthäus war außer sich. Er schnappte sich Lohmeyer und rief ihm mit hochrotem Kopf zu: »Keine Angst, Peter. Das Ding kriegen die nicht durch. Ich habe mich gerade erkundigt. Man kann bei klaren Fehlentscheidungen im Nachhinein auch bei Freundschaftsbegegnungen das Ergebnis noch anfechten. Die FIFA wird das korrigieren, das regel ich schon!«

Lohmeyer wankte zurück, fasste sich an den Kopf und überlegte in einer schlaflosen Nacht, ob er diesen Tag mit seinen Toren, den Fußballstars und dem ehrgeizigen Franken nur geträumt habe. Einige Wochen später schickte man ihm die TV-Aufzeichnung des Spiels und der Schauspieler Lohmeyer wusste: Das hier war kein Film. Das war das reale Leben!

Die schwarz-gelbe TÜV-Plakette 09: »Das Auto kannste verschrotten lassen«

Aus der Rubrik »Netzfunde«: Am 26. Oktober 2007 um 13:56 Uhr hatte das Leben für den »Highländer 04« einen neuen Tiefpunkt erreicht. Völlig runter mit den Nerven schrieb er in einem Internet-Forum der Königsblauen: »Jetzt isset doch passiert. Ich werde mit dem gelb/schwarzen 09 Aufkleber auf meinem Auto zum Tempel reisen. Der Dekra-Heini ließ keine Milde walten.«

Prompt meldete sich ein User namens »Der Budweiser« zu Wort: »Mein Mitgefühl für dich ... zum Glück muss ich zum tschechischen TÜV ... da sind die Farben nicht so schlimm.« Und auch wenn das Lachen dem »Highländer04« in diesem Moment sicherlich etwas schwer fiel, so dürfte ihn die Signatur des »Budweisers« doch ein bisschen aufgemuntert haben: »Schalker ist das Höchste, das ein Mensch werden kann.«

Einer ihrer Internetbrüder, der sich »Schalkerseit58« nennt, zeigte dagegen weniger Mitgefühl, bot dafür aber aktive Lebensberatung an: »Willste nicht lieber trampen?«

Keine schlechte Idee, denn auch »altinthon« schwante bereits Böses: »Tja, die Karre dürfte hinüber sein. Hoffentlich biste gut versichert!«

Wer meint, im Internet trollen sich nur die Doofen der Doofen, der wird durch diese Konversation eines Besseren belehrt. Um 14:24 Uhr konterte der »Highländer 04« mit einer Spur Sarkasmus, ganz viel Ironie, aber vor allem urkomisch: »Kann ich das nicht beim Lohnsteuer-Jahresausgleich geltend machen, als außerordentlichen Verlust?«

Dann erst einmal Stille. Und plötzlich, wie aus dem Nichts: »Gib mich mal die Autonummer, ich nehm datt Teil am Samstach mit und dann stelln wir datt in Lüdenscheid auffn Marktplatz. Gruß von Latte«

Durch die rege und nette Diskussion angelockt, hatte sich der User »winnido« aus dem schwarz-gelben Nachbarsforum genähert: »Na dann ist doch wenigstens ein bisschen was Schönes an deinem Auto! Was meinst du was mich die blöden BMW Zeichen in blau-weiß ärgern ...!«

Eine Zecke bei uns im Forum? Dem zeig ich erst einmal, wer hier Herr im Hause ist, dachte sich der »Badener« und gab »winnido« Saures: »Gibt es den BMW denn schon auf Hartz IV?«

Eine klare Kampfansage, doch »winnido« blieb erstaunlich locker: »Nee, nur als Dienstwagen, sonst hätt ich doch nix mit blau-weiß genommen ...« Eine halbe Stunde später schob er mit der geballten Faust in der Tasche schließlich doch noch lachend über seine Computertastatur gebeugt hinterher: »2009 seid ihr übrigens schon 51 Jahre ohne Schale. Hahaha!«

Um die Ecke gedacht

»In jedem Kader gibt es fünf richtig blöde Spieler.« *Ex-Trainer Hans Meyer*

»Das Intelligenteste am Bruno ist sein Weisheitszahn.« *Max Merkel über Ex-Torjäger Bruno Labbadia*

»Das war nur eine Konjunktur-Delle.« *Uli Hoeneß über die verpatzte Saison 1991/92*

»Ich würde gerne für einen italienischen Verein wie Barcelona spielen.« *Mark Draper*

»Früher hatte er Mühe, Omelett von Hamlet zu unterscheiden.« *Max Merkel über Griechenlands Nationaltrainer Otto Rehhagel*

»Bei Eintracht Frankfurt ist alles geleast. Einschließlich Gehirn – sofern vorhanden.« *Atze Friedrich, der Lauterer spielte früher auch für die Eintracht*

»Wenn ich wüsste, welches System wir spielen, würden wir vielleicht sogar gewinnen.« *Thorsten Legat*

»Der hat ja bis vor Kurzem beim Einwurf ›Hand‹ geschrien.« *Günter Grobbel, Wuppertaler SV über den Schatzmeister seines Vereins*

»Der sollte von der Innsbrucker Universität ausgestellt werden. Einen Menschen mit so wenig Hirn gibt's ja net.« *Max Merkel über Friedl Koncilia*

»Am Ende haben wir ein beschissenes drittes Tor aufgrund eines alleinigen Fehlers des Torwarts verloren, aber ich gebe niemandem die Schuld dafür.«

John Hughes, Manager von Falkirk

»Wir haben grundsätzlich keine Schmerzen. Wir haben Aspirin.« *Gert-Achim Fischer, Vorsitzender von Bayer Leverkusen, auf die Frage nach einer Schmerzgrenze bei einem Angebot für Jorginho*

»Ich mache mir da nichts vor: Sich Profi-Fußball anzugucken und zu meinen, für alle Beteiligten sei es eine Herzensangelegenheit, ist Selbstbetrug.« *Fritz Eckenga*

Ralf Piorr: Aber wo ist der Fußballer Erwin Kostedde geblieben?

Googelt man ›Erwin Kostedde‹, ist er gleich da, der Spruch, der ihm anhaftet: »Ich möchte nie mehr arbeiten, sondern nur noch am Tresen stehen und saufen.« Ein Satz, so unwiderstehlich wie sein Tor des Jahres 1974: Den Flankenball am Sechzehner perfekt mit der Brust angenommen und die Pille mit links »ins Fritzchen« gehämmert. Ein Moment purer Magie unter Flutlicht am Bieberer Berg in Offenbach, hinter dem die Biografie des ersten farbigen deutschen Nationalspielers geradezu verschwindet. Wie war es, ein Besatzungskind im Münsterland der Nachkriegszeit zu sein? Der öffentlichkeitsscheue Kostedde rührt angestrengt in seinem Kaffee. »Die Väter der anderen kamen aus der Kriegsgefangenschaft wieder und da hieß es: ›Was ist das für einer?‹ Manchmal flüsterten mir Schulkameraden ins Ohr: ›Gleich kommen die Deutschen und erschießen dich. Du bist ein Ami!‹

In Münster war es schon schlimm, wenn du sonntags in Jeans herumliefst, aber ich trug tagaus, tagein die falsche Hautfarbe.« 1967 begann seine Profikarriere beim MSV Duisburg, es folgten zig Karrierestationen. Ein ruhiger Zeitgenosse war der »braune Bomber«, wie er von der Boulevardpresse mit unverhohlenem Rassismus genannt wurde, nie. »Heutzutage hat jede Mannschaft einen farbigen Spieler mit oder ohne deutschen Pass. Aber früher? Es liefen 22 Spieler auf und nur einer stach heraus: ich – der Farbige, Erwin Kostedde. Das war kein Segen, sondern eine Last! Als Farbiger musste man also immer besser sein oder man ging unter. Das hatte ich schnell gelernt.«

Nach der Karriere ging sein Erspartes durch dubiose Anlagenberater verloren. Alkohol, und Aushilfsjobs begleiteten ihn. Konnte es noch schlimmer kommen? Es konnte. Am 22. August 1990 überfiel ein Mann in Coesfeld mit gezogener Waffe die Spielhalle »Joy« und erbeutete 190 DM. Die Angestellte beschrieb den Täter als »einen Mann mit bräunlichem Teint, schwarze, kurze Haare, kleine Locken bis Krause, aber nicht direkt Negerkrause.« Der Mann aus dem Tabakgeschäft nebenan hatte den vermeintlichen Täter kurz zuvor durch sein Ladenfenster gesehen. »Das war der Kostedde«, gab er bei der Polizei zu Protokoll, »den kenne ich aus dem Parkstadion.« Aufgrund dieser windigen Indizien verhaftete die Behörde den ehemaligen Profi und steckte ihn in Untersuchungshaft. Im Mai 1991 wurde er aufgrund mangelnder Beweise und haarsträubender Formfehler freigesprochen. Der Knast hatte ihn endgültig gebrochen. »Gerechtigkeit gibt es nicht«, winkt Kostedde resigniert ab. »Wenn heute mein Name fällt, kommt die Geschichte von 1990 immer wieder hoch. Aber der Fußballer Erwin Kostedde, der auch einiges erreicht und geleistet hat, wo ist der geblieben?«

Frisuren-Raten: Bundesliga-Recken

BOR. M.GLADBACH, BAY. MÜNCHEN, FORT. DÜSSELDORF

BORUSSIA M.GLADBACH

KSC, MSV DUISBURG

FORT. DÜSSELDORF, BAYER UERDINGEN, EINTR. FRANKFURT

1. FC KÖLN, SCHALKE 04

BORUSSIA M.GLADBACH

Körperliche Erotik im Fußball

Superstar Cristiano Ronaldo hat einmal eines seiner Erfolgsgeheimnisse verraten. Er rasiere sich auch am Hintern, gestand er einem Reporter. Die einfache Begründung hierfür: »Es kommt auf Kleinigkeiten an, um noch schneller zu werden. Da ist jede Körperbehaarung, auch am Po, störend.«

★ ★ ★

Erika Bergers WM-Sex-Test in einer Ausgabe der *Quick* im Jahre 1990: Beckenbauer: Er ist immer eine Spur geheimnisvoll. Frauen macht das neugierig. +++ Illgner: Er ist aber auch der Mann, der seine Frau auf Händen trägt. +++ Matthäus: Ein bodenständiger Mann mit animalisch sinnlicher Ausstrahlung. +++ Augenthaler: Ein sehr erotischer Mann. Mit intelligenten Augen. +++ Kohler: Ein Mann wie eine Eiche. Ein Mann, der nicht lange fackelt. +++ Brehme: Sehr reizvoll für uns Frauen. +++ Buchwald: Frauen fühlen sich herausgefordert, ihm zu zeigen, dass es mehr gibt als die Missionarsstellung. +++ Berthold: Er ist der Typ Mann, der immer auf der Suche nach einer starken Frau ist. +++ Häßler: Er ist ein Mann zum Verlieben, ein richtiger Schmusetyp. +++ Möller: Er hat Probleme, dem anderen Geschlecht seine Gefühle zu zeigen. +++ Littbarski: Sex mit so einem Mann ist wie ein Rausch, ein Ausbruch aus allen bürgerlichen Zwängen. +++ Klinsmann: Frauen fühlen sich geradezu herausgefordert, ihm zu zeigen, wie aufregend schön die Liebe sein kann. +++ Bein: Er hat gerne mehrere »erotische Eisen« im Feuer. +++ Völler: Ein Mann wie ihn kann eine Frau mit einfachen Dingen sehr glücklich machen. +++ Riedle: Frauen fühlen sich animiert, ihn ins Bett zu locken.

★ ★ ★

Als Dieter Eckstein einmal in einem Interview von einer Frau namens »Anita« gefragt wurde, wie er denn zu »seinen vielen weiblichen Fans« stehe, antwortete er: »Bisher wusste ich gar nicht, dass ich so viele weibliche Fans habe. Die sollten sich halt mal blicken lassen bei mir, wenn meine Frau gerade nicht in der Nähe ist.«

★ ★ ★

Gerd Müller war auch noch Jahre nach dem Ende seiner Karriere heiß begehrt. Allerdings mehr bei der Generation, die ihn noch live hatte spielen sehen, wie er etwas zerknirscht zugab: »Vor allem für die alten Weiber bin ich der Größte.« Seine Frau Uschi fand das aber gar nicht so schlimm: »Besser die alten himmeln dich an, Gerd, als die jungen.«

Gorbi, Wuschi und Glatze – Bundesligaspitznamen in den neunziger Jahren!

Manche Spitznamen sind vergänglich. Uwe Bein haben sie früher beispielsweise »Onkel Doktor« gerufen: »In Köln führten wir einen Ausdauertest durch, ich bin ganz locker gelaufen. Da sagte Pierre Littbarski zu mir: ›Wie der Wessinghage.‹ Weil der Doktor ist, nannten sie mich einige Zeit so.« Dann ging Bein seiner Wege und man hätte ihn in Hamburg oder Frankfurt wohl eher »Schweiger«, nach Siggi Held genannt, weil er – wie Franz Beckenbauer es einmal so schön auf den Punkt brachte – kaum mit jemandem redete: »Der macht nicht mal beim Essen den Mund auf.«

Manche Spitznamen bekommt man geschenkt, manche muss man sich verdienen. Der ehemalige Torhüter Andreas Wessels wurde während seiner Zeit beim VfL Bochum zum »Kaiser« gekürt. Wie das vonstatten ging, hat er selbst einmal erklärt: »Beim beliebten Eckenspiel fünf gegen zwei war ich immer ganz gut. Einmal habe ich mit der Hacke einen Beinschuss gegen einen Mitspieler verteilt. Einer meinte dann: Du spielst ja wie der Kaiser. Das blieb hängen.«

Andere Spitznamen bieten sich einfach an. Torsten Frings hat sich seinen »Lutscher« wirklich redlich verdient: Bei seinem allerersten Training bei Werder Bremen wollte ihn sein acht Jahre älterer Kollege und österreichische Nationalspieler Andreas Herzog auf einen Fehler aufmerksam machen. Doch anstatt hinzuhören, stellte sich der 20-jährige Nachwuchsspieler breitbeinig vor Herzog auf und ächzte schnippisch zurück: »Was willst du denn von mir, du Lutscher?!« Noch unter der Dusche konnte sich kein Mitspieler mehr an Frings' eigentlichen Vornamen erinnern.

Weitere Spitznamen der Bundesliga:

Uwe Bindewald – Zico
Srecko Bogdan – Tschetschi
Rune Bratseth – Elch
Reiner Calmund – El Flacco (der Dürre; wie Menotti)
Dirk Eitzert – Miss Istanbul
Jürgen Haller – Italienischer Hengst
Günter Herrmann – Jimmy
Christian Hochstätter – Howie
Jürgen Kohler – Massino (bissiger Hund, Wadenbeißer)
Rainer Krieg – Apparat
Reinhold Mathy – Memme
Frank Rohde – Wuschi
Michael Rummenigge – Kalle
Andreas Thom – Gorbi
Marcel Witeczek – Hrubesch
Peter Wynhoff – Glatze

Anekdotenschätzchen

Charly Körbel erzählte einmal die Geschichte von seinem Fußballlehrer Gyula Lorant. Der wurde jeden Morgen von seinem Co-Trainer Pal Csernai zum Training gefahren. Lorant behauptete, er habe morgens immer so schreckliche Kopfschmerzen, die ihm das Fahren unmöglich machten. Irgendwann bekamen Körbel und seine Mannschaftskameraden aber doch noch den wahren Grund für Lorants Fahrunlust heraus: Der Trainer hatte seinen Führerschein verloren, als er das Kunststück vollbrachte, auf der Autobahn rückwärts zu fahren.

★ ★ ★

Beim 1. FC Kaiserslautern kam es Anfang 2004 zur legendären »Schwuchtel-Affäre«. Torwart-Trainer Gerry Ehrmann hatte seinen Keeper Tim Wiese mit den Worten angemacht: »Du bist in München auf der Linie gestanden wie eine Schwuchtel! Wegen euch Spielern werden die Trainer entlassen.« Was dann auch tatsächlich geschah. Erik Gerets musste gehen. Wiese war sich allerdings keiner Schuld bewusst und konterte kess: »Ich bin alles andere, nur keine Schwuchtel.« Und auch Gerry Ehrmann relativierte die Sache auf seine Art: »Schwuchtel ist unter Fußballern ein ganz normales Wort.« Ach so. Das hätte doch dem Wiese – damals übrigens noch nicht in Rosa – dann auch bitteschön mal einer sagen sollen.

★ ★ ★

Die Karriere des Erich Ribbeck ist schon ein wenig seltsam verlaufen. Der Mann, der über sich selbst sagt: »Ich bin nicht sehr fleißig«, führte im Jahr 2000 die deutsche Nationalmannschaft noch einmal zur EM in Belgien und den Niederlanden. Doch schon zu seinen Zeiten als Bayern-Trainer hatte man ihm jede Fachkompetenz abgesprochen. Als er der Mannschaft damals einmal vor einem Auswärtsspiel in Bremen mit Hilfe von Milchdöschen und Kaffeetassen eine Viererkette erklären wollte, musste der Kapitän Jan Wouters eingreifen, die Hilfsmittel auf dem Tisch neu anordnen und erklären: »Trainer, Sie haben die Absicherung nach hinten vergessen.« Auch aus seiner Zeit bei Bayer Leverkusen hörte man nichts Gutes. Heiko Scholz soll während einer Trainingseinheit einmal gerufen haben: »Künftig spielen wir mit dem berühmten Doppellibero, einem Libero und einem Absicherungslibero.« Bei Bayern endete seine Tätigkeit schließlich, nachdem Wouters bei einer Mannschaftssitzung kopfschüttelnd meinte: »Trainer, Sie sind der Einzige hier im Verein, der von Fußball nichts versteht.«

Zwischen Rebell und Engel: Manni Burgsmüller

»Er ist ein guter Ehemann, ein zärtlicher Vater und ein exzellenter Fußballspieler«, schrieb einmal ein Fußballmagazin über den gebürtigen Essener Manfred Burgsmüller. Das hört sich alles sehr sanft und liebevoll an. Würde man hingegen den ehemaligen Trainer von Borussia Dortmund, Carl-Heinz Rühl, fragen, so kann man sicher sein, dass dieser seit dem April 1979 eine etwas andere Personenbeschreibung von Manni Burgsmüller liefern würde. In den damaligen schwarz-gelben Frühlingswirren sorgte der junge Stürmer nämlich maßgeblich mit dafür, dass Rühl Ende des Monats seinen Posten bei der Borussia aufgeben musste. Burgsmüller soll damals gegenüber dem Vorstand gesagt haben: »Wenn der hier weiterarbeitet, dann steigen wir ab.«

Am Ende der Saison wurde Dortmund Zwölfter und Burgsmüller von nun an in der Fußball-Szene »Trainerkiller« genannt. Das populäre Lästermaul der Liga, Max Merkel, ging sogar noch ein Stück weiter und bezeichnete den mehrmaligen Torschützen des Monats als »Gewerkschaftsboss im Verein«. Das hat Burgsmüller nie gerne gehört, aber gleichzeitig öffentlich dargestellt, wie er sich eine vernünftige Zusammenarbeit mit dem leitenden Coach seines Klubs wünscht: »Ein Trainer muss sehen, dass er mit mir klarkommt. Die meisten sind dabei gut gefahren.« Und nachgeschoben noch folgende, leicht modifizierte Äußerung zum gleichen Thema: »Die Trainer, mit denen ich gut ausgekommen bin, sind auch heute noch im Geschäft. Die anderen sind verschwunden.«

Wen Manni Burgsmüller damit insbesondere meinte, ist leicht zu erraten. Mit Bremens Trainer Rehhagel funkte er stets auf einer Wellenlänge und mit ihm erfüllte sich der Stürmer im hohen Fußballeralter noch den großen Traum von der Meisterschaft. Und aus dieser Zusammenarbeit resultierte auch der denkwürdige Satz des Europameister-Coachs Rehhagel: »Es gibt keine jungen oder alten Spieler, nur gute und schlechte.«

Dass die beiden miteinander so gut zurechtkamen, lag vermutlich auch daran, dass man bei der Arbeit Spaß hatte. So wettete Manni Burgsmüller einmal mit Otto Rehhagel darum, dass er beim Sprinttraining schneller sei als Rune Bratseth. Als Lohn sollte sich der Gewinner eine schöne Krawatte aussuchen dürfen. Der schlaue Fuchs Burgsmüller sprach sich mit dem Norweger ab, gewann das Duell und kaufte sich eine Krawatte für 600 Mark. Zähneknirschend bezahlte Rehhagel das gute Stück und bemerkte erst am ausgelassenen Gejohle der Spieler, dass er veräppelt worden war.

»Ein Engel bin ich bestimmt nicht. Ein Rebell aber auch nicht«, sagte Burgsmüller irgendwann einmal und vielleicht traf es das ganz gut.

Abwehr

»Ich bin heute noch stolz darauf, wenn gesagt wird: ›Der Gerland, das ist ein Klopper gewesen, ein Treter.‹« *Hermann Gerland*

»Wollen Sie ihn tot oder lebendig?« *Vorstopper Amand Theis zu seinem Trainer Udo Lattek*

»Mein fairster Gegenspieler war Rolf Rüssmann von Schalke 04. Der hat sich bei mir schon immer vor dem Foul entschuldigt.« *Gerd Müller*

»Spiel Halma, spiel Schach, spiel alles – aber nicht Fußball.« *Franz Beckenbauer zu Andreas Brehme*

»Der hat eine solche Spannweite, dass ich ihm auch einen Medizinball durch die Beine spielen kann.« *Jupp Kaczor über seinen Kollegen Bernd Cullmann*

»Hier in Italien werde ich noch abgezockter, kann noch mehr auf die Socken hauen – ohne dass es jemand merkt.« *Jürgen Kohler*

»Schwarzenbeck als Libero – das ist so, als ob Willy Millowitsch versucht, den Hamlet zu spielen.« *Kölner Stadt-Anzeiger*

»Atouba hat heute wieder ein Bewerbungsschreiben an Zirkus Krone abgeschickt.« *HSV-Boss Bernd Hoffmann*

»Ich werde mir Mühe geben
und ab jetzt versuchen,
nur noch sympathisch
zu grätschen.«

Jeff Strasser

»Ich war Vorstopper, das sagt alles: Kein Mensch, kein Tier, die Nummer vier.« *Helmut Schulte*

»Er muss ja nicht unbedingt dahin laufen, wo ich hingrätsche.« *BVB-Manndecker Neven Subotic*

Unterhaltendes aus der Welt der Fußballprominenz

1983 brachte der Hamburger Musiker und Schauspieler Volker Lechtenbrink zum Abschied von Paul Breitner einen Song mit dem Titel »Der Paul tritt ab« auf den Markt. Eine der zahlreichen legendären Liedzeilen lautete: »Der Paul tritt ab, und eins ist klar, ist man auch kein Schwärmer, da geht ein Stück Zivilcourage, der Sport wird etwas ärmer.«

★ ★ ★

Gunnar Gren, ein populärer schwedischer Fußballstar der fünfziger Jahre, meinte einmal nach einem verlorenen Spiel gegen Örebro über den nordschwedischen Schiedsrichter Fridh: »Es wäre besser, wenn die Leute aus dem Norden sich einzig und allein dem Skilauf widmen würden.«

★ ★ ★

Friedhelm »Timo« Konietzka war 1965 zur neuen Saison vom BVB nach München gewechselt, doch als es in der entscheidenden Phase der Meisterschaft zum Spiel gegen seine alten Kollegen kommen sollte, beantwortete er die Frage des bayerischen Fernsehen, ob er sich schon als ein echter »Sechziger« fühle, souverän: »Ganz klar, das ist unsere Meisterschaft und mein Geld.«

★ ★ ★

Paul Gascoignes Mutter Carol erzählt über ihren Sohn: »Einmal kam Paul von einem Essen in einem chinesischen Restaurant zurück und sagte, er habe mir gebratenen Reis mitgebracht. Ich freute mich darüber, und als er mir das Päckchen in die Hand drückte, war es sogar noch heiß. Als ich es öffnete, entdeckte ich darin zu meinem Entsetzen einen Haufen Maden, die Paul zum Angeln gekauft hatte. Angewidert ließ ich die Packung fallen, schrie und fluchte. Die Maden krabbelten überall rum, und ich brüllte, er solle sie aufsammeln – sofort. Aber er kugelte sich vor Lachen auf dem Boden. Nein, ich war nicht wirklich wütend, es war lustig. Typisch Paul.«

★ ★ ★

Als Manfred Burgsmüller 2008 unter die Modehersteller ging, hatte das folgende Bewandtnis: »Mehrmals habe ich Klagen gehört, dass es für junge Mädchen überhaupt keine originellen Shirts für die EM gibt. Da haben wir gehandelt.« Wir, das waren die vier Designerinnen Susan, Lili, Franziska, Vanessa und eben Manni. Zusammen präsentierten sie »eine nicht alltägliche Kollektion aus taillierten T-Shirts und ärmellosen Tops mit kreativen Aufschriften.« Als da wären: »Prinzessin Poldi«, »A-Lahm« und »LehFrau«. Die Begeisterung hielt sich eigenartigerweise allerdings in Grenzen.

Gemischte Tüte mit Halbwissen

1. Der Zweitname von Trainer Jürgen Klopp lautet wie?

- A Marcel
- B Willi
- C Norbert
- D Manfred

2. Wie hieß die Mannschaft, die Lothar Matthäus für RTL2 trainierte?

- A Teutonia Turek
- B Borussia Banana
- C Dynamo Doro
- D Inter Interruptus

3. Wie hieß der Schiedsrichter im WM-Viertelfinalspiel Deutschland – CSFR?

- A Herbert Wehner
- B Helmut Schmidt
- C Willy Brandt
- D Helmut Kohl

4. Wer war der letzte DDR-Fußballer des Jahres?

- A Ulf Kirsten
- B Torsten Gütschow
- C Andreas Thom
- D Rico Steinmann

5. Wer schrieb das Vorwort zu Uli Steins Buch »Halbzeit«?

- A Peter Maffay
- B Klaus von Dohnanyi
- C Ernst Happel
- D Henry Maske

6. Wie viele Niederländer haben sich den Ball – ohne den Kontakt eines deutschen Gegners – zuspielen können, bevor Sepp Maier im Finale der WM 1974 das 1:0 kassierte?

- A 3
- B 7
- C 9
- D 12

Frau van der Vaart ist der Albert Einstein unter den Spielerfrauen

Ein Boulevardblatt hat seine Leser vor einigen Jahren mit einem ganz besonderen Blick hinter die Kulissen des Fußballs verwöhnt. In einer mehrteiligen Interviewserie widmete man sich einem der letzten großen Geheimnisse des runden Ledersports: der Spielerfrau! Sarah, Freundin von Jermaine Jones, Sylvie, Frau von Rafael van der Vaart, Grit, Freundin von Torwart Tim Wiese, und Karo, die damalige Verlobte von Valerien Ismael standen Rede und Antwort und verblüfften durch manch schlüpfrige Einblicke in ihr Innenleben und das ihrer Gatten.

BILD: »Grit, Tim steht immer mit gegelten Haaren im Tor. Wie ist das, wenn die gegnerischen Fans singen: ›Du hast die Haare schön‹?« **Grit**: »Darüber lachen wir. Das ist nun mal sein Image. Viel schlimmer ist, wenn Tim beleidigt oder beworfen wird. Das ist zum Beispiel in Frankfurt immer schlimm. Aber solange bei mir in der Uni keiner singt: ›Dein Mann hat die Haare schön‹, halte ich alles aus …« **BILD**: »Guckt ihr Sportschau?« **Karo**: »Immer! Und sonntags den Frühschoppen im DSF.« **Grit**: »Sportschau, ist das bei der ARD? Okay, das Werder-Spiel gucke ich.« **Sarah**: »Und vorher aber live Arena?« **Grit**: »Nee, haben wir nicht!« **Sarah**: »Was? Das wär' bei uns undenkbar! Es läuft nur Arena, Arena, Arena. Wie schaut dein Mann denn dann die Spiele?« **Grit** (lacht): »Der steht doch im Tor! Und wenn er verletzt ist, geht er zu Kumpels oder in die Kneipe.« **BILD**: »Sind Fußballer besonders sexy?« **Sarah**: »Ich find's sexy, wenn sich mein Mann vor meinen Augen verausgabt. Fußballer sind moderne Gladiatoren. Wenn die rausgehen und kämpfen – sexy!« **Sylvie**: »Also ich liebe Raffa, weil er Raffa ist! Andere Fußballer machen mich überhaupt nicht an.« **Grit**: »Sportliche Körper sind attraktiv. Aber der Fußballer an sich, in seinem verschwitzten, stinkenden Trikot – nein, danke.« **BILD**: »Habt ihr ein Problem mit Groupies?« **Karo**: »Nur dann, wenn sie versuchen, meinen Mann anzumachen! Das kommt natürlich schon mal vor …« **Sarah**: »Ich bin da locker! Mir schmeichelt das, wenn andere Frauen meinen Typen attraktiv finden. Dass er mit einer aus der Fankurve was anfängt, da muss ich mir keine Sorgen machen. Die tun mir ja fast leid, weil ich weiß, wie unsere Männer über sie denken.« **BILD**: »Wie selbstständig sind Fußball-Profis?« **Sarah**: »Na ja …« **Grit** (lachend): »Als wir im Winter in die Domrep fliegen wollten, musste ich am Flughafen ziemlich über Tim schmunzeln! Der dachte, alles geht von alleine. Den Koffer holt jemand ab, am Security-Check kann man vorbeigehen … Einfach immer nur brav hinter dem Typen mit dem Fähnchen her …«

Urteil des Fußballfans »Musigger« in einem Forum: »Frau van der Vaart ist nicht nur die Hübscheste, sondern auch der Albert Einstein dieser vier Damen.«

Wie der Pascha vom Bosporus vor dem TV die Meisterschaft feierte

In der Türkei wird Jupp Derwall auch heute noch sehr verehrt. Der Mann, der im Juni 2007, knapp 20 Jahre nach seinen großen Erfolgen mit Galatasaray Istanbul starb, erfuhr am Bosporus die Anerkennung, die ihm in Deutschland trotz des EM-Titels von 1980 immer verwehrt geblieben ist. Aus »Häuptling ondulierte Silberlocke« (wie Max Merkel Derwall einst taufte) wurde der »Pascha des türkischen Fußballs«.

Als der ehemalige Bundestrainer im Oktober 1985 zu einem Europacup-Spiel nach Uerdingen in die Grotenburg-Kampfbahn kam, empfing ihn neben 19.000 fanatischen Istanbul-Fans auch ein schnurrbärtiger Mann mit Filzmütze, der ihm ehrfurchtsvoll ein Porträt in Öl überreichte. Der »Spiegel« schrieb damals: »Das Bild ist eine Ikone. Fast wie Silber glänzt die wohlfrisierte Locke, geronnen ist das Lächeln im strengen Deutschmann-Gesicht ohne Fehl und Falsch: Ein Trainergott blickt Jupp Derwall an.« Der silbergraugelockte Mann aus Würselen betrachtete sein Ebenbild an diesem grauen Herbstabend mit spürbarem Unbehagen.

Damals konnte Derwall nur erahnen, was geschehen würde, wenn Galatasaray unter seiner Leitung nach 1973 tatsächlich das erste Mal wieder Meister werden sollte. Und als es dann 1987 so schien, als könnte es wirklich wahr werden mit den Titelträumen, versuchte man den deutschen Trainer behutsam auf das große Ereignis vorzubereiten. Ein Textilfabrikant, der mit den Derwalls befreundet war, berichtete vor dem letzten Heimspiel der Saison mit stolzer Stimme, dass es in seiner gesamten Firma nicht einen Fetzen rotes oder gelbes Tuch mehr gäbe. Derwall hörte das und vergaß es sofort wieder.

Als er kurz vor der Begegnung seine Mannschaft zum Warmmachen auf den Rasen schickte, kam diese Minuten später zurück und meinte nur grinsend: »Trainer, das geht nicht!« Derwall rannte nach draußen und sah ein einziges rot-gelbes Fahnenmeer. Da, wo einmal grüner Rasen war, lagen mehrere Schichten rot-gelben Tuchs.

Nach dem Titelgewinn konnte die Mannschaft das Stadion mit dem Bus nicht verlassen – zu dicht gedrängt stand die jubelnde Menschenmenge. Man flüchtete schließlich mit einem gemieteten Boot über den Bosporus. Und als Jupp Derwall nach einer anstrengenden Feiernacht in sein Bett nach Hause wollte, musste ihn die Polizei enttäuschen. Vor seiner fürstlichen Residenz hatten sich mehrere Tausend begeisterte Menschen versammelt. Die Derwalls schliefen schließlich im Hotel.

Ein Jahr später, beim zweiten Titelgewinn, war der ruhmreiche deutsche Trainer bereits schlauer geworden. Als in Istanbul die rot-gelbe Partynacht begann, saß Derwall schon zu Hause vor dem Fernseher. Mit dem Beginn der zweiten Halbzeit hatte er einfach in aller Ruhe das Stadion verlassen.

Der sympathische Schussel: »Kleff, du bist nervös!«

Frank Mill erinnert sich an seinen ehemaligen Mitspieler bei Borussia Mönchengladbach sehr gerne: »Mit Wolfgang Kleff hattest du immer was zu lachen. Eines Mittags ist er noch kurz in der Boutique seiner Frau vorbeigefahren und hat sein Jackett ausgetauscht. Irgendwie meinte er, am Nachmittag müsste er etwas schicker aussehen. Nur hatte Kleff vergessen, dass er am Morgen noch auf der Geschäftsstelle seinen Gehaltsscheck abgeholt und in die Innentasche gesteckt hatte. Als er am nächsten Tag früh morgens nervös den Laden betrat, strahlte ihn die Verkäuferin schon von Weitem an: ›Herr Kleff, Sie glauben es nicht. Aber das Jackett, das Sie gestern zurückgebracht haben, habe ich noch am gleichen Nachmittag verkauft.‹« Dumm gelaufen.

Mit Schecks hatte es der Gladbacher Torhüter offensichtlich sowieso nicht so, wie Frank Mill in einer anderen Geschichte schmunzelnd erzählte: »Der Kleff hat seine ganze Autogrammpost von der Geschäftsstelle immer hinten in den Kofferraum seines Autos geladen. Und eines Tages war die Kiste so dicht, dass er voller Verzweifelung zur nächsten Müllkippe gefahren ist, um die ganzen Briefe auf einen Streich zu entsorgen. Dummerweise hatte ihm die Dame von der Geschäftsstelle nicht gesagt, dass sie oben drauf einen Umschlag mit dem Gehaltsscheck gepackt hatte. Aber Kleff war es natürlich zu peinlich zu erzählen, wie der Brief weggekommen war.«

Ein Schussel war der Keeper auch einmal in einem Europacup-Spiel der Gladbacher. Als Kleff noch seinen Strafraum von Klopapierrollen befreite, war das Spiel schon wieder angepfiffen. Seine Mitspieler riefen energisch: »Schnell, zurück ins Tor!« Doch da krachte ein Fernschuss bereits über den Kopf von Kleff ins Gladbacher Tor.

Aber Kleff war auch ein sehr guter Torhüter. Sein kongenialer Showpartner Sepp Maier soll einmal – während eines laufenden Spiels – zu Fans gesagt haben: »Ich musste meinen Hund einschläfern. Der hat immer, wenn ich ihn fragte, wer die Nummer eins in Deutschland ist, ›Kläff, Kläff‹ gesagt.« Der Otto-Imitator zitterte mit Armen und Beinen, wenn die Zuschauer mal wieder »Kleff, du bist nervös« anstimmten. Seine Anhänger waren begeistert von so viel Selbstironie. Doch Kleff war auch verbal kaum zu schlagen. Nach der WM 1974 sagte er: »Mir hat es Deutschland zu verdanken, dass wir Weltmeister geworden sind. Mein Anteil bestand darin, dass ich nicht gespielt habe.«

Kleffs großer Traum ist leider nie in Erfüllung gegangen: »Ich möchte einmal erleben, dass nicht nur die Besucher im Stadion ›Otto, Otto‹ rufen, wenn ich einlaufe, sondern die Besucher einer Otto-Show ›Wolfgang, Wolfgang‹, wenn er die Bühne betritt.«

Lothars Dauerschleife und Flicks Anschlusssorgen: Telefonprobleme

Man kann es sich angesichts der heutigen mobilen Dauerverfügbarkeit an jedem Ort dieser Welt fast nicht mehr vorstellen, aber es gab tatsächlich einmal Zeiten und Situationen, in denen ein eigener Telefonanschluss fast schon Luxus war. Auch unsere stets rundum gepäppelten Fußballprofis mussten diese Erfahrung machen. Anfang der neunziger Jahre wollte der Kölner Hansi Flick in seinem Wohnort ein Telefon anmelden. Kein Problem, könnte man sich denken, doch damals waren leider tatsächlich alle Leitungen belegt. Die Auskunft der Behörde: »Telefon gibt es frühestens Ende 1991.« Eine echte Notsituation. Gut nur, dass Flick einen prominenten wie generösen Nachbarn hatte: Pierre Littbarski. Der handelte sofort, ging zum Amt und bot an: »Ich melde mein Fax ab, dann ist eine Nummer frei. Aber nur wenn der Hansi die freie Leitung bekommt.« So wurde es gemacht. Flick war glücklich und ertrug tapfer die häufigen Faxanfragen, die knirschend-knarzend aus seinem Hörer schallten.

Eine Situation, die es bei einem Lothar Matthäus so natürlich nie gegeben hat. Als einer der ersten Kunden in Deutschland ließ sich der Rekordnationalspieler sogar ein Telefon in sein Auto bauen. Immer mobil, immer erreichbar, der Lothar. Bereits als Jugendnachwuchsspieler besetzte er in frühen Jahren stundenlang den einzigen Fernsprechapparat in der Sportschule Wedau. Ein Kollege erinnert sich: »Manchmal reichte die Schlange den ganzen Flur hinunter. Es konnte dauern, bis der Lothar alle Probleme mit seiner aktuellen Freundin besprochen hatte.«

Das kostete natürlich auch Geld. Schon in den neunziger Jahren merkte der KSC-Spieler Michael Harforth süffisant an: »Mein Grundgehalt ist so hoch wie die monatliche Telefonrechnung von Lothar Matthäus.« Doch erst Waldemar Hartmann kam dem Weltstar minutiös auf die Schliche. Als Matthäus 2006 seinen brasilianischen Klub Atletico Paranaense überstürzt verließ, vergaß er leider, seine Handyrechnung zu begleichen. Und weil er es auch ein paar Monate später noch nicht getan hatte, veröffentlichte sein Ex-Klub die genauen Details der Kostenaufstellung. Matthäus hatte für umgerechnet 5.153 Euro telefoniert. Und wie Waldemar Hartmann anhand der Preisliste von TIM Brasilien errechnen ließ, waren dies genau 4 Stunden und 9 Minuten, die der Franke übers Handy pro Tag nach Deutschland telefonierte.

Ob er auch mit seinem Lieblingskollegen Andreas Brehme gesprochen hat, ist leider nicht überliefert. Aber als Zimmergenossen hat Matthäus den Finaltorschützen von 1990 immer sehr gemocht: »Der Andi hat immer schön geschlafen, wenn ich noch telefoniert oder Fernsehen geguckt habe.«

Lustig

»Als Vorsichtsmaßnahme haben wir unseren Spielern verboten, im Hühnerstall zu übernachten.« *Werder-Sportchef Allofs über die Angst vor der Vogelgrippe im türkischen Trainingslager*

»Er sieht aus, als hätte er drei Tage lang Pferde eingeritten.« *Mainz 05-Trainer Jürgen Klopp über die Hodenprellung seines Spielers Mohamed Zidan*

»Ich habe im Vertrag stehen,
dass sich alle Spieler in der Kabine
hinsetzen müssen, wenn ich reinkomme.
Die meisten sind trotzdem
größer als ich.«

Nigerias Trainer Berti Vogts

»Wie heißen die Fußballschuhe von Jesus? Christstollen!« *Bauchredner Fred van Halen*

Frage eines britischen Journalisten an den kroatischen Fußballnationalspieler Davor Suker: »Ist das Leben in Kroatien nicht viel zu gefährlich?« *Antwort:* »Bei euch ist alles viel gefährlicher; ihr habt Linksverkehr.«

»Ich würde ja gerne jeden Zuschauer mit einem Gläschen Sekt begrüßen. Nur, was mache ich mit dem Rest der Flasche.« *Axel Dünnwald-Metzler als Präsident der Stuttgarter Kickers*

»Jens Lehmann ist dabei, seine Karriere zu urinieren!« *Arnd Zeigler nach Lehmanns Pinkel-Aktion in einem Champions-League-Spiel*

»Ich habe zu Hause den Kühlschrank aufgemacht. Und da saß er. Der Mann, der aus der Kälte kam.« *Christoph Daum über den Isländer Eyjölfur Sverrisson*

»Passen Sie auf, da sitzt noch der Thomas Häßler drauf.« *Pierre Littbarski zu einem Kellner, der einen leeren Stuhl wegräumen wollte*

»Hurra, wir haben's gefunden!« *Fans von Schalke 04 auf einem Plakat im Sportpark Unterhaching*

»Das Leben ist kein Heimspiel.« *Autor Klaus Hansen*

Energy Shorts, Bierbäuche und kahle Schädel: Fußballer und Werbung

Reklame machen für Klopapier? Bei so einem Hintern, wie ich ihn habe, könnte ich das unbedingt tun.« Paul Breitner war sich seiner verführerischen Werbewirkung durchaus bewusst. Das kann man leider nicht von jeder Fußballikone in Bezug auf ihre Reklamefähigkeit sagen.

In England sorgte Trainer Brian Clough für Aufsehen. Der Coach von Nottingham Forest hatte sich in einem Werbespot für »East Midlands Electricity« nur mit einem Handtuch um die Hüften bekleidet gezeigt. Sehr zum Leidwesen der englischen Frauen. Diese rebellierten pikiert: »Wo andere Muskeln haben, hat Clough eine Art Busen« und »Sein Bierbauch ist abstoßend«. Aua! Das tat nicht nur Clough weh, sondern auch der Stromfirma. Der Spot wurde schnell wieder abgestellt.

Dass der Herthaner Michael Preetz einer guten Sache unter die Arme greifen wollte, ist im Prinzip lobenswert. Aber hat er den Slogan der »Stiftung Naturschutz Berlin« wirklich vorher einmal gelesen: »Die schönsten Schwalben gibt es nicht auf dem Fußballplatz.«

Genauso wenig angesagt sind kahle Schädel. Deshalb wurde der berühmte Weltmeister von 1998, Ronaldo, auch zum Werbebotschafter für »Crescina R5 Haarwachstum« von Labo Cosprophar Suisse. Und siehe da: Plötzlich hatte der Brasilianer tatsächlich wieder volles Haar.

Anfang der achtziger Jahre stellte Bryan Robson, Kapitän der englischen Nationalelf und von Manchester United, fest: »Schuhe sind seit über 100 Jahren ein wunder Punkt im Fußball.« In halbseitigen Anzeigen in Fußballmagazinen fuhr Robson fort: »Fußball hat sich nicht sehr verändert, seit 1863 die Grundregeln festgelegt wurden. Und auch in punkto Schuhen hat sich leider nicht viel getan. Nun hat sich jedoch die Firma New Balance des Problems angenommen … Haben Sie genug von Schuhen, die Ihre Füße und damit Ihre Leistung einengen? Dann sollten Sie auf die Schuhe der Zukunft umsteigen.« Führend wurde »New Balance« übrigens in Deutschland später dann nicht im Fußballschuhbereich, aber mit einem quietschbunten Sportschuh in der Hooligan-Szene.

»Andreas Brehmes Geheimwaffe« hieß 1992 »Du Pont Energywear«: »Mindestens 90 Minuten lang muss ich ständig auf maximale Schubkraft schalten, gleich wieder stoppen, umdrehen, passieren und schießen – und all das möglichst besser als mein Gegenspieler. Diese neuen Energy Shorts tragen sich toll und geben meinem Spiel den Energieschub, den ich dafür brauche.«

Frisuren-Raten: Werder Bremen

1978–1995

1979–1992

1982–1993

1983–1989

1985–1997

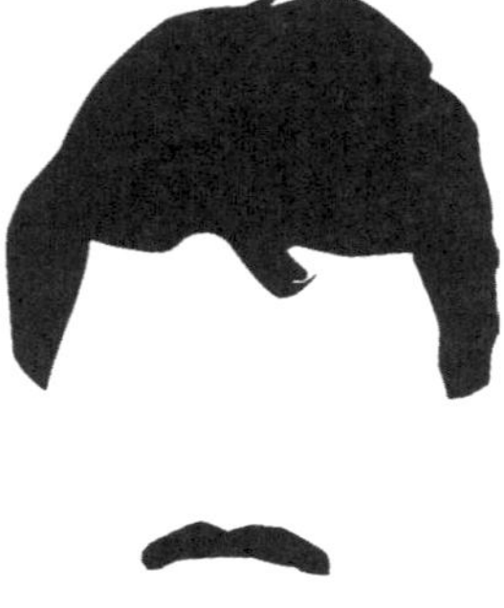

1985–1998

Wie bei Genscher in Prag '89! Daum tritt vor das Geißbockheim

Den 21. Mai 2008 werden die Fans des 1. FC Köln nie vergessen. Über 14 Stunden verhandelte an diesem Tage Christoph Daum mit dem FC, ob er auch weiterhin Trainer bleibt. Gott sei Dank von Anfang an vor Ort: Der Live-Ticker des *Express*. Hier ein Ausschnitt der dramatischen Stunden!

9:37 Uhr Daums Anwalt Dr. Stefan Seitz fährt in der Villa im Hahnwald vor **+++ 10:15 Uhr** Daums Ehefrau Angelica bringt den wartenden Journalisten Kaffee und Hanuta **+++ 11:00 Uhr** Eine genervte Nachbarin entfernt das Plakat des FC-Fan-Klubs »Wilde Horde« mit den Worten: »Meine Hecke geht kaputt«, und stopft das Plakat in die Mülltonne **+++ 13:47 Uhr** Die Vorhänge an der Eingangstür der Daum-Villa werden zugezogen +++ **15:05 Uhr** Ein weißer Golf fährt vor. Es ist der Zusteller eines Kölner Anzeigenblattes. Er legt die neueste Ausgabe vor den Bronzelöwen an der Haustür **+++ 15:32 Uhr** Daums Haushälterin fährt vor und bringt Sohn Jean-Paul von der Schule nach Hause **+++ 15:48 Uhr** Die Haushälterin verlässt die Villa erneut **+++ 15:52 Uhr** »Ich bin´s nur«, sagt Daums Ehefrau Angelica, steigt ins Auto und braust davon. Es war also nicht die Haushälterin **+++ 16:24 Uhr** Ein Schatten zeigt sich an der Zwischentür aus Milchglas … kommt jemand heraus? **+++ 16:25 Uhr** Nein! Der Schatten verschwindet wieder **+++ 17:51 Uhr** Gerade ist ein Bote auf einem Fahrrad vorbeigeradelt. **+++ 17:54 Uhr** Der Mann wirft einen Pizza-Zettel in den Briefkasten **+++ 18:03 Uhr** Ehefrau Angelica sammelt die Kaffeetassen wieder ein **+++ 18:07 Uhr** Daum, Koch und Anwalt Dr. Stefan Seitz verlassen die Villa und fahren zum Geißbockheim **+++ 19:04 Uhr** Der FC spendiert den wartenden Journalisten Schnittchen. Es gibt Käse und Schinken **+++ 19:46 Uhr** Der Ex-Kölner Lukas Podolski meldete sich telefonisch bei *EXPRESS*-Redakteur Lars Werner: »Ja, ist denn schon eine Entscheidung gefallen? Das ist ja spannend!« **+++ 20:30 Uhr** Gleich beginnt das Champions-League-Finale in Moskau. Doch das interessiert hier keinen **+++ 21:10 Uhr** Restaurant-Chef Glöckner meldet sich noch mal zu Wort: »Hier vorm Geißbockheim ist die Hölle los. Und drin feiern 150 Rentner ihr Seniorenfest.« **+++ 21:50 Uhr** Eine skurrile Blondine fährt mit einem MX-5 auf den Parkplatz. Kennzeichen: DAU-M **+++ 21:51 Uhr** Sie erklärt: »Das Kennzeichen symbolisiert meine Neigung zu Christoph Daum. Es soll jetzt Glück bringen. Ich will ein Zeichen setzen, damit er bleibt.« **+++ 22:25 Uhr** Das Licht im Büro wird gedimmt, damit Daum, Meier & Co. das Spiel besser sehen können **+++ 22:45 Uhr** Der erste Fan dreht die Box auf – die FC-Hymne der Höhner erschallt über den Parkplatz **+++ 23:06 Uhr** Wie bei Genscher in Prag '89! Daum tritt vor das Geißbockheim und erklärt: »ICH BLEIBE!«

Sammy, Obelix und Possi: Die Tiernamen der Stars von früher

Es gab Zeiten, da ließen sich die Stars in aufwändigen Home-Storys in den heimischen Idyllen ablichten. Für Fotos am Herd wurden dann noch schnell die letzten Konserven in die Töpfe geschüttet und für romantische Porträts am Kamin lieh man sich den Bobtail der Nachbarn, der dann mühsam mit Leckerlis zum Blick in die Kamera gezwungen wurde. Es gab aber auch echte Tierliebhaber unter den Fußballstars und die haben sich wie jeder Ottonormalbürger wochenlang die Köpfe zermartert, auf der Suche nach einem schönen Namen für ihren tierischen Schatz. Deshalb an dieser Stelle ein bisschen Service am Kunden: Statt teurer Namensbücher einige Vorschläge aus der Praxis. Vielleicht ist ja auch für Ihr nächstes Haustier etwas Passendes dabei!

Hunde:
Kerry von der Weisenau (Norbert Nachtweih)
Berry (Christian Hausmann)
Bobby (Dirk Bakalorz)
Sara (Didier Sixt)
Ako (Dieter Schatzschneider)
Sammy (Karl-Heinz Riedle)
Eiko (Sepp Maier)
Ino (Hans-Günter Bruns)
Obelix (Thomas Wolter)
Cleo (Lothar Matthäus)
Possi (Uli Stieleke)
Nancy (Manfred Kaltz)
Lukas (Torbjörn Nilsson)
Amadeus (Mehmet Scholl)
Cindy (Roland Grahammer & Klaus Augenthaler)
Fesse (Helmut Kapitulski)
Sammy (Frank Hartmann)
Ji-Ji (Hansi Müller)
Gante vom Nahtal (Pierre Littbarski)
Barry (Uwe Reinders)
Nini (Günther Schäfer)
Rocky & Rambo (Klaus Täuber)
Judith (Matthias Ohms)
Rambo (Dragoslav Stepanovic)
Popsy (Felix Magath)
Joschi (Dieter Eckstein)
Merlin (Klaus Allofs)
Sam (Thomas Hörster)
Nadir & Ophelia (Thomas Remark)
Dago (Thomas Berthold)
Targa (Jean-Marie Pfaff)
Zotti (Roland Borchers)
Charly (Wolfgang de Beer)
Aljoscha (Bertran Beierlorzer)
Xandie (Walter Junghans)
Joy (Michael Tönnies)
Babette & Balou (Lothar Matthäus)
Natalie (Guido Buchwald)

Katzen:
Charly (Olaf Janßen)
Mohrle (Michael Sternkopf)
Mini (Maurizio Gaudino)
Molekül (Lothar Matthäus)

Pferde:
Tucuman & Sturmfeder (Klaus Allofs)
Miss Marple & Primo (Sepp Maier)

Vögel:
Wellensittich *Peter* (Stefan Kohn)
Papagei *Toby* (Harald Schumacher)
Wellensittich *Bubi* (Guido Buchwald)

Hase:
Hermann (Richard Golz)

Das verrückte Leben des Gazza: »Ray, ich will nur den Ball!«

Als Paul Gascoigne im Jahr 2004 bei einer Signierstunde seiner Autobiografie »Gazza« in einem Buchgeschäft in Newcastle erschien, schaute er sich um und grinste: »Schon komisch. Hier habe ich früher immer Sachen geklaut.«

Ein bisschen hatte er damals die Hoffnung, sein verrücktes Leben würde von nun an ein wenig normaler werden. Doch die Abwärtsspirale drehte sich nur noch schneller und erreichte im Jahr 2008 ihren Höhepunkt.

Im Frühjahr durchlebte Gascoigne eine Woche des Wahnsinns in London. In einem Hotel soll er in seinem Zimmer den Feueralarm ausgelöst haben und in einem anderen orderte er, englischen Zeitungsberichten zufolge, beim Zimmerservice Kokain. Zwischendurch ließ sich »Gazza« seine Haare feuerrot färben und am nächsten Tag komplett abrasieren.

Als er schließlich im dritten Hotel seiner wilden Odyssee gegen Mittag eincheckte, war Gascoigne bereits vollkommen betrunken. Neunzig Minuten nach seiner Ankunft rief er beim Zimmerservice an und bestellte ein Steak. Nur wenige Augenblicke später korrigierte er seine Bestellung: »Lasst das mit dem Steak, bringt mir nur das Messer.«

Die besorgten Angestellten verständigten die Polizei. Als die Beamten im Hotelzimmer von Gascoigne ankamen, schrie dieser völlig außer sich: »Ich habe Kokain bestellt, ich will jetzt mein Kokain.« Anschließend rannte er ins Bad, hielt seinen Kopf unters Wasser und versuchte sich so in der Wanne selbst umzubringen. Zwischendurch tauchte er auf und rief in seinem Wahn: »Wenn ich mir schon nicht die Handgelenke aufschlitzen kann, ertränke ich mich eben.«

Im Herbst sorgte der Mann, der bei Lazio Rom die Fragen von Journalisten gerne schon einmal mit einem freundlichen Rülpser beantwortete oder dunkelhäutigen Mannschaftskameraden Gutscheine fürs Solarium schenkte, schließlich für eine weitere Gaga-Aktion. In einem Pub erzählte Gascoigne den Kneipenbesuchern stolz, er hätte gerade fast mit dem Papst gesprochen, doch der habe im Moment keine Zeit, da er sich einen Film anschaue. Die Leute lächelten, auch weil sie »Gazza«, nach drei Flaschen Whiskey, kaum verstanden. Schließlich wählte Gascoigne die Nummer des Weißen Hauses in Washington, weil er unbedingt mit George W. Bush über seine Alkoholprobleme sprechen müsse. Bush sei gerade im Pentagon, erklärte ihm eine nette Telefonistin und legte auf.

Ein Leben im Sturzflug. Dabei wollte »Gazza« eigentlich immer nur spielen. Trainer Ray Hudson, der Gascoigne seit der frühesten Kindheit kennt, meinte einmal: »Wir sprachen darüber, welche Wohnung er sich vorstellte und welches Auto er haben wollte, aber er meinte bloß: ›Ray, ich will nur den Ball. Nur den Ball.‹«

Jens Lehmann aus dem heimischen Wohnzimmer gucken: TSV Havelse

Viele Zuschauer verloren sich damals nicht in die TSV-Kampfbahn und dann auch noch das: In einem weißen Einfamilienhaus direkt am Sportplatz machte es sich an Spieltagen die Familie Gräber mit Freunden und Bekannten gemütlich und schaute aus drei Fenstern dem Geschehen unten auf dem grünen Rasen zu. Fußballunterhaltung komplett für lau.

Und die Plätze waren klasse. Die Tribüne davor war gerade einmal wenige Meter hoch, kein Dach, kein Baum – nichts also störte die freie Sicht auf die Mannen des TSV Havelse, die unter der Leitung ihres Trainers Volker Finke zur Saison 1990/91 in die zweite Liga aufgestiegen waren. Eine kleine Sensation, die unterm Dach der Gräbers ordentlich gefeiert wurde. Mit einem Pülleken Bier und frisch gebackenem Kuchen jubelten sie von ihren Fensterplätzen den späteren Nationalspieler Jens Todt zu.

Das kam allerdings nicht bei allen Stadionbesuchern gut an. Jede etwas lautere Regung aus dem Hause Gräber wurde von den zumeist eher passiv schauenden Zuschauern des TSV Havelse mit Blicken hoch zu den Fenstern registriert. Auch die direkte Anbindung an die Getränke- und Nahrungsmittelversorgung sowie die sanitären Anlagen beäugten die Stehplatzbesucher unter dem häuslichen VIP-Ausblick mit Neid und Argwohn. Dabei hatten es die heimischen Fans gar nicht einmal viel wärmer. Um direkt am Fenster stehen zu können, hatte man die Heizkörper ausgebaut.

Bei den Fernsehteams waren die Gräbers und ihre Freunde jedoch Kult. Keine Berichterstattung aus Havelse ohne einen Schwenk auf die drei Gucklöcher. Mienenspiele von Freud und Leid, zerrupfte Haare und anstoßende Bierflaschen – Fanherz, was willst du mehr. Die Bilder, auf denen die alkoholischen Getränke in Nahaufnahme gezeigt wurden, hatten es auch einer großen deutschen Brauerei angetan. Werbewirksam wollten sie den Platz unter den Fenstern mit Schildern bestücken. Doch die Gräbers lehnten ab. Man fürchtete den Zorn der Havelser.

Am Ende der Saison stieg der TSV wieder in die Oberliga Nord ab. Finke und Todt gingen nach Freiburg und in die Kampfbahn verirrten sich noch weniger Menschen als zuvor.

Jahre später erinnerte man sich im Hause Gräber immer noch gerne zurück, an die Tage, als man in Havelse aus dem Fenster Bundesligafußball schauen konnte und Berardino Capocchiano dem späteren Nationalkeeper Jens Lehmann ein Ding in die Maschen legte.

Cool

»Und wenn ich mir die Haare bis zum Arsch wachsen lasse, dann lasse ich sie mir eben bis zum Arsch wachsen.« *Marcell Jansen zur Fan-Kritik an seiner Frisur*

»Gut, dass wir schwarze Hosen anhatten, sonst hätte man unsere Knödel gesehen.« *Osnabrücks Thomas Cichon*

»Dass wir uns nun nicht auf die Schenkel hauen im Bus und uns alle 'n Porno angucken, ist auch klar.« *Nico Patschinski nach einem 0:0 Ahlens in Aue*

»Der Ball war so lasch geschossen, den konnte man unterwegs noch aufpumpen.«

Eduard Geyer, Trainer von Energie Cottbus

»Gute Frau, schicken Sie mir Ihren Bruder, mit dem rede ich.« *Otto Rehhagel zur Reporterin Sabine Töpperwien*

»Er hat mir signalisiert, dass er in einer Minute ausgewechselt werden möchte.« *Christoph Daum über Ulf Kirsten, der ihm den Mittelfinger zeigte*

»Mir ist das egal, solange wir nicht die Spielersitzungen über Walkie-Talkie aus dem Knast machen müssen.« *Toni Schumacher, nachdem Trainer Sören Lerby zu sechs Monaten mit Bewährung verurteilt wurde*

»Mister-1000-Volt ist ein Schwachstrom-Elektriker gegen mich.« *Otto Rehhagel*

»Wenn die Fans mit Flaschen werfen, stört mich das nicht. Nur voll müssten die Flaschen sein.« *Sepp Maier*

»Wir spielen halb hoch, weil wir den Ball unterhalb der Gürtellinie nicht mehr sehen.« *Journalist und Altherrenfußballer Gerhard Seehase*

»Für Streicheleinheiten müssen wir uns eine Katze kaufen.« *Bayern Münchens Torjäger Miroslav Klose*

Der Rapper Alex Frei: Betet, freie Schweizer, betet!

Weiße Felljacke, roter Anzug und eine überdimensionale Kette mit der Aufschrift »God bless our home« – in diesem Aufzug präsentierte sich der Kapitän der Schweizer Nationalmannschaft, Alex Frei, kurz vor der WM 2010 als beinharter Gangster. Zusammen mit dem Schweizer Mundart-Rapper »Bandit« nahm er das Lied »Zeig Gsicht« auf und musste sich harte Kritik von allen Seiten gefallen lassen.

Der Song war Teil eines 20 Sekunden langen Werbespots der Chipsfirma »Zweifel«, der kurz vor der Weltmeisterschaft ins TV kam. Doch nicht allein das Kommerzielle stand, laut Alex Frei, bei diesem Projekt im Vordergrund: »Ich will den jungen Schweizern unsere Nationalhymne näherbringen, einen positiven Nationalstolz entwickeln. Ich denke, wenige der Zehn- bis 20-Jährigen kennen die erste Strophe noch auswendig.«

Der Plan ging allerdings augenscheinlich nach hinten los. Ein User im Internet urteilte nur Minuten nach der Veröffentlichung bereits deutlich: »Alles, was mir bei dieser Pommes-Chips-Werbung auffällt, ist wieder einmal, wie schlecht der Text unserer Nationalhymne ist.« Der lautet folgendermaßen: »Trittst im Morgenrot daher, Seh' ich dich im Strahlenmeer, Dich, du Hocherhabener, Herrlicher! Wenn der Alpenfirn sich rötet, Betet, freie Schweizer, betet! Eure fromme Seele ahnt. Eure fromme Seele ahnt. Gott im hehren Vaterland, Gott, den Herrn, im hehren Vaterland.«

Kaum vorstellbar, wie man diese Zeilen rappen sollte. Leider hörte sich das Ergebnis schließlich auch genauso an. Ein Verbrechen auf Schallplatte. Auch die Schweizer Hip-Hop-Szene kannte kein Erbarmen. »Das schmerzt mehr als ein doppelter Armbruch und treibt sogar DJ Bobo die Schamröte ins Gesicht«, meinte Fetch von der Basler Crew Brandhärd und forderte unmissverständlich: »Alex muss jetzt die Schweiz zum Weltmeisterschaftstitel ballern.«

Der Basler Rapper Griot zeigte sich entsetzt von des Stürmers Ausflug in die Musik: »Schuster, bleib bei deinen Leisten. Ich bewundere ja Alex Frei für seine Goalgetter-Qualitäten. Mit der Nationalhymne in Rhyme-Form schießt er deutlich übers Tor hinaus.«

Alex Frei hatte man von den negativen Reaktionen offensichtlich nichts gesagt: »Ich höre fast nur Positives. Vor allem, weil man mal einen Alex sieht, der nicht immer nur verbissen ist. Aber natürlich gibt es auch notorische Nörgler. Das sind immer die Gleichen. Wenn ich vier Tore schieße, sagen sie: ›Warum hast du nicht sechs gemacht?‹« Letztendlich doch einsichtig versprach er allerdings: »Singen und tanzen, das sind bestimmt nicht meine Stärken, das weiß ich jetzt.«

WM-Impressionen

1. Wie heißen die beiden Torschützenkönige der WM 1994 in den USA, die jeweils sechs Tore schossen?

- (A) Roberto Baggio und Romario
- (B) Bebeto und Claudio Caniggia
- (C) Jürgen Klinsmann und Ronaldo
- (D) Oleg Salenko und Hristo Stoitchkov

2. In welchem Jahr fanden die ersten WM-Qualifikationsspiele statt?

- (A) 1930
- (B) 1932
- (C) 1938
- (D) 1934

3. Welcher deutsche Schiedsrichter war bisher der Einzige, der ein WM-Finale leitete?

- (A) Kurt Tschenscher
- (B) Walter Eschweiler
- (C) Markus Merk
- (D) Rudi Glöckner

4. Bei welcher WM gab es ein apfelsinenförmiges Maskottchen namens »Naranjito«?

- (A) 1970
- (B) 1978
- (C) 1982
- (D) 1986

5. Welches Team nahm 1970 erstmals an einer WM-Endrunde teil?

- (A) Neuseeland
- (B) Jugoslawien
- (C) Zaire
- (D) Iran

6. Welches Weltmeister-Team durfte den »Jules-Rimet-Cup« endgültig behalten?

- (A) Uruguay
- (B) Italien
- (C) England
- (D) Brasilien

Heiko Herrlich: Günter Wallraff und die Schnittchen!

Am 29. April 2010 war das Kapitel des Trainers Heiko Herrlich beim VfL Bochum bereits nach knapp sechs Monaten wieder beendet. Nur eine Woche zuvor hatte er bisher beispiellos vor laufenden Kameras die Direktkonfrontation mit einem großen Boulevardblatt gesucht. Mit dem Rücken zur Wand griff er in zwei Pressekonferenzen die Journalisten namentlich an. Eine Aktion, die ihm in der Sache Pluspunkte bei vielen Fußballfans in Deutschland einbrachte, aber nur kurzfristig über die eigentlichen Probleme beim VfL Bochum hinwegtäuschen konnte. Hier die wichtigsten Passagen der zwei PKs:
Herrlich: »Wissen Sie, Herr D., ich hab schon viele schwierige Phasen in meinem Leben durchgemacht, auch sportlich, glauben Sie mir das. Und das hier, die Situation treibt mir auf keinen Fall den Puls hoch – auch wenn Sie das morgen wieder ganz anders schreiben. Das macht ihr sowieso, wie ihr wollt: Ich weiß noch, in Phasen, wo es sehr gut lief, wo ihr ein Interview mit mir machen wolltet und ich das abgelehnt hab, weil ich gesagt hab, die Mannschaft muss im Vordergrund stehen. Und ich weiß auch, dass es da vielleicht 'nen Bumerang gibt, ne? Weil ihr das halt nicht gewohnt seid, dass euch jemand die Stirn bietet und sagt: ›Nö, ich möcht' nicht bei euch in der Zeitung stehen.‹ Aber das ist für mich kein Problem, ich werd' meinen Weg weitergehen und werd' aufrichtig bleiben. Auch ohne euch. Können Sie Ihren Chefredakteuren sagen!«

Journalist: »Das wirkt schon ein bisschen dünnhäutig, sag ich dir ganz ehrlich …«

Herrlich: »Nein! Das interpretieren Sie so! Überhaupt nicht! Ich weiß nur, was die letzten Wochen … Die Art und Weise, wie ihr recherchiert habt. Wir unterhalten uns intern auch schon mit den Spielern. Und Günter Wallraff hat das schon vor langer, langer Zeit festgestellt: Da hat sich leider nicht viel geändert. Und drücken Sie auf Aufnahme, dass ich's meinen Kindern irgendwann zeigen kann, ne: Euch gegenüber, Ihnen gegenüber bleib' ich aufrichtig. Die werden stolz sein auf mich, irgendwann.«

Ein paar Tage später legte Heiko Herrlich auf der Pressekonferenz nach einem verlorenen Heimspiel gegen VfB Stuttgart nach: »Und nächstes Jahr dürft ihr weiter euren Mitarbeiter hierhin schicken, der über den VfL Bochum schreibt. Okay? Da freuen wir uns alle. Ich hab Sie übrigens noch nie hier gesehen! Haben Ihre Chefs Sie heute mal hierher geschickt? Herzlich willkommen! Da hinten gibt's noch Schnittchen! Die sind ganz lecker!«

Ein ewiger Tanz mit dem Gegner: Jean-Santos Muntubila

Was für ein toller Botschafter für den deutschen Fußball wäre dieser Mann aus Zaire (heute Kongo) doch gewesen, hätte man Santos Muntubila Mitte der achtziger Jahre statt in die Elf des 1. FC Saarbrücken an die Otto-Fleck-Schneise 6 in Frankfurt gesteckt. Denn dort beim DFB hätte der Mann, der »zu faul« zum Deutschlernen war und die Mannschaftssitzungen seines Trainers Uwe Klimaschefski als »Plaudereien« bezeichnete, wunderbar einen Job in der Marketing-Abteilung übernehmen können. Seine blumige Sprache und seine temperamentvolle Wortwahl hätten – mit seinem Konterfei veredelt – nur auf Postkarten gedruckt und in die Welt verschickt werden müssen. Man hätte sicher sein können, dass unserer deutschen Eliteliga die Herzen der Verehrung zugeflogen wären. Denn wie sagte Santos Muntubila einmal so wunderschön: »Auf dem Feld lebe ich auf. Mit dem Ball am Fuß spazieren gehen, den Gegner ins Leere laufen zu lassen, dem Partner den Ball vorzulegen: Das ist Leben! Die Bundesliga ist ein Paradies, darin zu spielen für mich ein Fest, ein ewiger Tanz mit dem Gegner.«

Den Künstlernamen »Santos« hatte sich Muntubila in weiser Voraussicht und nach einem Treffen mit dem großen Pelé bei einer Tournee der brasilianischen Nationalelf durch Zaire gegeben. Später wurde er in seiner Heimat selbst ein großer Nationalheld, wie er dem *fussball-magazin* 1985 anvertraute: »Ohne mir Honig um den Bart schmieren zu wollen: Dort bin ich so berühmt wie Rummenigge oder Platini.«

Seinen spannendsten Tag im deutschen Fußball erlebte Muntubila am 8. Februar 1986 im Münchner Olympiastadion. Als er nach zehn Minuten seine Saarbrücker mit 1:0 in Front schoss, sah alles nach dem schönsten Fußballer-Moment im Leben des Jean-Santos Muntubila aus. Doch dann kam die 87. Minute und die rote Karte des Gelsenkirchener Schiedsrichters Hans Wahrmann. Was er damals noch nicht wissen konnte, es war der Anfang vom Ende eines kurzen Ausflugs ins Glück. Die aufregende Zeit in der Bundesliga, die er zusammen mit den »verhätschelten« deutschen Spielern sehr genoss, war nach nur 62 Partien und vier Toren bereits wieder vorbei.

Eine kurze Anmerkung für die Fans von Hannover 96: Natürlich sei nicht vergessen, dass Muntubila nicht immer so romantisch-liebevoll-verklärt auf dem Platz gespielt hat. Allerdings hat sich der Saarbrücker Stürmer über seinen blutigen Faustschlag im DFB-Pokal-Viertelfinale 1985 gegen den Hannoveraner Fred Schaub – bei dem dieser drei Schneidezähne verlor – nie gesondert geäußert. Was ein bisschen schade ist, weil Muntubila sicherlich auch für diese Aktion eine poetische Umschreibung auf Lager gehabt hätte.

Trainer und ihre Marotten

Otto Rehhagel erzählte einmal eine schöne Anekdote über seinen Spieler beim 1. FC Kaiserslautern, Ratinho: «Ich sage den Spielern immer: ›Regt euch nicht über Nebensächlichkeiten auf. Das ist alles Kokolores. Wichtig ist auf dem Platz.‹ Ratinho musste nach dem Spiel in Leipzig zur Doping-Kontrolle. Unser Brasilianer trank drei Bier. Abends sah ich Ratinho an der Hotelbar mit einem weiteren Bier in der Hand. Ich sagte ihm: ›Mensch, Ratinho, heut Mittag bei der Doping-Kontrolle haben Sie bereits drei Bier getrunken, jetzt schon wieder eins.‹ Da grinste er mich an und meinte: ›Trainer, das ist alles Kokolores. Wichtig ist auf dem Platz.‹ Anschließend lagen wir alle vor Lachen auf dem Boden. Doch ich wusste: Der Ratinho ist ein schlauer Fuchs. Er hört zu und weiß, worauf es ankommt.«

★ ★ ★

Als Peter Neururer sein erstes Training beim 1. FC Köln absolvierte, legte er am Ende eine Sonderschicht mit den Torhütern ein. Die anderen Spieler durften duschen. Als Bodo Illgner schließlich in die Kabine kam, warf er seine Torwarthandschuhe wütend auf den Boden und schimpfte: »So wird das nichts. Wir sind geschiedene Leute!« Als die Kollegen ihren Weltmeister fragten, was denn passiert sei, antwortete Illgner immer noch total erregt: »Der Trainer hat mich Schnapper genannt!«

★ ★ ★

Gyula Lorant war auch in Deutschland ein anerkannter und geschätzter Fachmann. Doch eine Sache konnte er dem Land, in dem er als Fußballlehrer Erfolge feierte, nie verzeihen. Die WM-Pleite 1954, als Lorant Stopper der ungarischen Nationalmannschaft war, hatte er einfach nie verwunden. Und so trabte er eines Tages als Bayern-Trainer mit Pal Csernai auf den Platz und flüsterte seinem Landsmann zu: »Pal, lass uns rausgehen, die Deutschen quälen!«

★ ★ ★

Abwehrspieler Karsten Baumann spielte seine erste Saison beim 1. FC Köln. In einem Testspiel vor der Saison holte Trainer Erich Rutemöller seine Nummer 10, Pierre Littbarski, vom Platz und wies Baumann an, er solle seine Position übernehmen. Kaum war er auf dem Feld, kam von hinten das Alphatier Paul Steiner angerannt. Der Libero packte Baumann und schob ihn von der Position der Nummer 10 weg: »Du spielst hinter mir, verstanden?!« Jungprofi Baumann tat, wie ihm der alte Hase Steiner befahl. Und draußen machte Rutemöller große Augen und schwieg.

Ein nationales Spektakel: Oliver Kahn auf einem Klo in Ostwestfalen!

Für einen ganzen langen Vormittag stand am 19. März 2009 die Welt in der kleinen Gemeinde Rheda-Wiedenbrück in Ostwestfalen-Lippe still. Der große Torwart-Titan Oliver Kahn hatte sich mit dem ortsansässigen Fleischbaron und Schalke-Aufsichtsratsvorsitzenden Clemens Tönnies zu Vertragsgesprächen im »KÖNIGs Hotel am Schlosspark« getroffen. Ein Geheimtreffen – vor »1.000 Kameras«, wie Kahn Wochen später süffisant anmerkte.

Die ostwestfälische Bevölkerung verbuchte diesen Tag als zweites Highlight des Jahres, emotional direkt anzusiedeln nach dem traditionellen Schützenfest des Rheda e.V. von 1833. Gebannt folgte man dem Ausgang der Gespräche und hoffte inständig auf einen erfolgreichen Abschluss: »Da drücken wir mal die Daumen, dass es etwas wird für Olli mit dem Manager-Posten und dass er öfter nach Rheda kommt. Ein wenig Glamour tut der Provinz recht gut.«

Aber nicht nur die Menschen vor Ort konnten an diesem Spektakel live teilhaben. Der bild.de-Redaktion und ihrem Internet-Ticker ist es zu verdanken, dass kein Schritt der Protagonisten an diesem Tage unentdeckt blieb. Hier das Protokoll:

8.34 Uhr: Kahn kommt aus dem Hotelzimmer, betritt den Frühstücksraum.

kurz vor 10 Uhr: Tönnies fährt über die Hoppenstraße an den Hintereingang an das Hotel heran. Unbemerkt von den meisten Journalisten – die warten am Vordereingang.

11.56 Uhr: Die Tür des Verhandlungsraumes geht auf, Clemens Tönnies verlässt den Raum, legt eine Toilettenpause ein.

12.02 Uhr: Zum ersten Mal an diesem Tag kommt die Sonne über Rheda-Wiedenbrück raus. Ein gutes Omen für Schalke? Lacht sie schon für Oliver Kahn?

12.17 Uhr: Eine Kellnerin betritt den Verhandlungsraum mit frischem Kaffee. Gut möglich, dass es Kahns erster Kaffee ist – beim Frühstück war die Kaffeemaschine kaputt!

12.18 Uhr: Die Tür des Verhandlungsraumes geht erneut auf. Dieses Mal kommt Oliver Kahn aus dem Raum, legt ebenfalls eine Pinkelpause ein. Der Torwart-Titan ist nach anderthalb Minuten wieder oben – schneller als Tönnies.

12.21 Uhr: Immer mehr Schaulustige versammeln sich vor dem Hotel. Es scheint, es sei ganz Rheda-Wiedenbrück auf den Beinen!

12.45 Uhr: Tönnies scherzt auf dem Weg zur Toilette mit einem Journalisten: »Und, alles gut gelaufen?«

12.47 Uhr: Was gibt's zu essen? Tönnies zu BILD.de: »Tönnies-Fleisch – wie immer!« Kahn & Co. essen Steaks. Na dann: Guten Appetit!

13.12 Uhr: Da muss der Hunger aber groß gewesen sein! Die Kellner räumen bereits wieder ab, alle Teller sind blitzblank geputzt! Das gibt morgen gutes Wetter!

Bunt gemischt

»Es ist schon genug Feuer ins Öl gegossen worden.« *Friedel Rausch*

»Golf ist mir zu langweilig.
Zu Franz Beckenbauer habe ich mal gesagt,
da stehen 6.000 Leute am Abschlag. Dann haut
einer den Ball weg. Nach 70 Metern sehen sie ihn
nicht mehr. Also laufen 6.000 Leute hinter dem
Ball her und suchen ihn drei Stunden lang,
bis sie dann feststellen:
Der Ball liegt oben im Baum.«

Otto Rehhagel

»Ich musste meine Jungs ins kalte Feuer werfen.« *Klaus Toppmöller*

»Unser Medizinmann Ritchi Müller ist so fromm, dass er beim Duschen mit uns die Augen schließt.« *Sepp Maier*

»Obwohl es im Alpenraum viele Berge gibt, möchte ich mit meiner Meinung nicht hinter selbigen halten.« *Lothar Matthäus*

»Der VfB Stuttgart hat drei Trainer-Kandidaten. Die Namen werden geheim gehalten! Es besteht Fluchtgefahr.« *Kommentator im Süddeutschen Rundfunk*

»Die Karten sind neu gewürfelt.« *Oliver Kahn*

»Das war kein Zuckerbissen für die Fans.« *Mario Gomez*

»Wir dürfen uns nicht zu weit aus dem Fenster werfen.« *Ivan Klasnic*

»Gut für mich! Es weiß doch jeder, dass alles anders kommt, als Pelé es immer sagt.« *Der verletzte Ronaldo zu Pelés Prognose ›Ronaldo wird nie wieder seine alte Klasse erreichen‹*

»Eine Drehung mehr, und ich wäre im Rasen verschwunden.« *Thomas Häßler*

»So Gott oder der Vorstand es will, werden wir uns in zwei Tagen wiedersehen.« *Ewald Lienen*

Toni Schumachers Anpfiff: »Du schreibst besser Deutsch als wir!«

Es ist wohl das kommerziell erfolgreichste Fußball-Buch, das je geschrieben wurde – und zudem auch das meistdiskutierte. Auf alle Fälle sorgte der Nationaltorhüter für eine Besonderheit. Als Toni Schumachers Werk »Anpfiff« an seinem Geburtstag, dem 6. März 1987, erschien, vergaß man vor lauter medialem Trubel nicht nur in Köln den am selben Tag stattfindenden Rosenmontag zu feiern.

Dass der Keeper des 1. FC während seiner langen Karriere sein Mundwerk nicht immer unter Kontrolle hatte, wusste er schon früh unter Beweis zu stellen. Nachdem Schumacher im Oktober 1983 dem *fussball-magazin* ein Interview gegeben hatte, kündigte die Monatszeitschrift in dicken Lettern auf dem Cover das Gespräch wie folgt an: »Unser Nationaltorwart macht reinen Tisch. Toni Schumacher: ›Jetzt packe ich aus!‹ Ein offenherziges Interview des Kölners über Missstimmungen und Missverständnisse.« Am Anfang des Gesprächs habe der Keeper, so das Magazin, noch eine Sonnenbrille getragen, am Ende hätte er schließlich mit offenem Visier agiert.

Im Oktober 1986 hieß es dann in derselben Zeitschrift: »Unter die Buchautoren geht Nationaltorhüter Toni Schumacher. Der deutsche Fußballer des Jahres wird im März 1987 anhand persönlicher Erfahrungen ein Porträt des deutschen Fußballs aufzeichnen, das im Droemer-Knaur-Verlag erscheint und den Arbeitstitel ›Die Einsamkeit des Torwarts‹ trägt.«

Eine Besonderheit damals: Schumachers Manager Schmitz und sein Schützling arbeiteten bei der Erstellung des Buchs nicht mit einem deutschen Ghostwriter zusammen, sondern wählten als Autor den französischen Journalisten Michel Meyer. Angeblich sollen sie zu ihm gesagt haben: »Du bist Franzose, aber du schreibst besser Deutsch als wir, also mach du das Buch.«

Der Rest ist Geschichte. Die Reaktionen auch. Bayern-Keeper Jean-Marie Pfaff stellte ohne Umschweife fest: »Ich sage es ungern, aber für mich ist Schumacher ein Verräter. Große Spieler müssen Vorbilder sein.« Und Sepp Maier, ergänzte: »Es kann nur so sein, dass Schumacher nach der Weltmeisterschaft in Mexiko, bei der er ja unbestritten gut gehalten hat, dachte, er sei allmächtig und niemand könne ihm was anhaben. Ich habe sechs Bücher geschrieben, aber ein solches Buch würde ich noch heute nicht schreiben. So etwas gehört sich nicht.«

Bernd Schuster, der damals beim FC Barcelona spielte, hatte noch Träume: »Libero, Pilot und dann ein Buch schreiben.« Doch auf ein Rosenmontags-Theater wie Schumacher konnte der schlaue Fuchs gut verzichten: »Jetzt, wo ich noch spiele, werde ich auf keinen Fall ein Buch schreiben, obwohl ich einen Krimi liefern könnte, dagegen wäre Tonis Buch ein Micky-Maus-Heft.«

Frisuren-Raten: Schiedsrichter

1963-1990

1975-1988

1984-1994

1992-2010

1995-2007

AKTIV

Berti Vogts: *FAZ*-Fragebogen vom 7. Juni 1996

Was ist für Sie das größte Unglück? Kriege.
Wo möchten Sie leben? Wo ich jetzt lebe.
Was ist für Sie das vollkommene irdische Glück? Was ich jetzt mit meiner Familie erlebe.
Welchen Fehler entschuldigen Sie am ehesten? Fehler, die jemand einsieht.
Ihr liebster Romanheld? Diverse
Ihre Lieblingsgestalt in der Geschichte? Konrad Adenauer.
Ihre Lieblingsheldinnen in der Wirklichkeit? Trümmerfrauen.
Ihre Lieblingsmaler? Caspar David Friedrich.
Ihr Lieblingskomponist? Mozart.
Welche Eigenschaften schätzen Sie bei einem Mann am meisten? Ehrlichkeit.
Welche Eigenschaften schätzen Sie bei einer Frau am meisten? Ehrlichkeit.
Ihre Lieblingstugend? Geradlinigkeit.
Ihre Lieblingsbeschäftigung? Urlaub mit der Familie genießen.
Wer oder was hätten Sie sein mögen? Ein ganz normaler Mensch, den ich auch jetzt zu verkörpern versuche.
Ihr Hauptcharakterzug? Geradlinigkeit.
Was schätzen Sie bei ihren Freunden am meisten? Ehrlichkeit.
Ihr größter Fehler? Der Glaube an das Gute im Menschen.
Ihr Traum vom Glück? Gesundheit und eine Welt ohne Intrigen.
Was wäre für Sie das größte Unglück? Kriege.
Was möchten Sie sein? S.o. (Ein ganz normaler Mensch …)
Ihre Lieblingsfarbe? Gelb-grün.
Ihre Lieblingsblume? Vergißmeinnicht.
Ihr Lieblingsvogel? Papagei.
Ihr Lieblingsschriftsteller? Unbekannte Autoren.
Ihr Lieblingslyriker? Unbekannte Autoren.
Ihre Helden in der Wirklichkeit? Helmut Kohl und Nelson Mandela.
Ihre Heldinnen in der Geschichte? Mutter Teresa.
Ihre Lieblingsnamen? Monika und Justin.
Was verabscheuen Sie am meisten? Intrigen, Unehrlichkeit.
Welche geschichtlichen Gestalten verachten Sie am meisten? Diktatoren.
Welche Reform bewundern Sie am meisten? Demokratie.
Welche natürliche Gabe möchten Sie besitzen? Durchschauen von Intrigen und Unehrlichkeit.
Wie möchten Sie sterben? Gefasst.
Ihre gegenwärtige Geistesverfassung? Zufrieden-ausgeglichen.
Ihr Motto? Heute ist der schönste Tag der Woche.

Königsblaue Eurofighter: Wie Knallfrösche auf der Schalker Bank

Bevor Schalke 04 den UEFA-Pokal 1997 in Mailand gewann, hatte Charly Neumann mal wieder medienwirksam versprochen, dass bei einem Triumph alle Spieler lebenslang freies Essen in seinen Lokalen hätten. Und diesmal half es tatsächlich. Wesentlichen Anteil daran hatte auch ein Zettel. Denn neun Jahre vor dem berühmten Achtefinal-Sieg der deutschen Elf gegen Argentinien bei der WM 2006 gab Huub Stevens Jens Lehmann bereits ein Stück Papier: »Die Tricks und die Lieblingsecken der wahrscheinlichen Inter-Schützen, falls es zu einem Elfmeterschießen kommen sollte – er hat alles auf seinem Laptop gesichert.« Auch das half. Schalke siegte. Und wer erinnert sich nicht, wie Stevens nach dem letzten Strafstoß ruhig etwas in sein Notizbuch schrieb, schließlich ordentlich den Stift zumachte und erst dann ausgelassen jubelnd auf den Rasen lief.

Das anschließende Elfmeterschießen aus der Sicht des TV-Kommentators Werner Hansch: »Anderbrügge gegen Pagliuca. Jaaa, 1:0 Schalke. Das war der alte Ingo. Ein Knallbonbon gegen Pagliuca. Jetzt kommt Zamorano. Zamorano gegen Lehmann. Gehalten, Jens Lehmann, gehalten gegen Zamorano. Super, die richtige Ecke geahnt, die linke von Lehmann aus gesehen. Toll gemacht, Jens Lehmann. Olaf Thon. Tja, damals, ein paar Kilometer weiter in Turin, Halbfinale gegen England, da hat er einen reingemacht, der Olaf. Jetzt gegen Pagliuca. Drin das Ding. 2:0 Schalke. Mein Gott, wir können ja noch bis fünf zählen. Huub Stevens schreibt sauber mit. Djorkaeff. Mach's noch einmal, Jens. Flieg noch einmal, Junge, ins richtige Eck. Powert. Die Arme breit. Ahhh. Wieder lag er richtig. Aber diesmal zu platziert und zu wuchtig von Djorkaeff. 2:1 Schalke. Martin Max. Dat ist 'ne Art Premiere. Der hat in der Bundesliga überhaupt noch keinen geschossen für den FC Schalke 04. Martin, der Junge aus Recklinghausen. 3:1 Schalke. Pagliuca im falschen Eck.

Und Youri, der Stimmungsmacher unter den Frauen. Das läuft prächtig, denn jetzt kommt Aaron Winter. Ich will's nicht beschreien, aber der ist nicht gut drauf, der hat keine Form. Aaron Winter gegen Lehmann. Bleib ganz cool, Junge, Jens. Ganz cool. Der Student der Betriebswirtschaft. Jens. Vorbei, vorbei. Die Chance für den FC Schalke 04. Aaron Winter zu lässig angetrabt. Vorbeigezogen mit dem rechten Innenriss. Einer muss noch. Wilmots kommt jetzt. Und das drückt, das drückt, das drückt auf den Schultern von Roy Hodgson. Drin das Ding und der FC Schalke hat es. Der FC Schalke ist Sieger im UEFA-Pokal 1996/97. Im Elfmeterschießen, liebe Zuschauer. Ich darf mich jetzt nicht selber übertreiben. Es ein unglaublicher Augenblick. Und da gehen sie hoch wie Knallfrösche auf der Schalker Bank.«

Nicht nur ein Dressman für Zwischengrößen: Peter Neururer

Peter Neururer würde es über sich vielleicht nicht sagen, aber er ist einfach »ü-b-e-r-r-a-g-e-n-d«. Sich selbst bezeichnet er lieber als »absolute Weichbirne« und Menschen, die er nicht kennt, gerne schon einmal als »irgend so ein Vogel«. Muscheltaucher, Vollfriseur, Eisverkäufer oder Hammerwerfer sind seine schlimmsten Schimpfwörter und Vergleiche mit Christoph Daum »eine Beleidigung«.

Wenn man ihn anruft, ertönt im Hörer der Song »Born to be wild«. Denn Peter Neururer ist Harley-Fahrer aus Passion und auch sonst bewegt er sich gerne schick und schnell voran. Ein Reporter sagte einmal über die Ankunft des Trainers zu einem Termin, dass Neururers Porsche »mehr geschleudert« als gefahren sei.

Auch nach über zwanzig Jahren in der Bundesliga hat der extrovertierte Marler Jung keine Geheimnummer. Und nachdem ihn Schalke Anfang der Neunziger gefeuert hatte, saß er zu Hause – nur mit einem Bademantel bekleidet – und wartete auf Anrufe: »Wenn das Telefon klingelte, hechtete ich zum Hörer wie Toni Schumacher, nur ohne Handschuhe. Meistens waren aber nur Bekannte dran oder meine Mutter.«

Irgendwann in den Endzwanzigern verzockte Neururer einmal sehr viel Geld in einem Kasino. 70.000 bis 80.000 Mark seien es damals gewesen. Alles hatte er auf eine Karte gesetzt: »Ich besaß gerade noch einen Beutel Reis und einen Maggiwürfel, lag in meiner Studentenbude und bewegte mich nicht, um keine Kalorien zu verbrauchen. Hätte mich jemand um 20 Pfennig angebettelt, ich hätte einen Kredit aufnehmen müssen.«

Das Geld hatte er sich zuvor beim Aufbau von zwei Tennisschulen verdient. Und weil ihn Firmen mit reichlich Bekleidungsstücken des vornehmen »weißen Sports« eindeckten, sei er herumgelaufen wie ein »Dressman für Zwischengrößen«.

Als Neururer zu Saarbrücker Zeiten einmal ein Trainingsspielchen Raucher gegen Nichtraucher machen wollte, kam sein Kapitän Michael »Balu« Kostner ganz irritiert zu ihm angerannt: »20 gegen zwei? Trainer, glauben Sie, das geht?«

Im »Aktuellen Sportstudio« räumte Peter Neururer im Jahre 2004 schließlich mit einem sich nach wie vor hartnäckig haltenden Gerücht auf. Siegestrunken kam er nach dem Einzug des VfL Bochum in den UEFA-Cup nicht etwa mit einer Pilstulpe verschmitzt lächelnd ins Studio stolziert, nein, der Trainer aus dem Ruhrgebiet hielt ein schönes Glas edlen Rotwein in seinen Händen. Dass er dennoch keine Spaßbremse ist, teilte er dem amüsierten Publikum dann auch gleich unmissverständlich mit: »Wir feiern nicht, bis der Arzt kommt. Den nehmen wir nämlich gleich mit auf die Party.«

Einwurfungeheuer: Reinders, Delap und ein Schwede!

Einwürfe gehören sicherlich zu den meist unterschätzten Standardsituationen. Kaum ein Verein verfügt über einen echten Spezialisten in dieser Disziplin. Meist wird es so sein, dass derjenige bei den Klubs wirft, der schon bei den Bundesjugendspielen die bleibeschwerte Plastikkugel am weitesten über die Aschenbahn schleudern konnte. Freistoß- und Eckentraining sind etablierte Übungseinheiten, aber wahrscheinlich hat noch nie ein Fußballer nach dem offiziellen Training noch ein paar Einwürfe geworfen? Und darum muss man wohl auch bei Rory Delap von Stoke City davon ausgehen, dass er einfach ein Jahrhunderttalent ist.

Der ehemalige Trainer des FC Chelsea, Luiz Felipe Scolari, zeigte sich von Delap begeistert: »Ich habe so etwas noch nicht gesehen. Zehn Meter von der Mittellinie entfernt, bringt dieser Junge den Ball in den Strafraum. Er wirft mit seinen Händen präziser ein, als er mit dem Fuß flanken kann.« Bis zu vierzig Meter weit und 60 Km/h schnell wirft der irische Nationalspieler die Kugel. Wenn der Ball in den Strafraum segelt, entwickelt er häufig eine so irritierende Flugbahn, dass die Gegenspieler einschließlich ihres Torwarts nicht genau wissen, wie sie am besten reagieren sollen. »The human catapult«, die menschliche Schleuder, hat so bereits eine Vielzahl an Treffern direkt verwandelt. Wichtig ist dabei nur, dass noch irgendjemand den Einwurf vor dem Einschlag im Tor berührt.

Am 21. August 1982 narrte der Bremer Angreifer Uwe Reinders genau in so einem Fall den Torwart-Debütanten beim FC Bayern, Jean-Marie Pfaff, als er aus knapp 35 Metern die Kugel Richtung Bayern-Tor warf. Der Ball segelte in hohem Bogen in den Strafraum. Der überraschte Pfaff überlegte eine Sekunde zu lang, kam dann aus seinem Gehäuse, versuchte zu fausten und berührte dabei den Ball ganz leicht mit den äußersten Enden seiner Handschuhe. Die Kugel änderte die Richtung und fiel ins Tor.

Ein weiterer kurioser Fall trug sich am 16. September 2002 in der englischen Premier League zu. Der schwedische Abwehrspieler von Aston Villa, Olof Mellberg, wollte einen Einwurf zu seinem finnischen Keeper Peter Enckelman zurückwerfen. Doch als der Ball langsam auf dem Boden auskullerte, verschätzte sich der Keeper und trat etwas ungeschickt über die Kugel. Der Ball rollte ins Tor – allerdings ohne dass Enckelman ihn überhaupt berührt hatte. Der Treffer hätte also nicht zählen dürfen. Das störte einen Fan von Aston Villa allerdings nicht im Geringsten. Er kam aufs Feld und tätschelte dem Torwart voller Hohn und Spott die Wange.

Schiedsrichter

»Benno Möhlmann ist zu Recht unzufrieden mit diesem Pfiff, den es nicht gab.« *Erich Laaser*

»Ich werde beim DFB den Vorschlag machen, dass wir künftig gelbe oder rote Hemden anziehen dürfen. Das würde einiges erleichtern: Gelbe Sau ruft keiner.« *Manfred Amerell*

»Als Schiedsrichter mag mich keiner, als Zahnarzt auch nicht. Das ist wahrscheinlich eine Perversion, wenn man nicht nur Zahnarzt, sondern auch noch Schiedsrichter ist.« *Markus Merk*

»Einmal habe ich den Yeboah gleich in den ersten Spielminuten vom Platz gestellt. Da wusste ich, du musst 70 Minuten gegen das ganze Stadion pfeifen. Wenn du drei solche Spiele hast, dann bist du reif für die Schwarzwaldklinik.« *Hans-Jürgen Weber*

»Noch werden die Schiedsrichter nicht nach gelben Karten bezahlt.« *Heribert Faßbender*

»Ich werde dem Schiedsrichter meinen Optiker empfehlen.« *Jürgen Kohler*

»Herr Merk verteilte gelbe Karten wie Erdnüsse.«

Rudi Völler über die Leistung von Schiri Markus Merk beim Spiel Bielefeld gegen Leverkusen

»Bei der dritten Einwechslung hab ich dem Linienrichter meine Hand auf die Schulter gelegt und gesagt: ›Herr Linienrichter, Sie haben heut' 'nen Scheißdreck gewunken.‹ Dann hat er gesagt: ›Herr Wolf, jetzt muss ich Sie auf die Tribüne schicken.‹ Sag ich: ›Ich geh schon.‹« *Uwe Wolf*

»Wenn ich wieder spiele, dann nur mit Hosenträgern.« *Gustl Starek, der zweimal vom Platz gestellt worden war, weil er sich vor den Linienrichtern die Hose runtergezogen hatte*

»Der Linienrichter hat mit der Fahne gewedelt, als wenn er einen Stromschlag gekriegt hätte.« *Sebastian Schweinsteiger*

»Strehmels Attacke gegen Sawitschew roch nach Elfmeter. Doch Schiedsrichter Löwer hatte hier eine verschnupfte Nase.« *Markus Jestaedt*

Frank Goosen: Der Bananenmoment

Als Vater trägt man Verantwortung – vor allem, was die fußballerische Orientierung der Kinder angeht. Dazu gehört nicht zuletzt die richtige Ernährung. Nicht selten sieht man bei Minikicker- oder F-Jugend-Turnieren Kinder, die schon jetzt kaum noch in ihre spacken Trikots mit dem Aufdruck einer Druckerei, eines Reisebüros oder einer lokalen Sportartikelhandlung passen, sich aber mit hochrotem Kopf zwischen zwei Spielen eine doppelte Pommes mit Extra-Mayo einverleiben. Bluthochdruck noch weit vor der Geschlechtsreife kann nicht gut sein.

Aus eigener Erfahrung weiß man, dass fettreiches Essen fieserweise sehr lecker ist. Außerdem hat man noch das Bielefelder Idol Ansgar Brinkmann im Ohr, der direkt vor dem Spiel eine Currywurst mit frittierten Kartoffelstäbchen verdrückte und auf eine kritische Anmerkung seines Trainers antwortete, das sei der Sprit fürs Spiel.

Wie aber bringt man die Kinder in punkto Ernährung auf Kurs? Man hält ihnen Vorträge darüber, dass zum Beispiel Bananen das Beste sind, wenn's um Sport geht. Tennisspieler etwa verdrückten die Dinger in aller Öffentlichkeit zwischen zwei umkämpften Aufschlagspielen. Ja, ja, red du nur, sprachen die Mienen der Kinder. Dann aber verschaffte mir das in dieser Hinsicht oftmals zu Unrecht verteufelte Fernsehen einen seltenen Moment der Dankbarkeit.

Im August 2009 nämlich saß ich mit meinen damals sechs und acht Jahre alten Jungs vor dem Fernseher, und wir verfolgten die Berichterstattung über die erste DFB-Pokal-Hauptrunde. In der Halbzeitpause berichtete man aus der Kabine eines Fünftligisten, der eine Bundesligamannschaft zu Gast hatte. Und was stand da mitten im Raum auf dem Boden? Eine große Kiste mit Bananen, aus denen sich die tapfer kämpfenden Amateur-Kicker lustvoll bedienten. Die Mienen der Kinder sagten nun: Der Mann, der unsere Ausbildung bezahlt, erzählt ja doch nicht nur Unsinn. Seitdem gehören Bananen bei uns ganz selbstverständlich in die Sporttasche fürs nächste Spiel. Danke ARD!

Und was denken wir jetzt, wenn wir wieder so ein dickes Kind beim Turnier schweres Essen verdrücken sehen? Der guckt zu wenig Fernsehen!

Exklusiver Gastbeitrag von Frank Goosen. Weitere amüsante Fußballgeschichten finden Sie in seinem Buch »Weil Samstag ist«!

Bundesliga intim

1. **Welcher Bundesligaspieler verstärkte 1992 das Team von »ran«?**
   - A Lothar Matthäus
   - B Klaus Allofs
   - C Klaus Augenthaler
   - D Toni Schumacher

2. **Welcher Bremer beabsichtigte – laut Interview –, seine Kinder Alfons und Thusnelda zu nennen?**
   - A Thomas Schaaf
   - B Jonny Otten
   - C Günter Hermann
   - D Uli Borowka

3. **Welcher Nationalspieler spielte in dem Film »Kunyonga – Mord in Afrika« eine Nebenrolle?**
   - A Stefan Effenberg
   - B Paul Breitner
   - C Dieter Hoeneß
   - D Andreas Brehme

4. **Was machte Mannheims Torwart Uwe Zimmermann aus Aberglaube vor jedem Spiel?**
   - A Ging mit dem rechten Fuß zuerst aufs Spielfeld
   - B Er trug das Aufwärmtrikot beim Schlafen
   - C Kaufte ein Lotto-Toto-Los
   - D Las die Stadionzeitschrift auf dem Klo

5. **Welche Aktion rettete den FC Schalke 04 am Gründonnerstag des Jahres 1965 vor dem Konkurs?**
   - A Eine Millionenspende eines Großgastronomen
   - B Stadt kauft die Glückaufkampfbahn
   - C Der Transfer Stan Libudas nach Dortmund
   - D Ein Rechenfehler des Schatzmeisters

6. **In der Saison 1997/98 machte der VfL Bochum Furore mit seinen knallbunten Trikots. Doch wer hat diese produziert?**
   - A Der ehemalige VfL-Spieler Jupp Nehl
   - B Ein wohlhabender Scheich aus den Emiraten
   - C Ein Bochumer Lottoservice
   - D Die italienische Bekleidungsfirma Umbro

Ein Spiel, das nie vergessen sein wird: WM 1982 in Gijón

Ein Cartoon zeigt die »Schande von Gijón« aus einer anderen Perspektive. Eine Hausfrau sitzt vor dem TV und kommentiert den »Nichtangriffspakt« so: »Gut, dass du kommst, Herbert. Irgendwas ist an unserem Apparat kaputt. Ich habe die ganze Zeit nur ein Standbild.« Die Reaktionen der deutschen Fernsehzuschauer auf das Spiel am 25. Juni 1982 in Gijón zwischen Deutschland und Österreich (1:0) waren eindeutig.

»Da unsere Spieler den Text der Nationalhymne offenbar nicht kennen, empfehle ich für Begegnungen von der Art Deutschland gegen Österreich Folgendes: Einigkeit ist diesmal wichtig / mit dem Brudervolk aus Wien. / Denn wir wollen weiterkommen / mit größtmöglichem Gewinn. / Unser Urlaub ist uns nahe, / uns're Fahrt ist schon gebucht; / der sei ewig zu verdammen, der ein flottes Spiel versucht.« *Fritz W., Pfarrer im Ruhestand, aus B.*

»Ich will im Fernsehen packenden Fußball sehen und nicht das Ballgeschiebe von Taktikern und Hasenfüßen. Dass Paul Breitner bei diesem Wiener-Kaffeehaus-Fußball eifrig mitmachte, beweist, dass er sich zur Not auch selbst betrügt: War nicht er es, der die hohen Gagen der Stars damit begründete, dass sie entsprechend attraktiven Fußball bieten?« *Werner F. aus M.*

»Ließ er's (Hans-Joachim Rauschenbach) doch zu, dass die sportlich verschaukelten Algerier von seinen Studiogästen nochmals ›verladen‹ wurden: Der Fußball-Psychologe Prof. Pack erklärte, er wolle auf eigene Kosten nach Algerien reisen und die Spieler mit einem Vortrag moralisch wieder aufrüsten. Und der Wiener Schauspieler Kurt Jaggberg lud die Algerier gar zum Besuch der Freilichtbühne Heppenheim ein. Auf Freikarten, versteht sich. Titel des Stücks: ›Einen Jux will er sich machen.‹« *(anonym)*

»Hätten ARD und ZDF anstelle der kostspieligen WM-Übertragungen Erinnerungen aus der Fußballzeit von Sepp Herberger und Helmut Schön gezeigt, wäre die Reaktion der Zuschauer gewiss positiver ausgefallen.« *Rudi B. aus S.*

»Nachdem ich den Psychologen der Derwall-Mannen (Prof. Pack) live im ARD-Studio erleben konnte, wie er im Bewusstsein seiner absoluten Überlegenheit weltfremde, dumme Sprüche äußerte, muss ich fragen: Spielen die Jungs so schlecht, weil sie so falsch behandelt wurden?« *Gisela H. aus M.*

WM 2010: Beim Vuvuzela-Blasen den Nacken gezerrt!

Der englische *Daily Mirror* schrieb bereits am 14. Juni 2010: »Diese Vuvuzelas sind nur ein Zehntel so nervig wie der Gedanke, dass Deutschland wieder ins Finale kommen wird.« Mit dem Endspiel klappte es am Ende leider nicht, aber auch an den Lärm des afrikanischen Blasinstruments gewöhnten sich die heimischen TV-Zuschauer spätestens nach dem Dazwischenschalten zahlreicher spezieller Filter. Wobei ein Tonmix-Experte der ARD gar nicht so glücklich war mit dem Job, den er da verrichten sollte. Denn er fand schlicht und ergreifend: »Eine Fußball-WM in Südafrika ohne Vuvuzela ist wie Deep Purple ohne Orgel.«

Auch auf viele skurrile Nachrichten hätten wir ohne die Tröten verzichten müssen. So kursierte bereits nach wenigen Tagen der Weltmeisterschaft die Schreckensnachricht einer Sigrid S. (57) aus Augsburg. Die Dame wollte am Tage eines deutschen Vorrundenspiels in der Augsburger Praxis ihres Hausarztes ein Rezept abholen. Doch als sie den Flur vor der Praxis betrat, habe der Kollege ihres Arztes gerade in die Vuvuzela geblasen. Sigrid S. trug ein sogenanntes akustisches Trauma davon. Noch Wochen nach der WM, so die Prognose, könne sie »einen Druck und ein Stechen im Ohr« verspüren. Wirklich tragisch.

In Koblenz mussten zwei betrunkene Vuvuzela-Bläser des Nachts ihre Tröten an eine Gruppe genervter Männer abgeben. Eine durchaus verständliche Reaktion. Doch die Polizei zeigte sich irritiert: »Wenn man bedenke, dass auch in sogenannten minderschweren Fällen von Raub noch immer eine Freiheitsstrafe von sechs Monaten bis fünf Jahren drohe, seien solche Taten rational nicht erklärbar.« Doch gerade die Vernunft wurde beim penetranten Klang der Vuvuzela schnell weggetrötet.

Beinahe schadenfroh las man deshalb einen Bericht aus Johannesburg. Dort hatte sich eine Südafrikanerin beim Vuvuzela-Blasen auf einem Fanfest in Kapstadt den Nacken gezerrt. »Es dauerte zwei Tage, bis ich wieder auf dem Damm war«, erzählte die junge Dame. »Ich hatte vorher noch nie eine Vuvuzela geblasen«, sagte die 29-Jährige, die einen Tag nach dem Fanfest wegen starker Schmerzen zum Arzt gegangen war. »Der Doktor hat nicht mehr aufgehört zu lachen und erklärt, ich sei sein erster Vuvuzela-Patient«, sagte Mayer und die versammelten Journalisten konnten sich ein Grinsen nicht verkneifen.

Als Südafrika in seinem zweiten Spiel Uruguay mit 0:3 unterlag, sagte der WM-Chef-Organisator Danny Jordaan: »Es war die erste Nacht, in der die Vuvuzelas still waren. Es war eine schmerzhafte Nacht.« Für Südafrikas Seele vielleicht. Für die Ohren weltweit war es ein wunderbarer Moment der Ruhe.

Morgens um vier Uhr in Düsseldorf

Erwin Kostedde: »Gyula Lorant. Er kam eines Tages zu mir und sagte: ›Erwin, du bist doch kein Deutscher?‹ ›Na, klar‹, hab ich gesagt, ›ich bin Deutscher.‹ Lorant: ›Aber dein Vater war doch keiner. Soll ich dir zeigen, was ein richtiger Deutscher ist?‹ Lorant sagt zu Herbert Meier, der damals auch in Offenbach spielte: ›Meier, laufen Sie.‹ Und Meier lief. ›Siehst, du‹, feixte er, ›ein Deutscher macht genau das, was man ihm sagt.‹«

★ ★ ★

Günter Siebert sollte eigentlich am 1. Januar 1977 eine mit 62.000 DM dotierte Managerstelle bei Schalke 04 antreten. Doch auf der Weihnachtsfeier einige Tage vor Dienstantritt beschwerte sich Siebert massiv über die Verhältnisse beim S04 und bot an, dass man doch besser sein Geld einsparen solle. Sein Vorgänger Karl-Heinz Hütsch fand den Vorschlag so prima, dass er sofort akzeptierte und einen späteren Widerruf ignorierte. Denn als Siebert wieder nüchtern war, fand er die eigene Idee zur Sanierung des Vereins plötzlich doch nicht mehr so klasse. »Ich war so betrunken, dass ich nicht mehr wusste, was ich tat«, versuchte er sich kleinlaut rauszureden.

★ ★ ★

Ende April 1992 stand es nicht gut um die Fortuna aus Düsseldorf. Abgeschlagen auf dem letzten Tabellenplatz verliefen sich zum Heimspiel gegen Dynamo Dresden gerade einmal 5.000 Zuschauer ins weite Rund des Rheinstadions. Ein besonders eifriger Fan hingegen hatte in der Woche vor der Begegnung keine Mühen gescheut. Bereits morgens um vier Uhr klingelte er an der Hausmeisterwohnung des Fortuna-Geländes. Mannschaftsbetreuer Aleksander Spengler öffnete verschlafen die Tür und fragte den frühen Gast mit müden Augen, was er denn wolle. Dieser antwortete putzmunter: »Wann trainiert denn die Fortuna?« Nachdem Spengler den quickfidelen 20-Jährigen mehrere Male gefragt hatte, ob er denn noch richtig ticke, rief er schließlich die Polizei, die auch gleich mit fünf Einsatzfahrzeugen ausrückte. Doch auch die Männer in Grün konnten nur feststellen, dass der junge Mann Fußballschuhe und Duschzeug in seiner Sporttasche dabei hatte. »Ich dachte, die machen jeden Morgen ihren Waldlauf. Und da wollte ich mithelfen«, notierten die Beamten fürs Protokoll.

Blue Marlin und ein Weißbier: Klaus Augenthaler

Klaus Augenthaler erinnert sich noch genau an die ersten Tage beim großen FC Bayern München. Fast die ganze Mannschaft war ein Jahr zuvor Weltmeister im eigenen Land geworden und nun kam er daher, der Abwehrspieler vom FC Vilshofen. Zurückhaltend schaute er sich an, was da mit ihm passierte. Niemand redete ein Wort mit ihm und wenn doch, dann waren es keine Nettigkeiten, die ausgetauscht wurden. Auch der »Kaiser« Franz Beckenbauer ließ Augenthaler spüren, dass er ihn nicht unbedingt brauchte. Der spätere Nationalspieler weiß noch genau, was Beckenbauer damals auf dem Platz zu ihm sagte: »Unser erstes gemeinsames Spiel war in Graz. Wir verloren 3:7, ich wurde eingewechselt. Und Franz, der Weltmeister, der weltbeste Libero, meinte nur: ›Mit den Blinden mag ich nimmer spielen.‹ Ich hätte mich am liebsten entschuldigt.«

Auch im Training hatte Augenthaler nicht viel zu bestellen. Wenn er einmal ein bisschen härter gegen Beckenbauer, Maier oder Müller einstieg, dann schallte es ihm direkt entgegen: »Du, Wäldler, halt dich bloß zurück.«

Doch Augenthaler kämpfte sich ran, erarbeitete sich den Respekt der Mitspieler und wurde schnell zu einer führenden Gestalt des FC Bayern München. Sepp Maier meinte bereits Anfang der achtziger Jahre voller Respekt über Klaus Augenthaler: »Der wird irgendwann mal so weit sein, dass er eine Kuh aus 100 Metern Entfernung erschießt.«

Am 20. August 1989 in der ersten Runde des DFB-Pokals zwischen Eintracht Frankfurt und Bayern München war es dann fast so weit. Klaus Augenthaler erzielte mit einem der schönsten Weitschüsse der Fußballgeschichte ein Traumtor. Im Mittelkreis stehend ballerte er den Ball mit Augenmaß über den sichtlich überraschten Uli Stein ins Netz.

Als er wenige Jahre später seine Karriere als Fußballer beendete, griff er schon Sekunden nach seiner Auswechselung in seinem eigenen Abschiedsspiel nach einem Weißbier und zündete sich genüsslich eine Zigarette an. In Nürnberg erzürnte er damit einen Leser des *kicker*, der das Treiben des Bayern-Spielers »unmöglich« fand und feststellte: »Ein Vorbild kann dieser Augenthaler nicht sein!«

Kurz vor dem Ende seiner Laufbahn sinnierte der Weltmeister Klaus Augenthaler Anfang der neunziger Jahre über sein bewegtes Leben. Er hätte schon so viel erreicht, aber eine Sache würde ihn dann doch noch reizen: »Einen Blue Marlin zu fangen, ist der Traum eines jeden Hochseefischers. Der steht noch über dem Hai. Andere träumen davon, vier Wochen lang mit dem Rucksack durch Kanada zu tingeln. Ich träume davon, einmal einen Blue Marlin zu fangen.«

Zahlen

»Alle Spieler von Leeds stehen zu 100% hinter dem Trainer, aber ich kann nicht für den Rest der Mannschaft sprechen.« *Brian Greenhoff*

»Ich habe heute viel Zeit gehabt. Es waren genau 53.738 Zuschauer im Stadion, davon 11.721 Frauen und 58 mit Fahnen. Die Alkoholfahnen habe ich nicht alle zählen können.« *Sepp Maier 1969 nach einem 12:0-Sieg gegen Zypern*

»Der FC Bayern hat 80 Mio. Euro ausgegeben, um einen Punkt vor uns zu stehen. Was wollen die ausgeben, wenn sie drei Punkte vor uns stehen wollen?« *Werder Bremens Klub-Chef Jürgen Born*

»Wir haben jetzt schon Luft für 90 Minuten – für 30 in jedem unserer drei Vorrundenspiele.« *Flemming Povlsen bei der EM 1992*

»Ich war von acht bis zehn drei Stunden unterwegs.« *Arno Glesius*

»Ich bin überzeugt davon, dass wenn die andere Mannschaft zuerst ein Tor macht, musst du zwei machen, um zu gewinnen.« *Howard Wilkinson*

»Wenn in zwei Jahren die WM ist, bin ich auch wieder anderthalb Jahre älter.« *Bayern-Spieler Mehmet Scholl*

»Sie sind noch alle da, ich habe nachgezählt.« *Newcastle-Stürmer Alan Shearer nach einem Tritt Robert Huths in den Unterleib*

»Einige von unseren Spielern können kaum ihre Namen schreiben. Aber Sie sollten sie mal addieren sehen.«

Karl-Heinz Thielen, Manager des 1. FC Köln

»Jetzt holen wir halt aus den letzten zwei Spielen noch sieben Punkte.« *VfB-Stuttgart-Präsident Erwin Staudt*

Trainergarn: Rauschs leere Seiten und Weise allein im Schwimmbad

Ob ehemalige Fußballprofis später auch tatsächlich die besseren Trainer werden, ist umstritten. Christoph Daum oder José Mourinho sind Beispiele dafür, dass man, auch ohne höherklassig gekickt zu haben, so manchen Titel einheimsen kann. Was die beiden allerdings nicht können: über intime Einblicke hinter die Kulissen aus ihrer Zeit als Spieler in der Nationalelf oder in der Bundesliga erzählen.

Franz Beckenbauer plauderte in seinem Buch »Ich« über Erlebnisse mit seinem Trainer beim FC Bayern München, Dettmar Cramer. Der hatte so seine ganz speziellen Methoden, den Spielern zusätzliche Regenerationsmöglichkeiten zu verschaffen: »Vor jedem Training hat er uns im Keller des Vereinsgeländes versammelt, in einem Kämmerchen, in dem wir alle gerade Platz hatten, wenn wir ganz eng zusammenrückten. Die Fenster wurden geschlossen, weil draußen immer ein paar Kiebitze lauerten, die aber nichts hören sollten. Es dauerte keine zehn Minuten, dann war der Sauerstoff verbraucht. Als Erster schlief immer Sepp Maier ein, weitere folgten.«

Bei der Nationalmannschaft hatte es Beckenbauer in seiner Karriere mit dem »Mann mit der Mütze«, Helmut Schön, zu tun. Eine Respektsperson: »Er war durch seinen Charakter, seine Ehrlichkeit, sein Gerechtigkeitsgefühl unangreifbar. Ihm war alles Schlechte fremd, und kein Spieler hätte es gewagt, ihn mit Absicht zu enttäuschen. Wer mit Helmut Schön sprach, hatte hinterher immer das Gefühl, ein besserer Mensch zu sein als vorher. Die Nationalelf fühlte sich immer irgendwie verpflichtet, von Schön alles Übel fernzuhalten.«

Viel Zeit, sich etwas für seine Karriere als Trainer abzuschauen, hatte auch der Frankfurter Rekord-Bundesligaspieler Charly Körbel. Und er hat einige Charaktere in seiner Laufbahn erlebt, die ihn unterschiedlich geprägt haben: »Dietrich Weise hatte uns bei großer Hitze vor einem Spiel gegen Karlsruhe verboten, ins Schwimmbad zu gehen. Er selbst wurde dort von drei Spielern ›erwischt‹.«

Ein anderer war der ›schöne Erich‹: »Erich Ribbeck achtete gewaltig auf Disziplin. Damals mussten wir abends früh zu Hause sein. Ich kam mit Raimund Krauth eine halbe Stunde zu spät aus dem Kino, da stand Ribbeck schon in der Telefonzelle vor meiner Wohnung, fing mich ab und verpasste mir eine saftige Geldstrafe.«

Leider erzählt Charly Körbel nicht, ob er weiß, wo sich der ehemalige Schalker diese Marotte vielleicht selbst abgeschaut haben könnte: »Friedel Rausch las uns bei jeder Mannschaftsbesprechung aus einem dicken Buch vor. Einmal wurde er ans Telefon gerufen, da haben wir in das Buch reingeschaut: Die Aufzeichnungen über den Gegner bestanden nur aus weißen Blättern.«

Fußball-Boulevard

1. Mit wem war die heutige Frau von Jens Lehmann vorher zusammen?

- A Knut Reinhardt
- B Andreas Möller
- C Norbert Dickel
- D Olaf Thon

2. Mit wem ist der frühere Bundesligastar Paul Breitner verwandt?

- A Franz-Josef Strauß
- B Papst Benedikt XVI.
- C Heinrich Böll
- D Richard Clayderman

3. Von welchem Verein ist der ehemalige Außenminister Hans-Dietrich Genscher Fan?

- A FC Schalke 04
- B Werder Bremen
- C Alemannia Aachen
- D Borussia Mönchengladbach

4. Was haben Günter Netzer, Franz Beckenbauer und Wolfgang Overath hintereinander »besessen«?

- A Dasselbe Haus
- B Dasselbe Auto
- C Denselben Sponsor
- D Dieselbe Frau

5. Welchen Wunsch hatte Mehmet Scholl zu seinem 22. Geburtstag?

- A Ein Autogramm von Michael Jackson
- B Ein Rendevouz mit Claudia Schiffer
- C Eine Reitstunde mit Pierre Brice
- D Olaf Thon sollte seinen Schnauzer abrasieren

6. Mit welchem Fußballer sang »DISCO«-Moderator Ilja Richter zusammen das Duett »Trainer lügen nicht«?

- A Berti Vogts
- B Sepp Maier
- C Katsche Schwarzenbeck
- D Udo Lattek

Peter Neururer und das legendäre *ZEIT*-Interview

Was treiben Sie die ganze Nacht? Ich komme nach Hause nach einem Heimspiel, esse etwas mit meiner Frau, dann gucke ich mir unser Spiel mindestens noch zweimal an, in voller Länge. Gucke mir die Analyse noch mal an. Gucke mir sämtliche anderen Spiele noch mal an.

Auch in voller Länge? Nach Möglichkeit.

Und das Ganze nicht bei Bier und Chips, sondern mit Notizblock? Ich trinke eh kein Bier. Ich sitze gemütlich mit einem Fläschchen Rotwein da und mache mir Notizen von Freistoßvarianten der anderen Mannschaften und so. Um halb sechs gehe ich dann ins Bett – doof nur, dass dann fast schon wieder das Training beginnt. Aber ich muss ja vorbereitet sein. Kann doch passieren, dass ein Spieler bei der Spielanalyse am Sonntag eine schlaue Frage stellt.

Kann man eigentlich sehr blöd sein und trotzdem ein überragender Fußballer werden? Man kann vom Intelligenzquotienten her recht eingeschränkt sein, wenn man eine spezifische Fußballintelligenz besitzt.

Also haben Intelligenz und Spielintelligenz nichts miteinander zu tun? Die fußballerische Intelligenz ist die Grundlage, um einen sportartspezifischen Intellekt aufzubauen.

Ähm, das haben wir jetzt intellektuell nicht ganz durchdrungen. Je intelligenter ich bin, desto mehr Möglichkeiten habe ich, um mir Kapazitäten aufzubauen, an Intellekt dazuzugewinnen. Ist doch klar.

Gibt es Spieler, die zu klug für den Fußball sind? Einen hatte ich mal. Ein ganz wunderbarer Typ! Aber er hat sich über seine eigene Situation, über die Situation seines Gegenspielers, über die Sozialstrukturen in seiner Mannschaft so viele Gedanken gemacht, er hat mitten im Spiel alles so bilateral und multilateral behandelt – da war immer der Ball weg.

Sollte der Intellektuellste in der Mannschaft stets Kapitän sein? Um Gottes willen! Ich habe mal einen Spieler gehabt, einen Kapitän, der war so was von dumm, der war dumm wie … dumm wie …

… Brot? Ach, der hatte einen IQ, der so einzuordnen war wie die Temperaturen, die wir im Moment draußen haben, der war fast schon debil. Aber ein ü-ber-ra-gen-der Fußballer! Dem musste ich nichts erklären, der hat alles immer richtig gemacht. Intuitiv. Seine Fußballintelligenz war sensationell. Aber vom normalen Intellekt: katastrophal. Der hat gehupt, wenn er gegen einen Baum gefahren ist.

Aus: DIE ZEIT – »Zu Höherem berufen«, Henning Sußebach und Stefan Willeke, 11.12.2003, Nr. 51

Fakten-Mix kurz notiert: Bochumer Sangesknaben und Uwe Seeler

Am Anfang hatten die Vereine weltweit noch Angst, dass ihnen die Fernseh-Live-Übertragungen Zuschauer abspenstig machen könnten. Deshalb griff man Mitte der sechziger Jahre in Brasilien zu einem Trick. Von den drei Spielen, die allwöchentlich im Maracana-Stadion stattfanden, wurde nur eines direkt im TV ausgestrahlt. Und welche der drei Partien dies war, wurde den Zuschauern zudem erst eine Stunde vor dem Anpfiff mitgeteilt. Eigentlich eine sinnvolle Idee. Wer sowieso seinen Klub immer sehen wollte, musste ins Stadion gehen. Wer sich nur irgendeine Begegnung anschauen wollte, kam auch auf seine Kosten. Nur eines hatten die Organisatoren der Aktion nicht ganz bedacht: Das dritte Spiel der Woche dürfte der Logik nach, nie im Fernsehen zu sehen gewesen sein.

★ ★ ★

Der Medienmanager Hans Rudolf Beierlein wusste Ende der achtziger Jahre sehr genau, wie er den Fußball zu einem Event machen konnte: »Jeder Sport kann die Menschen faszinieren, wenn es gelingt, Stars aufzubauen. Sehen Sie sich doch einmal Toni Schumacher an! Der ist doch eine Figur, die regelrecht nach Entertainment schreit. Das ist nicht nur ein schlagfertiger Junge. Der hat auch Humor – und er ist ein Frauentyp. An den müsste einfach einer rangehen und etwas draus machen; nach dem Motto: Fußball ist Entertainment.«

★ ★ ★

Hermann Gerland doziert in sentimentalen Gedanken versunken über die alten Zeiten: »Wenn ein Spieler bei uns vor dem Training in die Kabine kam, dann war es selbstverständlich, dass er die anderen mit Handschlag begrüßt und nicht nur irgendwelche Worte in die Runde geschleudert hat.« Nach einer Niederlage konnten sich alle in die Augen sehen, weil jeder wusste, »der andere hat alles gegeben«. Und nach jedem Sieg wurde im Bus oder in der Kabine gesungen, das Bochumer Jungenlied.

★ ★ ★

Im Jahre 2001 sah das HSV-Idol Uwe Seeler die Ursachen für die damalige Krise des deutschen Fußballs bei uns allen. Die Begründung, wieso das so ist, driftete dann allerdings doch ein wenig ins Meta-Allgemeine ab: »Wir sind alle schuld. Heute sagen wir doch: Meine Kinder sollen es besser haben. Doch wenn ich nur die ganzen Fitness-Center sehe, wo ich mit Kopfhörer ein bisschen rumdudele. Da wird man doch kein harter Kerl.«

Trainer, die trinken: »Reiner Alkohol, verschmutzt durch rote Blutkörperchen!«

Franz Beckenbauer hat einmal gesagt, die Kritik vom Mannheimer Trainer Schlappner nähme er nicht so ernst. Bei Happel oder Lattek wäre das was anderes. Klaus Schlappner antwortete pikiert: »Das steht dem Franz nicht zu, dass er die Trainer-Kollegen in zwei Klassen einteilt. Außerdem wehre ich mich entschieden dagegen, mit Alkoholikern in einem Zusammenhang genannt zu werden.«

Für diese Aussage bekam der Mannheimer Coach von Fans aus ganz Deutschland einen drüber. Aber im Grunde wird er wohl nicht so ganz falsch gelegen haben mit seiner Äußerung. Denn auch Max Merkel meinte einmal gewohnt offenherzig: »Der Zebec trinkt aus dem Glas, der Happel gleich aus der Flasche.« Und das soll schon was heißen, denn »Fernet-Branko«, so der Spitzname des Jugoslawen, hat es später nicht einmal mehr nüchtern zu den Spielen seiner jeweiligen Mannschaften geschafft. Dabei war Branko Zebec in seiner Braunschweiger Zeit noch resolut gegen Alkohol-Verstöße seiner Spieler vorgegangen. Den Eintracht-Akteur Wolfgang Grzyb soll er sogar einmal bis in die Kneipe »Zum gemütlichen Conny« verfolgt haben. Sein Verteidiger arbeitete dort als Kellner. Zebec warf ihn aus der Mannschaft – und wurde selbst zum besten Kunden in der gemütlichen Gastwirtschaft.

Über einen anderen Trainer-Kollegen hat Max Merkel einmal gelästert: »Udo Lattek haben sie Blut abgenommen. Ergebnis: reiner Alkohol, verschmutzt durch rote Blutkörperchen.« Sympathisch am Meistertrainer war allerdings seine Ehrlichkeit: »Ich habe gerne Alkohol getrunken. Ich habe gerne Bier getrunken, auch mal ein Schnäpschen.« Da verwundert es nicht, dass er über eine 1.000-Mark-Wette zu Zeiten bei Borussia Dortmunds kopfschüttelnd meinte: »Das war die dümmste Wette meines Lebens.« Lattek wollte damals »keinen Tropfen Alkohol mehr« trinken, ehe seine Elf »nicht dreimal hintereinander gewonnen« hatte. Das schaffte weder die Mannschaft noch Udo Lattek.

Auch Franz Beckenbauer hat eine Geschichte über Lattek zu erzählen: »Er neigte dazu, beim Trinken das Maß zu verlieren, was seine Privatsache war, solange er nicht bei Reisen mit der Mannschaft für peinliche Zwischenfälle sorgte. Aber vor einem Freundschaftsspiel warf er die Hotelbesitzerin in den Swimmingpool. Im Hotel Krummenweg bei Düsseldorf diente ihm ein Relief in der Halle als Zielscheibe. Er bewarf es mit Äpfeln, Birnen, Orangen, Bananen, es sah am Morgen danach aus wie ein an die Wand geklebter Obstsalat.« Wahrscheinlich war zu diesem Zeitpunkt bereits Latteks Bitte an den Ober nach dem zehnten Pinnchen seines Lieblingsgetränks Wodka-Feige gefallen: »Ab sofort ohne Feige – nimmt bloß Platz weg!«

Zu viel gefurzt – Platzverweis und Lokalverbot

Es gibt dieses großartige Video von einem Ehepaar, das im Bett liegt und der Mann unvermittelt einen fahren lässt. »Toor! 1:0!«, schreit er daraufhin und die Frau neben ihm schaut ihn entsetzt an: »Was war das denn jetzt?« Der Mann ist um keine Antwort verlegen. »Das ist Furz-Fußball«, sagt er entschieden und lächelt. Die Frau dreht sich leicht zur Seite, presst und lässt ebenfalls einen fahren. »Tor nach einem Freistoß. Es steht 1:1.« Der Mann furzt erneut: »Elfmeter. 2:1!« Aber auch die Frau kann schnell einen nachlegen: »Ein strammer Schuss ... 2:2 und ...«, wieder lässt sie einen fahren, »... ein schönes Tor aus zentraler Position ... 3:2!«

Stille. Der Mann liegt angestrengt unter der Bettdecke und presst ... und presst ... und presst. Schließlich drückt er ein Geräusch heraus, das sich nicht gut anhört. Irgendwie feucht klingt es. Die Frau schaut irritiert und fragt: »Und was war das nun?« Der Mann blickt kurz unter die Decke und sagt dann: »Halbzeit. Wir müssen die Seiten tauschen!«

Furz-Fußball in dieser Form ist sicherlich nur im Film denkbar. Doch wie die *Manchester Evening News* im April 2009 berichtete, scheint das Furzen mittlerweile auch eine Art taktische Variante zu sein. Ein Kicker von Chorlton Villa konnte sich in einer Partie gegen Manchester International mit einem Elfmeterpfiff des Schiedsrichters überhaupt nicht anfreunden. Als dann der ausführende Spieler der gegnerischen Mannschaft anlief, furzte er aus Protest lautstark. Und die Aktion hatte tatsächlich Erfolg – der Strafstoß landete in den Händen des Torwarts. Doch der Schiri hatte genau aufgepasst, zeigte dem Spieler von Chorlton Villa die gelbe Karte wegen unsportlichen Verhaltens und ließ den Elfmeter wiederholen. Diesmal landete der Ball sicher im Netz. Darüber war allerdings der Keeper von Chorlton so sauer, dass er den Referee »als den schlechtesten Schiedsrichter seit vielen Jahren« bezeichnete. Dafür erhielt er postwendend die rote Karte. In der Folge ließen sich noch zwei weitere Spieler von Chorlton Villa zu Undiszipliniertheiten hinreißen, so dass der Verein die Partie mit nur acht Mann beendete.

Unter einem Artikel zu diesem delikaten Thema konnte man sich im Internet übrigens unter der Überschrift »Weitere Pups-Geschichten« noch für andere Texte aus diesem Interessensgebiet begeistern lassen. Alleine die Titel verdienen eine gesonderte Erwähnung: »Darum pupsen wir nach Bohnen«, »Hund verkauft – weil er zuviel pupste«, »Pfffffft! Pups-Alarm im Büro«, »Rosa von Praunheim pupste beim Promi-Dinner« und »Zu viel gefurzt – Lokalverbot!«

Geld

»Wenn du über links kommst, musst du mit links einen Bananenball spielen können, Aber manche Spieler haben den linken Fuß nur zum Geld abholen.« *Otto Rehhagel*

»Ich arbeite doch nicht für Pfefferminzkes.« *Erich Ribbeck*

»Greifen Sie zu. Seitdem die Bilanz gut ist, ist weniger Brot in den Frikadellen.« *Roland Wulff, Präsident des Hamburger SV*

»Fußball ist heute wie Schach. Es geht nur noch ums Geld.« *Newcastle Fan-Banner*

»Wir sind doch als Fußballer in erster Linie Künstler, die mehr vom Applaus leben als vom Geld.« *Pierre Littbarski*

»Für sechs Mille hätte ich den Pass auch nicht gespielt.« *Günter Schlipper zum Mitspieler Yves Eigenrauch, der eigensinnig nicht abspielte und mit 6.000 Mark Grundgehalt genau die Hälfte von Schlipper verdiente*

»Ich verkaufe sogar dem Papst ein Doppelbett.« *Jupp Koitka*

»Ich bin es leid, immer Geld zu besorgen, um die Spieler bezahlen zu können, und dann so eine Leistung als Dank zu bekommen. Da mache ich lieber einen Kindergarten in Afghanistan auf.«

FCK-Vorstandschef Rene C. Jäggi

»Meine Großmutter hat nie verstanden, dass man so viel Geld verdienen kann, in dem man einen Ball umherschießt. Jedes Mal, wenn wir uns gesehen haben, hat sie mir fünf oder zehn Pfund zugesteckt.« *Sven-Göran Eriksson, Englands Team-Manager*

»Wie legen wir jetzt bloß das ganze Geld am günstigsten an?« *Ernst Langhoff, Schatzmeister bei Wacker 04 Berlin, nach dem Zweitligaspiel gegen Alemannia Aachen vor 760 Zuschauern bei einer Bruttoeinnahme von ca. 5.000 Mark*

»Erst mal habe ich hier einen Zweijahresvertrag zu erfüllen. Möglicherweise droht der Verein mir mit Bargeld, damit ich länger bleibe.« *Rainer Zobel*

Phrasen-Generator: Gras fressen, Glück erzwingen, Arsch aufreißen

Tagein, tagaus der Presse Rede und Antwort stehen und dabei auch noch die Schlagzeile von morgen im Moment der Äußerung bereits vor dem inneren Auge sehen, das kann ganz schön anstrengend sein. Uwe Reinders wusste als ehemaliger Akteur auf dem Platz später als Trainer gut über diese Problematik Bescheid: »Ich sage meinen Spielern immer, sie sollen aufpassen, wenn die Journalisten kommen. Denn mit leerem Kopf spricht man nicht.«

Wem kann man es da verdenken, wenn er sich über die Jahre ein paar Sätze zurechtlegt, von denen er weiß, dass sie zwar nicht von geistiger Brillanz zeugen, aber den Zweck zumeist erfüllen. Wie bei Thomas Doll, der sich zu HSV-Zeiten einen »zerfetzten Vorhang aus Phrasen« (*Berliner Zeitung*) zurechtgelegt hatte: »Man müsse die Spieler an der Ehre packen, sagte er, dürfe die Flinte nicht ins Korn werfen, den Glauben nicht verlieren, müsse aus dieser Situation lernen. Es sei wichtig, dass die Jungs auch weiter an sich glauben.«

Enno Aljets (hertha-blog.de) hat sich einmal die Mühe gemacht, Friedhelm Funkels gesammelte Phrasen nach drei Spieltagen mit der Hertha in der Saison 2009/10 aufzulisten: »Die Zügel werden angezogen, geschaut, auf wen man sich verlassen kann, Gras gefressen, Glück erzwungen, der Platz umgepflügt, der Arsch aufgerissen, die letzte Chance genutzt, auf Erfahrung gesetzt, aussortiert, Verantwortung übernommen, analysiert, abgerechnet, eingetrichtert, aufgebaut, zusammengeschweißt und Klartext geredet, weil einige nicht begriffen haben, dass man gegen den Abstieg spielt. Nun wird über den Kampf ins Spiel gefunden, Zusammenhalt geschürt, Erfahrungen eingebracht, stabilisiert, Sicherheit vermittelt, Vertrauen aufgebaut, riesengroße Enttäuschungen gemacht und der härteste Job bewältigt. Jetzt muss beherzter in die Zweikämpfe gegangen, um jeden Quadratmeter auf dem Rasen gekämpft, gewissenhaft mitgeteilt, die Wende erreicht und herausgekitzelt werden. Man hat sich also viel vorgenommen, dann aber eine Leistung unter aller Sau gebracht, weil nichts von dem umgesetzt wurde, was man sich vorgenommen hat. Nun aber wird endlich angefangen, 100% zu geben und aus dem Arsch gekommen, denn im Umgang wird es in den nächsten Tagen härter und aggressiver werden, weil alles gefehlt hat: Ballsicherheit, Stellungsspiel, Abwehrverhalten. Da muss man die Ärmel aufkrempeln und nicht Hacke, Spitze eins, zwei, drei spielen. Dieses Spiel muss einigen die Augen öffnen. Es hilft nur Arbeit, Arbeit, Arbeit. Ohne Arbeit geht es nicht und man muss viel aggressiver spielen. Es geht hier nämlich um den Verein, nicht um die Spieler!«

Frisuren-Raten: Hamburger SV

1971–1991

1976–1986

1979–1990

1980–1994

1982–1987

1986–1992

Karriere nach der Karriere: Plattenstar, Buchautor, Autogrammschreiber

Als Otto Rehhagel 1996 bei Bayern München als Trainer aktiv war, kümmerte er sich, laut Oliver Kahn, nicht allein um die sportlichen Belange. Eines Tages stand er in der Kabine und sagte: »Meine Herren, Sie können nach Ihrer Karriere nicht den ganzen Tag um Ihre Immobilien laufen, sie anschauen und sagen: Ach, Gott, sind die schön!« Der gelernte Malermeister wollte seine Spieler auf diese Weise ermuntern, sich rechtzeitig Gedanken über das Leben nach der Zeit als Fußballer zu machen. Nicht aus finanziellen Überlegungen – genug verdient haben sollte jeder Profi, der mal bei den Bayern gespielt hat –, sondern weil einem sonst im Alter schnell langweilig wird.

Früher hatten die Spieler andere Sorgen. Nur wenige Stars konnten schon während ihrer Karriere ein wenig Geld für die Zeit nach der Laufbahn beiseite legen. In den sechziger Jahren übte der Torwart von 1860 München, Petar Radenkovic, deshalb im Sinne der zeitlich begrenzten Gewinnmaximierung gleich mehrere Berufe auf einmal aus: Plattenstar, Buchautor, Autogrammschreiber und Night-Club-Sänger. Für die Firma Götzburg warf sich »König Radi« sogar als Dressman in Hemden aus »Bani-Lon« in Pose. Der Werbeslogan hatte es damals in sich: »Tun Sie, was Ihnen Spaß macht, im Götzburg-Hemd mit Achselstretch!«

Radenkovic wusste, dass seine Zeit als Werbefigur nicht endlos andauern würde: »Solange ich bin gut, ich kann alles machen. Wenn ich werde schlecht, alles ist vorbei.« Deshalb ackerte Radi fast rund um die Uhr, auch wenn sein Trainer Max Merkel so seine Probleme mit des Torwarts privatem Zeitvertreib hatte: »I werd' noch narrisch mit dem Radi sei Geldverdienen.«

Mancher Fußballprofi sorgte sich während der aktiven Karriere auch bereits um einen soliden Einstieg in einen Beruf für den Tag danach. Schalkes Mannschaftskapitän Mitte der sechziger Jahre, Manfred Kreuz, verdiente sich sein Geld beispielsweise nebenberuflich beim Finanzamt, Bremens Alfred »Pico« Schütz war bei der Firma Battermann & Tilleny als Güterbesichtiger beschäftigt und der Schalker Klaus Senger bot als Schornsteinfeger stets ein schönes Motiv für die Presse.

Der ehemalige Bayern-Spieler Zé Roberto hat sich für die Zeit nach seiner Karriere – ganz im Sinne Otto Rehhagels – übrigens schon einen neuen Job ausgeguckt. Der gläubige Christ liebäugelt mit dem Beruf des Pastors. »Die Religion ist mir wichtig, und mich macht es glücklich, mit Menschen zu arbeiten«, sagte der Brasilianer und verlängerte seinen Vertrag noch einmal um zwei Jahre. Denn er weiß: Einen schöneren Job als den des Fußballprofis wird es nie geben.

1 Wie hieß der Spieler, der als erster Akteur der Fußball-Bundesliga die rote Karte sah?

2 Welcher deutscher Bundesligaspieler sagte in einem Werbesport: »Ich sehe Vereine, die teure Profis kaufen, ohne den Nachwuchs zu fördern. Ich sehe Typen in Nadelstreifen, ich sehe Geschäftemacherei ohne Ende«?

3 Für was machten Rudi Völler und Frank Rijkaard nach der WM 1990 gemeinsam Werbung?

4 Wie hieß das offizielle Maskottchen mit Schnurrbart und Sombrero der WM 1986?

5 Mit welchem Ball wurde das WM-Finale 1982 in Madrid bestritten?

X	L	L	I	W	L	I	B	U	D	J
I	O	F	S	N	E	S	U	F	W	E
A	C	P	I	Q	U	E	T	K	A	I
F	K	B	T	F	T	C	T	L	L	U
I	V	E	I	A	H	E	E	N	L	L
S	R	R	A	H	N	V	R	N	H	T
Z	C	I	W	F	T	G	S	N	K	E
L	Ö	C	K	L	G	V	O	F	W	H
Ü	F	K	Ü	K	A	S	D	E	J	X
A	E	E	P	P	N	K	A	E	Ü	O
O	N	N	O	H	M	I	Z	E	Ä	V

Harte Hunde: Wie Pierre Littbarski Rinus Michels hassen lernte

Wenn es nicht richtig läuft bei einem Klub, versuchen es die Offiziellen zumeist mit einem »harten Hund«. Einem »Schleifer« der Kategorie Werner Lorant, Jürgen Röber oder Ernst Middendorp. Das sind die, die auch heute noch für einen Job an der Seitenlinie zur Verfügung stehen. Früher waren es andere Namen.

Kuno Klötzer beispielsweise, der in der Saison 1981/82 den erfolglosen Friedhelm Wenzlaff beim MSV Duisburg ablöste. Doch erst einmal half alles nichts. Nach fünf Niederlagen in fünf Spielen meinte Klötzer mutlos: »Manchmal glaube ich, mein junger Vorgänger hat mit der Mannschaft nur Liederabende abgehalten.« Deshalb gab er fortan die knallharte Parole aus: »Alle müssen in Zukunft einige Meter mehr laufen, einige Zentimeter höher springen und eine Minute früher ins Bett gehen.« Damit machte sich Klötzer in der Mannschaft verständlicherweise nicht allzu viele Freunde. Am Ende stand der Abstieg in die zweite Liga.

Richtig beliebt war auch der spätere Europameister-Trainer Rinus Michels bei seinem Engagement in Köln nicht. Besonders die Spieler klagten über die ruppigen Methoden des Niederländers. Der junge Pierre Littbarski erinnert sich genau an die damalige Schreckensherrschaft beim FC: »Nach einer Niederlage in der Bundesliga meinte Michels zornig zu uns: ›Wir sehen uns morgen früh beim Training.‹ Sonntags, eigentlich unser freier Tag. Als wir morgens alle angetreten waren, fragte Michels: ›Wie habt ihr geschlafen?‹ Wir Spieler antworteten: ›Schlecht.‹ Michels darauf: ›Ich auch, verdammt schlecht.‹ Dann meinte er: ›Dafür lauft ihr jetzt Runden auf Zeit!‹ Nach einer Stunde hockten wir alle total fertig wieder in der Kabine. Michels sah zufrieden über uns hin und meinte verächtlich: ›Jetzt geht's mir wieder gut!‹«

Das wären Methoden ganz nach dem Geschmack von Hans »Bumbes« Schmidt gewesen, der von 1951 bis 1954 die Borussia aus Dortmund trainierte. Der harte Franke hatte so seine ganz eigene Art, sich bei den Spielern Respekt zu verschaffen. Wenn die Montags-Stammtischrunde bis früh in den nächsten Morgen tagte, gesellte sich der Trainer gerne gegen zwei, drei Uhr dazu, trank in Ruhe ein paar Bierchen mit seinen Jungs und zog lustig an seiner Zigarre. Alles schien in bester Ordnung. Bis Bumbes seinen Mantel anzog und sich mit einem vielsagenden Lächeln bei Koschmieder, Michallek, Mikuda und Co. verabschiedete: »Bis heute Nachmittag!«

Beim Training ein paar Stunden später ließ er die Mannschaft Meter machen. Nicht wenige Kneipenfreunde der Nacht hätten den geselligen Übungsleiter daraufhin nach getaner Arbeit am liebsten umgebracht.

Des Lehmanns großer Brillen-Klau: Ein strafloses Wahndelikt

Nachdem der VfB-Keeper Jens Lehmann am 13. Dezember 2009 im Spiel bei Mainz 05 vom Platz gestellt wurde, weil er mit seinen Stollen auf den Fuß von Aristide Bancé getreten war, eilte er, ohne den Abpfiff abzuwarten, aus dem Stadion. Unterwegs schubste er erst einen Kameramann zur Seite und legte sich dann mit Fans an. Nach einem kurzen Wortwechsel griff Lehmann schließlich nach der Brille eines Anhängers und lief davon. Erst nach mehrmaligen Bitten und nach fast einer Minute des Zögerns rückte der Torwart letztendlich die Sehhilfe des Fans wieder heraus.

Wenige Tage später meldete sich Klaus Puderbach, Leiter der Staatsanwaltschaft in Mainz, zu Wort: »Wir haben eine Strafanzeige gegen Herrn Lehmann vorliegen. Der Sache werden wir wie üblich nachgehen.« Der vorgebliche Jurist, der die Strafanzeige gestellt hatte und den Tatbestand des Diebstahls erfüllt sah, meinte: »Man muss dem Handeln von Lehmann endlich einen Riegel vorschieben.«

Udo Vetter, Fachanwalt für Strafrecht und Lehrbeauftragter an der Fachhochschule Düsseldorf, fand den Fall so spannend, dass er ihn im Internet auf www.lawblog.de sogar zur Ferien-Aufgabe machte. Er schrieb: »Für Jura-Studenten, die über Weihnachten noch nicht mit Hausarbeiten oder Skifahren ausgelastet sind, hätte ich ein schönes Thema: Hat Torhüter Jens Lehmann einen Diebstahl begangen, als er einem Fan die Brille wegnahm?«

Der User »Markus« lieferte eine erste Einschätzung des Sachverhalts: »Evident minus, mangels Zueignungsabsicht (genauer: fehlende Aneignungskomponente), was sich nach außen im Nichteinstecken der Brille manifestiert (wobei man objektiv schon an einer Gewahrsamsneubegründung zweifeln könnte). Somit strafloser furtum usus. Glück gehabt, Lehmann, aber schlechte Manieren sind per se nicht strafbar. P.S.: Was Herr Lehmann zu seinem Verhalten meint, ist strafrechtlich (zu seinem Glück) ohne Belang. Ein Vorsatz im Zeitpunkt der Tathandlung lässt sich daraus nicht nachträglich basteln. Allenfalls ein strafloses Wahndelikt.«

Vielschichtig und detailliert wird der Sachverhalt im Folgenden diskutiert. Ein zustimmungswürdiges Fazit auch für Nicht-Juristen zieht abschließend ein User namens »fernetpunker«: »Das Ganze ist rechtswidrig, aber nicht strafbar und nennt sich verbotene Eigenmacht, der sich der ›Bestohlene‹ mit Gewalt hätte erwehren können, vgl. § 859 BGB. Das war wohl der Sinn dieser Provokation, es eskalieren zu lassen. Aber der Fan ist vernünftig geblieben, im Gegensatz zu Herrn Lehmann.«

Lustig

»Was ist der Unterschied zwischen einem Taxifahrer und Nottinghams Torwart Mark Crossley? Der Taxifahrer lässt höchstens vier auf einmal rein.« *Die englische Zeitschrift Shoot*

»Dragoslav Stepanovic hat mich mal vor einem Hallenturnier gefragt, ob ich auch schon mal Halle gespielt hätte. Als ich das bejahte, sagte er nur: ›Gut, aber heute nicht.‹« *Jürgen Klopp*

»Deutsches Essen ist gut – in einem argentinischen Restaurant.« *Igor Belanow*

»Wir haben unheimlich viel Tempo gespielt. Ich glaube, sogar der Schiedsrichter hat sich eine Zerrung geholt.« *Olaf Thon*

»Ich wollte das Training wegen der vielen Pfützen auf dem Platz schon abbrechen. Aber meine Uhr ist bis auf 300 Meter wasserdicht, das war also kein Problem.« *Österreichs Nationaltrainer Josef Hickersberger*

»Si.« *Bayern-Stürmer Luca Toni auf die Frage, ob es stimme, dass es beim gemeinsamen Deutsch-Unterricht mit den Kollegen Sosa und Ribery zwar lustig, aber wenig effektiv zugeht*

»Ich bin vielleicht etwas besser auf der Playstation geworden, aber das ist auch kein Trost.« *Robert Huth, Middlesbrough, über eine lange Verletzungspause*

»Ich hab dort noch nie einen Punkt geholt. Vielleicht wäre es besser, ich melde mich krank.« *Hans Meyer mit Blick auf ein Spiel beim FC Schalke 04*

»Marc, hör' endlich mal auf, Kakao ins Aquarium zu schütten.«

Michael Tönnies während eines Interviews zu seinem vierjährigen Sohn

»Nenn sie doch ›Berta‹ – nach deinem Freund Berti.« *Die Nationalmannschaft zu Andreas Möller, der bekannt gegeben hatte, dass seine Frau ein Mädchen erwartet*

Vor einem Spiel seiner Bayern trifft Trainer Erich Ribbeck auf den Lauterer Coach Rainer Zobel: »Warum bist du denn ganz in Schwarz gekleidet?« *Antwort von Zobel:* »Ich bin Bayern-Fan.«

Moddin Meyer: Rohrspatzen in Rhododendren – besser fluchen

Wir finden Niederländer gerne niedlich, weil sie zum Teddybär »knuffelbeest« sagen und zum Moped »bromfiets« (Brummfahrrad). Die Niedlichländer aber können schimpfen wie Emberizae schoenicli – wie die Rohrspatzen. Was die Fluchkultur betrifft haben sie uns sogar etwas voraus, denn wo der Deutsche in der analen Phase hängen geblieben zu sein scheint (Arschloch, Kacke, Mist, Scheiße), bewegt sich der Holländer bereits in der genitalen Phase (kut, lul, klootzak = »Muschi«, »Schniedelwutz«, Hodensack).

»Verdammte Scheiße!«, dürfte sich Marko Pantelic gedacht haben, und »Waarom speelt de klootzak niet af?!«, dachten laut die Anhänger Ajax' ob seiner Leistungen in der Hinrunde 2009/10.

Mittlerweile ist Pantelic in A'dam angekommen, schießt seine Tore und harmoniert mit Sturmpartner Luis Suarez. Am letzten Spieltag konnte Suarez endlich wieder mit Pantelic jubeln. Suarez war zuvor nämlich gesperrt gewesen, weil der Talentierteste unter den »Göttersöhnen« (ureigener Spitzname der Ajacieden) im Klassiker gegen Feyenoord den gegnerischen Fans den Effenbergfinger gezeigt hatte.

Feyenoord – Ajax, das ist eine Begegnung, die – frei nach Rummenigge – »an Dramatik nicht mehr zu überschätzen« ist. Und so war die Atmosphäre auch dieses Mal gewohnt giftig.

Ajax gilt als jüdischer Club, viele Anhänger schmücken die Ränge mit Davidsternen. »Het legioen«, der harte Kern der Rotterdamer Fans, begrüßt den Lieblingsfeind traditionell mit »Hamas, Hamas, joden aan het gas!« Die Hauptstädter lassen sich nicht lumpen und schimpfen zurück: »Rotterdam – kankerstad, in de oorlog lag je plat!« = »Rotterdam – Krebs-/Scheißstadt, im Krieg warst du platt (bombardiert)!«

In der eredivisie geschieht es relativ häufig, dass der Schiedsrichter ein Spiel unterbricht, weil von den Rängen verletzende Sprechchöre zu vernehmen sind, am letzten Spieltag war das wieder bei zwei Begegnungen der Fall. Viele halten solche Unterbrechungen für verlorene Liebesmüh. Die Frage ist: Kann man Leuten, die grobe Sprache für natürlich und für ein Grundrecht halten, einen anderen Sprachgebrauch beibringen? Der Vorsitzende des »bond tegen het vloeken« schlägt vor, anstelle des blasphemischen »Godverdomme« solle man, wenn man sich erleichtern müsse (z. B. wenn Pantelic völlig frei aus drei Metern versemmelt), besser fluchen: »Rhododendron!«

Moddin Meyer lebt in Rotterdam und berichtet regelmäßig in einer Kolumne aus dem orangefarbenen Fußball-Land auf www.scudetto.de

Musik und Fußball

1. Wer landete erstmals mit »You'll never walk alone« einen Top-10-Hit?

- A Frank Sinatra
- B Gerry and the Pacemakers
- C Elvis Presley
- D The Rubettes

2. Welcher Musiker hatte einen Vorvertrag als Fußballprofi?

- A Rod Stewart
- B Elton John
- C Morrissey
- D John Lennon

3. Welchen Stürmer besang Udo Lindenberg in den 1970ern?

- A Gerry Granato
- B Harry Hammerstein
- C Bodo Ballermann
- D Willi Wieselflink

4. Von wem stammt der 80er-Gassenhauer »Rummenigge«?

- A Toto & Sam
- B Alan & Denise
- C Berry & Amanda
- D Johnny & Bonnie

5. Wie hieß der Keyboarder von Soft Cell?

- A David Ball
- B Frank Goal
- C Michael Foot
- D Peter Corner

6. Wie hieß der Top-10-Hit, den Kevin Keegan 1979 in Deutschland landen konnte?

- A Sometimes When Love Hurts
- B I Will Always Love You
- C Head Over Heels In Love
- D There Is Nobody But You

Eine Liebesstory in Schwarz: »Komm doch ohne dich auch nicht klar!«

Es war der härteste Winter des Jahrhunderts. Die Menschen bibberten vor eisiger Kälte und sehnten sich nach Wärme und Geborgenheit. Und sie sollten bekommen, wonach sie verlangten: Liebe im Überfluss. Anfang 2010 spielte sich vor den Augen der deutschen Öffentlichkeit ein bizarres Techtelmechtel der besonderen Art ab. Eine Soap-Doku auf höchstem Niveau und mit einem Unterhaltungsfaktor der ersten Kategorie. Die Hauptdarsteller: Schiedsrichtersprecher Manfred Amerell und Bundesligareferee Michael Kempter. Der SMS- und E-Mail-Verkehr zwischen den beiden Männern in Schwarz – von Manfred Amerell über die Jahre feinsäuberlich in Aktenordnern abgeheftet – wurde via Boulevardpresse und Voyeur-TV öffentlich gemacht. Hier ein Ausschnitt von Kempters gesammelten Werken an Amerell als romantisches Zeugnis für die Nachwelt:

»...Wieso machen wir alles kaputt? Ist das nötig. Denke, es ist nicht richtig, dass wir Hass aufeinander haben. Beide haben Fehler gemacht. Doch normal ist alles reparabel, oder? Tut mir echt weh! Komm doch ohne dich auch nicht klar! Michi...«

»Hi Schatz, das Lied ist schön...Bist mein Lover. Dein Michi«

»Ich lüge dich nie an....Ich habe noch nie richtig ein Mädchen geliebt, nur meine Freunde wie dich...«

»Hi mein Freund, drücke dich morgen ganz fest. Ziehe für dich extra die ›weiße Hose‹ an, damit mein schwarzer Tanga vorleuchtet... grins«

»Meine Liebe ist bei dir (...) Jetzt Schatz, für dich würde ich alles tun, für ein Weib nicht den Finger krümmen.«

»Warum habe ich dein Bild immer vor Augen, egal wo ich bin. Warum habe ich das Gefühl, ohne dich hat mein Leben keinen Sinn. Ich weiß genau, warum das so ist, denn ich liebe dich. Dein Michael«

»Du denkst, du findest ›Bessere‹ wie mich? Muss ich noch schlanker sein, dass du mich magst? Wieso müssen Kleinigkeiten all das Schöne kaputt machen? Es tut mir total weh. (...) hab dich lieb. Dein ›kleiner‹ Michael.«

Und am Ende noch ein Aufreger nicht nur für Uli Hoeneß, sondern für alle Fans des FC Bayern München: »Hi mein Schatz. [...] Bis später. Freu mich auf's Bayernspiel. Hoffentlich fliegen sie gleich raus. Dann stoßen wir an!«

Der moderne Fußball: Commodore München gegen Portas Bremen

Als der Medienmanager Hans Rudolf Beierlein Ende der achtziger Jahre den Fußball als Geschäftsfeld entdeckt und die Verwertungsrechte am Produkt Bundesliga erwirbt, beginnt auch in Deutschland endgültig eine neue Zeitrechnung. Der moderne Fußball zieht seine Bahnen. Leise, mahnende Zwischentöne werden mit der Medienmacht im Rücken niedergewalzt. Fußball ist spätestens mit der WM 2006 in Deutschland zum Massen-Event geworden. Beierlein hat dies bereits damals vorhergesagt. Seine oberste Maxime lautete: »Die außergewöhnliche Faszination des Unterhaltungsprodukts ›Fußball‹ soll für die ganze Familie genutzt werden.« Und er fragte rhetorisch in die Runde der alten Herren beim DFB: »Denn wo, bitteschön, steht denn geschrieben, dass Fußball nur Männersache ist? Warum sollen die Frauen nicht auch daran teilhaben?«

Beierlein, der offen zugab, Fußball ausschließlich als Ware zu sehen, revolutionierte das Geschäft mit dem runden Leder auch durch kühne Aussagen, die bewusst mit den Satzungen des DFB kollidierten: »Commodore München gegen Portas Bremen? Ich wüsste nicht, was daran obszön ist. Natürlich wäre das unangenehm, wenn ein Verein innerhalb von drei Jahren dreimal den Sponsor wechselt.«

Und Beierlein hatte prominente Mitstreiter an seiner Seite. Bereits 1980 hatte der damalige Star des FC Bayern, Paul Breitner, seinen Traum von einem anderen Stadionerlebnis skizziert: »Fußball made in USA – das ist für uns Hollywood, Mickymaus, Glitzer und Glamour, das ist eine gut inszenierte Komödie. Darüber schmunzeln wir. Aber viele von uns haben es noch nicht kapiert, dass Fußball bei uns schon sehr bald genauso aussehen wird. Ja, unser Fußball muss so werden wie in Amerika. Die ›Operettenliga‹ – das ist unsere Zukunft!«

Und auch Trainer Klaus Schlappner, der in Mannheim eher den biederen Fußball spielen ließ, wünschte sich 1985 – nach einem Ferienaufenthalt in den USA – das launige Großevent für die ganze Familie: »Das Zuschauerverhalten hat sich gewandelt. Die Leute wollen unterhalten werden, die wollen sich nicht Plattfüße stehen auf den Tribünen, sondern sitzen, und das möglichst warm und überdacht. Die haben es satt, dass die Frittenbude gleich neben dem Pissoir steht. Das Stadion alter Prägung ist tot, wir müssen in Zukunft den Sportpark schaffen, nicht mehr nur grauen Beton allerorten. Einen Park mit Ladenstraße, mit einem Zentrum für die Familie. Die Zeiten sind doch vorbei, als Papa ins Stadion fuhr und Mama brav zu Hause blieb, um den Garten umzugraben und Radieschen zu pflücken. Der moderne Zuschauer will bedient sein, rundum. Nur darin liegt auf weite Sicht das Überleben des Profisports.«

Anekdoten weltweit

Als Pedro Monzón im Finale der Weltmeisterschaft 1990 in der 65. Minute Jürgen Klinsmann an der Strafraumgrenze umsäbelte, drehte der Schwabe zur Sicherheit noch ein paar Pirouetten in der Luft, bevor er am Boden zum Liegen kam. Schwalbe oder nicht, auf alle Fälle spektakulär, wie der englische Fotograf Mike Kling fassungslos erzählte: »Man kann über Jürgen Klinsmann sagen, was man will, aber ich finde es einfach unglaublich, wie er in dieser Position landen konnte, ohne sich zu verletzen.«

★ ★ ★

Der ehemalige Bundesligastar Buffy Ettmayer über sein Hauptproblem im Alter: *Waren Sie heute Morgen schon auf der Waage?* »Schon aus Protest nicht. Weil ich immer noch einer der Schnellsten von null auf hundert bin – kilomäßig.« *Ihr momentanes Gewicht kennen Sie aber?* »Nein, bringt ja auch nichts. 365 Mal im Jahr will ich abnehmen, am 1. Januar stelle ich dann immer fest, dass wieder was dazugekommen ist.«

★ ★ ★

Berti Vogts hat einmal erzählt: »Wir sind früher mit der Bahn zu Auswärtsspielen gefahren, mussten immer in Köln oder Düsseldorf umsteigen, das Gepäck umladen. Wenn wir verloren hatten, durften wir auf der Rückfahrt zur Strafe nicht in den Speisewagen, und wir haben in der Anfangszeit häufig verloren. Ich erinnere mich mit Grausen an die Spiele in Kaiserslautern, wenn wir die Koffer mit unserer Ausrüstung vom Bahnhof bis auf den Betzenberg schleppen mussten.« Rückfrage des Reporters: »Günter Netzer hat seine Koffer getragen?« Und Vogts lächelnd: »Natürlich nicht. Der hat einem Ersatzspieler fünf Mark in die Hand gedrückt und tragen lassen.«

★ ★ ★

Juli 1986, Schalke 04. Jürgen Wegmann ist noch keine zwei Wochen auf Schalke, als er auf der Geschäftsstelle wie jeder andere Spieler auch 3.000 Autogrammkarten zum Unterschreiben mit auf den Nachhauseweg bekam. Am nächsten Tag stand er wieder vor der Sekretärin und forderte weitere 3.000 Autogrammkarten. Wo er die ersten 3.000 gelassen habe, fragte die Sekretärin: »Verloren?« Wegmann antwortete cool: »Nö, hab' ich in meinem Viertel verteilt.«

Ein Plastikbällchen zu wenig: Die Bio-Kugel von Eintracht Trier

Am Abend des 11. August 1999 wurde deutsche Pokalgeschichte geschrieben. Zwar fand an diesem Tage kein Spiel statt, aber die Auslosung zur dritten Runde des DFB-Pokals geriet zu einem unvergesslichen Schauspiel. ARD-Moderator Waldemar Hartmann, der Justitiar des Deutschen Fußball-Bundes Götz Eilers, der DFB-Spielleiter Hans Georg Noack, und die Losfee an der Trommel, Kugelstoßerin Astrid Kumbernuss, hatten mit einer aufgebrochenen Kugel im Müll zu kämpfen. Achtlos hatte man die von innen beschriftete Hälfte weggeworfen, als diese von Kumbernuss entdeckt worden war. Ein Fehler, wie sich rausstellen sollte.

Kumbernuss: »Jetzt haben wir zweimal schwarz …« **Hartmann:** »Die tun wir jetzt mal weg, äh, und was machen wir jetzt?« **Kumbernuss:** »Hm!« **Eilers:** »Äh, da muss ich die Frau Kumbernuss fragen: Wie kommt es zu diesen beiden Teilen?« **Kumbernuss:** »Keine Ahnung, die lagen so da drinnen.« **Eilers:** »Als wir sie eingefüllt haben vorhin, unter meiner Aufsicht, da waren alle Kugeln geschlossen.« **Hartmann:** »Da kommt Freude auf.« **Eilers:** »Es ist erkennbar, dass hier keine Vereinsbezeichnungen drin sind. Wir müssen allenfalls feststellen, ob sich da etwas gelöst hat in der Trommel selbst.« **Hartmann:** »Also, Herr Eilers, da ist keine drin, hier sind drei …« **Eilers:** »Es könnte allenfalls sein, dass bei den weggetanen Hälften eine beschriftet ist. Wir könnten also mal in dem Sack nachschauen. Das wäre die Rettung.« **Hartmann:** »Ich sehe einen Juristen sprachlos. Das gefällt mir ganz gut.« **Eilers:** »Wir sollten in dem Behältnis nachsehen, um die Möglichkeit zu schaffen, dass die Auslosung nicht wiederholt werden muss.« **Hartmann:** »Aber: Wie kriegen wir denn den Sack hier raus? Wie kriegen wir das hin? Müssen wir das jetzt auseinanderbauen?« **Eilers:** »Dafür bin ich nicht verantwortlich.« **Hartmann:** »Von hinten ist da 'ne Schublade, und die ziehen wir jetzt raus. Also, liebe Zuschauer, ich hab' da unten natürlich nichts gefummelt und nicht verdreht.« **Eilers:** »Lassen Sie mich, lassen Sie mich nachschauen.« **Hartmann:** »Natürlich, bitte.« **Eilers:** »Wir haben hier eine beschriftete Vereinsbezeichnung: Eintracht Trier.« **Hartmann:** »Also: Wir haben aus dem getrennten Müll hier sofort erkannt: Das war die Bio-Kugel von Eintracht Trier.«

P.S.: Eintracht Trier schaffte es in diesem Jahr bis ins Achtelfinale des DFB-Pokals und scheiterte erst am späteren Halbfinalisten Hansa Rostock!

Logik

»Und ich bin überzeugt davon, dass wir so ins Finale in Wembley kommen – außer, uns wirft jemand aus dem Cup.« *Dave Bassett*

»Ich werde nie Sachen voraussagen – das werde ich nie machen.« *Paul Gascoigne*

»Letzte Nacht waren wir das beste Team des Tages.« *Roy Aitken*

»Ich muss mich durchbeißen.« *Bundestrainer Jogi Löw auf die Frage nach seinen Zahnschmerzen*

»Die Türken haben gezeigt, dass man, egal bei welchem Spielstand, immer mit ihnen rechnen kann. Das macht sie natürlich unberechenbar.« *Jogi Löw*

»Wir haben kein Problem, nur zu wenig Punkte und zu wenig Tore.« *Walter Hellmich*

»Ich bin ganz zufrieden mit meiner Figur, auch wenn manchmal ein Pfund zu viel drauf ist. Das macht mir nichts aus. Im Gegenteil, das stabilisiert ...« *Wolfram Wuttke*

»Eins zeigt die Statistik ganz deutlich: Wenn Tirol kein Tor erzielt, haben sie immer entweder unentschieden gespielt oder verloren.«

Gerald Saubach

»Immer wenn ich sage, ich bin hundertprozentig fit, schieße ich keine Tore. Deshalb sage ich, dass ich noch nicht fit bin.« *Luca Toni*

»Nach außen ist er introvertiert.« *HSV-Stürmer Mladen Petric über seinen Mitspieler Zé Roberto*

»Wenn Sie einen Schuldigen suchen, nehme ich die Schuld auf mich. Ich bin aber nicht schuld.« *Oliver Reck*

»Wenn ich ein Auto miete, muss ich das ja auch in ordentlichem Zustand zurückgeben – man hat uns, wenn ich das so sagen darf, Arjen Robben enteignet und dann demoliert wieder in die Garage gestellt.« *Karl-Heinz Rummenigge über eine verschleppte WM-Verletzung des Niederländers*

Fußballprofis und Journalisten: Sepp Maier erzählt

Richtig veräppelt hat Sepp Maier im Frühjahr 1976 einen Journalisten vor einem Europapokalspiel bei Real Madrid. Weil der Nationaltorhüter seine Sonnenbrille vergessen hatte, kaufte er sich auf dem Flugplatz eine neue, setzte diese auf und auch während des Flugs nicht mehr ab. In Madrid fragte ihn ein Reporter ganz aufgeregt, seit wann er denn schon eine Brille trage, er habe bisher noch gar nichts davon mitbekommen. Der Spaßvogel Maier witterte seine Chance und band dem Journalisten ein erstklassiges Lügenmärchen auf die Nase: »Ja, weißt du das noch gar nicht? Die Brille hat mir ein Doktor verschrieben. Vor ein paar Tagen war ich beim Augenarzt. Er hat festgestellt, dass ich eine Brille tragen muss.«

Aber mit einer Brille könne er doch nicht spielen, entgegnete der Reporter atemlos. Nein, nein, beruhigte ihn Sepp Maier, natürlich würde er Haftschalen benutzen. Die kämen aber leider erst am Donnerstag. Der Journalist lief kreidebleich an. Donnerstag? Das Spiel sei doch bereits am Mittwoch, merkte er an und sah dem Bayern-Keeper tief in die Augen. Maier versuchte ihn zu beruhigen: »Das wird schon gehen. Hoffentlich haben die Spanier ein helles Flutlicht. Im Training werden wir schon mal ausprobieren, ob es ohne Brille klappt.«

Sofort rief der Reporter in der Heimatredaktion an und übermittelte diese sensationelle Exklusivgeschichte an seine Zeitung. Im Hintergrund standen Maier und seine Mannschaftskameraden und grinsten. Einen Tag später schlugen die Spieler einige Stunden vor der Partie schließlich das Münchner Boulevardblatt auf und lasen mit vor Lachen nassen Augen: »Blinder Torwart im Bayern-Tor. Sepp Maiers Haftschalen werden erst am Donnerstag fertig.«

Das Halbfinalspiel im Europapokal der Landesmeister ging übrigens 1:1 aus. Das Rückspiel gewannen die Bayern mit 2:0 und holten anschließend durch einen Finalsieg gegen St. Etienne den Cup nach München.

Da ist es fast kein Wunder, dass sich auch Journalisten einmal revanchieren wollten. Doch bei der WM 1982 wäre das beinahe schiefgegangen. Als die Belgier lustig am Hotel-Swimmingpool herumtobten, packte sich ein Reporter den bulligen Nationaltorwart Jean-Marie Pfaff und schmiss ihn ins Wasser. Was er nicht wissen konnte: Der Keeper der Bayern konnte nicht schwimmen. Nach Luft schnappend paddelte Pfaff der Ohnmacht nahe durchs Wasser. Mannschaftskameraden erkannten den Ernst der Lage und zogen den Belgier aus dem Pool. Später sagte Pfaff: »Ich habe dem Tod ins Auge gesehen.« Die Geschichte ist nie in irgendeiner Zeitung erschienen. Erst Sepp Maier erzählte sie viele Jahre später in seinem Buch »... und wer küsst mich?«.

Frisuren-Raten: legendäre Trainer

1. FC KÖLN, VFB STUTTGART, BAYER LEVERKUSEN

WERDER BREMEN, BAYERN MÜNCHEN, K.LAUTERN

VFL BOCHUM, SCHALKE 04, HERTHA BSC

HSV, BVB

BAYERN MÜNCHEN, SCHALKE 04, BVB

1. FC SAARBRÜCKEN, FC HOMBURG

WM-Busse 2010: Stern und Halbmond mit einem Ziel: Sieg!

Die Werbemaschinerie rund um die Fußball-Weltmeisterschaften der FIFA wird immer professioneller und ausgeklügelter. Wer glaubte, die Ideen wären seit dem legendären ARAL-Werbefilm mit Franz Beckenbauer und einer Horde verkleideter WM-Touristen, die zur Weltmeisterschaft 1970 in Mexiko doppelsinnig im Hintergrund eifrig »Alemán« schrien, bereits aufgebraucht, der sieht sich getäuscht. Um die Busse des Sponsors öffentlichkeitswirksam ins rechte Licht zu rücken, startete man vor der WM 2010 in Südafrika eine besondere Aktion. Fans durften auf einer Webseite darüber abstimmen, welcher Spruch ihrem Team zugeordnet werden sollte. Dieser prangte dann, kombiniert mit den Trikot- und Landesfarben, auf den Seiten der Karossen. Hier alle 32 Mannschaften und die jeweiligen Aufdrucke:

DEUTSCHLAND: Auf dem Weg zum Cup +++ **ALGERIEN:** Stern und Halbmond mit einem Ziel: Sieg! +++ **ARGENTINIEN:** Letzter Halt: Ruhm! +++ **AUSTRALIEN:** Wage zu träumen, Vorwärts Australien +++ **BRASILIEN:** Ganz Brasilien ist mit an Bord! +++ **CHILE:** Rot ist das Blut meines Herzens, Chile wird siegen! +++ **DÄNEMARK:** Alles, was man braucht, ist ein dänisches Team und einen Traum! +++ **ELFENBEINKÜSTE:** Elefanten, lasst uns für den Sieg kämpfen! +++ **ENGLAND:** Spielen mit Stolz und Ehre! +++ **FRANKREICH:** Alle gemeinsam für einen neuen blauen Traum +++ **GHANA:** Die Hoffnung Afrikas +++ **GRIECHENLAND:** Griechenland ist überall! +++ **HONDURAS:** Ein Land, eine Leidenschaft, 5 Sterne im Herzen! +++ **ITALIEN:** Unser Blau am afrikanischen Himmel +++ **JAPAN:** Der Geist der Samurai ist unsterblich! Sieg für Japan! +++ **KAMERUN:** Die unzähmbaren Löwen sind zurück +++ **MEXIKO:** Es ist Zeit für einen neuen Champion! +++ **NEUSEELAND:** Kicken auf Kiwi-Art +++ **NIEDERLANDE:** Fürchte nicht die großen 5 – pass auf die 11 in orange auf! +++ **NIGERIA:** Super-Adler und Super-Fan halten immer zusammen +++ **NORDKOREA:** Wie 1966! Sieg für Nordkorea! +++ **PARAGUAY:** Die Guarani-Löwen brüllen in Südafrika +++ **PORTUGAL:** Ein Traum, ein Gedanke ... Portugal wird Weltmeister! +++ **SCHWEIZ:** Hopp Schwiiz! – Hop Suisse! – Forza Svizzera! – C'mon Switzerland! +++ **SERBIEN:** Mit Herz spielen, mit einem Lächeln führen +++ **SLOWAKEI:** Bringt den Rasen zum Beben: Auf gehts, Slowakei! +++ **SLOWENIEN:** Mit elf tapferen Herzen bis ans Ziel +++ **SPANIEN:** Hoffnung ist mein Weg, Sieg mein Ziel +++ **SÜDAFRIKA:** Nation, stolz unter dem Regenbogen vereint +++ **SÜDKOREA:** Die Rufe der Roten, Südkorea +++ **URUGUAY:** Die Sonne scheint über uns. Vorwärts Uruguay! +++ **USA:** Leben, Freiheit und das Streben nach dem Sieg!

Die ideale Spielerfrau: »Blond, groß und langhaarig!«

Eine der beliebtesten Antworten von Fußballprofis, was sie denn gerne im nächsten Leben wären, lautet mittlerweile: »Spielerfrau!« Norbert Pflippen, Manager von Stars wie Lothar Matthäus, Oliver Kahn und Sebastian Deisler, gab dies stets auch als liebsten Berufswunsch an und fügte noch hinzu: »Die haben einfach das beste Leben!« Zu der Zeit, als Pflippen von Günter Netzer engagiert wurde, war der Gladbacher Mittelfeldregisseur noch mit seiner Freundin Hannelore zusammen. Doch die habe sich irgendwann umtaufen lassen in »Rachel Felicitas Algarve und so was«, erinnert sich der Manager, und da habe sie der Günter dann eben für eine neue Frau an seiner Seite, die Elvira, verlassen. Und die sei »absolut sensationell«, findet Pflippen, weil sie keine Interviews mache, nie in der Zeitung sei und das, »obwohl die ja vorher ein Model war«. Und Norbert Pflippen hat natürlich auch ganz genaue Vorstellungen, wie die weibliche Begleitung eines Profikickers auszusehen habe. Der *tz* sagte er einmal: »Die Traumfrau für einen Fußballer ist zu Hause dominant oder gleichwertig, steht aber nicht ständig in der Zeitung. Sie muss wissen: Er ist in der Öffentlichkeit der Star, was zu Hause ist, ist eine andere Geschichte.«

Welchem Frauentyp unsere Stars der achtziger Jahre verfallen sind, verrieten elf von ihnen 1984 dem *fussball-magazin*:

1. *Kalle Rummenigge:* »So wie meine Frau ist. Sie ist relativ groß, hat braune große Augen, hellbraune Haare und ist sehr schlank! (Pause) Zurzeit trifft das Letzte allerdings nicht zu, weil sie schwanger ist.«
2. *Paul Breitner:* »Ich bin auf keinen bestimmten Frauentyp, blond, schwarz, braun, fixiert. Man muss flexibel sein.«
3. *Felix Magath:* »Ich kann und möchte mich da nicht auf einen besonderen Typ festlegen.«
4. *H. Hrubesch:* »Blond muss sie sein, schlank und natürlich groß gewachsen.«
5. *Hans-Peter Briegel:* »Blond, groß und langhaarig.«
6. *Ulrich Stieleke:* »Blond.«
7. *Klaus Fischer:* »Ich stehe eigentlich auf blonde Frauen, aber wenn eine hübsche Frau über die Straße läuft, schau ich der auch hinterher, ob sie rothaarig oder brünett ist. Aber das macht wohl jeder Mann.«
8. *T. Schumacher:* »Geheiratet habe ich eine Frau mit kurzen blonden Haaren, obwohl mein Typ immer die Frau mit langem dunklem Haar war. Es kommt ganz drauf an, eine Bo Derek würde ich zum Beispiel nie verachten ...«
9. *Wolfgang Dremmler:* »Ich mag keine streng aussehenden Frauen, aber auch keine, die ständig mit dem Schminkkasten rumrennen.«
10. *Hansi Müller:* »Ich muss eine Frau reden hören; ihre Art, sich zu geben, muss stimmen.«
11. *Eike Immel:* »Nichts Besonderes. Wie's kommt!«

Anekdoten-Mix: Netzer als Nikolaus

Franz Beckenbauer war außer sich. In der WM-Viertelfinalpartie 1990 spielte man gegen die Tschechoslowakei, führte nach 24 Minuten bereits mit 1:0 und als nach siebzig Minuten auch noch Lubomir Moravcik mit Gelb-Rot vom Platz musste, schien die Sache gelaufen. Doch die deutsche Mannschaft verkrampfte und am Spielfeldrand sah man einen wütenden »Kaiser«, der fassungslos das Ende der Begegnung herbeisehnte. Immer wieder warf er seine Hände in die Luft und winkte ab. Als wieder einmal Jürgen Klinsmann übereifrig einen Ball an der Mittellinie vertändelte, schaute sich Franz Beckenbauer um, sah mit wegwerfender Handbewegung auf die Ersatzbank mit den deutschen Spielern und sprach dann ein vor der Bandenwerbung hockendes Kind an. »Willst spielen?«, fragte der Teamchef den Balljungen, »komm, ich wechsel dich ein!« Der junge Mann schaute ihn verdutzt an und zuckte mit den Schultern. »Der war ja ein Italiener. Der hat mich natürlich nicht verstanden. Aber ich hätte den damals gebracht«, erinnert sich Beckenbauer gerne an diese schöne Szene aus dem Horror-Viertelfinalspiel gegen die Tschechoslowakei zurück.

★ ★ ★

1990 machte Franz Beckenbauer die Generalprobe gegen Dänemark (1:0) praktisch zur Farce, denn er wechselte insgesamt 23 Spieler ein oder aus. Die Fans pfiffen sich die Seele aus dem Leib und *BILD* druckte die Schlagzeile: »Franz, warum hast du nicht auch noch den Busfahrer eingewechselt?«

★ ★ ★

Als Torwart Reinhard Mager bei Blau-Weiß 90 unter Vertrag stand, trat er bei einer Prominenten-Veranstaltung als Dompteur auf. Doch Wildschwein Bruno akzeptierte ihn nicht und biss Mager böse in die Hand. Im Training machte Mager eine Rolle rückwärts, landete mit dem Kopf auf dem Rasen, schreckte eine Biene auf und wurde gebissen. Hinterher meinte der Torhüter: »Das mit dem Schwein war damals schlimmer.«

★ ★ ★

Günter Netzer als Nikolaus bei der Familie Breitner? Es gibt schon komische Dinge, wie sich Paul Breitner erinnert: »Günter hat zweimal den Nikolaus bei uns gemacht! Wir haben es kein drittes Mal versucht, weil eine unserer Töchter gesagt hat: ›Du Günter, schon komisch, der Nikolaus hat genauso ›Tichtuch‹ gesagt wie du!‹«

Keine Kaninchen: Mit Stinkbomben gegen Mümmelmänner

Bei »Frag-Mutti.de« wusste man es bereits schon länger: »Wenn man wilde Kaninchen in seinem Garten hat, die einem den selbstgezogenen Salat anfressen, muss man einfach einen ausrangierten alten Schuh ins Beet stellen. Die Kaninchen riechen dann den menschlichen Geruch und flüchten! Wollte es nicht glauben, klappt aber super!« Und Ingrid ergänzte: »Klappt noch besser mit einem alten Stinkesocken oder mit einer Unterhose!« Da zeigte sich Ginei verständlicherweise total begeistert von so viel Ideenreichtum ohne Chemiekeule und hatte gleich einen richtig guten Einfall: »Soweit ich dich verstanden habe, müssen es getragene Socken bzw. Unterhosen sein, oder? Werde dann wohl ein Paar Socken vom Sohnemann nehmen, der hat nämlich durch sein Tragen von fast nur Turnschuhen ziemliche Schweißfüße.«

Scheinbar also ein alter Trick unter Hobbygärtnern. Umso verwunderlicher, dass es der flämische Provinzklub Cercle Oedelem im Sommer 2004 eben mit dieser Methode europaweit in die Schlagzeilen schaffte. Der Vorsitzende, Eddy Spyré, berichtete den begeisterten Medienvertretern mehrmals täglich von der »ungewöhnlichen Taktik«, die man in der Kaninchen-Bekämpfung einsetzte. Unter der Überschrift »Die Kicker setzen Stinkbomben ein, um den Mümmelmännern das Mümmeln zu vergrätzen« erklärte Spyré ausführlich seine Methode.

In der Zeitung *Het Laatste Nieuws* hatte der Verein zuvor zum Sammeln alter Schuhe aufgerufen: »Je mehr sie stinken, desto besser. Wir legen sie rund um das Spielfeld. Es gibt kein Kaninchen, das den Geruch ertragen wird.«

In höchster Not meldete sich kurze Zeit später der niederländische Klub VV Sliedrecht. Verzweifelt erzählten sie von ihrem Dilemma: »Die Methode mit den Stinkeschuhen ist unsere allerletzte Hoffnung. Seit zwei Jahren haben wir mit den Löcher grabenden Tieren große Mühe. Wir verfügen über fünf Spielfelder mit 1.400 Hektar Fläche. Da können wir uns eine Umzäunung mit Draht einfach nicht leisten.«

In Deutschland hingegen dachte ein User des Internetforums »Frag-Mutti.de« bereits schon wieder einen Schritt weiter. Nach einer langen Debatte, ob man den Tieren den Geruch überhaupt zumuten könne, fand »Abraxas3344« eine endgültige Lösung der Kaninchenproblematik: »Warum vergiften? Mit 'ner Tokarev oder Mauser in den Garten auf die Lauer legen. Wenn Has oder Karnickel kommen, um Salat zu schnabulieren, dann BUMM BUMM, und schon is der Sonntachsbraten gesichert.«

Poesie

»Es gibt nichts Schöneres als eine grüne Wiese mit zwei Toren.« *Friedel Rausch*

»Dieser Vergleich ist unvergleichlich.« *Ron Greenwood*

»Wenn Fußballer keine Erklärung haben für das Absurde, das dem Fußball bisweilen eigen ist, sagen sie: ›So ist Fußball.‹« *Ludger Schulze, Süddeutsche Zeitung*

»In den größeren menschlichen Perspektiven ist der Fußball nur Nebensache.« *Lars Bastrup*

»Freundschaften schließen ist noch viel wichtiger als Tore schießen – mit Abstand.« *Dettmar Cramer*

»Einen Ball muss man streicheln wie seine eigene Frau.« *Cristiano Ronaldo*

»Wenn ich den letzten Goethe-Vers vergessen habe, werde ich den Eimsbütteler Sturm noch aufzählen können.« *Walter Jens*

»Ein guter Eckball ist wie eine Traumfrau: starke Kurve und unheimlich scharf.« *Winfried Schäfer*

»Mit der Allianz Arena in München ist es wie mit deiner Traumfrau. Wenn du einmal drin warst, willst du immer wieder rein.«

Markus Daun nach dem Eröffnungsspiel gegen 1860 München

»Wenn der Ball meine Geliebte war, dann war sie mir von allen die Liebste.« *Nilton Santos*

»Fußballprofi sein ist doch wie Kino: Guckst einen Film an, schön mit Popcorn und Cola – aber irgendwann ist der Film zu Ende, und du musst raus in die Wirklichkeit.« *Rudi Völler*

Sexappeal: Als Schwarzenbeck Frauen zum Orgasmus brachte

Auch wenn viele es als sexistisches Vorurteil abtun, und Frauen es häufig nur hinter vorgehaltener Hand bestätigen: Es soll tatsächlich Damen geben, die sich ein Fußballspiel ausschließlich aus ästhetischen Überlegungen heraus ansehen. Schöne, durchtrainierte Körper, rassige Schenkel und jede Menge feuriges Testosteron. Warum sollte man da nicht schwach werden?

Ruud Gullit ist so 1992 von der schwedischen Tageszeitung *Aftonbladet* zum »Fußballer mit dem meisten Sex-Appeal« der Europameisterschaft gekürt worden. Die Jury war sich einig: Sein Brustkorb gleiche dem eines Stieres, seine kaffeebraune Haut sei samtiger als die von Cindy Crawford und seine Zähne – ebenmäßig wie Perlen. Redakteurin Ebba von Essen: »In diesem Körper ist nicht die Spur eines weiblichen Hormons.«

Beate Wedekind vom Frauenmagazin *Elle* schrieb damals über den Niederländer: »Wir haben die Neugier auf ihn noch immer nicht verloren.« An Gullit liebten sie, dass er zu den Männern gehöre, »die sich vom Leben nehmen, was sie verdienen«. Zur gleichen Zeit war das Magazin zudem hin und weg von Maurizio Gaudino. Der Spieler des VfB Stuttgart sei »der George Michael des Rasens«, und seine Auftritte wären so melodisch wie ein Konzert. Hätten die Damen auch noch die beeindruckende Auswahl edler italienischer Automobile in ihr Gesamturteil mit aufgenommen, hätte es wahrscheinlich selbst der Torhüter der Nationalelf, Bodo Illgner, richtig schwer gehabt. Über ihn sinnierte das Frauenmagazin: »Kein Keeper steckt sein Trikot so elegant in die Shorts wie er, keiner streicht mit derben Handschuhen so lässig die verschwitzten Haare aus dem Gesicht.«

Und auch in den siebziger Jahren gab es bereits knackige Kerle. Mit der Schlagzeile »Katsche die Sexbombe!« sorgte 1974 eine Münchner Zeitung für Aufsehen. Grund für die Überschrift war ein Leserbrief im Männermagazin *Playboy*, in dem ein Herr A. über seine Geliebte klagte: »... verfiel sie anlässlich der zahlreichen Übertragungen von der Fußball-WM sofort in Verzückung, wenn jener raubeinige Verteidiger auftauchte: ›Ja, mach doch, hau drauf, jetzt, jetzt, mehr, mehr – ooohhh!‹, waren noch die harmlosesten Seufzer, die sie von sich gab. Ich habe manchmal gedacht, dass meine Freundin zum Orgasmus kommt – vor allem, als jener Schwarzenbeck im Zweikampf Mann gegen Mann zuschlug ...« Schwarzenbecks Kommentar zu dem Brief: »Ja, mei, der oane hat's halt – und der andere net.«

Bella Italia

1. **Der Meistertitel der Serie A in Italien wird auch Scudetto genannt. Warum?**
   - A Nach dem ersten Sponsor der italienischen Liga
   - B Nach der Plakette, die der Meister in der Folgesaison auf dem Trikot tragen darf
   - C Nach dem ersten italienischen Titelträger Scudettoria Torino
   - D Nach dem von Ettore Scudetto entworfenen, goldenen Meisterpokal

2. **Welchem italienischen Nationalspieler wurde ein ganzes Witzebuch gewidmet?**
   - A Toto Schillaci
   - B Walter Zenga
   - C Francesco Totti
   - D Gennaro Gattuso

3. **Auf welchem Wappen, neben dem AS Rom, befinden sich noch die drei Sagengestalten Romulus, Remus und die kapitolinische Wölfin?**
   - A AC Mailand
   - B Juventus Turin
   - C AC Siena
   - D SSC Neapel

4. **Wodurch wurde Paolo Di Canio von Lazio Rom weltberühmt?**
   - A Verlobung mit Madonna
   - B Faschistengruß
   - C Drei Eigentore in einem Spiel
   - D Faustschlag gegen Maradona

5. **Welcher italienische Verein wurde genauso häufig Meister wie der AC Florenz, AS Rom und Lazio Rom zusammen?**
   - A Chievo Verona
   - B SSC Nealpel
   - C US Pro Vercelli
   - D US Lecce

6. **Wie hieß der Spieler, der durch einen Büchsenwurf auf dem Gladbacher Bökelberg am 20. Oktober 1971 weltberühmt wurde?**
   - A Facchetti
   - B Mazzola
   - C Boninsegna
   - D Giubertoni

Pressestimmen nach dem WM-Spiel 2010, Deutschland gegen England

Express: Deutschland zerstört Englands WM-Träume. Nach 44 Jahren der Schmerzen und des schwelenden Ärgers nahm Deutschland Revanche. Heute trägt England alle Wunden davon.

Daily Mail: »Oh, mein Gott« – die Worte des Linienrichters, als er die Fernsehbilder sah. Es ist sinnlos, über Frank Lampards nicht gegebenes Tor zu weinen, die Anzeigentafel lügt nicht. Wäre es so sehr anders gelaufen, wenn es nach 38 Minuten 2:2 gestanden hätte? Hat jemand Rooney gesehen?

Sun: England wurde von einem deutschen Team mit acht Spielern unter 26 total deklassiert. Männer gegen Jungs – und die Jungs haben gewonnen. Klar, England hatte Pech, als Lampard sein Treffer verweigert wurde, der deutlich hinter der Linie war. Aber wir wurden von den Deutschen so vorgeführt, dass es auch 7:2 hätte stehen können und niemand hätte sich beschwert.

The Independent: Opfer einer grausamen Ungerechtigkeit, aber am Ende wurde England zu Recht geschlagen. Die gewitzteren Deutschen ließen England chronisch träge aussehen. Am Ende machte die Qualität des Augenlichts des Linienrichters den Unterschied aus, und Deutschlands überlegene Schnelle, in den Beinen wie im Kopf.

Daily Mirror: England wurde von den Deutschen zermalmt – und vom Schiri. England bekommt ein klares Tor aberkannt, aber Deutschland gewinnt verdient. Die Three Lions hatten gehofft, der 44 Jahre alte Schmerz würde endlich enden. Er endete – der von Deutschland.

Evening Standard: Trauriges England wird von Deutschland er-müllert.

The Guardian: England flößt keinem mehr Angst ein – abgesehen von Fußball-Zwergen wie Andorra oder Estland. Diese 44 Jahre ohne einen WM-Sieg sind wohl nur der Auftakt der Wartezeit.

The Times: Irgendwo, unbeachtet im Gewirr grimmig dreinblickender England-Spieler und fröhlicher, junger Deutscher wäre der Sündenbock zu finden gewesen. In der Vergangenheit gab es immer praktische Sündenböcke, auf die sich englische Frustrationen richten konnten – Peter Bonetti, Diego Maradona, David Beckham, Phil Neville, Cristiano Ronaldo oder Urs Meier, der Schweizer Schiedsrichter –, aber die Fehlschläge in Serie zwingen uns, genauer hinzusehen. Es liegt nicht an ihnen. Es liegt an uns.

Hans R. Beierlein: »Ich bin nicht von der Inneren Mission«

Der Mann, der eine der wichtigsten Rollen bei der kommerziellen Revolution des deutschen Fußballs spielte, wurde einmal von André Heller mit den folgenden Worten beschrieben: »Hans R. Beierlein ist eine Art menschgewordene Wünschelrute, die bei allen Goldadern des Showbusiness ausschlägt.«

Franz Beckenbauer würdigte Beierlein zu dessen 65. Geburtstag im Jahre 1994: »Eigentlich müsste die ganze Bundesliga antreten zum Gratulieren. Du hast früh erkannt, dass Fußball ein erheblicher Teil des Unterhaltungsprogramms im Fernsehen ist – und zwar der billigste. Erst als du für den DFB die Sache in die Hand genommen und mit den Anstalten verhandelt hast, wurde der Fußball anständig honoriert. Dass inzwischen alle Vereine in ihren Etats über einen beachtlichen Betrag aus den Fernsehgeldern verfügen, ist mit dein Verdienst.«

Beierlein machte erst Udo Jürgens zu einem Star, produzierte dann mit Vorliebe volkstümliche Musik und erkannte 1987 schließlich weitsichtig: »Fußball ist längst ein Teil der Unterhaltungsindustrie. Und Unterhaltungsindustrie hat Zukunft.«

Doch weil zur Zukunft auch immer ein Abschied von etwas Vergangenem gehört, stieß er einigen Offiziellen des Fußballs ordentlich vor den Kopf, als er nüchtern feststellte: »Wir müssen uns an eines gewöhnen: Ein Fußballklub kann nicht von einem Turnvater Jahn, einem Teppich- oder Autohändler im Nebenjob geführt werden. Da muss ein professionelles Management her.«

Wie dies aussehen könnte, bewies vor allem Beierlein selbst. Er kaufte dem DFB die Verwertungsrechte für den deutschen Fußball ab und legte sich strategisch klug gleich mit den alten Herren des öffentlichen Fernsehens an: »Ich habe von der ersten Sekunde an versucht, das Kabelfernsehen am Fußballkuchen zu beteiligen.« Beierlein erinnert sich genau an die Reaktionen: »Am WC-Becken wollte ein ARD-Mann mich unter Druck setzen. Aus Wut habe ich die Rechte für das nächste Pokalspiel an SAT1 vergeben. Die ARD hat versucht, aus einem Hubschrauber heraus zu übertragen, der pausenlos über dem Stadion kreiste.«

Doch der Medienmanager blieb im Sinne seines Lebensmottos hart: »Ich bin nicht von der Inneren Mission. Ich will Kohle machen. Und wer am meisten zahlt, der ist mein Freund.«

Mit dieser Strategie feierte Beierlein letztendlich den monetären Erfolg. Keine Selbstverständlichkeit, wie er selbst bemerkte. Auf die Frage, ob das Musik- oder das Fußballgeschäft schwieriger wäre, sagte er nämlich einmal: »Man kann mit beidem Kasse machen – wenn man drin ist. Aber es ist natürlich leichter, einen Schlager zu kreieren, als Fußballrechte zu kaufen. Schlager haben schon ein paar Tausend Leute gemacht.«

Ein nackter Hintern und die Parkbank: Wolfgang Kleff

Wolfgang Kleff ist schon immer ein lustiger Vogel gewesen, auch wenn er selbst einmal über sich sagte: »Den Zwang, lustig sein zu müssen, liebe ich nicht.« Doch wer dem ostfriesischen Blödelkomiker Otto Waalkes wie aus dem Gesicht geschnitten ist, der kommt um die Rolle des Entertainers irgendwann zwangsläufig nicht drum herum. Gut also, dass die Torwart-Legende der berühmten Fohlenelf der siebziger Jahre vom Gladbacher Bökelberg schon immer den Schalk im Nacken sitzen hatte.

Als er mit 38 Jahren und nach einer längeren Pause dem VfL Bochum 1985 aus der Patsche helfen sollte, weil dort sämtliche Torhüter aus unterschiedlichsten Gründen ausfielen, wischte er alle Zweifel über seinen körperlichen Zustand mit einem Satz hinfort: »Ich habe mich die ganze Zeit über mit Waldläufen durch die Düsseldorfer Altstadt fit gehalten.«

Ähnlich unterhaltsam hatte Wolfgang Kleff ein Jahr zuvor sein Gastspiel in der Rheinmetropole beendet. Als die Fortuna seinen Vertrag nicht verlängerte, ließ er sich im letzten Spiel unter dem Vorwand einer Verletzung auswechseln und drehte dann fröhlich trabend eine Runde durchs Düsseldorfer Rheinstadion. Unterwegs entkleidete er sich Stück für Stück. Trikot, Stutzen, Schuhe und seine Handschuhe hatte er bereits ins Publikum geworfen, als Kleff vor der Haupttribüne beschwingt winkend ankam. Langsam stoppte der Torhüter, drehte sich zum Spielfeld, streckte die Beine durch, beugte den Oberkörper nach unten und zog in einem Rutsch seine Hose herunter. Kleffs nackter Hintern strahlte leicht von links nach rechts wackelnd dem erzürnten Fortuna-Präsidenten Bruno Recht mitten ins Gesicht. Des Torwarts trockener Kommentar im Anschluss: »Für die Fans gebe ich mein letztes Hemd, für manch andere nur meinen Arsch.«

In Bochum angekommen, trainierte Kleff, trotz seiner intensiven Waldläufe durch die Altstadt, erst einmal etwas bedächtiger. Seine humorvolle Begründung klang einleuchtend: »Mit Muskelkater kann ich mich so schlecht bücken.«

Als schließlich kurz vor Ende der Vorrunde die eigentliche Nummer eins, »Katze« Ralf Zumdick, wieder fit war, lehnte sich Wolfgang Kleff lächelnd auf der Auswechselbank zurück, blinzelte zufrieden in die winterliche Sonne und sagte ruhig und gelassen: »Kein Problem. Ein älterer Herr setzt sich auch ganz gern auf eine Parkbank.«

Bei Effenbergs ist immer was los

Immer wieder sensationell dieser Wortwechsel: Am 19. Februar 2003 soll Effenberg auf der A2 bei Braunschweig einen Polizisten als »Arschloch« bezeichnet haben. Er behauptet dagegen, »Einen schönen Abend noch« gesagt zu haben.

★ ★ ★

Stefan, der seine Frau Claudia immer »noch ohne Ende liebt«, hatte in den USA zuvor eine kleine Affäre mit der Nachbarin gehabt. Während des Seitensprungs mit der Dame gegenüber, Tinka, meldete sich seine Frau Claudia sehr selbstbewusst zu Wort: »Ich bin überrascht, dass er so einen Schritt zurück gemacht hat. Ich mein, ich weiß, wie ich aussehe.«

★ ★ ★

Im November 2008 wurde die Reality-Soap »Effenbergs Heimspiel« ins Vormittagsprogramm von RTL verbannt. Aus nicht ersichtlichen Gründen hatten sich nicht genügend Zuschauer gefunden, die das echte Leben der Effenbergs interessierte. Dabei war es spannend zu verfolgen, wie Claudia beim Ausfall der Spülmaschine Gläser mit der Hand spülte und dafür stolz das Lob ihres Mannes empfing: »Du machst das toll!«

Sowieso scheint die Küche Claudias Revier zu sein. »Kochen ist das Beste« und »in der Küche ist das Leben« sind Sätze, die hängen blieben. Vor allem dann, wenn die Hausherrin anschließend eine Fertig-Currywurst in die Mikrowelle schob. Leider haben die Effenbergs Stefans Lieblingsdomizil bei einer ausführlich dokumentierten Villasuche schließlich doch nicht genommen. Dabei hatte die Maklerin die hauseigene Bar mit eingebauter Zapfanlage doch so nett angepriesen: »Hier können Sie sich abends ein Bier zapfen.« Und Effenberg offensichtlich einsichtig: »Da sitz ich nur noch hier.«

★ ★ ★

Im November 1999 hatte Stefan Effenberg einen seiner Höhepunkte bei Bayern München, als er in einer Pressekonferenz denkwürdige Sätze sprach: »Paul Breitner kann ich sagen, dass ich nie zerbrechen werde, nie im Leben. Ein Stefan Effenberg wird nicht zerbrechen … Wir sind Erster in der Tabelle, Freunde. Ist das so schwer zu verstehen? … Jaaa aber, da muss man aufpassen. Da muss man aufpassen, mit dem, was man sagt, was man schreibt und wie man das rüberbringt. Damit muss man aufpassen. Weil, ich bin einer, der lässt sich das nicht gefallen, Freunde der Sonne! Nächste Frage!«

So schön ist Fußball

»Als Bundesligatrainer siehst du doch schon am Gang, ob einer Fußball spielen kann oder bei der Müllabfuhr ist.« *Uwe Klimaschefski*

»Fußball ist wie eine Frikadelle, man weiß nie, was drin ist.« *Martin Driller*

»Die Fans wollen keine Spiele, bei denen man erkennt, dass manche Spieler nachher kein Deo brauchen.« *Eduard Geyer nach einer Sitzblockade Cottbuser Fans*

»Fußball war schon immer ein Dschungel, in dem man mit Affen herumturnen muss.« *Uli Stielike*

»Auf die Frage, wer deutscher Fußballmeister wird, hat mir Karl-Heinz Rummenigge vor einiger Zeit geantwortet: ›Kaiserslautern nicht! Das wäre so, als wenn Michael Stich Wimbledon gewinnen würde.‹« *Karl Senne; beide siegten 1991*

»Fußball ist einfach: Auf jeder Seite steht eine Kiste und da muss der Ball rein.« *Ata Lameck*

»Fußball ist das Heraustreten aus dem versklavten Ernst des Alltags in den freien Ernst dessen, was nicht sein muss und deshalb schön ist.« *Papst Benedikt XVI.*

»Das Fußballfieber ist eine weltumspannende Geisteskrankheit.« *Dieter Hildebrandt*

»Schön, dieser Tag der offenen Tür. Da sehe ich Sachen, die ich sonst nicht sehe: zum Beispiel den Strafraum.« *Manfred Schwabl*

»Wenn wir auf Unentschieden spielen, dann ist das, als wenn wir unsere Schwester zum Tanz auffordern – da ist nichts drin.«

Rudi Gutendorf

»Es ist ein Fußballverein, kein Gefängnis. Die Leute sollten nicht denken ›Oh, da kommt der Bastard‹, wenn ich um die Ecke komme.« *Ian Holloway*

»Die Pille für den Mann.« *Jörg Wontorra*

Essen mit Calli: Massiertes Koberind und kalifornischer Opus One

Waldemar Hartmann ist der Prototyp eines prominenten Menschen, den man ruhigen Gewissens »Kultfigur« nennen kann. Der »Weißbier-Waldi« hat es geschafft, seine erste Passion, eine Kneipe in Augsburg, mit dem Job des Moderators auf einem Niveau zu verbinden, das man auch Stammtisch-Entertainment nennen könnte. Die Handbremse, die Hartmann während seiner TV-Auftritte nur sporadisch löst, wird anschließend an der Bar komplett durchgedrückt. Kein Wunder, dass Harald Schmidt seinem Kollegen riet, diese Anekdoten einmal aufzuschreiben. Eine der schönsten Nähkästchen-Plaudereien aus seinem Buch »Born to be Waldi« ist die ausschweifende Essensgeschichte mit Reiner Calmund.

Bei der Weltmeisterschaft 2002 in Japan und Südkorea war Calli offizielles Delegationsmitglied des DFB. Die Mannschaft wohnte damals mit allen Trainern, Betreuern und Offiziellen in Myasaki in einem Hotel, »das eine Klasse schlechter war als das Hotel der mitgereisten Journalisten«, erzählt Hartmann schmunzelnd, und er beklagt die hohen Preise in Japan: »Wenn du bei uns mit einem 500-Euro-Schein bezahlen willst, jammert die Bedienung, dass sie nicht wechseln kann. In Japan brauchst du einen solchen Schein, umgerechnet in Yen natürlich, schon an der Sushi-Imbissbude. Jedenfalls hatte Calli eines Abends drei Kollegen von der schreibenden Zunft und mich ins feinste Restaurant unseres Hotels eingeladen. Mit dabei war eine japanische Dolmetscherin, die Calli von der Bayer AG mitgebracht hatte. Sie übersetzte uns die Speisekarte. Nur die Speisekarte. Für Calli übersetzte sie auch die Preise.«

Die deutschen Abgesandten ließen es sich ordentlich gut gehen und auftischen, was die japanische Küche hergab. Natürlich alles nur vom Feinsten: Massiertes Koberind, kalifornischer Opus One, 40-jähriger Portwein und »noch ein paar Nebengeräusche«. Nachdem sie zum Abschluss die Bar unsicher gemacht hatten, war die Rechnung fällig. Und siehe da: Die fünf Personen hatten für eine fünfstellige Dollarsumme gespeist. Auch der ARD-Moderator fand das Ergebnis des kulinarischen Schlemmerabends durchaus beachtlich. Aber die Bezahlung war ja nicht sein Problem.

Hartmann erinnert sich: »Am nächsten Tag faxte Calli die Rechnung an seinen Geschäftsführerkollegen Wolfgang Holzhäuser von Bayer Leverkusen, mit der Bitte um Begleichung. ›Holzi‹ wollte, er ist nun mal Kaufmann, von Calli wissen, wer denn alles an diesem üppigen Mahl teilgenommen habe. Calli gab an, dass er die Nationalmannschaft zum Essen eingeladen hätte. Daraufhin kam die Antwort aus Leverkusen, dass man sich die gewaltige Summe trotzdem nicht erklären könne. Da beschloss Calli die Diskussion mit einem Donnerschlag: Die U21 und alle Betreuer hätten auch mitgegessen!«

Trikots

1. **Welche Nationalmannschaft erschien zum Afrika Cup 2004 in einem Ganzkörpertrikot?**
   - (A) Nigeria
   - (B) Ägypten
   - (C) Marokko
   - (D) Kamerun

2. **Warum hatte der argentinische Torhüter bei der WM 1978 die Rückennummer 5?**
   - (A) Argentinien hatte 5 Torhüter im Kader
   - (B) Die Trikots waren nach der alphabetischen Reihenfolge der Nachnamen nummeriert
   - (C) Es war seine Glückszahl
   - (D) Die Nummerierung der Trikots begann erst bei 5

3. **Warum trägt das DFB-Team manchmal grüne Auswärtstrikots?**
   - (A) Farbe der Hoffnung
   - (B) Farbe des Rasens
   - (C) Farbe des DFB
   - (D) Farbe der ersten Trikots einer deutschen Nationalmannschaft

4. **Aus welchem Anlass erhielt Brasilien die bekannten blau-gelben Trikots?**
   - (A) Wegen einer Endspielniederlage bei einer WM
   - (B) Wegen einer neuen Nationalflagge Brasiliens
   - (C) Wegen eines Wechsels des Ausrüsters
   - (D) Wegen der Lieblingsfarben eines Staatspräsidenten

5. **Welches Team spielte bei der WM 1978 ein Spiel in grün-weiß gestreiften Hemden, blauen Hosen und roten Stutzen?**
   - (A) Ungarn
   - (B) Liechtenstein
   - (C) Irland
   - (D) Frankreich

6. **Woher stammt das Wort »Trikot«?**
   - (A) Französisch »tricoter« = »stricken«
   - (B) Russisch »trikotor« = »Oberteil«
   - (C) Italienisch »trikosi« = »Kennzeichen«
   - (D) Dänisch »rikord« = »anziehen«

Aktuelles Sportstudio 1989: Prognostikerin, Autorin, Parapsychologin

Bernd Heller: Ich möchte zum Schluss doch noch den Versuch unternehmen, Sie zusammenzubringen, nämlich an der Torwand. Aber bevor wir so weit sind, möchte ich eines machen, wir haben heute Abend eine Hellseherin hier, eine Prognostikerin, Frau Kroll-Hermkes. Sie verstehen nichts vom Fußball?

Kr.-H.: Ich verstehe gar nichts vom Fußball! Äh, ich bin auch nicht nur Prognostikerin sondern auch Autorin, Parapsychologin, und ich wurde heute Mittag mit der Sache konfrontiert, um halb zwölf. Ich bin Münchnerin, also Wahlmünchnerin, ich habe auch nichts mit den Vereinen, dass ich also Fan von dem einen oder anderen bin. Ich möchte hier bloß eine ganz klare Aussage machen, wenn ich meinen Verstand einschalte, ich mach' keine Wischiwaschi-Aussage, dann würd ich also vielleicht anders tendieren, aber meine Intuition sagt, dass Bayern München Deutscher Meister wird!

Die eine Hälfte des Publikums jubelt euphorisch, die andere pfeift amüsiert.

B.H.: Sie setzen als Medium ein Pendel ein, das is' es!

Kr.-H.: Nicht nur, ich arbeite mit dem Pendel …

Das Publikum will sich einfach nicht beruhigen. Es ist sehr laut. ***Der Moderator*** *versucht wieder ein wenig Ordnung zu schaffen:* Wie haben Sie das rausgefunden. Moment! Hallo!

Kr.-H.: Ich möchte … *Aus dem Hintergrund jubiliert* **Hoeneß***:* Das war natürlich unglücklich, eine aus München einzuladen.

Kr.-H.: … Wenn Sie mir gestatten, hier sind zwei Parteien, ich arbeite auch astrologisch, und wie gesagt, ich bin eben erst mit den Sachen konfrontiert worden. Hier sind zwei Persönlichkeiten, die aufeinander stehen. Das ist der Herr Heynckes, glaube ich, so wie ich gehört hab, und der Herr Daum, und das ist folgendermaßen: Der Herr Daum ist ein Skorpion, dem wirklich jedes Mittel recht ist zu kämpfen, und Herr Heynckes ist ein Fisch-Sternzeichen, wenn ich richtig informiert bin …

J.H.: Stier!

Kr.-H.: Stier-Fisch?? An der Grenze, der manchen Dingen vielleicht, also von der Intelligenz, von der Übersicht, aber von … vielleicht Sachen … die gestochen werden, ja … nicht abschalten kann. Da sind Sie schon tangiert von gewesen, das … das stimmt schon. Und so sind zwei Persönlichkeiten aufeinandergeprallt, das ist eigentlich unmöglich.

B.H.: Ihre Intuition…

Kr.-H: Ich bin trotzdem überzeugt, dass Sie Deutscher Meister werden!

B.H.: Mehr können wir nicht tun, Jupp Heynckes. Christoph Daum guckt ein bisschen traurig?

C.D.: Nächstes Mal bringen wir unseren eigenen Hellseher mit!

Andreas Möller und seine Freunde: »Halt die Fresse, du Penner!«

Uli Stein riss sich gerade noch einmal zusammen. Eintracht Frankfurt hatte in der letzten Partie der Saison bei Hansa Rostock im Frühsommer 1992 die Meisterschaft verspielt, und Andreas Möller hatte, wie Stein in seinem Buch »Halbzeit. Eine Bilanz ohne Deckung« schrieb, über neunzig Minuten »völlig abseits« gestanden. Der Torwart der Eintracht sparte nach der verlorenen und alles entscheidenden Begegnung nicht an deutlichen Worten: »Er kann oder will kein Spiel herumreißen. Er macht sich nicht kaputt. Er kämpft zu wenig.« Und er fällte schließlich ein – für alle Eintracht-Fans – bitteres Fazit: »Jetzt überkommt mich die Gewissheit, dass wir das Spiel in Rostock gewonnen hätten, wenn er nach einer Stunde ausgewechselt worden wäre. Jeder Reservespieler ist balltechnisch zwar schlechter, hätte sich aber die Lunge aus dem Leib gerannt.«

In der Mannschaft hatte es – trotz aller Erfolge – schon lange vor dieser letzten Partie der Saison gebrodelt. Eintracht-Stürmer Axel Kruse lieferte sich einige Wochen zuvor in der ersten Halbzeit des Heimspiels gegen den 1. FC Köln auf dem Platz ein erbittertes Rededuell mit Andreas Möller. Es gipfelte im kernigen Ausspruch Kruses: »Halt die Fresse.«

Der junge Frankfurter Mittelfeldspieler lief daraufhin postwendend und mit heruntergezogenen Mundwinkeln zu Dragoslav Stepanovic und verpetzte den blonden Eintracht-Stürmer beim Trainer. In der Kabine steigerte sich schließlich der Lärmpegel zwischen den beiden Kontrahenten, und die Aggressivität, die die Mannschaft auf dem Platz über fünfundvierzig Minuten vermissen ließ, drohte sich in einer handfesten Auseinandersetzung zu entladen. Erst die wieder einmal unmissverständlichen und deutlichen Worte von Axel Kruse an die Adresse des beleidigten Möller ließen Ruhe einkehren: »Halt die Fresse, du Penner. Dein Geheule kotzt mich an.«

Der Gewinner des damaligen Konflikts schien dennoch der sensible Frankfurter Mittelfeldspieler zu sein, denn Stepanovic vertraute fortan nur noch Akteuren, »die sich unheimlich gut mit dem Andy verstehen«, wie er selbst sagte. Kruse war damit ganz offensichtlich nicht gemeint.

Auch Uli Stein zählte nicht zu den Freunden von Möller, doch den beliebten Torwart und sicheren Rückhalt konnte der Trainer damals unter keinen Umständen opfern. Und so kam es am 16. Mai 1992 nach dem verhängnisvollen Spiel vor dem Mannschaftsbus zum friedvollen Showdown, wie ihn Uli Stein in seinem Buch lebhaft beschrieb: »Während er [Möller] nickt, hole ich weit aus – und haue ihm nicht aufs Maul. Ich lege meinen Arm um seine Schultern.«

Trainingsplatzgeflüster

Die Spieler von Borussia Dortmund waren in der Saison 2009/10 so trainingsfleißig, dass sie zumeist lange nach dem Ende der Übungseinheiten auf dem Platz standen und Freistöße und Flanken übten. Eigentlich ein Grund zur Freude für jeden Coach. Doch Trainer Jürgen Klopp hatte eines Tages genug. Als er nach über 45 Minuten immer noch alleine unter der Dusche auf jemanden wartete, der ihm den Rücken schrubbt, zog er sich wieder an und ging nach draußen. Dort hat er dann gebrüllt: »So, Kinder! Ich stelle gleich das Flutlicht ab!«

★ ★ ★

Als Anfang der neunziger Jahre auf Schalke der A-Jugendspieler Steinbach mittrainierte, war der Trainer Peter Neururer gleich angetan von seiner Riesenstatur. Mit leuchtenden Augen berichtete er nach der Übungseinheit: »Ein Mike-Tyson-Verschnitt. Der ging im Training ran wie ein Stier, haute die Flankenbälle mit Kopf und Fuß ins Tor, war immer sofort in der richtigen Position und hatte gleich seinen Spitznamen ›Posi‹ weg. Ich habe den Jungen sofort noch einmal zum Training bestellt.«

★ ★ ★

Den Spitznamen »Der Schweiger« soll der Europapokalsieger mit Borussia Dortmund, Siggi Held, damals nicht umsonst von seinen Mitspielern verpasst bekommen haben. Aber in seiner Zeit beim VfB Leipzig blühte der Trainer richtig auf. Gut gelaunt rief er zu seinen zaghaft agierenden Spielern auf dem Platz: »Sie wollen wohl den Ball nicht verletzten, was?«, und bot während des Trainings einem allzu eifrigen TV-Team, das sich auf dem grünen Rasen breit gemacht hatte, rhetorisch sehr galant an: »Meine Herren, wenn wir Sie stören, können wir auch woanders hingehen.« Am Ende hat der Abstieg des VfB Siggi Held dann leider auch in Leipzig eher wieder schweigsamer werden lassen.

★ ★ ★

Als Felix Magath zur Saison 2009/10 zum FC Schalke 04 kam, eilte ihm sein Ruf natürlich schon voraus. Von »Quälix« erwarteten die Zuschauer gleich beim ersten Training das volle Programm. Als das irgendwie ausblieb und es eher nach einer ruhigen Übungseinheit aussah, beschwerte sich ein Trainingsplatzkiebitz lautstark: »Hömma, es hat noch kein Spieler gekotzt! Und wo sind überhaupt die Medizinbälle?« Magath reagierte gelassen und beruhigte den aufgebrachten Fan souverän: »Alles zu seiner Zeit. Das kriegen wir hier schon hin.«

Serbische Bohnensuppe gegen Orangen-Gnocchi-Spanier

Mittlerweile werden Fußballturniere nicht mehr ausschließlich auf dem grünen Rasen ausgetragen. Als in der Vorrunde der WM 2010 das Spiel Serbien gegen Deutschland anstand, änderte der Küchenchef der Aachener Polizeikantine kurzfristig seinen Speiseplan. Die eigentlich vorgesehene »Serbische Bohnensuppe« machte Platz für einen schönen, unverfänglichen Teller »Schnittbohnensuppe mit Würstchen und Brötchen«. Offensichtlich hatte man Sorge, die Stimmung der hitzköpfigen Staatsdiener könnte durch die Menüauswahl zusätzlich aufgeheizt werden. Stolz vermeldete der Aachener Polizeisprecher anschließend, dass sich der Koch »fein der polizeilichen Linie des Deeskalationsprinzips folgend« wunderbar verhalten habe. Denn man dürfe eines nie vergessen, merkte der Polizeisprecher spitzfindig an: »Die Antwort liegt eben auf'm Platz und nicht in der Kantine!«

Zu Hause darf aber wie immer geschlemmt werden, was das Fußballherz begehrt. Für einen ganzen Tag heimischen TV-Konsums kann die Hausfrau mittlerweile zwischen herzhaften Spezialitäten wie schwarz-rot-golden marinierten Grillwürsten oder hartgekochten Eiern mit Fußballmotiven und süßen Delikatessen wie Plundergebäck mit Füllung in den deutschen Farben, das unter solch sinnigen Namen wie »Johannesburger« Interesse wecken soll, entscheiden. Auch eine Schokoladen-Kopie des WM-Pokals und eine WM-Torte-to-go im Plastikbecher wurden in den letzten Jahren schon gesichtet.

Zur Weltmeisterschaft 2010 ließ sich eine deutsche Firma für italienische Teigspezialitäten nicht lumpen und kreierte etwas ganz Besonderes. Auf einem Gnocchi-Spezial-Teller konnte man seine Lieblingsmannschaften gegeneinander antreten lassen. Deutschland mit einer schmackhaften Blutwurst-Füllung gegen das süß-herzhafte Brasilien mit Kakao-Einlage oder Spaniens Orangen-Gnocchi gegen robuste England-Mägen mit einer gewöhnungsbedürftigen Fisch-und-Chips-Füllung.

Trotz aller kulinarischen Spitzfindigkeiten bleibt eines jedoch immer gleich: Den Fraß, der uns an die Niederlage gegen unseren finalen Gegner erinnert, sollte man uns nach dem Ausscheiden besser erst einmal nicht vorsetzen. 1982 schrieb dazu die *Bildzeitung* folgende stimmige Notiz: »Ausgerechnet nach dem verlorenen WM-Endspiel Italien – Deutschland servierte eine Ehefrau ihrem zornigen Mann Spaghetti carbonara, eine italienische Spezialität. Darüber gab's furchtbaren Krach, sie schlug ihn mit dem Nudelholz. Platzwunde am Kopf, Klinik.«

Lästern

»Er trägt eine so große Armbanduhr, die würde ich mir höchstens ins Wohnzimmer hängen.« *Stefan Kuntz, Bochum-Manager, über seinen Spieler Joel Epalle*

»1887 – Uns trennen mehr als 12 Jahre.« *Spruchband der HSV-Anhänger mit Verweis auf das Gründungsdatum von 1899 Hoffenheim*

»In der Hallenliga der Müllmänner wird besserer Fußball gespielt.« *Die englische Zeitung Sun über ein Spiel England gegen Andorra*

»Seine Frau hat im Wohnzimmer gegessen, er in der Küche – so sah seine Trennkost aus.« *Leverkusens Physiotherapeut Dieter Trzolek über Reiner Calmunds Diätversuche*

»Ich habe ihn gefragt, was der Marmorkuchen auf seinem Kopf gekostet hat?« *VfL-Wolfsburg-Trainer Klaus Augenthaler auf die Frage, was er von der neuen Frisur von Marcelino hält*

»Gammelfleisch aus Gelsenkirchen? Ich kannte das bisher nur als Schalke 04!« *Manuel Andrack, FC Köln-Fan und Assistent von Harald Schmidt*

»Wissen Sie, wann 1860 München hier erstmals urkundlich erwähnt wurde? Im Alten Testament. Da stand nämlich: Sie trugen seltsame Gewänder und irrten planlos umher.« *Karl-Heinz Rummenigge*

»Reiner Calmund ist nicht der dickste Mann der Welt geworden, nur weil er so viel gefressen hat. Nein, er hat sich auch nicht bewegt und ist nicht aufs Klo gegangen. Und heute kann er mit einem Furz ein Schlauchboot aufblasen.«

Oliver Kalkofe

»Ich würde eher eine CD von Bob der Baumeister für meinen Zweijährigen kaufen als das Buch von Roy Keane.« *Jason McAteer, früherer Mitspieler in der irischen Nationalmannschaft*

Das schwierige Leben als Kolumnist der *Bild*-Zeitung

»Schreiben ist eigentlich einfach. Die Schwierigkeit besteht lediglich im Formulieren.« **(Paul Breitner)**

Paul Breitner in drei Sätzen richtig einzuordnen, wird wohl auch dem gewieftesten Biografen und langjährigen Kenner des Mannes mit dem Rauschebart zeitlebens nicht mehr gelingen. Zu vielschichtig und zu widersprüchlich gibt sich der ehemalige Nationalspieler aus Kolbenmoor, seit er als junger Bursche über Nacht mitten ins öffentliche Bewusstsein drängte.

Eigentlich wollte er mit dem Fußball nur sein Pädagogik-Studium und das Mao-Poster an der Wand finanzieren, sich für die SPD engagieren und seine Ruhe haben. Doch dann zog er zusammen mit Uli Hoeneß in eine möblierte Dreizimmerwohnung in München-Waldtrudering, holte fünf deutsche Meisterschaften mit dem FC Bayern, wurde Fußball-Weltmeister und ein wohlhabender Mann.

Als er nach seiner Karriere irgendwann genug Abstand vom Fußball gewonnen hatte, fühlte sich Breitner – wie es Franz Beckenbauer einmal so schön sagte – seinem »Ruf als Rebell und Revoluzzer verpflichtet« und begann zu schreiben. Erst für kleinere Zeitungen wie die *Welt am Sonntag* sowie den *Express* und schließlich dann für das große Boulevardblatt *Bild*. Sein ehemaliger Mitspieler Jupp Kapellmann schimpfte stellvertretend für alle enttäuschten Fußballfans: »Charakterlos. Aber typisch für ihn!«

Breitner sah es gelassen und argumentierte: »Warum soll ich mich darauf beschränken, für 100.000 Leute zu schreiben, wenn ich mit demselben Aufwand fünf bis zehn Millionen erreichen kann? Sehen Sie es ruhig so: Ich habe durch *Bild* eine millionenfache Partnerschaft.«

Und anders als in solchen Fällen üblich, beschäftigte Breitner auch keinen Ghostwriter: »Jeder Satz, jedes Wort, jedes Komma ist von mir, ist so, wie ich es haben will. Da stehen hundert Prozent Paul Breitner hinter.«

Eine Tatsache, die auch seinen Münchner Spezi Franz Beckenbauer wütend machte und auch ein wenig schockierte, als Paule einmal schrieb: »Franz ist der Totengräber des deutschen Fußballs.« Der Kaiser sagt bis heute, dass es der »übelste Kommentar war, der mir in meinen Jahren als Teamchef gewidmet wurde«.

Irgendwie hat sich der Unternehmer und mehrfache Millionär, der mit 36 Jahren immer noch für Pädagogik und Philosophie immatrikuliert war, als Kolumnist aber auch nie richtig verstanden gefühlt. Eigentlich ging es Paul Breitner doch stets nur um die eine Sache: »Ich habe nur immer meinen Finger in Wunden gelegt, die sonst unter den Tisch gekehrt worden wären.«

Geschichte der internationalen Wettbewerbe

1. In welchem Stadion fand bei der WM 1974 das einzige Länderspiel zwischen der Bundesrepublik und der DDR statt?

A Volksparkstadion Hamburg
B Olympiastadion München
C Olympiastadion Berlin
D Waldstadion Frankfurt

2. Welcher Spieler schoss das erste WM-Tor?

A Jerome Beaufort
B Gustave Eiffel
C Lucien Laurent
D Gaston Auxerre

3. Hector Castro schoss das letzte Tor der WM 1930, das 4:2 für Uruguay. Was war das Besondere an ihm?

A Er war Torwart.
B Er war nicht im Spiel.
C Er war Brasilianer.
D Er war einarmig.

4. Welcher Spieler der TSG Ulm 46 war bei der WM 1962 der Stammtorhüter der deutschen Nationalmannschaft?

A Wolfgang Fahrian
B Fritz Herkenrath
C Dieter Burdenski
D Heiner Stuhlfauth

5. Mit welchem Klub stand Hans Meyer im Finale eines internationalen Wettbewerbs?

A 1. FC Magdeburg
B Dynamo Dresden
C FC Carl Zeiss Jena
D Hansa Rostock

6. Welchem Team gelang als Aufsteiger der Gewinn der nationalen Meisterschaft, im Folgejahr des Europapokals der Landesmeister und im darauf folgenden Jahr die Verteidigung des Titels?

A Nottingham Forest
B 1. FC Kaiserslautern
C FC Valencia
D SSC Neapel

Flitzer-Ticker: Bienen, Beckhams und die Karten

Ein Klassiker der Szene ist das berühmte Zusammentreffen zwischen »Bertie Bee« und einem vollkommen nackten Flitzer bei der Zweitliga-Partie zwischen Burnley FC und Preston North End FC. Der Mann hatte mehrere Ordner durch geschickte Körpertäuschungen bereits hinter sich gelassen und lief nun an der Seitenaußenlinie schnurstracks Richtung Eckfahne. Nur eine überdimensional große Biene im Burnley-Trikot stand ihm noch im Weg. Ohne das Tempo zu drosseln, rannte der Flitzer mit baumelndem Gemächt auf das Maskottchen zu. Und dann geschah es: Schulbuchmäßig schulterte »Bertie Bee« den Nackedei, warf ihn über die Schulter zu Boden und ließ sich rücklings auf den gestrauchelten Körper fallen. Dann raffte sich das Maskottchen auf, stampfte, ohne den Flitzer auch nur eines Blickes zu würdigen, Richtung Tribüne und feierte ausgelassen tanzend mit dem begeisterten Publikum.

★ ★ ★

Auch echte Fans können zu Flitzern werden. Und das hat bei einem metrosexuellen Schönheitskönig wie David Beckham natürlich fast schon eine erotische Komponente, wenn da plötzlich ein lüsterner Mann vor dem Engländer auftaucht. So geschehen bei einem Spiel seines damaligen Klubs, Los Angeles Galaxy, gegen die Colorado Rapids. Während Beckham ruhig blieb und die Umarmung des Fans cool über sich ergehen ließ, rastete sein Teamkollege Chris Klein vollkommen aus. Mit einem Hechtsprung versuchte er den Flitzer zu packen, doch als dieser ihm entwischte, grätschte Klein den jungen Mann ein paar Meter weiter mit einer sauberen Beinschere um und übergab ihn dem Sicherheitspersonal. Beckham schaute während der Attacke seines Mannschaftskameraden etwas irritiert und betreten zu Boden.

★ ★ ★

Mittlerweile werden Vergehen an Flitzern hart bestraft. Radoslav Kovac, tschechischer Nationalspieler in Diensten von Spartak Moskau, trat einmal im Derby gegen Lokomotive einem Fan, der aufs Feld gelaufen war, die Beine weg. Nachdem Kovac den Flitzer eigenhändig vom Platz runter befördert und sich sogar entschuldigt hatte, kassierte er die gelbe Karte. Adrian Bastia vom griechischen Erstligisten Asteras Tripolis war schließlich der erste Profi, dem der Schiedsrichter nach einem Tritt gegen einen Flitzer sogar die rote Karte zeigte.

Fußball 2000: »Fußballprofis sind die klügsten Geschäftsleute der Welt«

Im Mai 1968 bat die *Sport-Illustrierte* den Feuilletonisten Dr. Gerhard Seehase um einen Ausblick auf den »Fußball im Jahr 2000«. Es ist verblüffend nachzulesen, wie viele Entwicklungen Seehase erstaunlich präzise vorhersah: »Die ewig-pedantischen Weltverbesserer, die zur ›Rettung des Fußballs‹ die kuriosesten Reformen empfehlen – etwa, dass die Tore größer, die Spielflächen kleiner, die Regeln eishockeyähnlicher werden müssten –, haben sich festgeredet, ohne Einfluss nehmen zu können.«

Das Spiel ist tatsächlich weitgehend das alte geblieben. Die Entwicklungen haben woanders stattgefunden. Und auch da hatte Seehase den richtigen Riecher: »Die Modernisierung traf im Wesentlichen den äußeren Rahmen dieser Sportart. Die Stadien des Jahres 2000 sind nicht größer, wohl aber komfortabler. Kein Zuschauer der großen Spiele muss noch stehen, alle haben ein Dach über dem Kopf. Schiebedächer über den Plätzen, deren Spielfläche wahlweise mit einer künstlichen oder natürlichen Rasendecke ausgestattet sind, wurden eine Selbstverständlichkeit. Beim Blättern in den vergilbten Sportberichten der sechziger Jahre erinnert man sich lächelnd der Tatsache, dass noch vor 30 Jahren wichtige Spiele wegen des schlechten Wetters ausfallen mussten.«

Dass es eine Zeit geben wird, in der die Akteure auf dem Platz erst noch ihr Abitur statt ihre Lehre zu Ende machen müssen, hat Seehase bereits vor über dreißig Jahren vorhergesehen: »Der moderne Leistungsfußball hat einen neuen Spielertyp geprägt. Es ist ein schlimmer Anachronismus, im Jahr 2000 immer noch zu glauben, Fußballspieler müssten notwendigerweise dumm sein, weil sie Fußball spielten. Fußballprofis sind vielmehr die klügsten Geschäftsleute der Welt.«

Das Spiel wird zu einem ganz großen Wirtschaftsfaktor, sagte Seehase, stellte aber gleichzeitig fest, dass an den Grundkonstanten niemand rütteln kann: »Die großen Profiklubs, samt und sonders Konzerne, die nur noch in einer lockeren Verbindung zu den jeweiligen nationalen Fußballverbänden stehen, holen sich ihren Nachwuchs schon von den Schulbänken. 14-jährige Talente erhalten als Fußball-Lehrlinge eine Berufsausbildung, die bezahlt wird. Natürlich haben die Klubs Computer installiert, mit denen sich die besten Mannschaftsaufstellungen errechnen lassen. Trotzdem sind die ›Sensationen‹ im Jahr 2000 nicht weniger zahlreich.«

Und am Ende formulierte Dr. Gerhard Seehase einen Gedanken, der wohl ewig gelten wird: »Und alle diejenigen, die dem Fußball einen baldigen Tod voraussagten, sind selbst gestorben.«

Fußballer auf Reisen: Cowboystiefel und Verlobungen

Stefan Kuntz war es irgendwie langweilig geworden. Die WM in den USA dauerte nun schon mit der Vorbereitungszeit einige Wochen und so langsam hatte sich ein wenig Lagerkoller breit gemacht. Da war man nun schon einmal in einer solchen Fernsehstadt wie Dallas und dann durfte man nicht raus. Volle Konzentration aufs nächste Spiel hieß die Devise.

Doch welches Spiel? Die Einsatzchancen standen mal wieder unter null. Hätte Stefan Kuntz nicht diesen sympathischen Officer kennengelernt, wäre er wohl wie die anderen einfach im Hotel geblieben. Doch dann unterhielt man sich nett über den Beruf – der Neunkirchener hatte in seinen ersten Tagen beim VfL Bochum ebenfalls noch als Polizist gearbeitet – und schließlich lud ihn der Amerikaner nach Feierabend zu einer Sightseeing-Tour auf seinem Motorrad ein. Kuntz war begeistert.

Am Abend kehrte er glücklich ins Hotel zurück, schaute sich seine frisch erworbenen Cowboystiefel noch einmal im Spiegel an und ging dann hinunter zum Essen. Berti Vogts hatte schon auf ihn gewartet. Alle anderen Spieler saßen bereits an ihren Tischen und guckten gelangweilt in der Gegend herum. Vogts wurde laut: »Konzentriert euch endlich. Das ist kein Spaß-Urlaub. Wir sind nicht hier, um Sightseeing zu machen, Lasso zu werfen und Cowboystiefel zu kaufen!« Kuntz riss den Kopf nach oben. Hatte Vogts etwas bemerkt? Doch der Bundestrainer stand mit dem Rücken zu ihm und registrierte ihn gar nicht. Viele Jahre später hat Stefan Kuntz einmal erzählt: »Ich hab in diesem kurzen Moment gedacht: Okay, das war's. Aber Vogts hat nie irgendetwas gesagt. Es war wohl Zufall – die Sache mit dem Sightseeing und den Cowboystiefeln!«

Ein anderer Trainingslager-Vorfall blieb dagegen nicht unentdeckt. Markus Ellmer hatte sich am Nachmittag für einen Besuch des Schwimmbads – nur mit Badehose und T-Shirt bekleidet – ordnungsgemäß bei seinen Eltern abgemeldet. Doch als er nach zwei Tagen immer noch nicht heimgekehrt war, rief sein besorgter Vater beim VfB Stuttgart an und erfuhr, dass das Nachwuchstalent bei einem Freundschaftsspiel in Griechenland sei. Aber auch dort wurde Ellmer bereits schon wieder gesucht. Als die Mitspieler ihn schließlich nachts gegen 24 Uhr fanden, saß der junge Mann auf einer großen Familienfeier an einem großzügig gedeckten Tisch und schenkte sich gerade ein großes Glas Ouzo ein. Strahlend erzählte Ellmer seinen Kollegen den Grund für das Fest. Er wolle sich in wenigen Minuten offiziell mit der Tochter des Hauses verloben. Unter einem Vorwand lockten die Kameraden den Liebestrunkenen gerade noch rechtzeitig von der Feier weg und schlossen ihn bis zur Abreise im Hotel ein.

Fußballstars intim: Schlaue Fragen und noch schlauere Antworten

Teil V

Stefan Effenberg musste sich einmal nur wenige Stunden nach einem Meisterschaftsgewinn via Live-Schaltung den Fragen eines gewissen Ed Charlton stellen. Der vermeintliche Moderator des englischen Fernsehens war in Wirklichkeit allerdings Hape Kerkeling. In seiner Sendung »Darüber lacht die Welt« zeigte er den Bayern-Spieler beim ausgelassenen Schalalala-Meisterschafts-Gesinge-und-Getanze und albernen Herumgeturne hinter Carsten Jancker vor laufenden Kameras und merkte dann an: »Ich wusste, dass die Deutsche keine so großartige Musikgeschmack haben. Aber ich muss sagen, da singen ja selbst die kleine dicke Mädchen von Modern Talking besser, Steven?!« Und Effenberg antwortete tatsächlich: »No, I'm a very gut singer and dancer.«

Im ZDF durfte während der EM 2008 ein nassforsches Mädchen den Moderator mit einem schelmischen Grinsen fragen: »Herr Kerner, täuscht es mich oder gehen Ihnen die Haare aus?« Lachen und Schweigen.

Die Stars der achtziger und frühen neunziger Jahre hatten auf alle noch so abenteuerlichen Fragen eine passende Antwort parat. Doch was am Ende sonderbarer war – die Fragen der Fans oder die Antworten der Fußballidole –, liegt wie immer ganz im Auge des Betrachters. Teil V:

Jürgen Sundermann: *Gefällt Ihnen Mädchenfußball?* (Anja Katrin W., 3160 Lehrte) Wenn er von hübschen Mädchen gespielt wird, schon.
Franz Beckenbauer: *Kennen Sie den Text der deutschen Nationalhymne auswendig, und haben Sie früher mitgesungen?* (Hans-Josef H., 4980 Bünde) Nein, leider nicht. Mitgesungen habe ich auch nicht – ich hätte sonst meine jeweiligen Nachbarn vor dem Spiel wohl zu Tode erschreckt, bei meinen Sangeskünsten ...
Manni Burgsmüller: *Würdest du dich nackt fotografieren lassen?* (Roland M., 8930 Schwabmünchen) Fürs Familienalbum schon, für andere Zwecke nicht.
Michael Frontzeck: *Worüber können Sie am ehesten lachen?* (Heike S., 8830 Treuchtlingen) Über Dallas. Was Lächerlicheres gibt es nicht.
Frank Mill: *Würden Sie mit Heino eine Platte aufnehmen, wenn der Erlös für einen guten Zweck ist?* (Gunnar P., 2370 Osterrönfeld) Ja, würde ich machen, aber nur, wenn ich dabei genauso aussehen darf wie Heino.
Felix Magath: *Herr Magath, haben Sie früher schon einmal Hosenträger getragen?* (Wolfgang S., Bergisch-Gladbach) Fasching vielleicht mal, als Kind auch, davon muss ich sogar noch Bilder haben.
Uli Borowka: *Sind Sie eigentlich romantisch?* (Sabine B., 2000 Hamburg 60) Da muss ich meine liebe Frau fragen. / Carmen Borowka: Nein!

Reporter

»Prima, das Duisburger Publikum, es unterstützt die eigene Mannschaft.« *Uli Potofski*

»Der Karajan der Tartanbahn.« *Jörg Dahlmann über Winfried Schäfer*

»Die Bulgaren wärmen bereits einen Spieler auf.« *ORF-Rundfunkreporter Robert Seger*

»Gott sei Dank hat er sich die Nägel nicht geschnitten.« *Gerd Rubenbauer nach einer »Fingerspitzenparade« von Andreas Köpke*

»Ein verrücktes Volk.« *Dieter Kürten nach einem langen Applaus im Sportstudio*

»Ernst Höfner – wie früher Franz Beckenbauer fährt er über das Eis.« *Herbert Watterott*

»Der Präsident will jetzt seinen Rücken stärken, in dessen verlängerten Teil er ihn am Samstag getreten hat.« *H.-G. Müller*

»Beide Mannschaften hatten in den vergangenen Wochen ein dentales Problem – ihnen fehlte der nötige Biss.«

Klaus Schwarze

»Da crienst er sich eins.« *Karhheinz Vest über den Torschützen Hans-Jörg Criens*

»Jonathan Pitroipa ist wie ein Schulabbrecher – beide haben keinen Abschluss.« *Holger Pfandt*

»Das ist Hannes Linßen, der immer eine Sturmfrisur hat – egal wie das Wetter ist.« *Rolf Töpperwien*

Bunter Geschichten-Mix

Im Frühjahr 1990 verspricht Charly Neumann den Schalker Spielern ganz generös: »Wenn ihr in die Bundesliga aufsteigt, dürft ihr bei mir bis zu eurem Lebensende umsonst essen.« Doch irgendwie scheint das liebevolle Angebot nicht zu wirken. Und als der S04 bei Fortuna Köln mit 1:2 verliert, gibt es nicht wenige, die sagen: »Die Niederlage ist doch kein Wunder. Wer will deinen Fraß schon fressen?« Angesäuert hat sich Neumann daraufhin in eine seiner 13 Kneipen und Restaurants zurückgezogen und vorsichtshalber die Karte rauf und runter getestet. Zum Aufstieg hat es am Ende der Saison trotzdem leider nicht gereicht.

★ ★ ★

Karl-Heinz Rummenigge hatte am Anfang seiner Karriere die Angewohnheit, immer ein Bündel Hundertmarkscheine in der Brusttasche des Hemdes zu haben. Als sein kleinerer Bruder Michael Profi wurde, sah man ihn gerne mit einem Bündel Zwanzigmarkscheine im Hemd herumlaufen.

★ ★ ★

Der Düsseldorfer Trainer Aleksandar Ristic scheuchte seine Mannschaft im Trainingslager ordentlich durch die Gegend. Schließlich meinte er, wie gewohnt in seinem radebrechenden Mix aus Deutsch und Jugoslawisch: »Zum Hotel und zurück!« Eigentlich eine klare Anweisung, doch Ristic wartete und wartete und niemand der Spieler kam zurück. Schließlich machte sich Ristic zurück auf den Weg ins Hotel. Dort stellte er zornig den Stürmer Uwe Fuchs zur Rede. Verwundert fasste sich Fuchs an die Ohren und meinte: »Wieso? Wir haben verstanden: ›Zum Hotel zurück.‹ Das haben wir gemacht!«

★ ★ ★

Für einen Eklat sorgte Tim Wiese, als er am 10. Mai 2009 nach einem 2:0-Erfolg von Werder Bremen gegen den Hamburger SV in die Werder-Kurve stieg und mit einem Megafon schrie: »Scheiß HSV!«

Da verstanden die Hamburger zu Recht keinen Spaß. Richtig lustig wurde es dagegen, als Wiese kurz darauf mit den Fans die »Humba« anstimmen wollte. Vor jedem Buchstaben beugte er sich zu einem jungen Mann mit Sonnenbrille hinunter und ließ sich nacheinander ein H, ein U, ein M, ein B und ein A ins Ohr flüstern. Eigentlich gar nicht so schwierig, aber Tim Wiese ging lieber auf Nummer sicher. Nur gut, dass der Souffleur die Situation nicht schamlos ausnutzte. Der Werder-Torhüter wäre an diesem Nachmittag verbal wohl überallhin gefolgt.

Frisuren-Raten: Internationale Legenden

KOLUMBIEN

ENGLAND

BELGIEN

ARGENTINIEN

MEXIKO

ENGLAND

Als Uli Hoeneß einmal um seine schöne Hose fürchtete!

30. April 2005 auf dem Kaiserlauterer Betzenberg. Der FC Bayern München hat sich durch einen 4:0-Sieg gegen den 1. FCK bereits am 31. Spieltag die Meisterschaft gesichert. Während draußen auf dem Rasen die Mannschaft mit ausgiebigen Weißbierduschen den Triumph ausgelassen feiert, stehen im »Premiere«-Studio Bayern-Manager Uli Hoeneß, die Spieler Mehmet Scholl und Hasan Salihamidzic sowie, etwas im Hintergrund, der Moderator Sebastian Hellmann. Die Kamera läuft bereits, aber noch ist man nicht live drauf!

Hoeneß: Aber heute nicht. Ich habe die Hose … ich muss ins Sportstudio. **Salihamidzic:** Ich habe eine Trainingshose mit. **Hoeneß:** Ich kann nicht ins Sportstudio mit 'ner Trainingshose. Ihr spinnt, bittschön! Seid vernünftig, ja?! Sonst kein Problem, aber ich kann heute nicht. Nee, heute geht's nicht! **Scholl:** Ich mach doch nix. Ich habe nur mein Trinken … **Hoeneß:** Nee, heute geht's nicht! So. Ich muss ins Sportstudio, ich habe keine andere Hose. Leute, nix … **Salihamidzic:** Ich habe eine Hose dabei! **Honeß:** Nix. Leute, nix … *(lacht hämisch) …* die passt mir, he? Leute, nix! **Scholl:** Was haben Sie denn jetzt für Paras? **Hoeneß:** Ihr hört jetzt auf! **Scholl:** Ich mach nix. Ich steh einfach hier! Lassen Sie mein Trinken! **Hoeneß** *geht zum verwaisten Weißbierglas von Scholl, greift danach und schaut Salihamidzic an:* Hasan, bitte! Ich brauch meine Hose! **Scholl** *kommt ins Bild zurück und reißt am Weißbierglas:* Lassen Sie mir mein Trinken! Ich brauch mein Trinken. **Hoeneß:** Also, dann geh! **Scholl:** Ich muss hier sein! **Hoeneß:** Also, gut. Dann seid aber vernünftig, ja?! Ihr könnt das alles machen, aber bitte nicht bei mir über die Hose, ja?! Das schaut furchtbar aus, wenn ich im Sportstudio mit so einer scheiß Hose sitz. **Salihamidzic** *lacht herzhaft. Premiere zeigt Bilder, wie Scholl Magath mit einem Schwall Weißbier übergießt. Im Hintergrund redet* **Hoeneß:** Weißt du, was passiert ist, wie ich abgehauen bin?! Habe ich wieder einen Faserriss! **Scholl:** Beim Jubeln? **Hoeneß:** Ja, hier gerade, wegen euch zwei Trotteln da! **Moderator Hellmann:** Sie sind vor der Bierdusche weggelaufen? *Salihamidzic geht in die Knie und ballt die Fäuste.* **Hoeneß:** Ja, sicher. Jetzt habe ich wieder einen Faserriss. **Scholl:** Wissen Sie, was schlimmer wär'? Wenn ich den hätt'! **Hoeneß** *lacht und lamentiert:* Stell dir mal vor: Ich habe wieder einen Faserriss. Es ist zum Kotzen. **Salihamidzic:** Bänderriss? **Hoeneß:** Nein, ein Faserriss, glaube ich. Zum Kotzen …!

Fußballnostalgie

Über 20 Jahre musste die Fußballöffentlichkeit warten, ehe endlich eines der größten WM-Geheimnisse aller Zeiten gelüftet wurde. Den Schuh, der dem Weltmeister Lothar Matthäus kurz vor der Halbzeit des Finals 1990 gegen Argentinien kaputt ging, hatte zwei Jahre zuvor Diego Maradona beim Abschiedsspiel von Michel Platini getragen. Der kleine Argentinier hatte damals seine eigenen Treter vergessen. Und weil Matthäus sich in den neuen Schuhen, die er in der zweiten Halbzeit trug, nicht wohl fühlte, ließ er auch Andreas Brehme den Vortritt beim entscheidenden Elfmeter. Lothar Matthäus' Begründung hörte sich in jedem Fall sehr sinnig an: »Mit neuen Schuhen geht man ja auch nicht gleich zum Opernball.«

★ ★ ★

Mitte der sechziger Jahre konnte man sich im *kicker* eine komplette Fußballmannschaft zusammenstellen. Man musste nur Anzeigen selbst schalten oder auf Anzeigen eingehen: »Regionalliga-Stürmer mit Bundesligaformat für Bundesligaverein gesucht. Absolute Diskretion zugesichert.«

Um wen es sich wohl bei dieser Anzeige gehandelt haben mag: »Argentinischer Fußball-Trainer, diplomiert, 25 Jahre Erfolg bei Profi-Spitzenvereinen, Auswahl-Trainer, Leiter Profi-Trainer-Schulen, eh. International-Spieler, Sprachenkenntnisse (deutsch, spanisch, jugoslawisch, portugiesisch, italienisch, englisch, französisch), sucht Tätigkeit im Ausland (Europa, Asien, Afrika, USA). Bedingungen: Vertrag 2-3 Jahre, Handgeld 10.000 DM jährl., Monatsgehalt 2.400 DM, Punktprämie wie Spieler, Hin- und Rückreisespesen!«

★ ★ ★

Das Punktspiel zwischen dem FC Bischofswiesen und dem SV Erlstätt musste im März 1964 beim Stande von 3:2 für die Gäste durch den Schiedsrichter abgebrochen werden. Nachdem der Schiri einen umstrittenen Elfmeter gegen den gastgebenden Verein verhängt hatte, stellte sich ein Zuschauer neben den Torwart auf die Linie und ließ sich auch nach mehrmaligen Mahnungen und Verwarnungen nicht von seinem Platz vertreiben. Weil die Ordner auf Gewalt verzichten wollten, blieb dem Schiedsrichter nichts anderes übrig, als die Partie vorzeitig zu beenden.

Reichlich Alkohol an Bord

Eine schöne Anekdote von einem Spiel auf dem Betzenberg in Kaiserslautern, die sich im Wortlaut des Schiedsrichters Wolf-Dieter Ahlenfelder ungefähr so anhört: »Da kam dann natürlich der Einsatzleiter rein mit so 'nem Walki-Talki und wat nicht alles und sagte: ›Herr Ahlenfelder, wir haben heute einen Großeinsatz hier!‹ ›Ja, ich sag, ja und?‹ ›Wie wollen wir das denn händeln hier? Wie soll das denn überhaupt vonstatten gehen?‹ Ich sag: ›Mach doch kein Scheiß da. Leere Pullen sofort, puhhff, zurück.‹ ›Wat?‹ ›Ich sag, sofort zurück.‹ ›Ja, und volle?‹ ›Ich sag: Einsammeln. Einsammeln. In der Halbzeit werden wir uns lecker einen kredenzen.« (Typische Bewegung mit gespreiztem Daumen und kleinem Fingern zum Mund)

★ ★ ★

Uwe Rapolder soll zu Mannheimer Zeiten einem kühlen Glas Bier auch nicht abgeneigt gewesen sein, wie die *Sport Bild* berichtete. Als die Mannschaft 2001 nach einer 0:2-Pleite in Hannover geschlossen im Bus auf die Heimfahrt wartete, fehlte nur noch einer: Trainer Uwe Rapolder. Nach einer halben Stunde des Wartens tauchte dieser endlich auf, brüllte jedoch nur von außen in den Bus hinein: »Ich komm gleich!« Drehte sich um und kehrte in den VIP-Raum zurück. »Gegen den Durst trank er noch ein paar Bierchen«, schrieb das Magazin damals. Und erst weitere 45 Minuten später setzte sich der Bus – mit dem angeschickerten Rapolder an Bord – in Bewegung.

★ ★ ★

Mit 5:0 schlug Borussia Mönchengladbach am 34. Spieltag der Saison 1973/74 den bereits feststehenden Deutschen Meister Bayern München. Es war der höchste Sieg der Gladbacher gegen den FCB. Doch nur einen Tag zuvor hatten die Bayern das Wiederholungsspiel im Finale des Europapokals der Landesmeister gegen Atletico Madrid bestreiten müssen. Die Siegesnacht steckte also noch in den Knochen. Bayern-Trainer Udo Lattek meinte auf der anschließenden Pressekonferenz nüchtern: »Das war heute unsere Alkohol-Verdunstungsstunde!«

★ ★ ★

Reporter: »Herr Olic, wie viel Wodka tranken Sie in Moskau?« Ivica Olic: »Nur einen einzigen. Ich hatte zwei Tage vor einem Spiel 40 Grad Fieber, ging zum Teamarzt. Der verschrieb mir einen Wodka mit Pfeffer. Mir gings bald besser, ich konnte spielen. Ein gutes Rezept.«

Verletzungen unter der Dusche, beim Traktorfahren und im Dummy-Nahkampf

Ich glaube, ich bin schon mit einer Zerrung auf die Welt gekommen«, hat der ehemalige Bayern-Spieler Reinhold Mathy einmal über sich gesagt und im Kopf seine leidvolle Karriere mit Mandel-, Blinddarm-, Bänderoperationen, Virusinfektionen, Migräneanfällen, Muskelzerrungen und Kreislaufzusammenbrüchen Revue passieren lassen. Nur knapp unter 200 Partien in zwölf Bundesliga-Jahren werden wohl auf ewig ein einsamer Negativ-Rekord bleiben. Doch nicht immer sind die Verletzungen der Stars todtraurige Angelegenheiten.

Wenn ein Mike Hanke unter der Dusche ausrutscht und anschließend wochenlang ausfällt, dann darf wenigstens ein wenig geschmunzelt werden. Oder auch der Muskelfaserriss, den sich der unter Flugangst leidende Paolo Guerrero ausgerechnet bei einem Sprint auf dem Flugplatz zuzog, weil er seinen Flieger unbedingt noch erreichen wollte, entbehrt nicht ganz einer gewissen Komik.

Über die Jahre haben sich wahre Anekdoten-Schätzchen in den Geschichtsbüchern des Fußballs angesammelt. So soll sich in den Achtzigern einmal der Kaiserslauterer Stürmer Klaus Toppmöller beim Ritt auf seinem eigenen Hanomag-Traktor eine schwerwiegende Verletzung zugezogen haben. Leider ist jedoch nicht überliefert, ob er von seinem Bauern-Schlitten gestürzt oder von einem Küblböck'schen Gurkenlaster gestreift wurde.

Kurz bevor Norbert Nigbur in den Siebzigern endgültig beim 1. FC Köln seinen fix und fertig ausgehandelten Vertrag unterschrieb, saß er gemütlich am Mittagstisch, als ihn eine schwere Verletzung heimsuchte. Was damals genau geschehen ist, weiß der Torhüter bis heute nicht. Verzweifelt versuchte er aufzustehen, doch das Knie war unbeweglich. Nigbur hatte sich beim gemütlichen Essen zur Mittagsstunde den Meniskus eingeklemmt und musste operiert werden.

Die Schadenfreude bei uns Fußballfans wird jedoch immer dann besonders geweckt, wenn es auch einmal die vermeintlich harten Jungs trifft. Sich den Klopper vor dem Herrn, Michael Schulz »du Sau«, beim Müllrausbringen vorzustellen, macht allein schon Spaß genug. Aber zu wissen, dass er sich dabei auch noch einen Hexenschuss zufügte, treibt die Lachmuskeln zur intensiven Fettverbrennung an.

Und als sich der selbsternannte »Iron Maik« Franz in der Saison 2009/10 im Nahkampf mit einem dieser Pappkameraden, die gerne für Freistoßübungen verwendet werden, eine tiefe Risswunde zufügte, schlugen sich Dreiviertel der Fußballfans vor Lachen die Schenkel wund. Franz übrigens reagierte äußerst sympathisch auf seinen Fauxpas. Er meinte nur trocken: »Dummer Dummy.«

Lästern

»Er hat die Intelligenz eines ostfriesischen Teebeutels.« *Karl-Heinz Rummenigge über Bernd Schuster*

»Der hat geschrieben, dass er Meier heißen wolle, wenn Wynton Rufer ein Star wird. Nun heißt er eben Meier.« *Otto Rehhagel über Max Merkel*

»Sag mir, wenn du Geburtstag hast, damit ich dir rechtzeitig einen eigenen Ball schenken kann.« *Rinus Michels zu Pierre Littbarski, nachdem dieser das Fummeln etwas übertrieben hatte*

»Manchmal erscheint mir Udo Lattek im Traum. Dann rutscht mir die Hand aus.« *Erich Rutemöller*

»Wie merkt man, dass in Köln Donnerstag ist? Lukas Podolski kommt zum ersten Mal in der Woche zum Training.«

Udo Lattek

»Ich hatte gedacht, dass die Eintracht sich schon etwas aufgebaut hat, ich war richtig erschrocken: Die hatten nur das *Kicker-Sonderheft*.« *Karl-Heinz Körbel, als er in Frankfurt als Talentscout anfing, über das bisherige Scoutsystem der Eintracht*

»1899 Hoffenheim – wo haben die sich eigentlich die letzten hundert Jahre versteckt?« *Bayern Münchens Vorstandschef Karl-Heinz Rummenigge*

»Wenn ich Spieler wäre und er würde mich so ansprechen – ich würde einschlafen.« *Udo Lattek über Kurt Jara*

»Wenn früher einer den Ball abgewehrt hatte, war für den der Fall erledigt. Der hat dann nur noch in der Nase gebohrt.« *Uwe Reinders als Trainer in Rostock*

»Er hält alles, nur nicht den Mund.« *Süddeutsche Zeitung über Uli Stein*

Bunte Witz-Box: Dahlin, Forellen und Rubens

Oliver Kahn kommt in ein Feinkostgeschäft und sieht sich in der Fischabteilung um. »Ich möchte fünf Forellen – aber bitte werfen Sie mir die zu! Dann kann ich heute Abend beim Grillfest sagen, ich hätte sie selber gefangen.«

★ ★ ★

Es ist Spätsommer. Freitagabends. Der Ehemann sitzt schon vor dem Fernseher. Als er ihn gerade anschalten will, schaut er noch einmal zu seiner Frau hinüber: »Möchtest du eigentlich noch was sagen, bevor die Fußballsaison anfängt?«

★ ★ ★

Erster Schultag mit einer neuen Klasse irgendwo in Deutschland. Die Lehrerin möchte ihre Schüler besser kennenlernen und lässt jeden der Reihe nach sich selbst vorstellen. »Mein Name ist Otto, ich bin neun Jahre alt, und mein Vater ist Postbote.« »Mein Name ist Klaus, ich bin auch neun Jahre alt, und mein Vater ist Kfz-Mechaniker bei Opel.« »Mein Name ist Johann, ich bin zehn Jahre alt, und mein Vater ist Nackttänzer in einer Schwulen-Bar.« Völlig verstört wechselt die Lehrerin abrupt das Thema. In der Pause ruft sie Johann zu sich und fragt ihn, ob die Geschichte mit seinem Vater wirklich wahr sei. Johann wird rot und stottert: »Nein, mein Vater spielt in der holländischen Fußball-Nationalmannschaft, aber das war mir echt ein wenig zu peinlich.«

★ ★ ★

Gladbach liegt 0:2 zurück. Die Fohlen-Elf hatte noch keine einzige Torchance. Und Stürmer Martin Dahlin guckt gelangweilt ins Publikum statt auf den grünen Rasen. Da springt eine attraktive Zuschauerin auf und schreit: »Martin, sag mal, was machst du eigentlich am Sonntag?« Dahlin lächelt und sagt: »Nichts.« Die Zuschauerin guckt genervt und schreit: »Das ist ja schön. Dann beweg deinen Arsch. Heute ist nämlich erst Samstag!«

★ ★ ★

Ein Mann liest Zeitung. »Ker«, sagt er zu seiner Frau, »da hat der Rembrandt doch tatsächlich 20 Mio. gekostet und für den Rubens haben sie immerhin noch 18 Mio. Euro bezahlt.« Seine Frau steht in der Küche und schaut von ihren panierten Schnitzeln gar nicht erst hoch: »Ja ja, ich sag es doch immer: Irgendwann sind alle Fußballvereine bankrott!«

Elfmeter

1. **Welche Entfernung entspricht in imperialen Maßen (also im Original) der Entfernung für den »Penalty«?**
   - (A) 10 yards
   - (B) 12 yards
   - (C) 15 yards
   - (D) 18 yards

2. **Welche Markierung wurde vor Einführung des Punktes für den Ruhepunkt des Balls benutzt?**
   - (A) Eine Linie
   - (B) Ein Dreieck
   - (C) Ein Halbkreis
   - (D) Es gab keine Markierung

3. **Welcher Hamburger Torhüter galt in den 70ern als »Elfmetertöter«?**
   - (A) Norbert Nigbur
   - (B) Rudi Kargus
   - (C) Wolfgang Kleff
   - (D) Werner Scholz

4. **Wer schoss die zwei Elfmeter für Deutschland während der WM '54?**
   - (A) Helmut Rahn
   - (B) Max Morlock
   - (C) Toni Turek
   - (D) Fritz Walter

5. **Wie viele seiner Elfmeter verschoss Gerd Müller?**
   - (A) 1 von 63
   - (B) 6 von 63
   - (C) 12 von 63
   - (D) 18 von 63

6. **Ein Elfmeterschießen in der Dominikanischen Meisterschaft wurde 2002 erst nach einer Woche entschieden. Warum?**
   - (A) Der Schiedsrichter hatte sich verzählt.
   - (B) Das Elfmeterschießen wurde wegen Einbruch der Dunkelheit vertagt.
   - (C) Beim letzten Elfmeter platzte der Ball.
   - (D) Die Zuschauer stürmten den Platz.

Die Herren Delling und Netzer in Ausschnitten: Der Ex-perte!

Günter Netzer und Delling unterhalten sich über eine personalisierte Netzer-Briefmarke, die man in Österreich offiziell erwerben kann.

Netzer: »Die werd ich benutzen. Ich werde extra nach Österreich fahren, da die Briefe an Sie frankieren, wo ich mich wieder über Ihre Frechheiten beschwere ...«

Delling: »Aber sonst ist sie toll, 55 Cents ist sie auf jeden Fall wert. Ich krieg eine davon, nicht? Das hat einen Vorteil: Ich kann sie immer wegschicken, wenn ich mich aufrege ...«

★ ★ ★

Netzer: »Das konnte man nicht pfeifen!«

Delling: »Ja, für die Argentinier konnte man das nicht pfeifen. Das muss man ja auch für die Zuschauer sagen.«

Netzer: »Die Zuschauer verstehen mich, im Gegensatz zu Ihnen!«

Delling: »Ja, die drei, die Ihnen immer schreiben!«

★ ★ ★

Delling *redet über die Kroaten*: »... und dann ist da noch Ihr spezieller Freund.« (Dado Pršo)

Netzer: »Pirjo?« *Delling schmunzelt mit der Hand vorm Mund.*

Netzer: »Ich verstehe nicht, warum Sie jedes Mal in Hysterie verfallen, wenn ich den Namen Pirjo erwähne. Das ist die korrekte Aussprache!«

★ ★ ★

Delling überreicht Netzer einen Blumenstrauß.

Netzer: »Das ist ein wunderschöner Blumenstrauß, den würde ich von jedem außer Ihnen mit Freuden entgegennehmen.«

★ ★ ★

Netzer: »Kuranyi hat sich erstklassig bewegt, das ist das alles Entscheidende daran. Das ist heute kein Standfußballer gewesen ...«

Delling: »Ich sag dazu nichts mehr, Sie stehen ja gut im Augenblick ...«

★ ★ ★

Pausenanalyse beim Spiel Südafrika gegen Uruguay bei der WM 2010:

Günter Netzer zu Delling: »Aus Ihnen spricht wohl auch nur das Wunschdenken, weil Sie vermutlich ein schöneres Spiel sehen wollen!«

Delling: »Ja, natürlich, aber Sie sind schließlich der Experte, die Betonung liegt auf Ex!«

Zwölf goldene Regeln für Zuschauer und Schlachtenbummler

Bereits zwei Jahre vor der Einführung der Bundesliga hatte man sich in Hannover Gedanken darüber gemacht, wie man sich als Fan im Stadion auf solch vorbildliche Art und Weise verhält, dass man gleichzeitig dem eigenen Team die größtmögliche Unterstützung zukommen lässt und andererseits die gegnerische Mannschaft und ihre Anhänger respektiert. Am Ende ist ein beeindruckender Leitfaden entstanden, der jeden philosophischen Diskurs ohne Beanstandung durchlaufen würde. Einzig: Die letzten 50 Jahre haben leider gezeigt, dass der Fußballfan an sich im Stadion eher nach der Devise – »Jetzt mal 90 Minuten den Kopf freipusten lassen« – verfährt!

1. Begeisterung in Ehren, aber halte bei aller Freude über einen Erfolg deiner Mannschaft immer Maß!
2. Unterstütze deine Mannschaft nach Kräften, aber erkenne auch gute Leistungen des Gegners an!
3. Sei fair in deinen Beifallsbezeugungen! Verletze hierbei nicht die Gefühle des Gegners und seiner Anhänger!
4. Werde nicht überheblich und arrogant, wenn deine Mannschaft gewonnen hat!
5. Unterlasse alle gehässigen Zurufe – auch dann, wenn nach deiner Meinung der Gegner foul spielt! Lerne unterscheiden zwischen Härte und Foulspiel!
6. Mit herausfordernden Rufen und Sprechchören, sowie schlechtem Benehmen, hilfst du nicht deinem Verein, sondern schadest ihm!
7. Beachte Bitten und Anordnungen, die durch den Lautsprecher bekannt gegeben werden!
8. Spieler und Trainer sind dir für jede im sportlichen Rahmen bleibende Anfeuerung dankbar!
9. Verdamme nicht gleich den Schiedsrichter, wenn er nach deiner Meinung falsch entschieden hat!
10. Jeder überhebliche Vereinsfanatismus schlägt wie ein Bumerang zurück: Er bringt keinerlei Nutzen, aber großen Schaden!
11. Mach durch dein Benehmen nicht die Spieler der eigenen Mannschaft nervös! Lass sie vor dem Spiel und während des Spiels in Ruhe! Habe vor allem Geduld mit unseren jungen Spielern!
12. An deinem Benehmen als Zuschauer auf dem Sportplatz erkennt man deinen Charakter. Mit schlechtem Benehmen blamierst du nicht nur dich selbst, sondern auch deinen Verein; mit gutem Benehmen aber legst du Ehre ein für den HSV von 1896.

Den 96er Vereinsmitteilungen *aus dem April 1961 entnommen!*

Als ein Gewerkschaftsmitglied im Tor den S04 verklagte

Norbert Nigbur war sauer. 1.000 Mark Strafe hatte Schalke ihm aufgebrummt, weil er nicht zum Sonntagstraining erschienen war. Viel Geld für eine versäumte Einheit. Das wollte sich der Torhüter nicht gefallen lassen. Gut nur, freute Nigbur sich, dass er immer schön brav seine Beiträge an die Gewerkschaft gezahlt hatte. Jetzt sollen die mal gucken, was die für ihn tun können, dachte er sich und legte den Fall fast schon zu den Akten.

Die Anwälte der Deutschen Angestellten-Gewerkschaft (DAG) staunten nicht schlecht, als ihnen der prominente Bundesligatorwart seine Situation schilderte. Doch allen war eigentlich sofort klar: Das Ding können sie niemals gewinnen. Nur traute sich niemand, die schlechte Nachricht dem siegessicheren Nigbur zu überbringen. Und so machte man aus der Not eine Tugend.

Die Anwälte der DAG gingen in die Offensive. Man argumentierte, dass eine solche Strafe juristisch unter die Betriebsbuße falle und somit mitbestimmungspflichtig wäre. Vereinfacht ausgedrückt: Der Betriebsrat des S04 müsse erst darüber abstimmen, ob die Zahlung des Torwarts gerechtfertigt sei. Einziges Problem dabei: Schalke hatte gar keinen Betriebsrat. Das Arbeitsgericht Gelsenkirchen erklärte die Anwälte deshalb für bescheuert und wies die Klage Nigburs ab.

Doch mittlerweile war aus der kleinen internen Geldstrafe ein Fall von höchstem öffentlichen Interesse geworden, und der Torhüter war sich zudem immer noch keiner Schuld bewusst. Also zog man vor das Landesarbeitsgericht Hamm und siehe da: Die Richter meinten, das höre sich doch eigentlich ganz plausibel an und erklärten den Fall für Nigbur als gewonnen.

Jetzt rief sogar die altehrwürdige Sportschau aus Köln an. Ernst Huberty ließ sich ausführlich von der Sache berichten und wünschte Norbert Nigbur und seinen Anwälten viel Glück. Und das sollten sie brauchen.

Denn Schalke 04 pochte auf sein Recht und ging vor das Bundesarbeitsgericht. Und dort endete schließlich die Geschichte von einem verschlafenen Sonntag, einer gepfefferten Geldstrafe, einem Gewerkschaftsmitglied im Tor des S04 und einem Fall, der aussichtslos, aber nicht ohne Folgen war. Norbert Nigbur zahlte zähneknirschend die 1.000 Mark, strich fortan die »Internationale« aus seinem Gesangsrepertoire und hielt, was zu halten war. Von nun an auch wieder sonntags, wenn der Verein das von ihm wünschte.

Die Wiedervereinigung des deutschen Fußballs

Als im September 1986 Dänemark zu Gast im Leipziger Zentralstadion war, besuchte auch der westdeutsche Kaiser Franz Beckenbauer die Partie der DDR. Und obwohl niemand seine Anwesenheit verkündete, brandete von einem Moment zum nächsten ein ohrenbetäubender Jubel auf. Die Kunde, dass der Teamchef des DFB im Stadion sei, hatte die Runde gemacht. Beckenbauer fragte sich selbst und die mitgereisten Journalisten hinterher sichtlich gerührt: »Was würde wohl erst geschehen, träte unsere Mannschaft hier auf.«

★ ★ ★

Schon im Wendejahr 1989/90 erkannte das Magazin *Sport Bild*, dass die Zeit der Zonen-Päckchen bald vorbei sei. Und so hatte man in Hamburg einen geschickten Einfall: DDR-Geschenkabonnements. Dazu hieß es: »Wenn Sie Ihnen unbekannten SPORT-BILD-Freunden in der DDR eine große Freude machen wollen, schreiben Sie bitte ... Wir sind gerne bereit, Ihnen eine Adresse zu vermitteln.« Aufbau-Ost einmal anders.

★ ★ ★

Als Andreas Thom 1990 zu Bayer Leverkusen kam, hätte er sich alles kaufen können. Doch am liebsten ist der DDR-Star in den Supermarkt gegangen und hat eine neue Flasche Weichspüler gekauft. Die Erfindung schlechthin, fand Thom. Seinen neuen Kollegen hat er mit Grausen erzählt, wie schrecklich die DDR-Trikots früher immer nach der Wäsche gekratzt hätten. Und dann hat sich Thom schnell noch ein neues Shirt aus dem Bayer-Schrank genommen und andächtig über den weichen Stoff gestreichelt.

★ ★ ★

Im Januar 1990 war das ganze Land in der Wiedervereinigungs-Freude. Auch die Sportkontakte sollten aufgefrischt werden. Zu diesem Zweck wollten Fußballmannschaften Spiele mit Westvereinen abschließen. Hier einige DDR-Klubs mit nostalgisch-schönen Namen: BSG Empor Erfurt, BSG Chemie Spremberg, BSG Traktor Gahry, BSG Turbine Magdeburg, BSG GAN Bernau, BSG Fortschritt Meerane, BSG Motor Univeral Leipzig, BSG Einheit Mittelhausen, BSG Aktivist Schraplau.

WM 2010 – Die Reporter

»Maradona sieht so gesettlet aus mit seinem Anzug, wie ein Rinderbaron.« *Bela Rethy*

»Die gute Nachricht: In neun Minuten ist Schluss. Die schlechte: Danach geht es wahrscheinlich weiter …« *Oliver Polzer, ORF, bei der Partie Paraguay – Japan*

»Platini sitzt auf der Tribüne und sieht richtig guten Fußball – seitdem die Franzosen weg sind.« *Bela Rethy*

»75 Minuten sind geschafft! Entschuldigung – gespielt.« *Oliver Polzer, ORF, bei der Partie Paraguay – Japan*

»Dieser Pass stand gestern auch schon in der Zeitung.« *Oliver Polzer*

»Demichelis klärt vor seinem Frisurenpartner.« *Bela Rethy bei der Partie Griechenland – Argentinien*

»Von den Brasilianern weiß man, dass sie den Ball immer haben wollen und ihn meist erst nach dem Finale wieder hergeben.« *Oliver Polzer*

»Es ist unvorstellbar, dass ein 1.69 Meter großer Spieler wie Messi einen derart großen Schatten wirft, der alle anderen 19 Spieler bedeckt.«

Oliver Polzer, beim Spiel Argentinien – Nigeria

»Was haben sich die Beteiligten nur gedacht! Wenn ihr kein Tor schießt, schießen wir es auch nicht!« *Oliver Polzer beim Spiel Griechenland – Nigeria*

»Das ist für Miro Klose doch ein innerer Reichsparteitag.« *ZDF-Moderatorin Katrin Müller-Hohenstein nach Kloses erstem Treffer*

»Die Nordkoreaner machen keine Anstalten, etwas im System zu ändern.« *Oliver Polzer nach dem Rückstand gegen Brasilien*

Sentimentale Schalker Erinnerungen an das Parkstadion

Marko aus Düsseldorf: »Der Friedel Rausch hatte damals noch einen Laden in Gelsenkirchen, und wir hatten gehört, dass er auch manchmal Freikarten verschenkt. Da wir als Jugendliche wenig Geld hatten, sind wir ihn fragen gegangen und haben tatsächlich zwei Haupttribünenkarten vom Friedel bekommen. Darauf waren wir so stolz, dass wir die nicht entwerten lassen wollten, und haben uns am Stadion dann noch Stehplatzkarten gekauft.«

Stefan, Altenberge: »Ich erinnere mich an ein Spiel bei Mistwetter gegen Bayern München, als sich die halbe Kurve nach einem schnellen Rückstand bei strömendem Regen gegenseitig die Haare mit Sebamed-Duschgel-Proben gewaschen hat.«

Guido, Holzwickede: »Ich stand immer in der Nähe des Lautsprechermasten in Block 5, an dem immer die geklauten Schals gegnerischer Fans aufgehängt und verbrannt wurden. Irgendwann fing dann jedes Mal auch der Lautsprecher an zu brennen und kleine Feuerbälle aus brennendem Kunststoff tropften von oben herunter. Da musste man immer höllisch aufpassen, dass man die nicht abbekam.«

Stefan, Arnsberg: »Als ich meiner Tante stolz berichtete, dass ich mit meinem Vater das erste Mal in das Parkstadion fahre, hat sie mich gewarnt, dass ich mir dann aber vorher meine Taschen zunähen lassen muss. Auf meine irritierte Frage, warum das denn nötig sei, sagte sie nur: ›Weil sie dir sonst da reinpinkeln.‹«

Klaus, Hannover: »Bei einem meiner ersten Spiele als Knirps in der Südkurve zog sich plötzlich ein Typ hinter mir bis auf seine Feinrippunterhose aus und stellte sich brüllend auf den Wellenbrecher hinter mir. Was er gebrüllt hat, weiß ich nicht mehr, aber sein Gehänge, was rechts und links aus seiner Unterwäsche baumelte, ist mir sehr wohl in Erinnerung geblieben.«

Kregge: »Bei Regenwetter musste mein Freund meinen Studentenausweis immer als ›gefunden‹ bei der Polizei abgeben. In der Halbzeitpause wurde ich dann ausgerufen, dass ich das Ding an der Fundstelle auf der Haupttribüne abholen könne. So habe ich die zweite Halbzeit oft im Trockenen gesehen.«

Aus: »Mein Parkstadion: geliebt, gehasst, vermisst« von Stefan Barta

Schiedsrichter

1. Wann wurde der Schiedsrichter offiziell eingeführt?

- A 1875
- B 1880
- C 1892
- D 1902

2. Was erfand der englische Schiedsrichter Ken Aston?

- A Die Halbzeitpause
- B Die Eckfahnen
- C Das Tornetz
- D Die gelben und roten Karten

3. Mit welchem WM-Endspiel verbindet man die Namen Gottfried Dienst und Tofik Bachramow?

- A Deutschland – Ungarn 1954
- B Deutschland – England 1966
- C Deutschland – Niederlande 1974
- D Deutschland – Italien 1982

4. Wie hieß die Frau, die als erste eine Bundesligapartie pfiff (2. Liga)?

- A Andrea Nierychlo
- B Verena Knötel
- C Bibiana Steinhaus
- D Joana Tosetto

5. Wer pfiff in Folge von Trunkenheit bei der Partie Werder Bremen – Hannover 96 bereits nach 30 Minuten zur Halbzeit?

- A Walter Eschweiler
- B Ferdinand Biwersi
- C Wolf-Dieter Ahlenfelder
- D Hellmut Krug

6. Welcher Schiedsrichter zeigte die erste gelbe Karte der Fußballhistorie?

- A Kurt Tschenscher
- B Arturo Yamasaki
- C Anders Frisk
- D William Ling

Samsung gegen Commodore im Aktuellen Sportstudio

1989: Josef Heynckes und Christoph Daum kämpfen mit ihren Vereinen Bayern München und 1. FC Köln um die Meisterschaft. Unterstützt werden sie dabei von zwei Schlachtrössern des deutschen Fußballs: Udo Lattek und Uli Hoeneß. Vier Spieltage vor Schluss der Bundesliga und direkt vor dem Gipfeltreffen der beiden Rivalen trifft sich die Runde zu einem Streitgespräch im Aktuellen Sportstudio. Moderator Bernd Heller begrüßt die kampfeslustigen Herren:

Mod.: »Ja, nun sind wir mittendrin. Vier Wochen sind es noch bis zur Meisterschaftsfeier, und ich kann mich sehr gut daran erinnern, dass Sie beide, Christoph Daum und Uli Hoeneß, in einem Fernsehstudio bei den Kollegen von Bayern 3 waren und da haben Sie sich gegenseitig zur Meisterschaftsfeier eingeladen. Christoph Daum, Sie waren ja heute am Flughafen, haben Sie das Ticket nach München rein vorsorglich gekauft?«

Daum: »Ja, für den Uli Hoeneß, damit er nach Köln kommen kann!«

Hoeneß: »Aber ich geh´ mal davon aus, dass du die nicht für den 17. Juni gebucht hast, denn da werden wir ein großes Fest in München machen!«

Nach dem turbulenten Auftakt schaltet der Kölner Trainer für einen Moment einen Gang zurück. Könnte man meinen …

Daum: »Ich glaube, wir haben was bewegt, wir haben wieder Leben in die Bude reingebracht, und ich muss eins sagen, dass wir diese Chance, die wir uns jetzt erarbeitet haben, wir sind immerhin auch 17 Spiele ungeschlagen und mit einer Riesenmoral, dass wir diese Sache auch am Donnerstag ausnutzen werden, und ich kann jetzt nur sagen, dass Jupp Heynckes und Bayern München sich warm anziehen muss, wenn sie am Donnerstag nach Köln kommen.«

Mod.: »Hört sich gut an!« ***Heynckes** zupft lässig an seiner Krawatte:* »Dann packen wir die Pelzmäntel aus!«

*In **Uli Hoeneß** brodelt es. Etwas muss unbedingt noch gesagt werden:* »Also, etwas muss man schon noch sagen, kurz. Vielleicht musst du doch mal einen Rechner von Commodore kriegen, denn selbst wenn ihr gewinnt …«

Daum: »Wir haben Samsung-Geräte!«

Hoeneß: »… dann habt ihr noch zwei Auswärtsspiele und ein Heimspiel, der FC Bayern hat dann noch zwei Heimspiele und ein Auswärtsspiel. Selbst wenn ihr gewinnen solltet, ja, dann sind eure Chancen net besonders gut. Aber jetzt wollte ich zum Schluss dem Udo eine Frage stellen: Ich bin gestern angerufen worden, dass du wettest, dass der FC Köln Deutscher Meister wird!«

Ein Zuschauer ruft unter dem beifallklatschenden Gejohle des Publikums: »Wette ich aber auch mit!«

Das Studio bricht in schallendes Gelächter aus und Udo Lattek lacht mit.

Die Adressen der Stars: Hausbesuch bei Matthäus, Otten & Schumacher

In den achtziger Jahren gab es einen kleinen giftgrünen Kalender namens »Ensslin-Fußball-Taschenbuch«, der sich rasend schnell verkaufte und somit in den meisten Kinderzimmern der Republik zu finden war. Und obwohl das Kalendarium statt Fußballersprüche noch russische Weisheiten wie »Süß schmeckt, was sauer verdient ist« oder japanische Sprichwörter wie »Die Kehrseite hat ihre Kehrseite« schmückten, zeichnete sich dieser kleine Wegbegleiter Jahr für Jahr durch eine besondere Rubrik für alle Fans des runden Ledersports aus: »Die Adressen der Stars« versprühten einen besonderen Zauber. Kaum zu glauben, dass diese Halbgötter in Polyester-Trikots tatsächlich in ganz normalen Straßen mit ganz gewöhnlichen Namen und sogar mit völlig üblichen Hausnummern beheimatet waren.

Der alte Revoluzzer Paul Breitner wohnte 1983 beispielsweise im schönen Kuckucksweg 4 in Brunnthal, der immer schelmisch grinsende Reinhold Mathy in der Pappenheimer Straße 7 in München 2 und den Kaiser Franz Beckenbauer hatte es in der Hamburger Zeit in die Feldbrunnenstraße 16 verschlagen. Für Autogrammsammler war dieser giftgrüne Kalender eine einzigartige Fundgrube und für Stalker vermutlich eine Oase der Glückseligkeit.

In den Anfängen der achtziger Jahre war es anscheinend noch völlig normal, dass man als Anhänger wusste, wo der Star sich des Nachts bettete. Jahrelang wurde die Liste der Adressen immer länger und länger, bis sie irgendwann zu Beginn der Neunziger erst kürzer und schließlich ganz geschlossen wurde. Wenig tröstlich hieß es nun an gewohnter Stelle: »Für Autogrammwünsche erreicht ihr die Stars aber auch über ihren Verein. Die Anschriften der Bundesligaklubs findet ihr weiter hinten.«

Für all diejenigen, die noch einmal eine Nostalgie-Reise zurück in die Zeit der amtlich verkündeten Wohnstätten der Fußballstars machen wollen, hier einige ausgewählte Ziele (sicherlich auch mit der modernen wie anonymen Variante »Google Earth« anzusteuern) der früheren Ballvirtuosen:

Klaus Augenthaler, H.-Marschner-Straße 3h, 8011 Vaterstetten
Gerald Ehrmann, Mannheimer Straße 12, 6750 Kaiserslautern
Stefan Engels, Auf dem Wingert 61, 5219 Niederkassel-Mondorf
Thomas von Heesen, Hasselbusch 76, 2359 Henstedt-Ulzburg
Thomas Kempe, In den Elsen 35, 4224 Hünxe
Lothar Matthäus, Schieggstraße 23d, 8000 München 71
Andreas Möller, Toni-Sender-Straße 8, 6230 Frankfurt 80
Uwe Rahn, Heerstraße 56, 4056 Schwalmtal 1
Harald Schumacher, Krankenhausstraße 89, 5030 Hürth-Hermülheim
Wolfram Wuttke, Gaustraße 54b, 6702 Bad Dürkheim
Ralf Zumdick, Wirmerstraße 1, 4630 Bochum

Rauchende Fußballprofis: Mit der HB in der Hand

Klaus »Boxer« Täuber erzählte einmal frei von der Leber weg, dass für ihn früher die Vorbereitung auf ein Bundesligaspiel am Wochenende zumeist schon am Mittwoch angefangen habe. Denn da habe er begonnen, ganz intensiv zu probieren, nur noch die Hälfte zu rauchen.

Das Laster verfolgte den ehemaligen Profi schon seit den Anfängen seiner Karriere. Als junger Spieler beim 1. FC Nürnberg stand er einmal im Winter draußen auf dem Balkon des Spieltaghotels und rauchte. Als er seinen gestrengen Trainer Horst Buhtz im Augenwinkel aus dem Eingang kommen sah, schmiss er nicht etwa seine Zigarette auf den Boden, sondern schwang sich mit der Kippe im Mund über die Reling seines eigentlich ebenerdigen Balkons und landete ein Stockwerk tiefer in einem eiskalten und teilweise zugefrorenen Teich. Oberhalb des Grabens hörte Täuber seinen Trainer Horst Buhtz verzweifelt rufen: »Klaus, wo bist du denn?«

Rauchen und Fußballspielen, das ging schon immer, wie Dieter Schatzschneider voller Respekt für einen Kollegen einmal anmerkte: »Da gibt es einen, der kommt lässig daher, hat die HB noch in der Hand, spielt super – ich meine den Uwe Reinders. Das ist einfach seine Einstellung, dass es allein auf die 90 Minuten im Spiel ankommt.«

Auch Dieter Eckstein konnte von den verführerischen Glimmstängeln nicht lassen. Und dass, obwohl er versprochen hatte, bei einer Nominierung für die Nationalmannschaft die Sucht aufzugeben. Eckstein spitzfindig: »Ich habe gesagt, ich höre auf zu rauchen, wenn ich mein erstes Länderspiel von Anfang an bestreite. Darauf warte ich noch. Außerdem rauche ich so wenig, dass es sich kaum lohnt, aufzuhören.«

Bei der WM 1954 mussten die Raucher sogar hinaus aufs Wasser ausweichen, damit Sepp Herberger die Gelüste der Spieler nicht mitbekam. Eines Nachmittags, als man wieder einmal mit mehreren Booten auf den Thuner See gerudert war, planschte Heinz Kwiatkowski wie in junger Hund im Wasser. Die Mitspieler des Torwarts lachten sich halbtot, bis Ottmar Walter endlich realisierte, dass der »Heini« nicht schwimmen konnte. Mit vereinten Kräften wurde der Dortmunder gerettet. Als jedoch seine Frau Käthe von dem Malheur erfuhr, drehte sie durch: »Da kommst du mir nicht mehr hin, die bringen dich bei der Nationalmannschaft noch um!« Vielleicht hätte Kwiatkowski auf seine Frau hören sollen, denn so fing er sich nach den acht WM-Toren 1954 gegen Ungarn noch weitere sechs im Spiel um Platz 3 bei der Weltmeisterschaft 1958. Diesen Rekord wird wohl kein deutscher Keeper mehr brechen können. Das Rauchen hat sich der ehemalige Torhüter übrigens kurz danach abgewöhnt. Dafür hat Kwiatkowski eine andere Leidenschaft entdeckt: das Schwimmen.

Wenn der Mannschaftsbus ohne uns fährt: Lehmann und Maradona

Was verbindet den großen Jens Lehmann mit dem vielleicht noch eine Spur größeren Diego Armando Maradona? Keine Ahnung? Ganz einfach: Beiden ist im Alter von 22 Jahren der Mannschaftsbus einfach so vor der Nase weggefahren.

Dem Weltmeister von 1986 passierte dieses »Missgeschick« 1983 in Barcelona. Es war die Zeit, als Udo Lattek den ambitionierten Plan verfolgte, dem argentinischen Jungstar in einem Trainingslager in den Niederlanden das Laufen beizubringen. Nachdem Maradona unter dem Spott der Kollegen einige Male überrundet worden war, lief er zu seinem deutschen Übungsleiter und drohte ihm gestenreich und lautstark mit dem Tode, falls er nicht augenblicklich einen Ball auf den Rasen werfen wolle.

Einige Wochen später kam es dann zur ultimativen Machtprobe zwischen den beiden. Seit über einer halben Stunde saß die Mannschaft des FC Barcelona abfahrbereit im stickig warmen Bus. Alle waren da – bis auf einen. Zum wiederholten Male ließ der Superstar auf sich warten. Lattek hatte keine Wahl. Entweder er würde sich vor dem kompletten Team lächerlich machen oder er ließ den Bus ohne Maradona abfahren. Eines war ihm jedoch schon in diesem Moment klar: Egal, wie er sich auch entscheiden würde, er konnte nur verlieren.

Und so kam es, dass Maradona wutentbrannt noch am Camp Nou zum Präsidenten eilte, ihn um die Ablösung des verrückten Deutschen bat und einen Landsmann als Trainer, César Luis Menotti, forderte. Er sollte ihn bekommen!

Auf Schalke hatte Aleksandar Ristić im Januar 1992 kein Erbarmen mit Jens Lehmann. Als der Torhüter nicht rechtzeitig zum Treffpunkt erschien, ließ der Coach den Bus ohne Lehmann zu einem Hallenturnier nach Kiel aufbrechen. Der 22-jährige Keeper reagierte schnell, stieg kurzerhand in sein eigenes Auto und kam sogar früher als die Mannschaft im Hotel an. Doch Ristić gab sich keine Blöße. »Ich will dich nicht mehr sehen, fahr nach Hause«, fauchte er Lehmann an und drehte sich weg. Den anwesenden Journalisten erzählte er anschließend, dass der Torhüter schon mehrmals zu spät erschienen sei und jetzt endgültig Schluss mit diesen Eskapaden sein müsse. »Es gibt Leute, die sind nicht klar im Kopf und kommen mit ihrem Beruf nicht zurecht«, fällte der Bosnier ein vernichtendes Urteil und fügte noch hinzu: »Das ist nicht mehr die gelbe Karte, sondern schon die rote.«

Als vier Wochen später die Rückrunde begann, stand Lehmann, wie in allen Partien der Saison, jedoch wieder im Schalker Tor, als wäre nie etwas geschehen. Ristić hingegen musste nur acht Wochen danach seinen Hut nehmen. Im internen Votum hatte sich die Mannschaft mit 19:0-Stimmen gegen ihren Trainer ausgesprochen.

WM 2010 – Lästern

»Ich finde es gut, dass die Mannschaft mit Trainer und mit Plan gegen die Mannschaft ohne Trainer und ohne Plan gewinnt.« *Thomas Tuchel, Trainer von Mainz 05 nach dem 4:0-Sieg Deutschlands im WM-Viertelfinale gegen Argentinien*

»Felipe Melo sollte seinen Urlaub lieber nicht in Brasilien verbringen.« *Ronaldo via Twitter nach dem Eigentor und der roten Karte seines Landsmanns beim 1:2 im WM-Viertelfinale gegen die Niederlande*

»Ich habe kein Geld übrig für eine Eintrittskarte, um Brasilien spielen zu sehen.« *Johan Cruijff*

»Ich habe das Gefühl, England ist nicht mehr das Mutterland des Fußballs, eher das Großmutterland!« *Harald Schumacher*

»Die Ghanaer kochen, wenn überhaupt, auch nur mit Wasser.« *Olaf Thon*

»Wenn das die besten Schiedsrichter sind, die die Fifa zu bieten hat, will ich die schlechtesten nicht sehen.« *Ryan Nelsen, Neuseeland*

»Ich finde, dass bei einer WM nur die besten Schiedsrichter pfeifen sollten, die auch sonst in den großen Ligen pfeifen – und nicht irgendwo am Strand.« *Ottmar Hitzfeld*

»Der kann doch kein Deutscher sein! Podolski verpatzt einen Elfmeter ... aber er wurde auch in Polen geboren.« *Die englische Zeitung Daily Mail nach Deutschlands 0:1-Niederlage gegen Serbien über Deutschlands ersten vergebenen Strafstoß bei einem WM-Turnier seit 1974*

»Ich werde nicht über einzelne Spieler reden – aber Rooney spielte nicht wie Rooney.« *Englands Teammanager Fabio Capello*

»Va te faire enculer, sale fils de pute (Fick dich in den Arsch, du Hurensohn)« *Schlagzeile der L'Equipe zu Nicolas Anelkas Satz an den Nationaltrainer Raymond Domenech*

»Dieses Negerlein, welches damals mit der Nr. 10 spielte, war doch der Meinung, man könne hier in Südafrika keine WM austragen. Unglaublich. Jeder sieht, dass es gut funktioniert.« *Maradona über Pelé*

Ralf Piorr: Als Abel sich die Schuhe lieh

Torjäger Jochen Abel ist im Revier eine Legende. Erst schrie und schoss er mit geballter Faust und hochrotem Kopf Westfalia Herne 1975 in die Zweite Bundesliga, dann wechselte er zum VfL Bochum, wo er bis heute mit 60 Treffern die Rekordtorschützenliste anführt. Zwei weitere Jahre für Schalke 04 ließen ihn zu der Aussage bewegen: »Ein Leben lang in Blau-Weiß.« Aber 1984 war der Mann mit der Mogli-Frisur plötzlich verschwunden. Der gebürtige Düsseldorfer nahm ein Angebot aus dem fußballerisch abseitigen Liechtenstein an, als Spielertrainer beim FC Vaduz sein aktives Fußballersein ausklingen zu lassen. So blieb zwischen dem Stadion am Schloss Strünkede und der Castroper Straße nur die Erinnerung und die Frage: Was macht eigentlich Jochen Abel?

2004 wurde diese Frage endlich beantwortet. Zum 100-jährigen Jubiläum der Westfalia aus Herne kam Abel mit seinen Spielern, einem Liechtensteiner Kreisligisten, zu Besuch in den Pott. Es wurde geherzt und gelacht und auf die Schulter geklopft. Aber nein, winkte er, der einst auf dem Platz ein stürmender Berserker war, ab, am Jubiläumsspiel könne er nicht teilnehmen, da er einen Herzinfarkt gehabt und der Arzt ihm jede sportliche Betätigung untersagt habe. Nein, vielen Dank, erwiderte er höflichst, nicht einmal einen Elfmeter in der Halbzeitpause. »Sie wissen ja, der Arzt, meine Frau usw.« Gefeiert wurde er trotzdem, was der heutige Lagerist und Hobbytrainer gerührt entgegennahm. Aber als sich seine alten Kollegen in der alten Westfalia-Kabine umzogen und er im Anzug danebenstand, merkte man, wie er unruhig wurde. Er trippelte von einem Fuß auf den anderen und konnte regelrecht nicht mehr an sich halten. »Frank«, raunzte er seinen alten Kollegen Frank Schulz an, »kannst du mir ein paar Schuhe leihen?« Seine Stimme zitterte dabei. Gefragt, getan. Auch Handtücher und Dusch-Gel für später standen flugs parat. Jochen Abel zog sich um und führte als Kapitän seine Mannschaft auf das Spielfeld. Natürlich rannte er unmöglichen Bällen hinterher. Natürlich machte er sein Tor. Mit hochrotem Kopf und immer am Schimpfen. Wie früher. Die Fans feierten ihn bis in die frühen Morgenstunden, so dass er mehr als einmal mit den Tränen kämpfen musste. Selbst am reichlich besuchten Pissoir spielten sich unglaubliche Szenen ab. Abel wollte sich gerade erleichtern, als einige Fans ihn erkannten, die das gleiche Bedürfnis hatten wie er. Schnell umringten sie ihn und skandierten lauthals: »Joch-En A-Bel Fuss-Ball-Gott.« Gerührt nahm er die Ovationen entgegen und schloss beinah schüchtern seinen Hosenstall. Am nächsten Tag nahm er verkatert Abschied. »Es war unvergesslich«, sagte er, »aber erzählt nicht meiner Frau, dass ich hier gespielt habe.« Klar, Jochen.

Kuriositäten der Bundesliga

1. Wie entspannte sich der ehemalige Bayern-Torhüter Raimond Aumann nach Pannen in der Liga?

- A Beim Trabrennen mit eigenem Pferd
- B Mit einem guten Buch von Johannes Mario Simmel
- C Beim Skat mit seinen Spezis
- D Er hörte Musik von Frederic Chopin

2. Bei welchem Verein steht im Vertrag, dass die Spieler nicht weiter als 35 km vom Stadion entfernt wohnen dürfen?

- A Hertha BSC Berlin
- B VfL Wolfsburg
- C Bayern München
- D FC Schalke 04

3. Welcher Torwart absolvierte 1981 seinen Wehrdienst in der Funkkaserne München?

- A Harald Schumacher
- B Eike Immel
- C Walter Junghans
- D Ralf Zumdick

4. Was hat der ehemalige Stuttgarter Manfred Kastl nach seiner Karriere eröffnet?

- A Alten- und Pflegeheim
- B Go-Kart-Bahn
- C Minigolfanlage
- D McDonalds-Filiale

5. Von welchem Verein ist Uwe Bein seit seiner Kindheit Fan?

- A Hamburger SV
- B Werder Bremen
- C FC Schalke 04
- D Borussia Mönchengladbach

6. Mit was half Hansa-Stürmer Florian Weichert Jörg Pilawa 1992 aus der Patsche?

- A Auto
- B Kassetten
- C Rasierapparat
- D Kondomen

Bunter Fundgruben-Mix

Der *Reviersport* spürte 1990 eine lustige Anrufbeantworter-Geschichte auf: »In der Stadionzeitung *VfL Express* hatte Reekers auf die Frage, wie lautet ihr Lieblingswitz Folgendes geantwortet: ›Meinen Lieblingswitz kann ich leider der breiten Öffentlichkeit nicht mitteilen. Aber man kann mich anrufen unter folgender Nummer …‹ Die Telefonnummer, die dann folgte, war die seines Mannschaftskameraden Ostermann, der von Stund an keine ruhige Minute mehr hatte. Doch Ostermann schlug zurück. Flugs besorgte er sich einen Anrufbeantworter, auf dem er den Neugierigen Folgendes mitteilte: ›Die Rufnummer hat sich geändert, die neue Nummer lautet …‹ Was dann kam, war die ebenfalls geheime Telefonnummer von Rob Reekers. Der hatte keinen Anrufbeantworter und muss jetzt am Montag zur Post, um sich eine neue Geheimnummer geben zu lassen.«

★ ★ ★

Nach Toni Schumachers schlimmen Foulspiel an dem Franzosen Patrick Battiston während der Weltmeisterschaft 1982 in Frankreich wunderten sich Millionen Zuschauer, wieso der Torhüter keine rote Karte sah. Verschwörungstheoretiker entwarfen den Plan, dass der Schiedsrichter der Partie ein holländischer Brauerei-Direktor sei, dessen Firma die größten Umsätze in Deutschland mache. Und um den WM-Reibach nicht zu gefährden, habe der Spielleiter Schumacher nach dessen Foulspiel auf dem Platz gelassen.

★ ★ ★

Reiner Calmund wurde einmal gefragt: »Wann haben Sie zuletzt gelogen?« Und der ehemaliger Bayer-Manager antwortete ehrlich: »Als ich zu meinem achtjährigen Sohn Marcel sagte: ›Schade, dass unser Haus abgebrannt ist, sonst hättest du in Papas Zeugnissen sehen können, dass er der Beste in der Schule war.‹ Da schimpfte er: ›Ist gelogen – das Haus ist gar nicht abgebrannt!‹«

★ ★ ★

Andere Länder, andere Sitten. Als Dragoslav Stepanovic 2004 in China als Trainer beschäftigt war, musste er in Sachen Frauen und Fußball einiges dazulernen: »Sie dürfen nicht heiraten, bevor sie 30 Jahre alt sind. Frauen bringen Unglück im Fußball. Deswegen musste meine Frau auch einmal eine andere Maschine nehmen, als sie uns zu einem Auswärtsspiel begleiten wollte.«

Tulpen-Beckham, Rotbäckchen und der Trainer – Spitznamen Teil III

Der ehemalige Spieler des Hamburger SV, Frank Rohde, wird von allen nur »Wuschi« gerufen. Heute käme angesichts des natürlichen Alterungsprozesses wahrscheinlich niemand mehr auf diesen Spitznamen, aber in frühen Jahren war das anders: »Den Namen verpasste mir ein Jugendtrainer von Dynamo Rostock wegen meines Wuschelkopfs. Heute nennt mich sogar meine Tochter so.«

Dass sich besonders originelle Spitznamen sogar generationenübergreifend weitervererben lassen, zeigt besonders schön das Beispiel der Familie des ehemaligen Profis Michael Kostner. Sein früherer Mitspieler zu Saarbrücker Zeiten, Matthias Hönerbach, verpasste ihm den Beinamen »Balu«. Aus seiner Erinnerung heraus verschweigt der stets etwas pummelige Kostner zwar einen weiteren Grund für seinen Spitznamen, aber er erzählt dafür die schöne Geschichte der Geburt eines neuen kleinen »Balu«: »Wir hatten damals drei Michaels in der Mannschaft: Preetz, Krätzer und mich. Matthias sagte dann, ich hätte die Ruhe wie Balu der Bär aus dem Disney-Film ›Dschungelbuch‹. Und jetzt hat sogar mein Sohn Kevin den Namen übernommen, weil es in seiner Mannschaft drei Kevins gab und ein Vater das so vorgeschlagen hatte.«

Dass Familie und Beruf offensichtlich nicht immer zu trennen sind, zeigt auch das Beispiel der Familie Rehhagel. Auf die Frage, wie sie ihren Mann Otto denn zu Hause rufe, gab Beate Rehhagel offenherzig zu: »Trainer«. Durchaus naheliegend.

Und irgendwie hatten wir uns die Entstehung des mittlerweile eingebürgerten »Jimmy« schon immer gedacht. Doch es ist beruhigend zu hören, dass es tatsächlich genauso war, wie William Georg Hartwig selbst erklärte: »Ich habe als junger Mann gern einmal einen Whiskey getrunken, Jim Beam hieß die Marke. Daher mein Spitzname.«

Weitere Spitznamen der Bundesliga:

Wolfgang Funkel – Finke
Robert Huth – The Berlin Wall
Uwe Jähnig – Dressman
Günter Kutowski – Katsche
Dirk Lottner – Lotte
Markus Münch – Magic
Frank Neubarth – Sokrates
Hans-Uwe Pilz – Champi (abgeleitet vom Edelpilz)
Uwe Rahn – Helmut
Karl-Heinz Rummenigge – Rotbäckchen
Zoran Tosic – Bambi
Rafael van der Vaart – Tulpen-Beckham

Dragoslav Stepanovic: »Du Arschloch oder Sie Arschloch ist dasselbe!«

Ein einziger Satz hat ihn auf ewig unvergessen gemacht. Dragoslav Stepanovic hat ihn am 16. Mai 1992 nach dem verlorenen Bundesligafinale in Rostock gesagt: »Lebbe geht weiter!«

Im Rückblick kann man ganz gut nachvollziehen, was Bayer-Manager Reiner Calmund beabsichtigte, als er 1993 den serbischen Trainer zur Werkself nach Leverkusen holte und dies so begründete: »Mit Stepi kommt bei uns mal richtig Zirkusmief in die Bude.«

Denn der Dauer-Zigarrillo-Paffer und ehemalige Kneipier aus Frankfurt hatte schon bei seinem Eintracht-Engagement kein Blatt vor den Mund genommen. Kurz bevor der Fußball endgültig zu einem klinisch reinen Groß-Event gemacht wurde, bei dem Pressesprecher und Marketing-Beauftragte Interviews so lange durch die Heißmangel ziehen, bis am Ende nur noch einwandfrei saubere Standardfloskeln übrig bleiben, redete der hessische Serbe wohltuend frei von der Leber weg. Das bekam auch einmal ein ehemaliger Bayern-Spieler zu spüren.

Nachdem Norbert Nachtweih Stepanovic als »Blender« und »Arschloch« tituliert hatte, meinte die Sportpresse, den Grund für Nachtweihs Rauswurfs bereits gefunden zu haben. Doch der Trainer setzte in einem Gespräch mit der *Sport Bild* noch einen oben drauf: »Er ist es nicht wert, über ihn zu sprechen. Nur so viel: Ich sah ihn zwei-, dreimal vormittags mit roten Augen. Nachtweih hatte eine Fahne – da war ich schon vom Riechen besoffen.« Das saß!

Dabei war es Stepanovic tatsächlich egal, wie ihn die Spieler beleidigten. Denn duzen durften sie ihn alle. »Du Arschloch oder Sie Arschloch ist dasselbe«, meinte der Trainer pragmatisch und zog verschmitzt an seinem Zigarrillo.

Mit Uli Stein verband Stepanovic zu der damaligen Zeit eine Art Hassliebe. Als der Torwart ihm »Ahnungslosigkeit« vorwarf, konterte der Trainer: »Es interessiert mich nicht, was der babbelt. Der ist so aufgeladen und erzählt Scheiße. Normalerweise muss ich ihn umbringen. Aber dann sehe ich seine Leistung und bekomme so ein großes Herz.«

Seinen offensichtlich lustlos agierenden Eintracht-Profis Gründel, Kruse, Sippel und Studer rief der Coach nur hinterher: »Wenn ich sehe, wie die laufen – das kotzt mich an!« Und dem sensiblen Möller riet er: »Du musst dich wehren. Ich kann dir nicht mehr helfen. Soll ich jedes Mal zu Kruse gehen und ihn schlagen, wenn er was zu dir gesagt hat?«

Als Stepanovic 2008 60 Jahre alt wurde, meinte er: »Ich wünsche mir keine Rente – solange ich gehen kann, solange ich nicht verkalkt bin, mache ich weiter.« Warum auch nicht? Das Lebbe geht ja schließlich auch immer weiter und weiter!

Fußballstars intim: Schlaue Fragen und noch schlauere Antworten

Teil VI

Die Stars der achtziger und frühen neunziger Jahre hatten auf alle noch so abenteuerlichen Fragen eine passende Antwort parat. Doch was am Ende sonderbarer war – die Fragen der Fans oder die Antworten der Fußballidole –, liegt wie immer ganz im Auge des Betrachters. Teil VI ganz pur:

Edu (Bruder von Zico): *Wann haben Sie das Talent von Zico entdeckt?* Bei seiner Geburt. Er ist mit dem Ball am Fuß auf die Welt gekommen.
An den Pferdeliebhaber Klaus Allofs: *Stimmt es, dass Ihr Sohn Pferdinand heißt oder ist das ein Gerücht?* Wir haben lange mit dem Gedanken gespielt, uns dann aber doch für Niklas entschieden.
Fritz Walter jun.: *Welche Frage stellen Ihnen fremde Menschen am häufigsten?* Sind Sie mit Fritz Walter verwandt?
Dieter Hoeneß: *Ich würde gerne wissen, ob es stimmt, dass Franz Josef Strauß auf der Hochzeit deines Bruders Uli war.* (Alexandra H., 7130 Mühlacker) Das stimmt, ich habe ihn auf der Herrentoilette getroffen.
Wiggerl Kögl: *Stimmt es, dass du zwei Freundinnen hast?* (Annette H., Bielefeld) Ich kenne bloß eine.
Matthias Sammer: *Was wäre, wenn Sie Journalist wären?* Dann würde ich mich mit allem beschäftigen – nur nicht mit Fußball.
Dragoslav Stepanovic: *Was wäre, wenn Sie bei Bundesligaspielen statt eines Anzugs einen Trainingsanzug tragen müssten?* Dann würde ich nur schwitzen, weil ich mich wie im Training fühlen würde.
Winfried Schäfer: *Wie finden Sie Franz Beckenbauer?* (Andreas S., 5300 Bonn 2) Indem ich nach Kitzbühel in Österreich fahre.
Thomas Allofs: *Würdest du bei angemessener Gage Werbung für Toilettenpapier machen?* (Ansgar K., 4518 Bad Laer 1) Erst wenn ich es getestet habe und es wirklich gut ist.
Stefan Reuter: *Wie viele Kinder wollen Sie einmal?* (Monika M., 7312 Nabern) Kommt auf die Anzahl meiner Frauen an.

Mein Verein

»Ich bin Angestellter des 1. FC Köln und würde auch trainieren, wenn der Trainer Willy Millowitsch hieße.« *Toni Schumacher*

»Sollte ich jemals ein schlechtes Wort über Mainz 05 verlieren, dann möchte ich sofort eins mit der Eisenstange gegen das Schienbein bekommen.« *Der Dortmunder Trainer Jürgen Klopp zu seiner Zeit in Mainz*

»Ob sie dir nun auf den Hintern klopfen oder in den Hintern treten – in Köln gibt es wenigstens Menschlichkeit.« *Pierre Littbarski*

»Schalke ist wie eine schöne Krankheit. Wenn du sie einmal hast, wirst du sie Gott sei Dank nicht mehr los.« *Schalke-Fan Hubert Tecker*

»Dass der Otto Paulick vorbestraft ist, macht überhaupt nichts. Das bin ich doch auch.« *Tattoo-Theo, Fanklub-Vorsitzender, über den Präsidenten von St. Pauli*

»Ich liebe Blackpool. Wir sind uns sehr ähnlich. Wir sehen beide im Dunkeln besser aus.« *Ian Holloway*

»Dat die auch noch was dafür kriegen, wenn se für Schalke kloppen dürfen.« *Ernst Kuzorra*

»Ich möchte den Verein nie verlassen. Ich möchte bis zu meinem Lebensende hier bleiben und am liebsten noch darüber hinaus.« *Alan Shearer*

»Alle Taxifahrer in Manchester sind City-Fans. Wenn man zu United will, fahren die einen irgendwo in die Pampa und schmeißen einen da raus.«

Dino Toppmöller

»Berlin hat alles. Es ist eine kosmopolitische Stadt mit Theatern, Kinos und aufgeschlossenen Leuten. Nottingham hat nahezu nichts außer Robin Hood – und der ist tot.« *Bryan Roy bei seinem Wechsel von Nottingham Forest zu Hertha BSC*

Zwischen Ausmusterung und Bundeswehr: Der dienende Profi

Als Fußball-Nationalspieler Lukas Podolski im April 2005 seinen Zivildienst antrat, tat er dies mit einer Pressekonferenz an seinem künftigen Arbeitsplatz, dem Olympiastützpunkt in Köln. Von da an hörte man vom zivildienstleistenden Fußballprofi allerdings nicht mehr viel. Immerhin sei dies damals für ihn eine »Sache der Ehre«, wie er es selbst nannte, gewesen: »So etwas muss jeder ableisten, ich werde das machen wie jeder andere auch.«

Damit hatte er seinem Frankfurter Kollegen Faton Toski in punkto Einstellung bereits einiges voraus. Der Deutsch-Kosovare hatte nämlich auch auf Mahnungen der Behörde nicht reagiert und wurde erst unter Androhung eines Feldjäger-Einsatzes gefügig. Für den Einführungs-Lehrgang beim Roten Kreuz musste Toski sogar vorzeitig ein Trainingslager der Eintracht abbrechen. Völlig überrascht äußerte er sich gegenüber den amüsierten Journalisten: »Ich wusste nicht, dass es so eilig war.«

Der beinharte Defensivspieler des TSV 1860 München, Dominik Stahl, zog im Gegensatz zu den kriegsfeindlichen Kollegen aus der Geschichte der Bundesliga, wie Ewald Lienen, Marco Bode oder Per Mertesacker, den Dienst an der Waffe vor. Nach einigen Gefechts- und Schießübungen gelangte der talentierte Profi zudem zu der Einsicht: »Es gibt ja sogar gewisse Ähnlichkeiten zwischen den beiden Bereichen. Allerdings kann ich im Spiel schlecht mit einem Gewehr auflaufen.« Prominente Vorbilder für Stahl waren beispielsweise Nationalspieler wie Olaf Thon oder auch Thomas Häßler. Der Kölner wurde 1987 sogar mit der Militärmannschaft Vizeweltmeister.

Es gibt und gab allerdings auch immer wieder einige »Drückeberger« unter den Bundesligaspielern. Der emsige Langzeitprofi Jürgen Kohler wurde aufgrund von »Kreuzbeschwerden« ausgemustert und den Bayern-Torwart Raimond Auman plagten mehrere Bänderrisse im Knie so arg, dass er zwar Samstag für Samstag zwischen den Pfosten seinen Mann stehen konnte, aber für die Bundeswehr nicht infrage kam. »Auf das Knie beziehe ich sogar eine Rente«, argumentierte Aumann durchaus schlagkräftig.

Auch Bochums Thorsten Legat wollte man aufgrund seiner »Rückenbeschwerden« lieber nicht zum Dienst an der Waffe heranziehen. Auf die Nachfrage, ob er denn diese Schmerzen auch beim Fußball oder Bodybuilding spüre, antwortete Legat naiv-ehrlich: »Nee, nur beim Spazierengehen.«

Den seltsamsten Grund aller Zeiten für die Ausmusterung dürfte allerdings Eike Immel gehabt haben. Die Bundeswehr musste leider auf den Torhüter verzichten, weil dieser einen »Sehfehler« hatte. Für den nationalen Dienst auf dem grünen Rasen erklärte ihn Teamchef Franz Beckenbauer bei der EM 1988 dann allerdings doch für tauglich.

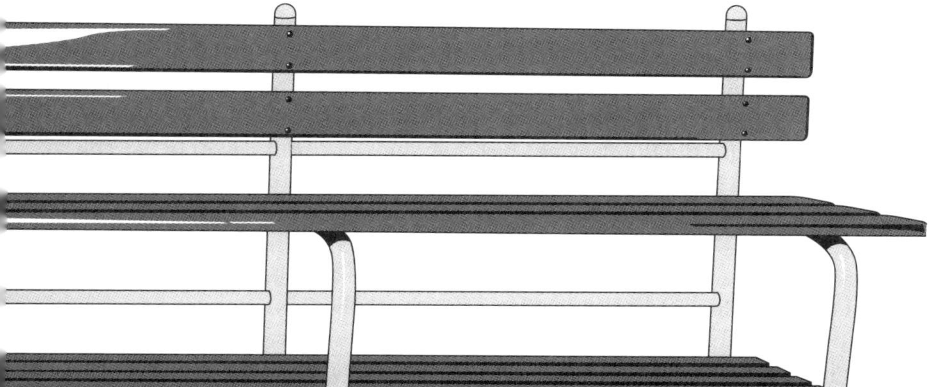

Lösungen!

Seite 2
1. A, 2. B, 3. C, 4. B, 5. D, 6. A

Seite 4
1. Lilien
2. Veilchen
3. Kanoniere
4. Toffees
5. Löwen

Seite 9
Bum Kun Cha
Friedhelm Funkel
Thomas Stickroth
Falko Götz
Ralf Falkenmeyer
Wolfram Wuttke

Seite 16
1. D, 2. D, 3. C, 4. C, 5. A, 6. D

Seite 23
1. A, 2. D, 3. A, 4. C, 5. B, 6. A

Seite 30
Erdal Keser
Michael Schulz
Norbert Dickel
Michael Lusch
Michael Zorc
Stephane Chapuisat

Seite 37
1. A, 2. D, 3. A, 4. C, 5. B, 6. B

Seite 44
1. A, 2. C, 3. A, 4. A, 5. C, 6. B

Seite 51
1. A, 2. B, 3. B, 4. A, 5. B, 6. A

Seite 58

1. D, 2. C, 3. B, 4. A, 5. D, 6. A

Seite 65

Ata Lameck
Hans Walitza
Ralf Zumdick
Dieter Bast
Jochen Abel
Thomas Kempe

Seite 67

1 Pickles
2 Dave Mitchell
3 Gerd Müller
4 Schalke
5 Christoph Daum

Seite 72

1. A, 2. D, 3. B, 4. B, 5. B, 6. B

Seite 79

1. C, 2. B, 3. D, 4. D, 5. A, 6. A

Seite 86

Gerd Müller
Uli Hoeneß
Dieter Hoeneß
Paul Breitner
Karl-Heinz Rummenigge
Lothar Matthäus

Seite 93

1. A, 2. A, 3. C, 4. A, 5. D, 6. C

Seite 100

1. B, 2. B, 3. C, 4. A, 5. B, 6. B

Seite 107

1. C, 2. C, 3. D, 4. A, 5. B, 6. D

Seite 114

Terry Butcher
René Higuita
Péter Disztl
Ruud Gullit
Gary Lineker
Michel Platini

Seite 121

1. D, 2. D, 3. D, 4. D, 5. D, 6. D

Seite 128

1. C, 2. D, 3. B, 4. C, 5. A, 6. D

Seite 135

1. A, 2. A, 3. A, 4. B, 5. B, 6. C

Seite 142

1. A, 2. D, 3. C, 4. A, 5. B, 6. B

Seite 144

❶ Eigenrauch
❷ Sammer
❸ Borowka
❹ Gullit
❺ Müller

Seite 149

Fritz Walter
Uwe Seeler
Jürgen Klinsmann
Helmut Rahn
Andreas Brehme
Oliver Kahn

Seite 156

Joachim Löw
Rudi Völler
Timo Hildebrand
Mike Werner
Stefan Effenberg
Wolfgang Kleff

Seite 163
1. B, 2. D, 3. A, 4. B, 5. B, 6. B

Seite 170
1. B, 2. D, 3. B, 4. D, 5. B, 6. C

Seite 177
Gerd Rubenbauer
Waldemar Hartmann
Michael Steinbrecher
Hans-Joachim Rauschenbach
Dieter Kürten
Ulli Potofski

Seite 184
1. D, 2. D, 3. D, 4. D, 5. B, 6. D

Seite 191
1. A, 2. C, 3. B, 4. A, 5. C, 6. B

Seite 198
Carles Puyol
David Beckham
Zinédine Zidane
Cristiano Ronaldo
Ronaldinho
Lionel Messi

Seite 205
1. C, 2. C, 3. D, 4. A, 5. B, 6. C

Seite 212
Eberhard Vogel
Jürgen Sparwasser
Joachim Streich
Hans-Jürgen Kreische
Hans-Jürgen Dörner
Rico Steinmann

Seite 219
1. D, 2. D, 3. B, 4. A, 5. A, 6. B

Seite 226

Asgeir Sigurvinsson
Buffy Ettmayer
Jürgen Wegmann
Bernd Schuster
Guido Buchwald
Olaf Thon

Seite 228

1. Spanien
2. Kwiatkowski
3. Effenberg
4. Ehrmann
5. Burgsmüller

X	L	P	I	B	L	S	S	U	D	K
I	O	F	I	U	L	P	W	F	W	W
U	C	E	H	R	M	A	N	N	A	I
S	K	F	T	G	U	N	L	J	L	A
I	V	F	V	S	H	I	T	I	L	T
T	K	E	A	M	V	E	E	N	H	K
Z	C	N	E	Ü	T	N	Q	N	K	O
L	Ö	B	K	L	H	V	X	F	H	W
Ü	F	E	Ü	L	A	I	D	E	J	S
E	C	R	P	E	N	O	A	E	A	K
O	C	G	O	R	F	E	Z	E	Ä	I

Seite 233

1. B, 2. D, 3. A, 4. B, 5. C, 6. B

Seite 240

1. A, 2. B, 3. C, 4. D, 5. B, 6. C

Seite 247

Karl Del'Haye
Michael Harforth
Toni Schumacher
Günter Netzer
Rudi Bommer
Uwe Kamps

Seite 254

1. C, 2. B, 3. D, 4. B, 5. B, 6. B

Seite 261

Thomas Schaaf
Günter Hermann
Mirko Votava
Jonny Otten
Frank Ordenewitz
Oliver Reck

Seite 268

1. D, 2. D, 3. D, 4. C, 5. D, 6. D

Seite 275

Walter Eschweiler	**Wolf-Dieter Ahlenfelder**
Manfred Amerell	**Lutz Wagner**
Franz-Xaver Wack	**Michael Kempter**

Seite 282

1. D, 2. D, 3. B, 4. B, 5. B, 6. C

Seite 289

1. A, 2. B, 3. B, 4. B, 5. D, 6. A

Seite 296

Manfred Kaltz	**Felix Magath**
Ditmar Jakobs	**Thomas von Heesen**
Uwe Hain	**Dietmar Beiersdorfer**

Seite 298

1 **Rahn**
2 **Ricken**
3 **Butter**
4 **Pique**
5 **Tango**

X	L	L	I	W	L	I	B	U	D	J
I	O	F	S	N	E	S	U	F	W	E
A	C	P	I	Q	U	E	T	K	A	I
F	K	B	T	F	T	C	T	L	L	U
I	V	E	I	A	H	E	E	N	L	L
S	R	R	A	H	N	V	R	N	H	T
Z	C	I	W	F	T	G	S	N	K	E
L	Ö	C	K	L	G	V	O	F	W	H
Ü	F	K	Ü	K	A	S	D	E	J	X
A	E	E	P	P	N	K	A	E	Ü	O
O	N	N	O	H	M	I	Z	E	Ä	V

Seite 303

1. A, 2. A, 3. C, 4. B, 5. A, 6. C

Seite 310

Christoph Daum	**Otto Rehhagel**
Peter Neururer	**Thomas Doll**
Udo Lattek	**Uwe Klimaschefski**

Seite 317

1. B, 2. C, 3. C, 4. B, 5. C, 6. C

Seite 324
1. D, 2. B, 3. C, 4. A, 5. D, 6. A

Seite 331
1. A, 2. C, 3. D, 4. A, 5. C, 6. A

Seite 338
Carlos Valderrama
Eric Gerets
Hugo Sanchez
David Seaman
Diego Maradona
Graeme Souness

Seite 345
1. B, 2. A, 3. B, 4. D, 5. C, 6. A

Seite 352
1. B, 2. D, 3. B, 4. C, 5. C, 6. A

Seite 359
1. D, 2. B, 3. C, 4. A, 5. C, 6. B

Danke, danke, danke sehr!

Jürgen von der Lippe und seinem Team von »Was liest du?« gehört das erste Dankeschön. Der Mann, der »auf dem Klo eine kleine Präsenzbibliothek« beherbergt, hat es durch seine unterhaltsame TV-Sendung geschafft, die »Klolektüre« aus der Schmuddelecke zu befreien. Der Untertitel dieses Buchs ist eine stille Verneigung für von der Lippes ehrenvolle Verdienste.

Ein weiteres Dankeschön geht an die Autoren Enno Aljets, Marco Carini, Alois Gstoettner, Uli Hesse, Moddin Meyer, Christoph Nagel & Michael Pahl, Ralf Piorr, Sascha Roolf, Christoph Ruf, die Quizkönige Christian Püllenberg & Marcus Straßmann von »Bergmann fragt!« und natürlich Frank Goosen.

Schließlich möchte ich mich bei den vielen Stichwortgebern, Sammlern und Einflüsterern, der Familie & den Freunden (besonders Linda) und der wunderbaren Grafikerin Kathrin Hanisch für ihre Ideen, Hilfe und Arbeit bedanken.

Zu guter Letzt: Ein herzliches Dankeschön an die große Fußballfamilie. An die Liebhaber dieser amüsanten Geschichten abseits des grünen Rasens und ihre Protagonisten. Ohne euch wäre der Fußball nur eine lose Aneinanderreihung von Ergebnissen!

Denkt immer daran:
»In mir habt ihr einen Freund, um den ich euch beneide!«
Kabinenworte an die Mannschaft von meinem Jugendtrainer Manni

Der Autor

Ben Redelings, geboren 1975, lebt in Bochum als freier Autor und Filmemacher. Er studierte Deutsch, Sozialwissenschaften und Niederländisch in Bochum und Amsterdam auf Lehramt. Nach dem ersten Staatsexamen siegte jedoch die Liebe zum runden Leder. Seine kulturellen Fußballabende SCUDETTO genießen mittlerweile Kultstatus.

Der »Fußballkulturschaffende in Vollzeit« (1 LIVE) hat in den letzten Jahren zahlreiche Bücher und Filme veröffentlicht. Sein Buch »Fußball ist nicht das Wichtigste im Leben – es ist das Einzige« wurde für das »Fußballbuch des Jahres 2009« der »Deutschen Akademie für Fußballkultur« vorgeschlagen.

Über sein letztes Buch »Dem Fußball sein Zuhause« urteilte das angesehene *rund-magazin:* »Was Herbert Grönemeyers Lied ›Bochum‹ für den VfL ist, das ist ›Dem Fußball sein Zuhause‹ für den Ruhrpott. Es besteht Suchtgefahr!«

Als Autor schreibt er für *11FREUNDE, Reviersport* und *Spiegel Online*.

Blog und Termine: www.scudetto.de

Buchveröffentlichungen:
Ein Tor würde dem Spiel gut tun. Das ultimative Buch der Fußball-Wahrheiten, *Göttingen 2006*
Der Ball ist eine Kugel. Das große Buch der Fußballbücher, *München 2007*
Fußball ist nicht das Wichtigste im Leben – es ist das Einzige, *Göttingen 2008*
Dem Fußball sein Zuhause. Pöhlen, Pils und Pokale entlang der B1, *Göttingen 2009*

Filmveröffentlichungen:
Wer braucht schon ein Sektfrühstück bei Real Madrid? Ein Film über Fans des VfL Bochum, *Rösrath 2004*
Wem gehört das Spiel? Ein Film über FIFA, VIPs und Fußballfans, *Bochum 2007*
Die 11 des VfL. Ein Film über Spieler des VfL Bochum, *Bochum 2007*